本书为教育部规划项目一般项目"反贫困进程中贫困人口能力形成的产权分析——以贵州省 50 个扶贫开发重点县为例"（09YJA790054）、贵州省优秀科技教育人才省长专项资金项目"能力贫困与贵州民族地区反贫困对策研究"（2010126）、贵州大学文科重点学科及特色学科重大科研项目"贵州集中连片贫困地区的反贫困对策研究——基于产权贫困的视角"（GDZT2010003）的最终成果。

减贫进程中贫困人口能力形成的产权分析

李晓红 著

中国社会科学出版社

图书在版编目（CIP）数据

减贫进程中贫困人口能力形成的产权分析/李晓红著.—北京：
中国社会科学出版社，2015.8
ISBN 978 - 7 - 5161 - 6754 - 0

Ⅰ.①减… Ⅱ.①李… Ⅲ.①贫困问题—研究 Ⅳ.①F113.9

中国版本图书馆 CIP 数据核字（2015）第 182458 号

出 版 人	赵剑英	
责任编辑	李庆红	
特约编辑	罗淑敏	
责任校对	周晓东	
责任印制	王　超	

出　　版	中国社会科学出版社
社　　址	北京鼓楼西大街甲 158 号
邮　　编	100720
网　　址	http：//www.csspw.cn
发 行 部	010 - 84083685
门 市 部	010 - 84029450
经　　销	新华书店及其他书店

印　　刷	北京市大兴区新魏印刷厂
装　　订	廊坊市广阳区广增装订厂
版　　次	2015 年 8 月第 1 版
印　　次	2015 年 8 月第 1 次印刷

开　　本	710×1000　1/16
印　　张	20
插　　页	2
字　　数	341 千字
定　　价	69.00 元

目　录

第一章 导论

第一节 贫困人口的能力为什么重要

从 20 世纪 90 年代以来，世界各国的减贫实践和研究逐渐形成一个重要共识：减贫干预最重要也最困难的是形成贫困人口的自我发展能力；如果将贫困人口集中的区域界定为贫困地区，则意味着形成贫困地区的自我发展能力是减贫干预最重要也是最困难的议程。这一共识不仅是人类与贫困长期做斗争的经验总结，更是指引人类继续减缓和消除贫困的重要思路和可靠路径。

不过，需要强调的是，贫困地区和贫困人口的自我发展能力是两个不同的概念。长期以来，这两个概念在不同学科领域里被相互交错地使用，以致我们在不知不觉中混淆了两者的内涵，模糊了两者的区别。比如，对于研究区域经济发展，或者从发展经济学视角关注发展问题的研究者而言，往往将"自我发展能力"自动"设置"为"区域自我发展能力"，并将"人口自我发展能力"作为区域自我发展能力的一个组成部分；而对于从减贫视角关注发展问题的研究者而言，则往往将之"默认"为"人口自我发展能力"。本书则强调两者内涵与边界的区别，并重点考察在我国的反贫困进程中，随着贫困人口收入的提高，能力是否同步形成的问题。因此，除非特别说明，本书中的"能力"均指贫困人口的"能力"，而非区域的"能力"。

减贫过程中，贫困人口的能力培育至关重要这一共识，不仅是各国减贫实践和研究的共同结论，也是世界各国和地区经济发展的重要经验。自第二次世界大战以来，发展中国家经济发展的轨迹，从本质上来讲就是消除贫困、走向富裕的过程。在这个过程中，不同国家和地区取得了不同的成绩和进展。其中成功的国家在向世界各国提供了独特成功经验的同时，也向世界各国提供了可资借鉴和模仿的样板；而仍然落后的国家却各自有其特殊的发展约束。如果仅仅关注这些特殊约束，似乎很容易得到令人沮丧的结论——因为我们如此特殊，所以我们必然会贫困落后。但是，正如成功的国家和地区提供了一些类似的发展经验一样，落后国家和地区也存在一个最大的共同点——没有形成自我发展能力。因此，增强自我发展能力是落后国家和地区面临的共同问题。

就减贫而言，由于难以形成贫困人口的自我发展能力，导致目前依然有 12 亿人处于极度贫困状态①，这些极度贫困人口主要分布在撒哈拉以南非洲、印度和中国。中国作为贫困人口群体最大的国家之一，根据国家统计局发布的数据，2013 年仍有 8000 多万贫困人口②，减贫形势十分严峻。但是，世界银行提到的极度贫困人口分布最为广泛的三大地区与国家——撒哈拉以南非洲、印度和中国，自第二次世界大战以来，尤其是从 20 世纪 80 年代以来，政府、各类机构和组织都实施了持续的减贫计划。这些减贫计划在取得成效的同时，也将贫困人口难以形成自我发展能力这一问题越来越清晰地凸显出来。

首先，这表现在已脱贫人口的高返贫率上。对于贫困人口集中的大多数国家和地区而言，边脱贫边返贫成为困扰减贫干预的最大难题。比如我国，由于区域发展差距，贫困人口主要集中在西部地区。根据不完全统计，西部部分地区贫困人口返贫现象比较严重，返贫率高，平均返贫率在 15%—25%，个别地方高达 30%—50%，有些地方甚至出现了返贫人口超过脱贫人口的现象（李万明、刘林等，2012）。对返贫人口的调查表

---

① 世界银行于 2013 年 4 月 17 日发布最新的《世界发展指标》报告称，发展中国家极度贫困人口的平均收入持续上升，稳步接近世行日均 1.25 美元的贫困线标准。1981 年到 2010 年，尽管发展中国家的人口增加了 59%，但生活在每天 1.25 美元贫困线下的贫困人口比例已从 50% 显著下降至 21%。报告显示，占世界极度贫困人口前 3 位的国家和地区为撒哈拉以南非洲、印度和中国。其中，撒哈拉以南非洲、印度的贫困人口总数占世界极度贫困人口的比例 30 年来有所上升，而中国这一比例从 1981 年的 43% 显著下降至 13%。根据世界银行的报告，世界极度贫困人口仍有 12 亿人之多。尽管近年来许多国家的极度贫困率迅速下降，但世行估计，到 2015 年仍将有 9.7 亿人每天生活费用不足 1.25 美元。

② 根据《2013 年国民经济和社会发展统计公报》，按照年人均纯收入 2300 元的扶贫标准计算，中国目前农村贫困人口为 8249 万人，比上年减少 1650 万人。

明：自然灾害、疾病、孩子上学、结婚、市场波动①等是导致已脱贫人口返贫的主要原因。我国已脱贫人口的高脆弱性，从根本原因上来看，依然是贫困人口没有能够实现能力与收入的同步增长。换言之，即能力形成滞后于收入增长。这就使得一些贫困人口由于收入增长，虽然在统计数字上实现了脱贫，但是由于并没有形成自我发展能力，因此，外部冲击极易将一个刚刚脱离贫困的家庭重新"冲"回贫困阵营，脆弱性极高。因此，从当前减贫的现实需求来看，巩固减贫成果需要切实提高贫困人口的能力。

其次，如果考虑到我国仍然巨大的贫困人口群体，解决这一问题的迫切性就更为突出。按照人均收入 2300 元/年的标准，2013 年我国仍有8249 万贫困人口，是世界极度贫困人口前 3 位的国家之一。中国自实施"八七扶贫攻坚"计划以来，在减贫方面的巨大进展，不仅是我国减贫工作的巨大成就，也为世界减贫工作做出了巨大贡献。但是，目前仍然有如此规模的贫困人口，究其原因，除了我国人口基数大、返贫率高以外，还有一个更为重要的原因就是低收入群体的低发展能力。我们知道，我国的贫困标准随着收入增加在不断提高。在 2000 年，我国的贫困线是人均纯收入 625 元/年；到 2008 年，按照人均纯收入 1196 元/年画线；2010 年，按照人均纯收入 1274 元/年画线；2011 年，按照人均纯收入 2300 元/年画线。可以预见，随着收入的总体增长，反贫困将集中在"相对贫困"即收入差距的缩小上，因此，如果低收入群体缺乏从低收入行业进入高收入行业的能力，则减贫压力将会越来越大。

再次，当前的减贫模式对财政专项扶贫资金②的需求较大，而从扶贫

---

① 市场波动对于我国通过"产业扶贫"实现脱贫的农村人口影响非常直接，最典型的就是养殖户受到的冲击，比如由于猪肉价格波动导致一些养猪大户血本无归元气大伤，由于"禽流感"使得养鸡、鸭大户受到冲击，由于公款消费受限使得走高端路线的贵州"娃娃鱼"养殖大洗牌等。

② 根据 1997 年 7 月 15 日颁发的《国家扶贫资金管理办法》（国务院办公厅国办发［1997］24 号），国家扶贫资金是指中央为解决农村贫困人口温饱问题、支持贫困地区社会经济发展而专项安排的资金，包括支援经济不发达地区发展资金、"三西"农业建设专项补助资金、新增财政扶贫资金、以工代赈资金和扶贫专项贷款。在统计操作中，扶贫资金通常被分为贴息贷款、以工代赈资金和财政扶贫资金三大类，本书的"财政专项扶贫资金"即指"财政扶贫资金"。根据2011 年 11 月 7 日颁发的《财政专项扶贫资金管理办法》，中央财政预算安排的财政专项扶贫资金按使用方向分为发展资金、以工代赈资金、少数民族发展资金、"三西"农业建设专项补助资金、国有贫困农场扶贫资金、国有贫困林场扶贫资金、扶贫贷款贴息资金。

资金减贫效应来看，则呈现比较明显的边际效应递减现象，因此，无论是从减轻财政专项扶贫资金的压力来看，还是从提高减贫工作的效率来看，都需要探索能够形成贫困人口能力的减贫思路和路径。随着扶贫开发进程的推进，同样数量的扶贫资金实现的减贫人数越来越少。根据官方公布的财政专项资金投入和贫困人口数量，1986—1993 年，每亿元财政专项扶贫资金减少贫困人口 17.1 万人；1993—2000 年，即"八七扶贫攻坚计划"期间，每亿元财政专项扶贫资金减少贫困人口数为 10.9 万人；2001—2004 年，每亿元财政专项扶贫资金减少贫困人口数约为 2 万人；2005—2009 年，每亿元财政专项扶贫资金减少贫困人口数只有 0.85 万人。贵州也是同样的情形，根据汪三贵（2004）的测算，1998—2001 年，贵州每亿元财政专项扶贫资金减贫人口数为 2.43 万人；但在 2005—2010 年间，根据官方数据计算，每亿元财政专项扶贫资金的减贫人口下降到 1.69 万人。可以确定，随着收入水平的整体上升，如果仍然以"收入脱贫"为减贫目标，单位财政专项扶贫资金能够帮助的贫困人口数量会越来越少。因此，虽然贫困人口总量会不断减少，但是由于单位财政专项扶贫资金减贫人数的减少，对于财政专项扶贫资金的需求并不会大幅减少。虽然随着我国国力的提升，减贫领域对财政资金的需求不会形成太大的压力，但是，提高扶贫财政专项资金的使用效率，不仅是高效推进减贫工作的题中之意，而且也是对纳税人负责的重要体现。

尤为重要的是，如果我们当前的减贫努力没有围绕增强贫困地区和贫困人口的能力展开，将导致目前制约我国经济均衡持续发展的两大差距——区域差距和城乡差距——进一步拉大。一方面，如果我国的区域差距继续拉大，在当前以及未来较长一段时间内，有可能在外需疲弱、内需不振、产业结构调整不到位、人口红利消失、改革红利共享度差异较大等原因的叠加作用下，中国经济增长放缓，滑入"中等收入陷阱"，这反过来又会进一步加剧城乡差距，低收入群体的贫困状况将进一步恶化。另一方面，假设随着我国区域均衡发展战略的实施，区域差距逐渐缩小，但是城乡差距继续拉大，则在区域发展的进程中，低收入群体尤其是贫困人口被排斥在发展进程之外，表现为既难以依靠传统的农业部门脱贫致富，又难以融入城市经济分享发展成果，缺乏融入经济快速发展进程和分享经济发展成果的能力，则贫困的"代际传递"、"贫二代"甚至城市的"新生贫困"现象将会成为困扰我国经济实现包容性发展的重要痼疾。因此，无论是推动区域均衡发展，还是帮助贫困人口彻底摆脱贫困，都需要提升贫困地区和人口的自我发展能力。

最后，从减贫实践来看，当前的减贫理念、工作推进模式和机制虽然产生了巨大的减贫效果，但是也带来了不少问题。从战略思路层面看，存在重增长轻发展、缺乏顶层设计、基础数据统计亟须加强、扶贫开发人才队伍的建设等问题；从操作层面看，则存在基础设施项目与贫困人口需求契合、产业扶贫的低端化、生态移民的长远生计、最贫困人口进一步边缘化、人力资本投资项目的覆盖面及效率、扶贫开发效果的评价机制等问题①；从减贫效果来看，对贫困人口的工作负激励仍然存在，对留守儿童问题的重视度仍然有待大幅度提高。而上述所有问题的解决，都应围绕增强贫困地区和人口的自我发展能力这一核心进行。

第二节 研究内容

与减贫实践对贫困人口能力的关注同步，甚至更早，学术界对该问题的关注早已有之，并形成了丰硕的研究成果。在这些研究成果中，影响最大的当属阿玛蒂亚·森的《贫困与饥荒》开创的贫困权利分析方法。对此，后文将系统述评，此处不再赘述。但是，必须说明的是，本书正是受到森的贫困权利分析方法的启发，并结合我国减贫实践的现实提出了贫困与反贫困的产权分析方法。根据研究主题，主要包括八章内容②。

第一章"导论"，主要对本课题研究的背景与视角、分析框架与逻辑、学术承继与创新、研究方法及特点以及需要进一步深入研究的问题和方向作简要说明。

第二章"贫困与反贫困产权分析的研究与概念基础"，在对国内外相关研究进行述评，对贫困的权利分析方法、能力贫困理论等文献进行梳理的基础上，对本课题研究涉及的关键概念包括能力、能力贫困、能力形成等进行甄别，并阐释贫困理论、减贫瞄准机制、贫困标准的演进以及减贫

---

① 上述内容来自作者完成的《贵州省扶贫开发战略研究》的研究报告，是《贵州发展战略研究》的子课题之一。引用时有删改。

② 本书作为相关课题的最终研究成果，现有各章标题是综合性的提炼，与课题设计论证时拟定标题不完全相同。对此，后文各章主要对比教育部课题设计将一一加注说明。

实践与理论的交互演进及趋势。

第三章"贫困与反贫困的产权分析方法"，在回顾梳理贫困的权利理论、政治经济学视野中的贫困理论基础上，从哲学层面思考贫困与不平等的关系；并由此提出贫困与反贫困产权分析的两大逻辑起点，提出贫困与反贫困的产权分析方法，构建贫困与反贫困的产权分析方法的分析框架；最后运用产权分析方法，将产权贫困类型区分为生产性产权贫困、分配性产权贫困、交换性产权贫困和消费性产权贫困四种；并根据其在生产关系各个环节的属性，区分为初始性产权贫困和继发性产权贫困。

第四章"生产性产权贫困的经验研究：以贵州贫困地区为例"，根据贵州贫困地区的不同划分，对贵州省 50 个国家级扶贫开发重点县、贵州三大片区、贵州民族贫困地区的基本情况进行比较分析；以贵州三大片区、50 个贫困县石漠化程度与贫困发生率的相关分析作为考察贵州物质资本生产性产权贫困的经验证据，探讨石漠化、物质资本生产性产权贫困与贫困三者之间的关系；以贵州少数民族人口的贫困和人力资本概况作为考察人力资本产权初始贫困的经验证据；最后将贵州生产性产权贫困的典型特征总结为：自然条件恶劣或限制性开发导致物质资本生产性产权贫困、投资不足与缺位导致初始性人力资本产权贫困。

第五章"分配与交换性产权贫困的经验研究：以贵州贫困地区为例"，以贵州民族贫困地区为例，对公共资源配置中的分配性产权贫困展开研究；以贵州 P 县为例，对资源开发过程中的分配性产权贫困展开研究；以贵州 4 个国家级扶贫开发重点县为例，对家庭资源配置中的分配性产权贫困进行研究；根据研究结论，指出分配性产权贫困具有多层次特征；最后以贵州民族贫困地区为例，对交换性产权贫困展开经验研究，并对贵州民族贫困地区交换性产权贫困进行总结评价。

第六章"减贫资源配置与扶贫模式的产权分析"，运用贫困与反贫困的产权分析方法，分析扶贫开发中减贫资源产权的重新界定，分别阐释指向物质资本生产性产权贫困的减贫物资产权界定、指向分配性产权贫困的减贫物资产权界定、指向交换性产权贫困的减贫物资产权界定、指向消费性产权贫困的减贫物资产权界定、指向人力资本产权贫困的减贫物资产权界定和指向公共领域的减贫物资产权界定；对我国扶贫开发的典型模式的产权界定含义进行剖析；从产权视阈分析扶贫效率，认为减贫资源界定、新增私人产权失败、新增公共产权失败是影响扶贫效率的主要原因。

第七章"减贫进程中的社会资本作用及贫困人口能力评价",本章内容具有二元主题特征。主题之一研究社会资本的减贫作用,首先对减贫中社会资本作用多元范式与多层视角的研究进行梳理;然后基于我国政府主导的反贫困进程中,提出减贫中社会资本作用的供求分析框架;并对政府主导的反贫困进程中社会资本作用的产出进行分析。主题之二尝试衡量和评价贫困人口的自我发展能力,首先对不同语境和多重视角下的发展能力研究进行述评;然后根据贫困与反贫困的产权分析方法,构建衡量人口自我发展能力的指标体系;并以西部农村人口为例,尝试对贫困人口的自我发展能力进行评价,得出初步结论与研究展望。

第八章"从增加生产性产权到提高交换性产权:结论与政策建议",总结研究结论,指出我国转型增长进程中,贫困人口的能力贫困始于产权贫困;生产性产权与交换性产权是减贫与能力形成的关键;提出抑制和消除生产性产权贫困、增加贫困人口的交换性产权、控制和消除分配和消费性产权贫困的政策建议。

第三节 学术承继与可能的创新

对贫困人口能力问题的关注,森提出贫困的权利分析方法,以及联合国开发计划署的《人类发展报告(1996)》在其基础上提出的能力贫困理论,得到了广泛的运用。但是现有研究大都直接运用上述理论分析工具,缺乏必要的整合和创新。本书尝试从产权分析的角度,结合马克思主义的生产关系理论,整合贫困的权利分析方法、能力贫困理论以及其他理论,提出贫困与反贫困的产权分析方法,努力实现对现有理论工具的创新性推进。

具体来看,本书提出的包括五个层次的贫困与反贫困的产权分析框架,不仅可以清晰地找到贫困与反贫困分析的两大逻辑起点,探讨贫困与反贫困的产权属性和特征,而且可以通过对产权贫困属性与特征的区分,探讨其减贫含义以及实现减贫目标的路径。运用贫困与反贫困产权方法,将产权贫困区分为生产性产权贫困、分配性产权贫困、交换性产权贫困和消费性产权贫困四种,并将其区分为初始性产权贫困和继发性产权贫困,不仅有利于识别和区分贫困致因,而且有利于更为清晰地识别减贫进程中存在的缺位、偏离、低效甚至无效等问题，这对于提高减贫工作效率有着直接而重要的指导意义。

由于贫困与反贫困的产权分析基于我国反贫困现实提出，因此这一分析框架可以简捷、清晰地对反贫困实践的效率展开分析和预测，并可以对社会转轨背景下的新生贫困进行有说服力的解释，是对贫困分析方法和能力贫困理论的整合性创新尝试。

此外，本书对减贫中社会资本作用的供求分析框架和产出分析，也是基于我国政府的反贫困特征提出的创新性分析框架，虽然仍有进一步拓展和完善的空间，但是具有相当的启发性。

最后，本书结合当前发展领域备受重视的发展能力理论，尝试对贫困人口自我发展能力进行衡量与评价，也是一种创新。

第二章　贫困与反贫困产权分析的
研究与概念基础[①]

第一节　能力贫困相关研究述评

一　国外相关研究

由于贫困是一个世界性难题，因此，国内外学者对该问题进行了持续的关注和深入研究，取得了丰硕的研究成果，也形成了不同的研究范式。沈小波等（2005）认为，贫困的研究范式可以分为四种：收入贫困范式、能力贫困范式、脆弱性范式以及社会排斥范式，其中能力贫困范式主要是指森的权利分析方法。由于现在的能力贫困理论是基于森的权利分析方法提出，而且本书主要涉及对这二者的整合创新，所以，文献述评主要围绕森的权力分析方法和能力贫困理论进行。

虽然能力贫困理论是基于森的贫困的权利分析方法提出，但是有趣的是，目前不管国外还是国内的研究，都是在简单地提及两者的这一联系之后，即迅速地转向其中之一——要么运用权利分析方法展开研究，要么运用能力贫困理论进行分析。事实上，虽然这二者存在上述渊源，其强调的核心也都是贫困人口的能力问题，但是其分析方法是不同的。森认为直接权利失败或者贸易（交换）权利失败是导致贫困或饥荒的原因，并明确指出"权利方法强调不同阶层的人们对粮食的支配和控制能力，这种能力表现为社会中的权利关系，而权利关系又决定于法律、经济、政治等的社会特性"（Sen，1997），可见，森的权利分析方法与产权分析十分接

①　在课题申报论证设计时，本章标题名为"能力、能力贫困、能力形成的内涵及其相关概念辨析"，在课题研究和写作过程中，根据研究内容整体安排，修改为现在的篇章标题。

近。而能力贫困理论则可能出于强调反贫困实践的可操作性的目的，将能力贫困的定义指标分为三个方面：基本生存能力、健康生育的能力、接受教育与获得知识的能力。这种区分对于甄别贫困人口，并根据指标结果展开相应的反贫困措施具有重要意义，但是这一方法的困难在于相对标准的确立。

　　这种关注贫困人口权利和能力的倾向，除了森以外，国外一些知名经济学家也有论及，但是关注的方向存在差异。在森看来，贫困人口之所以贫困，是因为权利被剥夺；而以当前流行的观点来看，贫困人口之所以贫困，即使脱贫也具有相当的脆弱性，是因为贫困人口缺乏自我发展的能力。但是，关于贫困、权利与能力之间的关系，在这一问题受到关注以来，却并非一直是一种从权利缺失、能力不足到贫困的单向关系，而是存在着从贫困导致权利不能实现、能力得不到发挥这样的反向关系。比如，早在 20 世纪 70 年代，时任世界银行行长的罗伯特·麦克拉马拉就认识到贫困对贫困人口能力的制约。在他看来，绝对贫困虽然首先是用一些与生活条件相关的指标进行界定和衡量，但是，贫困人口由于文盲、营养不良、疾病、婴儿死亡率和预期寿命等方面的严重限制，而使其与生俱来的附着于基因之上的一些潜力和天赋得不到发挥。即贫困影响了能力，而非能力导致了贫困（Johannes F. Linn，2010）。著名经济学家刘易斯认为，收入会影响贫困人口的能力。在他看来，"贫困并不只是比社会上其他人穷多少这回事，而是没有争取物质富裕最基本的机会"（刘易斯，1989）。英国的奥本海默（Oppenheim，1993）也认为，正是因为贫困，使得贫困人口失去了掌握未来生存和发展机会的各种工具，从而在无形中夺取了贫困人口免于疾病缠身、接受体面教育、安全住宅和安定退休生涯的机会。有"人力资本之父"美誉的西奥多·W. 舒尔茨（Thodore W. Schults，1981）则强调对贫困人口的人力资本进行投资，是缓解和消除贫困的治本之策。在他看来，贫困不是贫困人口能力不足的原因，而是贫困人口人力资本投资不足的结果。尽管存在贫困、权利和能力三者之间关联方向上的差异，但是，这一问题引起的众多关注正是达成共识的必要前提。进入 20 世纪 90 年代以来，在权利缺失、能力不足是导致贫困的主流观点影响下，国际减贫与发展机构对贫困的定义从单一的收入范式转向多维的权利、能力和参与范式。比如，在世界银行发布的《1990 年世界发展报告》中，以"能力"定义贫困，认为"贫困是缺少达到最低生活水准的能力"。联合国开发计划署（UNDP，1996）在《人类发展报告（1996）》中也指出贫困不仅仅是缺少收入，更重要的是基本生存与发展能力的匮乏与不足，并提出度量贫困的新指标——能力贫困。"能力贫困"中的能力主要包括三个方面：一是基本的生存能力，即获得营养与健康的状况；二是健康卫生能力；三是接受教育和获得知识的能力。1997年，联合国开发计划署进一步从人类发展的角度来界定贫困："贫困不仅仅是缺乏收入的问题，它是一种对人类发展的权利、长寿、知识、尊严和体面生活标准等多方面的剥夺"（UNDP，《1997年人类发展报告》），并采用了之后被广泛应用的人类发展指数、人类贫困指数等指标衡量"人类贫困"。进入21世纪以来，世界银行也采用贫困的权利、能力和参与框架制定减贫战略框架。世界银行的《2000/2001年世界发展报告》针对贫困群体广义福利被剥夺的状况，提出了新世纪参与性综合减贫战略框架。包括通过市场和非市场行动的结合，使穷人实现资产积聚并提高资产回报，降低其脆弱性，扩大穷人参与经济发展的机会，实现收入的增加；强调减贫政策的需求响应性，注意倾听穷人在政治进程、地方决策和社区管理中的参与性意见，促进穷人参与，对其赋权；强调兜底保障，降低穷人因疾病、自然灾害、经济波动、市场风险等冲击导致的脆弱性，降低穷人的返贫概率。亚洲作为世界上贫困人口群体最庞大的地区之一，指导亚洲各国和亚洲开发银行减贫实践的贫困概念，也随着减贫研究和实践进展同步调整。2000年5月16日，在北京召开的"21世纪初中国扶贫战略国际研讨会"上，亚洲开发银行副行长彼特·H.沙里温致辞认为："贫困是一种对个人财产和机会的剥夺。每个人都应该享有基础教育和基本健康服务。穷人有通过劳动获取应得报酬供养自己的权利，也应该有抵御外来冲击的保护。除了收入和基本服务之外，如果他们不能参与直接影响自己生活的决策，那么，这样的个人和社会就处于贫困状态"。

　　在对贫困、权利和能力三者之间的关系方向基本形成共识以后，追随者的研究也分为两个方面。一是对权利分析方法的追随，二是对能力贫困理论的应用。在国外，对贫困的权利方法的运用，已经进展到家庭中的权利分配这一领域，对家庭内部受教育权的重新配置，母亲是否应该被优先赋予？家庭控制权是否应该赋予女性？家庭收益权的界定等问题进行了探讨和经验研究（汪段泳，2007）。而能力贫困理论的进展则主要表现在经验研究领域，通过对各地贫困问题的经验观察，强调穷人需要的不是慈善而是发展的机会，并根据经验研究列举成功地摆脱贫困策略应包括的要素，比如从穷人的现实出发；投资于穷人的组织能力；变革社会规范；支持那些能够带领穷人发展的领导者；动员穷人的能力使之成为最重要的合作者；关怀性别不平等问题以及儿童的脆弱性等（迪帕·纳拉扬等，2001，2004）。

能力贫困范式的兴起，使得对贫困的衡量指标体系也随之不断修正和完善。尤其是在发达国家的贫困与福利研究中，该范式得到广泛引用。在欧洲，能力方法已经成为欧洲共同体建立 Laeken 的研究起点指标。Laeken 指标主要用于评价贫困和社会排斥。2001 年，欧洲委员会制定了 Laeken 社会凝聚指标体系，采用覆盖收入、就业、教育和健康四大领域的 18 个指标，对欧洲社会政策目标的实现情况进行衡量。2001—2006 年，调整后的指标体系确定为 21 个指标。拉美经委会也参照欧盟的做法，建议建立拉美社会凝聚指标体系，该指标体系将"社会凝聚"这一个概念拆分为差距、制度和归属感三个部分，并就围绕这三个核心概念提出三大类共 51 个指标，涵盖 17 个领域。德国则是基于能力方法来介绍官方贫困报告的首批国家之一，德国政府的贫困和财富报告对贫困的能力方法高度肯定，认为能力方法不仅为学术研究提供了从不同维度评估贫困与福利的新分析工具，而且为发达国家撰写贫困、福利和人类发展报告提供了可行的理论分析框架（Christian Arndt，Jurgen Volkert，2009）。近年来，基于能力贫困理论的多维贫困测度指数得到较为广泛的运用。

二　国内相关研究

在国内，对森的权利分析方法的追随则主要集中在对之进行详细的解读和评论（刘小刚，2005；沈小波等，2005；马新文，2008）。范子英等利用中国的经验数据，对森的食物获取权理论与传统的解释饥荒的食物供给量下降（Food Availability Decline，FAD）理论的关系进行分析，得出了与森一致的结论：在解释饥荒的发生时两者都具有解释能力，但在解释饥荒的分布上，FAD 不具解释力度。并在林毅夫和杨涛（2000）提出的城市偏向基础上，指出缺粮区的划分才是决定饥荒分布的真正原因，饥荒的分布是阶层性的，各自食物获取权的优先顺序才是遭受饥荒影响程度的直接因素。与之相比，对能力贫困理论的运用，则大致可以分为三个方面：一是强调反贫困工作中的能力供给。比如肖巍（2006）通过总结成功的反贫困项目的共同特点，强调反贫困的能力供给。邹薇（2005）在对中国农村的能力贫困和转型路径多样性的研究中，强调农村贫困的根源不是收入或消费的匮乏，而是由于教育、社会保障、健康和机会等方面的贫困而导致的"能力贫困"，强调反贫困应重视消除贫困人口的"能力贫困"。二是解读能力贫困的内涵和构成要素。比如刘爽（2001）从"贫困"、"能力"两个方面将"能力贫困"的概念大大拓展了，认为"能力贫困"本身并不特指某个个体或某一种现象，而是总体意义上的一种集合性概念。它所关注的是人口中能力贫困者所占的比重，反映的是人口综合能力的欠缺情况。三是运用能力贫困理论分析扶贫的政策效应（方黎明、张秀兰，2007），或者展开经验研究，比如路小昆（2007）运用能力贫困这一分析工具，指出失地农民的贫困主要是由于在现行制度安排下，城郊农民在失去土地的同时未能实现资源替代，由于资源剥夺导致的能力贫困是失地农民市民化转型的根本障碍。因此，提高征地补偿标准固然能改善失地农民的生活，但帮助他们走出困境的最根本途径应该是成功的资源替代和能力赋予。陈健生（2008）指出营养、健康、技术、教育这类与人的可行能力有关的基本能力具备与否，不仅关系到穷人是否能够通过自身的主观能动性走出"贫困陷阱"，而且"可行能力"的提升本身就是发展的目的。梁数广等（2011）将能力贫困界定为人们获取生活资料的能力的不足，即挣钱能力的缺乏，包括机会的识别能力、风险承受能力、科技运用能力、资源获取能力、获得公平待遇的能力等。方劲（2011）基于可行能力贫困理论考察发现，知识资源储备不足、健康卫生状况较差、信息获取能力缺乏、自主发展意识不强等是造成现阶段农村人口收入能力丧失并陷入贫困的重要因素。因此新阶段农村反贫困更应该加强能力建设，培养人们的主体意识，注重提高贫困人口应对贫困风险的可行能力。总体来看，从这一视角关注贫困研究的国内学者，大多强调贫困人口机会的缺乏和抓住机会的能力不足，认为一方面，贫困主体缺少参与经济活动的机会是贫困的重要原因；另一方面，同样的机会，贫困人口与其他人口相比，由于缺乏人力资本或者物质资本，更难抓住机会实现发展；此外，与其他人群相比，贫困人口的脆弱性更高，更容易受到经济以及其他冲击的影响，比如疾病、粮食减少、宏观经济萧条等。

由此，从权利视角对贫困问题的关注，很自然将贫困研究引入能力领域。近年来，围绕能力贫困，我国学者也展开了多视角的研究。邹薇等（2012）指出，基于"能力贫困"的研究表明，收入的差距源于人们获取收入的技能和能力的差距。"能力贫困"意味着人们之所以贫困，是因为他们难以借助于现代教育、信息扩散、知识外溢、社会资本积累等效应来充实自身的经济能力，以致人力资源含量、知识与技能水平极低，在发掘经济机会、参与经济政策决策、增加对自身的投资、应对不确定性和风险、从创新性经济活动中获利、分享经济增长的成果等方面"无能为力"。邹波等（2013）从"绿色贫困"视角出发，分析"三江并流"及相邻地区的重要生态价值和区域性贫困现状，认为自然环境的恶劣和生态脆弱性是当地陷入贫困的主要根源，地方财力有限、经济发展政策与制度性约束以及地理区位限制也是影响当地资源开发和脱贫的重要因素。张立冬（2013）认为虽然学术界对贫困研究已取得丰硕的成果，但总体来看都集中于贫困的静态分析，研究重点都放在贫困程度测度、致贫原因及贫困农户的经济行为分析，而很少关注贫困在代际间的动态性分析，即贫困的代际传递研究。贫困代际传递是指贫困在家庭内部由父辈传递给子辈，从而使子辈在成年后重复父辈的贫困状态。简言之，就是贫困状态在代际间的传承和复制。很显然，贫困的代际传递，不仅因为父辈的能力不足，同时还因为下一辈的能力也不足。郭勇等（2013）分析，农村贫困面貌得到改善的同时，贫困特征逐渐向区域化、多样化演进，一些新的贫困特征逐渐显现，权利贫困、伦理贫困成为制约贫困者发展的新障碍。同时，由于反贫困延续自上而下的扶贫理念，形成一种贫困者缺乏参与的制度安排，造成反贫困绩效降低、负激励效应等反贫困窘境。同时贫困越来越向"老、少、边、穷"等地区聚集等，贫困由最初的收入低下转变为现在的权利贫困等，由最初的大面积贫困变为现在的区域贫困，贫困问题越发复杂。刘泽琴（2012）通过对贫困度量方法进行比较分析发现，多维的总体目标是以综合指数的形式反映贫困或福利水平，该方法已越来越广泛地应用于贫困和福利问题的研究。陈琦（2012）认为贫困具有多方面的内涵，是一个多维度的概念，并运用英国牛津大学开发的 AF 多维贫困测量方法，以武陵山片区为例，对连片特困地区的农村贫困进行了多维测量。闫坤等（2013）总结到，在我国正处于经济社会转型的重要历史时期，应遵循"两线一力"的反贫模式，即把握经济发展与社会安全网两条线索，通过政府主导的财政减贫来实现资源配置公平和效率的双重目标。经济发展一方面会带来贫困群体收入的增加，另一方面会给政府和社会提供坚实的经济基础。章元等（2012）提出针对我国人多地少的特点，应优先发展工业，通过城市倾向政策推动工业化，创造出新的经济增长点，并创造大量非农就业岗位吸收农村剩余劳动力，而贫困农户能够进入劳动力密集型的工业部门就业并获得更高收入，这是他们分享工业化所带来的经济增长"蛋糕"并脱离贫困陷阱的关键渠道。卢映西等（2013）通过分析贫困产生的真正原因，提出解决贫困问题不能指望"做大蛋糕"的方法，这只是治标而不能治本。要想真正解决社会的贫困问题，关键在于解决生产相对过剩问题。刘振杰（2012）指出，我国反贫困已经进入了后攻坚时期，贫困发生率降低，以至于各种扶贫开发措施均难以奏效，应实现由开发扶贫向发展扶贫转型，他提出了兼具经济政策和社会政策二者之长的资产社会政策，借助个人资产账户为工具，并嵌入资产建设理念的新的扶贫开发模式。

总体来看，与国外研究相比，在国内众多的贫困与反贫困研究中，对贫困的权利和能力研究尚属小众。尤其是在《中国农村扶贫开发纲要（2011—2020年）》（后文简称"2011《纲要》"）将"11 + 3"个集中连片特殊困难地区确定为"新时期扶贫开发的主战场"以后①，大量的减贫研究围绕新确定的集中连片特殊困难地区展开。而从减贫思路上来看，新时期我国对"11 + 3"个集中连片特殊困难地区的"主战场"减贫战略，实际上沿袭的是特殊的区域发展政策和产业扶贫政策，希望通过特殊的区域扶持和产业支持政策使上述地区整体发展水平提升，从而缩小区域发展差距，实现区域发展带动贫困人口收入增长的目的。中国自实施"八七扶贫攻坚计划"以来，在减贫工作中，政府扮演了绝对的主导角色，所发挥的作用是其他任何机构和组织难以替代的。因此，我国减贫进程中的这种政府主导特征几乎是自然而然地确定了减贫研究的焦点。在不同的减贫时期，相关减贫研究主要聚焦政府减贫的核心战略就成为我国减贫研究的主要特征。这不仅因为政府主导的减贫进程给减贫研究提供了大量的素材，而且也因为政府高效率地推进减贫进程需要相关研究的理论支撑和经验总结。但是，即便如此，贫困的权利和能力范式在我国减贫实践和研究中越来越受青睐也是不争的事实。从最新的进展来看，大多数研究将区域

---

①　"2011《纲要》"列出了11个集中连片特殊困难地区，包括：六盘山区、秦巴山区、武陵山区、乌蒙山区、滇桂黔石漠化区、滇西边境山区、大兴安岭南麓山区、燕山—太行山区、吕梁山区、大别山区、罗霄山区区域；同时指出已明确实施特殊政策的西藏、四省藏区、新疆南疆三地州是扶贫攻坚主战场，因此，集中连片特殊困难地区通常被表述为"11 + 3"个。

自我发展能力的研究与集中连片特殊困难地区的减贫进程结合起来研究。这使贫困的权利和能力范式转向区域发展这一领域，这种多学科、多视角的综合性研究让人期待——一批立足中国减贫和发展现实、与国际相关领域研究范式接轨的特色成果有可能不断涌现。

第二节　能力形成相关研究述评①

对贫困地区和贫困能力形成问题的关注，最终落脚到"（自我）发展能力"这一个概念上。但是，虽然同样是关注这一个问题，国内外却在不同的语境下展开了多视角的研究。

一　国内外研究的不同语境

在国外文献中，大多使用"Capacity Development"这一术语，直译为"能力形成"；仅有少数文献使用"Capacity Building"，直译为"能力建设"。而在国内的表述中，除了少数针对贫困人口的研究中会使用"贫困人口能力形成"这样的表述之外，当涉及落后地区的能力形成时，几乎都使用"发展能力"、"自生能力"、"自我发展能力"等术语。不过，虽然存在这种表述上的差异，但不管是在国外的"能力形成"这一语境下，还是在国内的"发展能力"这一语境下，两者研究的主题是高度一致的，即怎样改变落后地区对外来援助的依赖，逐步和增强形成自我发展的能力。正是因为如此，后文将忽略"Capacity Develpoment"与"发展能力"表述上的差异，统一使用"发展能力"这一表述②，将重点比较国内外研究在概念界定、研究框架、研究内容、研究视角等核心问题上的差异。

国外对发展能力的研究，典型地表现为对联合国开发计划署、世界银行等机构实施发展项目的应用研究。20世纪90年代，发展能力作为众多发展研究的综合概念被提出来。作为一个涵盖宽泛的概念，联合国开发计划署（UNDP）对发展能力的定义也在不断"发展"。在2010年7月发布的"衡量能力"一文中，联合国开发计划署将发展能力定义为"个人、

---

①　作为本课题的阶段性成果之一，本节内容以"不同语境和多重视角下欠发达地区自我发展能力的比较研究"为题，发表在《天府新论》2013年第6期，发表时内容有删减。

②　同样，为了深入了解不同语境下同一主题的研究异同，同时也与国际研究接轨，在将"发展能力"译为英文时，没有直译，而是沿用国外的术语"Capacity Development"统一表述。

制度和社会以可持续的方式发挥作用、解决问题、确立和达到目标的能力"（UNDP，2010）[①]。世界银行（1998）区分了能力与能力建设，认为"能力是允许国家达到发展目标的个人、制度和实践的综合（combination），能力建设是向人力资本、制度和实践投资"。为了提出更具针对性的政策建议和更好地评价发展能力，众多研究者根据自己的研究和理解，分别对发展能力进行了大致相同的界定[②]。

二　西方语境下的发展能力研究

（一）发展能力的层次与核心

1. 发展能力的三个层次

由于发展能力综合众多发展概念而形成，暗含着组织发展、社会发展、一体化的乡村发展、可持续发展等概念的含义，以至于一些学者认为发展能力是一个聚合了太多含义的"概念伞"（An Umbrella Concept）（Morgan，1998；Lusthaus et al.，1999）。发展能力这一概念内涵的丰富性，具有将之前孤立的方法整合为与社会变化长期愿景相一致的战略优点。但是这一特点同时也带来了清晰界定该概念、解读其内涵的困难。对发展能力概念持批判态度的学者甚至认为：由于这一概念包含了太多含义，因此在很大程度已经被当作口号而不是当作一个严格的发展工作术语而被使用。

正是因为发展能力的含义非常丰富，为了建立系统而科学的发展能力研究框架，学者们尝试从不同的层次和视角对之进行区分。

[①]　这并非 UNDP 对发展能力的"唯一"界定，其他定义还有：（1）发展能力是个人、群体、组织、制度和社会增强他们能力的过程：发挥作用解决问题和实现目标；在更宽泛的意义下和可持续方式下理解和处理发展需要（UNDP，1997）。（2）发展能力是拓宽组织发展的一个概念（而且不仅仅是单个组织），强调个人、组织和社会运行和相互作用的整体系统、环境或者背景内容（UNDP，1998）。（3）发展能力是个人、组织和社会随时间变化获得、增强和保持其确立和达到发展目标的能力（UNDP，2009）。

[②]　比如，Morgan（1996）将能力建设定义为个人、群体、制度和组织随着时间的变化识别和解决发展问题的能力。Cohen（1993）则将发展能力界定为任何系统、努力或者过程，其主要目标是加强选举主要行政长官、部门领导和项目经理的能力，在一般意义上完成计划、实施、管理和评估冲击社区内社会条件的政策、战略或者项目。UNICEF（1996）使用了"能力建设"这一术语，指出能力建设是对制度有效力、有效率地根据其任务设计、实施和估计发展活动的能力的支持和加强。CIDA（1996）则将能力建设表述为个人、群体、制度、组织和社会增强他们识别和面对可持续方式下的发展挑战的过程。Lusthaus 等（1995）认为能力强化是一个持续的过程，通过这一过程，人和系统在动态含义下运转，加强他们可持续地追求更高目标的发展和实施战略的能力。

Sakiko 等（2002）将发展能力区分为个人、制度和社会三个层次。个人层面的发展能力建立在已有知识和技能基础之上，使个人可以从事连续的学习过程，以及当新的机会出现时将其向新的方向扩展的能力。制度层面的发展能力同样建立在已有能力基础之上。不是试图构建新的制度，比如以外国蓝图、政府和捐赠者为基础，构建农业研究中心或者法律援助中心，而是寻找已经存在的初期制度创新行动（initiative），怎样促进其形成以及鼓励其成长。社会层面的发展能力包括社会作为一个整体发展的能力，或者社会转型发展的能力。一个例子就是创造机会，不管是公共部门还是私人部门，使人们可以运用和扩展他们的能力以达到最佳状态。没有这些机会，人们将会发现他们的技能很快被侵蚀或者过时。而且，如果他们发现当地没有机会，训练有素的人将会加入智力外流的大军，将他们的技能带到海外。

联合国开发计划署（UNDP，2008）则将其区分可行环境、组织和个人三个层面。可行环境层面的发展能力是使个人和组织发挥作用、促进或阻碍他们的存在及其绩效的更宽泛的系统。这一层次的能力不容易有形地抓住，但是却是理解发展能力的关键。可行环境决定了组织内部、组织之间相互作用的游戏规则。可行环境层次所涉及的能力包括规制任命、优先权、运营模式以及社会不同部分公民约定的政策、法规、权力关系和社会规范。组织层面的发展能力允许一个组织运转和传达命令，并使组织成员的个人能力聚集在一起，共同工作并完成任务的内部政策、安排、程序和框架。如果这些能力存在而且有利于资源配置，组织的绩效将大于各个部分的绩效之和。个人层面的发展能力指个人拥有的技能、经验和知识。每个人都拥有允许他们在家、在单位和在社会上工作的综合能力。一些人通过正规培训和教育获得这些能力，另一些人通过工作和经验获得。

2. 发展能力的四大核心

尽管发展能力的内涵十分丰富，但从经验证据和第一手经验来看，UNDP（2010）认为能力变化的大部分产生在四个能够被看作驱动能力变化的领域，即制度安排、领导力、知识和可置信性四大核心领域。

制度安排是指政策、程序以及以有组织安排的方式使得系统能够有效发挥功能并相互作用的过程。这些规则可能是强制性的，比如法规、合约安排；或者是非强制约束的，比如没有明文规定但广为接受的行为规范、价值观等。为了更好地理解制度规范，可以将之看作一个比赛的游戏规则：是正式规则和非正式规则的综合，前者比如明文规定的规则，后者比如良好的运动精神。在可行环境中，制度安排是政策和法律框架；在组织层面，它们包括使组织能够运转的组织策略、程序和技术。内部可置信机制也是制度安排的核心议题。理解制度绩效，稳定性和适应性对于理解制度安排的效力有更深的洞察力，尤其是哪些领域需要强化。比如，一个因为职员变动频繁而缺乏稳定性的制度，可能需要重新考虑其专业性的发展政策、激励机制和绩效管理制度。

领导力是影响、激发和激励人员、组织和社会达到和超越他们目标的能力。领导力强的一个重要特征就是预测能力，以及及时应对并管理变化促进人的发展。领导力不是权威的同义词。领导力也可能是非正式的，以多种方式、不同层次地表现出来。尽管领导力是与个人领导者联系最普遍的，从村干部到国家总理，但是它也可以同样指领导实施公共管理改革，或者带来社会变迁的大型社会运动的一个政府部门。领导力是制度绩效、制度稳定性和适应性的一个关键因素。它是否有能力创造一个愿景并实现这一愿景？它是否具备有效交流的能力？回答这些问题有助于决定需要涉及的项目内容的种类。比如，一个依赖单一性格领导推行政策的部门，当号召其他人投入额外的努力，游说合作者时，一旦他们的领导力开始，可能会面临巨大困难。因此，这类组织需要考虑建立继承计划和年轻领导人培养项目。

知识是指为了找到更有效的发展途径对信息和知识的创造、吸收和发布。人们所拥有的知识构成了他们能力的基础，因而也是发展能力的基础。知识需求可以在不同层面表达（国家/地区/部门，初级/中级/高级），而且可以通过不同的途径获得（正规教育、技术培训、知识网络和非正式学习）。根据 UNDP 的研究和经验以及其他发展实践，对增进知识有效的领域集中在：教育改革，比如将学习需求与教育政策和课程联系起来；继续学习，比如学习方法的专业化；南—南解决，比如与地区教育和研究网络和组织的连接；知识管理，比如当地顾问市场的发展，智力增进战略等。

组织内的可置信性是制度安排的核心问题。为什么可置信性重要呢？因为它允许组织监督、学习、自我控制和调整它们与那些负责人的组织互动时的行为。它提供了决策的合法性，增加了透明度和有助于减少既定利益的影响。因此，可置信性是发展结构的关键驱动者。有许多项目结果表明了可置信性这一议题。根据 UNDP 和其他发展机构的经验和研究，有效的反应集中在：可置信系统，比如，检查和平衡、水平可置信性；反馈机制，比如独立的伙伴/同僚评论机制；呼吁机制，比如参与方法、程序和工具，语言改革，了解熟悉信息等。可置信性高带来的产出，有利于建立一个更有力的制度（UNDP，2008）。

由于上述四个核心问题是互相促进的，因此，如果将四个领域的发展行动联合起来，发展能力的变化可能更为有效。

（二）发展能力的衡量

相对而言，怎样衡量发展能力，可以说是发展能力研究的"短板"。这主要源于发展能力的含义非常丰富，而且尚未形成一个"一统江湖"的概念，因此，自然难以衡量。总体来看，由于 UNDP 给出的发展能力概念性框架比较清晰完整，因此大多数研究根据该框架，围绕制度能力、可行环境能力、个人能力构建了评价发展能力的指标体系。由于这类研究涉及具体的指标，内容比较丰富而繁杂，限于篇幅，这里不再一一列举，仅简单阐述 UNDP 的发展能力衡量框架。

根据其定义，UNDP 建立了以结果为基础的衡量框架，包括三个层次：

第一，冲击，民众福利的变化。

第二，结果，制度绩效、稳定性和适应性的变化。

第三，产出，基于四大核心领域的发展能力变化带来的产品生产和服务提供。

（三）发展能力研究方法

由于发展能力的概念界定并不统一，内涵也十分丰富，因此，发展能力的研究方法也十分丰富。根据 Lusthaus 等（1999）的区分，国外对发展能力的研究大致可以区分为相互交叉的四种方法：组织、制度、系统和参与方法。

1. 组织方法

该方法认为共同体、组织甚至一系列组织是发展的关键。组织发展方法从内向外地聚焦组织能力（Morgan，1989），关注组织内能力因素和构成。至于影响组织能力的因素和重要途径，虽然也存在一些共识，但是总的来说是仁者见仁，智者见智（UNICEF，1999）。该研究方法是封闭和开放系统视角的混合体。封闭视角聚焦组织内部运转，即强调提高官僚机制能力。然而，也有文献强调组织关系对外部环境的影响：制度、社会建制关系和政治经济问题。在该方法下，组织被看作一个进行中的系统，使得个人和系统能力变化为组织结果（Lusthaus et al.，1999；Eele，1994；Diesen，1996）。

组织方法的一个优点是：与成熟的组织理论及其变化有很多共同之处。因此，这一个方法相对而言，聚焦点和组织变化研究都比较清晰。不过，虽然组织的定义很清晰，但是关于在一个发展的世界中组织如何变化仍有许多议题有待进一步探讨。组织方法的局限之处在于：用组织视角研究系统，而组织仅仅是巨大的发展画面的一个部分而已。因此，为了实现发展的目的，组织研究是必要的，但是不充分的。

2. 制度方法

在发展能力研究中，制度方法与制度发展有关但并非是其同义词，已经成为一个新出现的领域（Scott，1995）。早期的发展文献没有区别制度和组织。即使今天，这些术语也常常被交叉使用（Brinkeroff，1986；Lusthaus et al.，1995）。在过去十年，受制度经济学家启发，与制度和制度变迁相关的思想被更为严格地应用，制度与组织的区分也更为清晰。制度方法强调通过创造、变化、加强和从过程以及规制社会的规则中学习并形成能力。全球化和民主化可以说明该定义的说服力。

发展能力是怎样作为制度发展的一个派生概念产生的呢？很明显，大多数发展能力工作要求了解有关游戏规则的知识。为了保证公平，法律需要调整，减贫政策需要发展，需要找到方法帮助那些通过非正式制度反对、排斥的人，积极参与到改变他们的制度安排的过程中来。

发展能力的定义仍然没有进化到指出哪里刚好是制度变迁的重点，哪里是能力形成的起点。这个分界线仍然是模糊的，然而在这些概念中作一些简要的区分是可能的。制度变迁通常是专家驱动，不包括发展阶段方法，几乎不考虑与其他方法产生联系。通过运用宏观视角，制度方法能够更好地处理掩藏在大多数发展问题之下的议题，比如规范、文化价值、激励系统和信仰等。但是我们必须小心避免沙文主义地断言某些制度是对的，而另一些制度是错的。

3. 系统方法

系统研究方法是一种多维视角。在某种层面上，制度和组织方法都采用了系统研究的视角。组织是系统。然而，系统方法指一种全球概念，是多层次的、历史的和相互联系的，在该方法下，每个系统和部分都是相互联系的。

系统方法认为，发展能力应该致力于提高已经存在的能力，而不是建立新的系统。系统拓展至个人和组织之外，达到系统这一层面，它们交互作用，以及引导它们的制度。这一方法要求考虑到所有相关因素的内容及其相互联系。这里，发展能力包括国家、地区、市政层次、当地组织和制度，以及被国家、私人或公共组织组织起来的人们，以及他们的公民地位（Morgan，1996；UNDP，1999）。

从系统研究视角看，发展能力被看作各主体（个人、社区/团体和组织）通过他们自己努力以及通过外部援助提升能力的相互作用动态过程。OECD（1996）将发展能力看作一个随时间而发展的动态的、相互联系的方式，从某些维度向更复杂、合作、适应性、多元性、相互依存性和整体性发展。有效地形成这样的系统要求系统研究方法，包括制度研究方法的重要因素。通常制度框架表明系统内不同因素是怎样相互作用的。这种多层次的系统视角在 UNDP 研究发展能力中被建立起来（UNDP，1999）。

系统研究方法的一个困难是：是不是干预系统的任何方面都会使发展能力提高？这在某些时候是不清楚的；或者是不是有必要让发展能力从国家、部门或者地区视角而言，可以被具体地看到和计划？虽然关于发展能力的一个共识是：个人因素在系统发展中扮演着最突出的角色。然而，在什么时候干预会成为对建立个人能力的有效干预呢？例如，公共服务中的个人培训是不是发展能力干预？这对于与其他系统连接是不是明显重要的一个方面？因此，最大的困难来自哪些是、哪些不是发展能力干预。

系统研究方法的优点是：该方法是综合性、全面性和适应性的，而且强调影响因素之间的联系。提供了一个将发展理论置于其中的更宽的概念框架和理论框架，而且是一个对国家和部门变化感兴趣的有用的概念。缺点是该方法缺少聚焦。由于考虑到大量的影响因素，有时会使这种方法难以驾驭——当高度抽象使得语言模糊时。既然概念本身就是宽泛的，包括所有东西，系统中的一个因素开始变化就是不明显的。

4. 参与式研究方法

参与式研究方法是嵌入到上述方法中的关于发展过程的特殊理念。在发展能力主体下，这一个理念是为识别能力形成如何发生而出现的。不忽略发展目标，参与式研究方法强调达到目标的方法的重要性。那些认为发展是以人为中心，而非科层决定的人相信，除非发展能力的形成是参与式的，或伙伴关系，让参与其中的人感受到更高程度的所有权，否则预期目标不能达到（Fowler，1997）。制度发展的目标不是直接应用外国模式的结果，而是应该致力于识别和运用本土知识，形成一种草根民主模式（Ryan，1986）。

发展能力通常与联合国关于赋权的正式文件以及许多 NGO 文献相联系，并吸收了其他方法的一些发展目标。事实上，参与式研究方法可能不算一个单独的研究方法，而是与组织的、制度的和系统研究方法相重叠。然而，发展能力、赋权和参与之间的关系并不清晰。尽管定义在变化，但是几个关键理念逐渐凸显。赋权的含义暗示着发展的参与思想。Waller-stein（1992）认为它是一个社会过程，"刺激个人、组织和社团的参与，向提高个人和社团控制、政治效能、社团生命质量提高、社会公平等目标迈进的过程"。将发展能力与赋权联系在一起形成了发展能力明确的发展目标，特别是引入平等思想，以及突出私人部门概念的发展能力，可能会导致对社会公正问题视而不见（Alley et al.，1998）。

参与式方法将变化和学习当作核心价值。该方法的优点是定义狭窄，因此可以明确包含和排除。例如，发展活动应该是参与式的。这与一般意义上的发展是一致的，因为它们有着一些共同的假设，强调参与、所有权、权力分享。尽管为了参与发展的能力建设必然涉及一系列进入点和方法，但在一般的发展能力文献中，几乎不考虑当人们学着怎样参与更多或得到更多赋权所经历的发展阶段。也许因为这种方法中人的重要性，变化的焦点通常是个人的。而且尽管个人变化是重要的，但是什么时候个人能力的量变和质变，最终会累加成为发展能力，仍然是很重要的问题。

通过将参与作为参与式方法的定义特征，该方法既没有考虑变化的产出，也没有考虑变化的单位。因此，这使得将狭义的发展产出贴上发展能力的标签这一危险存在，在参与式方法中可能会出现尽可能多的这样的产出，但与此同时，这些产出对于能力的建设却没有贡献（Lusthaus et al.，1999）。

（四）发展能力研究新范式

随着发展援助实践经验的积累，进入 21 世纪后，发展能力研究范式呈现新的特征，这些变化被概括到发展能力研究新范式这一语境之下。

世界银行（2005）将发展能力新范式的特征总结为来自实践的 6 个

经验：第一，发展能力必须强调增强政府效力和提高社会包容的双重目标；第二，治理对于成功的、可持续的发展能力形成至关重要；第三，已经存在的发展能力的很大部分以及更好地运用当地和散居在外人才的能力没有发挥出来；第四，建立技能、知识和能力生产系统的坚实基础，通过加强能力建设形成发展能力很关键；第五，对发展能力的捐助支持不仅事关提高技术能力，也事关资助方式转变问题——这类资助应在不破坏能力或阻碍制度发展的情况下提供；第六，在获得发展能力的发展战略中，好的实践需要平衡国家背景的多样性。

同样是归纳发展能力研究的新范式，如表 2 - 1 所示，Levy（2004）认为新范式从强调技术供给分析转向政治需求；从聚焦官僚机构、中央层面转向地方层面；从注重综合的结构性设计转向强调长期适应性、结果导向、聚焦过程的设计。新范式强调发展的本质不仅仅是改善经济和社会条件，而且是社会转型，以及建立正确的能力；只有内生的好政策才是实施有效发展合作的条件；本土知识以及来自其他所有国家、而不仅仅是来自发达国家的知识，是最重要的知识形式；知识不能转让，只能获得（Oxford Policy Management，2006）。

表 2 - 1　　　　　　　　发展能力研究新方法

对比内容	传统的技术和管理方法		新方法
分析方向	技术	←→	政治
	供给	←→	需求
聚焦领域	官僚机构	←→	监督机制
	中央	←→	地方
设计原则	最好的实践	←→	后续步骤，适合
	全面	←→	聚焦，结果导向
	结构	←→	过程

资料来源：Levy（2004）。

Fukuda - Parr 等（2002）也提供了一个发展能力研究新旧范式的对比。如表 2 - 2 所示，新旧范式在若干个领域存在明显的差异。就发展的本质而言，通用范式强调经济和社会条件的改善；而新范式强调社会转型，包括建立正确的能力。关于有效合作的条件，通用范式认为好政策可以引进、移植或者复制；而新范式认为好政策必须是土生土长的。对反贫困中不对称的赠受关系，从强调伙伴精神转向强调问题的详细描述，并提出有力措施加以解决。对于发展能力的理解，从强调人力资源和制度，转向强调个人、制度和社会三个层次。对于知识，从强调知识可以转移转向强调知识只能获得，同时强调本土知识的重要性。

表 2 - 2　　　　　　　　　　　　发展能力的新范式

比较内容	通用范式	新范式
发展的本质	经济和社会条件的改善	社会转型，建立正确的能力
有效合作的条件	好政策可以是外部给的处方	好政策必须是土生土长的
不对称的赠受关系	应该用伙伴精神和相互尊重加以解决	应该作为问题详细描述并采取有力措施
发展能力	人力资源发展，结合更强有力的制度	相互联系的三个层次能力：个人、制度和社会
知识的获得	知识可以转移	知识只能获得
最重要的知识形式	知识形成与发达国家向发展中国家的出口	当地知识，结合从其他所有国家获得的知识

资料来源：Fukuda - Parr, Sakiko et al. , 2002。

三　国内发展能力研究的视角和特征

（一）国内研究的多重视角

自从实施西部大开发以来，国内相关研究不断增加，总体来看，大致可以划分为三大研究视角。

第一是理论视角。在林毅夫（2002）提出的比较优势与企业自生能力的理论分析框架上，李庆春（2007）提出了基于比较优势理论的区域自生能力概念，认为存在大量与本地资源禀赋一致、具有自生能力企业的区域有自生能力，反之则无自生能力；王科（2008）尝试构建了地区自我发展能力的自然资本、社会资本、人力资本和经济资本经济分析模型。

第二是区域视角，聚焦区域发展能力，对之进行界定（郑长德，2011；闫磊等，2011；向焕琦，2011；江世银等，2009；李盛刚等，

2006），从经济结构、产业结构、资本配置效率、要素单向流动以及财政能力等方面探讨西部地区自我发展能力不强的原因，并据此提出增强西部地区自我发展能力的政策建议（刘慧，2009；李慧等，2008；万劲波等，2005；王建太，2003）。

第三是从发展能力衍生的多种视角和概念。比如，产业视角，大多在林毅夫提出的自生能力框架下，强调企业自生能力、产业发展能力是西部地区形成自我发展能力的核心和基础（吴金明等，2005；吴群刚等，2001）。创新能力视角，主要关注西部地区企业自生能力和产业发展能力问题（陈永忠等，2009；朱承亮、岳宏志等，2009）。资源可持续视角，主要关注水资源承载能力问题（魏后凯，2005；姚治君等，2005）。贫困地区视角，关注贫困地区的自我发展能力问题（康晓玲等，2004；王科，2009）。对策研究视角，研究数量最多。一些研究通过对十年西部大开发进行总结，提出下一步塑造自我发展能力的对策（何代欣，2011）；更多的研究则强调通过提高政府公共服务、信息服务、劳动力转移、引资、金融服务等能力形成西部地区自我发展能力（李林，2008；谭兴中，2004）。

（二）国内研究的主要特征

总体来看，目前国内对发展能力的研究具有以下特征：

（1）概念界定的缺失。不少研究如何提高自我发展能力的文献，基本上都没有对概念进行界定，而是直接提出应该从哪些方面提高自我发展能力。似乎"自我发展能力"已经是一个众所周知的清晰概念，而我们知道，事实并非如此。

（2）主体的多元性。发展能力的主体涉及区域、产业、企业、政府、农民、政府官员等，而且所有这些冠之以不同主体的"发展能力"研究，几乎都没有以清晰的发展能力概念界定为前提。

（3）概念界定不统一。即使是针对同一主体发展能力的研究，概念界定也存在很大差异。比如对区域自我发展能力的界定，可以粗略地划分为三大类：一是基于发展主体视角界定，将区域自我发展能力分解为政府、企业、家庭等主体的自我发展能力（郑长德，2011）。二是从资源或资本视角进行界定，将区域自我发展能力界定为一个地区通过有价值活动而实现区域发展的各种组合，包括区域经济资源的利用能力和创生能力（闫磊等，2011）。王科（2008）则从资本视角，认为区域自我发展能力是一个综合性的概念，是一个区域的自然生产力和社会生产力的总和，是对区域内自然资本、物质资本、人力资本和社会资本积累状况的整体描述。三是从区域发展内容进行界定，认为区域自我发展能力是一个能力集合体，主要由区域要素聚集能力、区域产业发展能力、区域科技进步能力、区域制度创新能力和区域政府调控能力构成（向焕琦，2011；江世银等，2009），或者将之区分为经济、社会、区域组织协调、组织创新和生态平衡发展五个方面的自我发展能力（李盛刚等，2006）。

（4）定性研究多，定量研究少。由于对发展能力没有清晰的界定，因此，要评价发展十分困难，主要表现为指标体系的构建缺乏理论依据和现实说服力。所以，绝大多数研究的预设前提都是某一主体缺乏发展能力，然后针对这一预设前提，在没有界定、评价发展能力的情况下，直接提出增强发展能力的若干对策。

四　国内外研究的比较与展望

（一）国内外研究的差异

总体来看，国外对发展能力的研究，大多聚焦相关机构实施的发展项目，以提高发展项目效率、形成受助方发展能力为目标，在总结实践经验的基础上，运用供求分析、制度分析、结构功能分析、计量分析等方法展开研究。同时，国外研究大多受托于国际机构，研究人员大多非本土人员，因而不管是研究发起的动机还是研究人员的视角，都具有从外向内的视角特征。这一特征要求我们在参考国外文献时，必须考虑到聚焦点和视角的差异，有甄别性地加以吸收运用。

与国外研究相比，国内研究有三大不同之处：一是有组织的研究较少，自发研究多。不像国外大多数研究受相关机构委托展开，因此，往往难以形成系列具有参考价值的研究报告。二是规范研究多，经验研究少。大多数研究都强调要形成自我发展能力应该怎么样，而少有研究关注为了形成发展能力，我国各地区都做了些什么？怎么做的？有何经验意义？三是零星研究多，成体系的研究少。这一不同之处在很大程度上由前两点决定。所以，难以形成系统的深度探讨。

（二）国外研究的启示

虽然国内外研究各有特点，但是，总体来看，国外研究更为系统、方法也更为规范，这对我们进一步推动国内相关研究有若干启示：

第一，要明确发展能力的主体。从国外的研究来看，主要关注欠发达地区的发展能力问题，换言之，发展能力是以某一欠发达地区或者国家作为主体。而从国内的相关研究来看，则呈现出多元主体的特征。从林毅夫提出企业自生能力这一概念之后，陆续有学者关注区域、个人、企业乃至政府的发展能力。

第二，要明确界定发展能力。从国外对发展能力不断修正的界定来看，表明发展能力的界定本身是一件非常困难的事情。但是越是如此，越需要不断完善直至明确界定发展能力。这是开展深入研究的一个重要前提。

第三，要多层次多角度地衡量发展能力。由于发展能力的内涵十分丰富，因此，对发展能力的衡量不能简单地用经济增长的相关指标进行衡量，需要从宏观、中观、微观各个层面进行衡量。而且，对发展能力的衡量，不能仅仅使用定量指标，也需要运用一些评价性指标，包括主观感受的描述性评价等。

第四，要立足本土实际研究发展能力。对发展能力的研究，必须要有比较的视角，可以说，正是因为在衡量比较中的落后和差距持续拉大，才使得发展能力被提上日程。但是，对比较视角的强调，往往容易导致对发展能力的研究采用一种"由外向内"居高临下审视的视角，而忽略了立足本土实际，缺乏针对性和现实意义。

(三) 研究趋势展望

虽然国内外研究存在众多差异，但是，由于问题本身具有共同性，因此，国内外对该问题的关注，将会在突出问题意识的前提下，围绕发展能力概念的清晰界定、实质内涵、衡量评价、经验案例以及实践路径等核心内容展开，并在发展的过程中逐渐走向语境的统一——绝大多数研究将在经济学语境下展开；而多重视角将有可能转向自成体系的多层次视角。

就国内研究而言，未来研究将会更注重与国家需求对接，以及与国际范式对接，并注重发展经验总结，强调为国家发展能力研究提供丰富而宝贵的经验案例和数据。

第三节　贫困与反贫困产权分析的概念基石

一　贫困与能力贫困

综观世界银行和众多学者对贫困的界定，对贫困的定义综述围绕以下几个核心词展开：

核心词一：收入。从收入视角界定贫困，确定一个社会、一个经济体中哪些人是穷人，是我们最为熟知的对贫困的清晰界定。因此，从这样一个意义上来看，对贫困的界定变得非常简单，即只要收入低于贫困线就处于贫困状态。根据贫困线确定贫困状态，表明贫困是低于一般生活水平的一种匮乏或者短缺状态。根据贫困线来界定贫困，需要注意两点：一是贫困线是根据经济社会的发展不断调整的，再考虑到通货膨胀因素，调整的方向都表现为提高而非降低；二是对贫困线的划定，有绝对贫困视角和相对贫困视角。绝对贫困视角是指根据维持贫困人口基本生存所需要的最低收入画线；相对贫困线则根据某特定经济体的收入分层状况划定贫困线。可见，以前者为标准，只要经济社会持续发展，贫困人口减少的趋势将会相对明显；但是，如果以相对贫困线为标准，则无论经济社会如何发展，贫困人口的多寡主要取决于该经济体中的收入分布结构。

核心词二：权利。无论是马克思主义政治经济学还是因提出贫困权利理论而获诺贝尔经济学奖的阿玛蒂亚·森，都强调低收入阶层因权利不足、被剥夺、得不到保障等陷入贫困境地。在他们看来，穷人并不是因为他们生而贫困，更不是因为他们偷懒，主要是因为他们的劳动成果和相应权利没有充分的保障，使得他们成为社会初次分配和再次分配中的弱势群体，因此沦为"丰裕社会中的贫困者"。

核心词三：能力。这是基于减贫实践中观察到的现象而提出。在能力贫困论者看来，贫困人口之所以贫困，主要是没有能力抓住发展的机会，哪怕是在减贫机构给予不少这样的针对性的发展机会之后，也没有形成能够脱离贫困的自我发展能力，因此，贫困者是能力匮乏者。尤其是在减贫实践中，不少贫困人口被观察到，只要给予持续的发展机会和项目，基本能够脱离贫困，但是，一旦减贫机构的减贫干预停止，马上重返贫困。但是，并非所有受过援助的贫困者都是如此，事实上，也有不少贫困人口在接受了援助项目之后，很快发展起来，不仅解决了自己的收入问题，甚至创造了就业机会，为其他低收入者摆脱贫困做出了贡献。因此，从能力视角来看，贫困与不能抓住机会更不能创造机会有关。

核心词四：文化。在减贫干预和对穷人生活的观察中，"贫困文化"论日益受到美国等发达国家的重视。在他们看来，正是由于贫困文化的存在，助长了贫困人口对减贫干预项目的社会依赖。以美国来看，1960 年以前，美国贫困率急剧下降，但是自 1970 年以后，由于贫困文化的影响，使得贫困人口一直徘徊在总人口的 12% —13%。一般认为，贫困文化是"一种生活方式"，这是由穷人习惯养成的。这种贫困文化不仅包括低收入，而且还包含冷漠、疏远、缺乏同情心和没有责任感；导致穷人缺乏努力工作、有计划地为未来积蓄和争取上进的自律意识；引起家庭不稳定、暂时满足感和"只看当前"而不是"面向未来"；阻碍贫困人口去利用他们能够获得的机会。因此，对于因陷入贫困文化而贫困的穷人，现金补助已无法在很大程度上改变这些长期性贫困养成的生活方式，因为他们很快就会把多余的钱花在不必要的琐碎的东西上，而不是借助现金补助谋求发展机会。

当然，无论是哪一个核心词，在减贫实践和学术研究中都遭到了不同的质疑。但是正是在这些质疑声中，贫困的概念得以不断演进和完善。这让我们形成了当前比较全面的贫困概念：贫困首先表现为收入低，在发达国家，收入低更多的是指相对收入，在发展中国家则更倾向于以绝对收入为标准划定贫困线；贫困与权利不足、被剥夺、没有保障等情形相关；贫困与抓住和创造发展机会的能力不足有关；贫困与贫困人口长期形成的贫困文化有关。很明显，每一个界定贫困的核心词都指向一整套相应的减贫措施和策略。而且不同的国家和地区会根据自身的贫困和减贫现实情况，强调从某一个核心词出发制定相应的减贫战略。

就几个核心词与贫困之间的关系来讲，抛开因与果的争论[1]，如果在核心词的前后分别加上"贫困"二字，其关系就一目了然了。很明显，贫困包含了收入贫困、权利贫困、能力贫困和贫困文化等概念，因此，可

---

[1] 长期以来，对贫困的原因和结果一直存在争论和分歧。比如，在大多数情况下，权利缺失、能力不足、贫困文化被认为是贫困的致因，但是，也有人争论说：这些毫无疑问都是贫困的结果，而不是原因。要厘清这个"鸡生蛋、蛋生鸡"的循环争论，需要从哲学层面探讨贫困与不平等的关系，这在本书的下一章将专门论述，此处不再赘述。

以将收入、权利、能力和文化理解为定义贫困的四个不可缺少的维度。正是在这种多维的界定中，贫困被赋予了越来越复杂的含义，这也给减贫干预带来了更大的挑战。

前面的分析表明，从严格意义上来讲，贫困与能力贫困的关系，是一种包含与被包含的关系，而不是一种并列关系。当我们说到"贫困"这一个概念时，意味着按某种标准衡量下的低收入群体；当我们用"能力贫困"这一概念时，则意味着对已经按照某种标准确定的贫困人口而言，我们重点关注其能力问题，而非贫困的界定问题。因此，对"贫困"的界定关系到在某一确定的衡量标准下，哪一部分人将被确定为贫困人口群体，涉及的主要是贫困标准的确定问题；而"能力贫困"则主要涉及对贫困问题的关注视角问题——它表明，我们对贫困问题的关注，不是从收入或者其他视角，而是从"能力"的视角。很显然，这就要求我们必须清晰地界定"能力"。这就将问题引入下一组需要探讨的概念。

二　能力与能力形成

什么是"能力"？我们经常用是否"有能力"对一个人进行评价，在这样一个意义上，"能力"是指个体完成某项特定任务或者工作的知识、技能（技巧）、方法（手段）的综合特征，在英文中，对应的单词包括"Ability；Capacity；Skill"等。在心理学文献中，用个体所具有的"个性心理特征"定义"能力"，将"能力"定义为"人们顺利地完成某种活动所必须具备的个性心理特征"（叶奕乾、祝蓓里，2006）。那么，什么是"个性心理特征"呢？比如，谦虚、骄傲，活泼、沉静等人的气质和性格，虽然对个体完成某种活动也产生一定的影响，但是这些都不是完成活动所必需的个性心理特征。只有对于完成某项活动必不可少的个性心理特征才被认为是"能力"，正如苏联心理学家克鲁捷茨基所指出的那样："如果一个人能够迅速地和成功地掌握某种活动，比其他人较易于得到相应的技能和达到熟练程度，并且能取得比中等水平优越得多的成果，那么这个人就被认为是有能力的"（转引自叶奕乾、祝蓓里，2006）。比如有经验的纺织工人能分辨出40多种浓淡不同的黑色色调，而一般人只能分辨出3至4种；磨工能看到0.0005毫米的空隙，而一般人只能看到0.1毫米的空隙；长期生活在草原上的牧民，仅通过嗅觉就能判断出牧草的营养价值；对于从事音乐活动而言，节奏感和曲调感是必不可少的个性心理特征；对于从事绘画活动的人而言，准确地估计比例关系是必不可少的个性心理特征；而在一般意义上，精确观察、准确记忆、快速思维等是完成许多活动所必不可少的个性心理特征。换言之，如果没有这些个性心理特征，某项活动可能就不能顺利完成。因此，只有顺利地完成某种活动所必需的个性心理特征才称为能力（叶奕乾、祝蓓里，2006）。

从这样一个意义上来看，如果不用心理学术语，而用经济学术语，或者大众知识体系中的术语来定义能力的话，能力似乎更多地和"个人禀赋"或者"天赋"相关。也就是说，一个个体如果天生具有某一方面的特质或者禀赋，一有机会，这种特质或者禀赋就会使其在某种活动中使他与其他不具备这种特质或禀赋的个体区分开来。毫无疑问，这种区分通常是以活动完成质量或者效果来衡量的。由此可见，一方面，能力是完成某项活动所必须具备的个性心理特征；另一方面，能力必须以活动为载体才能得到识别。正是能力与活动两者之间的这种交互关系，为能力贫困理论的形成与发展提供了理论基石——不管是贫困的权利分析范式还是能力范式，其假设前提是：就先天的个性心理特征即完成某项活动所必须具备的能力而言，贫困人口与其他群体的差异并不像收入差距那么大，真正让贫困人口与高收入群体区分开来的是展现能力的活动机会的多寡。之所以认为贫困人口的权利缺失，就是因为贫困人口缺乏一些其他高收入群体普遍享有的机会，比如上学的机会；而之所以认为贫困人口能力匮乏，也是因为贫困人口由于机会的匮乏，从事相关活动的频次和类型都更少，因此，不仅难以发现自己的能力，而且更难以通过"干中学"提升自己的能力。

根据前述定义，能力通常被划分为一般能力和特殊能力。一般能力是从事大多数活动所共同需要的能力，因此又被称为普通能力。一般能力是人皆具备的最基本能力，如观察力、记忆力、思维力、想象力、注意力等，一般能力的综合体就是通常说的智力。一般能力和认识活动密切相关，保证个体比较容易和有效地掌握知识符合多种活动的要求。特殊能力是完成某项专门活动所必须具备的能力，因此又被称为专门能力。意即为了完成某项特殊活动必须具备的能力，如数学能力、写作能力、体育能力、绘画能力、音乐能力等都是特殊能力。正如能力与活动的双向促进关系一样，一般能力和特殊能力的关系也是相互依存相互促进的：顺利完成一项活动，不仅需要人所共有的一般能力，而且也往往要求具备与该种活动有关的特殊能力。因此，虽然我们可以从概念意义上区分一般能力和特殊能力，但是从完成某项活动的过程来看，几乎不可能严格区分哪一个阶段运用的是一般能力，哪一个阶段运用的是特殊能力。正是从这样一个意义上，我们说完成任何一项活动都需要多种能力的综合应用。这种个体具备的多种能力的完备结合通常被称为才能。由于每一项活动涉及的领域不同，因此，才能往往因职业的不同而具有不同的特征。比如数学才能包括对数学材料的迅速概括能力、运算过程中思维活动的迅速"简化"能力、正运算过渡到逆运算的灵活性等，而教师才能则由记忆能力、言语表达能力、逻辑思维能力、注意分配能力和组织能力等构成（叶奕乾、祝蓓里，2006）。

正如人的长相有差异一样，人的能力也有差异。就一般能力而言，类型差异主要表现在知觉①、记忆、言语和思维四个方面；特殊能力的类型差异则根据完成特定活动所需要的不同能力组合决定，比如田径中的百米赛跑，需要起跑能力、前半程的步伐控制能力和后半程的冲刺能力，一个优秀的短跑运动员，可能是因为起跑能力突出，也可能是因为冲刺能力超群，还有可能是整体所有能力都很不错。如果要对能力差异进行衡量，我们会发现，特殊能力的衡量是比较困难的，因为特殊能力往往是从事某一特定活动需要具备的能力组合。对一般能力的差异衡量，往往用"智商"这个指标，统计数据表明，60%的人智商在90—109之间，即智力正常；有20%左右的人是高智商群体；还有20%左右的人智力偏低（叶奕乾、祝蓓里，2006）。这样一种分布规律意味着，如果能力与发展机会、收入正相关的话，我们这个社会的贫富不应该如此悬殊。因此，现实中不断加大的贫困差距可能有两个解释：第一，贫困人口都是低智商群体；第二，贫困人口的能力没有得到发挥。很显然，第一个解释难以成立——如果贫困人口都是低智商群体，那么减贫干预就是完全没有必要从事的活动——因为不管怎么扶持和帮助，低智商群体也不会变成高智商群体。但是事实并非如此，我们观察到，通过减贫干预，不少贫困人口不仅自己脱贫，而且成功地带动其他贫困人口致富，成为当地经济发展中的"能人"甚至成长为企业家。因此，个体能力差异的存在进一步为贫困的权利分析和能力范式提供了理论基础。

---

① 知觉在心理学上常常与感觉一词进行对比，是"对作用于感觉器官的客观事物的直接反映，但知觉不是对事物个别属性的反映，而是对事物各种属性和各个部分的整体反映。通过感觉，我们只知道事物的属性；通过知觉，我们才对事物有一个完整的映象，从而知道它的意义"。知觉"不仅受感觉系统生理因素的影响，而且极大地依赖于一个人过去的知识和经验，受人的心理特点，如兴趣、需要、动机、情绪等制约"（叶奕乾、祝蓓里，2006）。

减贫活动的积极效果为能力形成提供了事实基础。这一事实基础至少包括两层含义：第一，贫困人口从事相关的生产经营活动可以实现收入的增加；第二，贫困人口可以通过从事相关的生产活动形成相应的自我发展能力。但是，事实同样表明，这两层含义并不存在必然的联系。从现实中我们经常看到的是：通过某一项特定的生产活动，贫困家庭的收入状况得到改善，但是，一旦停止该项生产活动，部分贫困家庭立刻重返困顿，同时少数家庭则成功转向其他生产活动，以获得持续的收入改善。因此，我们认为，前者没有能够通过特定的生产活动得到能力的发展，而后者则得到了能力的发展。这也正是贫困能力范式的价值之所在。

而从理论层面来讲，心理学对于能力形成（能力的发展）研究表明：遗传、环境、营养和实践活动对于能力的发展有直接影响。

在大多数人的认知中，遗传因素被认为是先天赋予的，因此后天的作用比较小。但是即便是这样一个被认为是先天赋予的因素，也与个体成长过程中关系密切的人相关度较高，即生活在一起的人会影响未成年人的智商水平。如表2-3所示，根据心理学家的研究，如果生活在一起，即使没有血缘关系的个体之间，智商的相关度也在0.20—0.30之间，这表明哪怕是被认为最强大的遗传基因，也会在一定程度上受到环境的影响。其实，这一点如果运用达尔文的进化论来看的话，是毋庸置疑的。只不过对于大多数人来讲，由于过于迷信遗传因素，而忘记了这一点而已。

表2-3　　　　　　　　　不同血缘关系者的智商相关度比较

关　系	相关系数
无血缘关系又生活在不同环境者	0.00
无血缘关系在同一环境长大者	0.20
养父母与养子女	0.30
亲生父母与亲生子女（生活在一起）	0.50
同胞兄弟姐妹在不同环境长大者	0.35
同胞兄弟姐妹在同一环境长大者	0.50
不同性别的异卵双生子在同一环境长大者	0.50
同性别的异卵双生子在同一环境长大者	0.60
同卵双生子在不同环境长大者	0.75
同卵双生子在同一环境长大者	0.88

资料来源：叶奕乾、祝蓓里（2006）。

　　遗传因素尚且如此，其他影响因素更不用说。在环境因素中，社会生产方式是最重要的因素。这一影响因素可以说建立了减贫与能力之间的直接关系，为能力指向的减贫战略提供了理论基础。另外，正如能力需要具体的生产和社会活动为载体一样，能力的天然载体是健康的身体，因此，营养是影响能力发展的一个重要因素，尤其是幼儿的营养，直接关系到能力的发展。因为营养不良会影响脑和神经系统的发育，从而影响能力的发展。最后，必须强调的是，人的能力形成和发展离不开实践活动，并且与个体从事实践活动的积极性成正比。心理学的这一研究结论与贫困文化理论可以说是互相验证。在减贫实践和研究中，大量的事实和研究成果表明：对于减轻和消除贫困而言，更多的时候，困难来自贫困文化的代际传递。不少贫困家庭之所以陷入困顿，不是因为缺乏脱离贫困的基本生产条件，比如土地贫瘠、当地灾害频发等，也不是因为缺少就业机会，而是因为缺乏从事生产实践的积极性。

　　因此，相关领域对能力形成的研究，以及我们对生活现实的观察表明：在智商给定的前提下，能力形成与一起生活的个体之间的关系（人的环境或者社会资本）、社会经济环境（包括接受正规教育的机会、可以获得的营养水平、资源分配的方式等）、社会实践参与机会、社会实践参与积极性等因素高度相关，这些相关的因素无疑为减贫的能力范式提供了能力培育的清晰路径。

　　如图2-1所示，总结已有研究对能力与能力形成的关系论述，可以得到能力贫困理论致力于培育贫困人口能力的清晰思路：

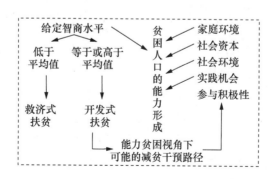

图2-1　能力形成影响因素与减贫干预可行路径

资料来源：笔者根据相关资料整理。

第一，如果贫困人口的智商低于平均值，那么，很显然，减贫的主要路径应为救济式扶贫。这已经被广泛应用到减贫实践中，比如，对残障人士、失去劳力的老年人的减贫干预，主要以非生产性、满足日常需求的救济式扶贫为主。

第二，对于智商水平在平均值以上的贫困人口而言（事实上这也是最普遍的情形，没有任何证据和数据表明，被划为贫困的人口群体智商低于平均水平），应该实施生产性的开发式扶贫，致力于帮助贫困人口形成能够自我发展的良性循环。无数的减贫事实表明，这有赖于贫困人口在减贫干预中形成一定的能力。那么，哪些干预有利于贫困人口形成能力呢？因此，我们继续得到以下显而易见的结论。

第三，已有研究表明：影响智商以及能力形成的因素主要包括家庭环境、社会资本、社会环境、实践机会和参与活动的积极性等因素，相应地，能力贫困视角下的减贫可行路径就包括：

（1）改善贫困人口的家庭环境。这在国外早期的贫困干预中，主要通过提高贫困家庭母亲的受教育程度，改善贫困家庭对于孩子成长、家庭理财等方面的状况，从而改变贫困人口生存和发展的微观环境。而对于我国当前的减贫干预而言，这一领域最特殊的命题应该是大量留守儿童的家庭教育缺失问题。

（2）让贫困人口的社会资本发挥作用。无论是生物学、社会学，还是演化经济学、制度经济学以及行为经济学等学科的研究与实验都表明：弱者更倾向于合作。不管以什么标准来划分，贫困人口无疑是社会中的脆弱群体，更容易受到冲击和伤害，因此，合作对于他们至关重要。任何合作都有费用，最节省交易费用的合作方式就是"圈子"内的重复交易，这意味着，对于穷人而言，社会关系网络至关重要。对于这一点，即使被公认为最讲"关系"和"面子"的中国人，对这个问题的经济学研究都严重滞后于西方学者。最典型的例子就是2009年的诺贝尔经济学奖获得者埃莉诺·奥斯特罗姆，她在对公共治理的研究中，高度关注集体行动中社会资本的特殊作用。而最早关注社会资本对贫困人口能力形成的学者是社会学家科尔曼，他用社会学的语言、经济学的工具，给我们讲了一个相当于"孟母三迁"择邻而处的故事。但是正是科尔曼开创性的跨学科视角，揭开了社会资本对人力资本投资、贫困人口社会资本对其摆脱贫困等领域研究的热潮。目前，不仅是国际上，我国也有大量学者从社会资本的视角关注减贫问题①。

（3）改善贫困人口生活的社会环境。我们现在做的大量关于区域开发的增长与发展政策就是基于此。但是在社会经济环境中，与贫困人口相关性最高的接受正规教育的机会，可能是我们减贫干预中的薄弱环节。尤其是考虑到当前悬殊的城乡教育资源分布，贫困人口与城市人口的差距就更为悬殊。这一点即使在数据上"普九"达到100%，也不能说贫困人口就得到了如同统计数据所显示的受教育年限——因为家庭教育投入、教育设施、师资力量、可以使用的教育资源和平台等都存在明显的差异。此外，资源分配方式对于贫困人口的影响也非常直接。总体来看，一方面，改善贫困人口的社会环境包括若干具体和宏大的命题；另一方面，必须考虑社会环境改善以后，贫困人口是不是被排斥在外②。因此，这就引出了下一个减贫干预的可行路径。

（4）增加贫困人口的社会实践参与机会。这里涉及的是社会排斥问题。对贫困人口参与的排斥，有些是制度安排导致的，是我们应该尽快消除的社会排斥；有一些则是由于贫困人口的能力不足，自然而然形成的排斥，这需要假以时日，通过培养贫困人口的能力，提高他们抓住实践机会的能力，从而提高他们的参与率。因此，非常明显，在减贫干预中，消除社会排斥的优先序就是先消除制度安排导致的社会排斥，再致力于消除能力不足导致的参与不足。

（5）提高贫困群体的社会参与积极性。这与贫困文化有关。虽然贫困有很多原因，但是如果从贫困个体的身上找原因，排除没有行为能力的个体，对于心智、体力正常的贫困个体而言，懒惰、不良习惯和非生产性嗜好往往是导致贫困的重要原因。在实地调研中，我们经常了解到相关的案例。比如，关于懒惰的一个典型案例是：为了增加贫困家庭的收入，某县扶贫办采用了一个家庭发放一只小猪，并按月补助一定量饲料粮的减贫措施，小猪养大后按当地市场价可售价2000—3000元。在这期间，受扶

---

① 作者对该问题的关注，可参见"转型中社会资本对人力资本投资的影响研究"，载《经济学动态》2007年第2期。

② 比如我国候鸟般往来于城乡之间的农民工，就在很大程度上被排斥在不断改善的城市社会环境之外达30多年之久。近年来，在"民工荒"的加剧、农民工越来越重视孩子教育，宁愿放弃工作也不愿与孩子分开的选择等因素的共同作用下，农民工作为家庭融入城市的比例在增加。但是，即便如此，农民工子弟学校与城市中心完小、示范性中学的差距仍然是一目了然的事实。

持家庭需要做的就是每天割猪草，配合饲料粮喂养小猪。不巧当年当地夏天遇到大旱，猪草生长不好，割猪草不再像以前那么容易，割等量的猪草需要走更远的路、花更多的时间。这确实给贫困家庭饲养小猪带来一定困难。在这种情况下，杀猪、卖猪的选择都不会让人觉得奇怪。可是，让当地扶贫办意想不到、哭笑不得的是：一位农民把猪赶到工作人员办公室，说"这是你们的猪，没猪草，养不活了，还给你们"。其他类似的"等、靠、要"案例在各地也频频上演。因此，对于贫困人口而言，被排斥是一回事，愿不愿意参与又是另一回事，无论是哪一种情况，都不利于贫困人口形成自己的发展能力。除了懒惰以外，对于贫困人口影响更大的是一些代代相传的不良习惯与非生产性嗜好，比如酗酒、嗜赌、让小孩过早接触烟酒等，都是会影响生产能力的不良习惯。

第四节　演进中的理论与概念

贫困被称为经济社会的"毒瘤"，任何一个经济、一个社会，无论处于哪一个发展阶段，都必须面对贫困病毒的侵害，这也是为什么贫困会是世界性难题的根本原因。世界各国在攻克这一难题的过程中，形成了影响深远、不断演进的减贫理论，相关的贫困与反贫困概念也在不断演进。因此，对贫困与反贫困产权分析的研究与概念基础介绍，不能不从演进的视角对这一问题进行概括性的简要阐述。

一　贫困理论的演进

理论源于思想，从各国减贫实践轨迹的变动，可以捕捉到各国减贫思想的演进。1601 年，英国《济贫法》的颁布，是最早的以法律形式实施反贫困的举措。《济贫法》主要体现的是"救济式扶贫"思想。在政府向穷人提供福利待遇和公共救济金的时候，这项法律把由于年龄和健康原因而无法工作的人，与那些身体健康却没有工作的人区别开来对待。对于前者，政府会无偿地给予最基本的福利，包括现金、安全的住所、食物、衣服等。而对于后者，政府会帮助安排给他们与公共服务有关的工作，从而获得微薄的收入。凡是拒绝工作的人，就不能得到政府的福利。此后三百多年时间里，该法案一直是各国社会福利制度的重要依据和基础。直到1933 年，美国"以工代赈"反贫困方式的出现，可视为减贫思路中的

"开发思想"的萌芽。第二次世界大战以后，欧洲各国仍然沿袭了"救济式"扶贫思路，强调通过尽可能完善的社会保障体系缓解贫困问题，随着各国城市贫困问题的凸显，这一减贫思路带来了两个巨大问题：一是各国越来越大的财政压力；二是贫困人口工作负激励问题——各国均出现了不同程度的"养懒人"现象。因此，到 20 世纪 60 年代，美国政府开始强调反贫困工作中社会组织的参与、贫困人口能力形成、权利保障、消除贫困文化影响等减贫新思路。到 20 世纪 90 年代，这种反贫困战略思想在世界银行的发展项目中得到了广泛的实践和运用，其中最具代表性的就是参与式扶贫的兴起，以及在反贫困进程中对社会资本作用的强调。

与减贫思想的变迁相呼应，贫困与反贫困理论也经历了类似的演进过程。西方主流经济学的"禀赋贫困理论"是对"救济式"扶贫思想的理论总结，包括源于弗里德里希·拉采尔的"自然环境决定论"、马尔萨斯的"人口—贫困"恶性循环理论和纳克斯的"贫困的恶性循环"理论等，这些理论要么强调自然环境的恶劣，要么强调人口众多对资源的挤压和消耗，以及资金的短缺等是导致贫困的根源，因此，由于自身条件的限制，贫困人口不可能自己发展起来，需要通过"救济"或者"输血"缓解贫困。而舒尔茨的"人力资本理论"、刘易斯的"贫困文化"理论、阿玛蒂亚·森的"权利贫困"理论等则是对能力贫困和参与扶贫思想的理论提炼。这些理论通过强调贫困人口能力的短缺、社会排斥和权利缺失，主张实施以形成贫困人口能力、提高参与度、消除社会不公平等为核心内容的减贫策略。随着各国减贫实践的进展，尤其是发展中国家在发展过程中贫困致因的复杂性和交错性，缪尔达尔提出了综合性贫困理论——"循环累积因果关系"理论，从经济、社会、政治等不同角度，全面系统地研究探讨了发展中国家的贫困致因和发展症结，主张通过权利关系、土地关系、教育和人口制度等方面的改革，实施综合性反贫困政策措施。

二　瞄准机制的演进

瞄准贫困对象是扶贫开发的前提。从发达国家减贫实践来看，大致经历了从瞄准"区域"到"家庭"以及"特殊群体"的过程，当然，在实施中，后两者存在交叉。发达国家早期的减贫首先也是瞄准缩小区域差距，因此主要实施促进欠发达地区发展的区域性开发减贫措施。在工业化进程中，由于城市贫困的凸显，减贫工作开始瞄准贫困家庭。在社会福利保障制度完善以后，特殊群体的贫困又成为发达国家减贫的主要对象，即所谓的"脆弱人群"，包括专门针对妇女、特殊问题人群（比如离婚、酗酒、吸毒等）、有色人群后裔的减贫工作。

从国内来看，由于当前我们面临的主要问题仍然是区域之间的非均衡问题，因此，瞄准对象主要是"区域"的概念。我国扶贫开发的瞄准视角以"县域瞄准"为基准视角。1986 年，我国首次实施全国范围的大规模扶贫开发政策，从上到下正式成立了专门扶贫机构，明确提出开发式扶贫，确定贫困标准，划定了 273 个国家级贫困县。后来将牧区县、"三西"项目县加进来，到 1988 年增加到 328 个。可见，我国的扶贫开发工作启动伊始，就以县域为瞄准视角。1994 年启动"八七扶贫攻坚计划"，将国家级贫困县增至 592 个，同时开始实行"整村推进"，尝试在"县域瞄准"视角下的"村域聚焦"。2001 年开始实施《中国农村扶贫开发纲要（2001—2010 年）》后，取消沿海发达地区的国家级贫困县，增加了中西部地区的贫困县数量，但总数不变，并改称"国家级贫困县"为"扶贫开发重点县"；同时确定 14.8 万个贫困村，逐村制定包括基本农田、人畜饮水、道路、贫困农户收入、社会事业等内容的扶贫规划，分批选点试推"整村推进"扶贫开发工程。2005 年，国务院扶贫开发领导小组出台《关于加强扶贫开发"整村推进"工作的意见》（国开办发〔2005〕2 号），整村推进正式在全国范围内铺开。进入 21 世纪第二个十年以后，《中国农村扶贫开发纲要（2011—2020 年）》则将县域瞄准的视角放大，确定 14 个集中连片特殊困难地区是今后 10 年扶贫攻坚主战场。

从"扶贫开发重点县"到"整村推进"再到目前的"集中连片特殊困难地区"，虽然分别采用了小于"县域"的"整村"瞄准，以及大于"县域"的"集中连片"瞄准视角，但是，无论是《中国农村扶贫开发纲要（2001—2010 年）》还是《中国农村扶贫开发纲要（2011—2020 年）》，都坚持"省负总责、县抓落实"的管理体制①，因此，我国扶贫开发区域瞄准的视角，实际上是以"县域"为基准。而由于我国的扶贫开发的基

---

① 在 2001—2010 年的纲要中，表述为"坚持省负总责，县抓落实，工作到村，扶贫到户。扶贫开发工作责任在省，关键在县。要继续实行扶贫开发工作责任到省、任务到省、资金到省、权力到省的原则"；在 2011—2020 年的纲要中，则表述为"坚持中央统筹、省负总责、县抓落实的管理体制，建立片为重点、工作到村、扶贫到户的工作机制，实行党政一把手负总责的扶贫开发工作责任制"。虽然在表述上有所区别，但是这是进一步完善和强化扶贫开发责任的需要，而非主要思路的改变。尤其从 2014 年开始，扶贫项目审批权下放到县，更是凸显了在以"集中连片特殊困难地区"为扶贫攻坚主战场的新一轮扶贫开发工作中，县域瞄准的重要性。

本原则是"政府主导，分级负责"，并实施"省负总责、县抓落实"的管理体制，因此，不管聚焦范围更小的"整村"瞄准视角，还是聚焦范围更大的"集中连片"瞄准视角，在资源配置、行政管理、沟通协调渠道等方面，都不具备县级政府的优势，在具体实施过程中，县级政府仍然是最重要的基层决策单位。正是从这样一个意义上，我们说我国的扶贫开发瞄准机制主要是"县域视角"。认识到这一个特征，并在实施中突破现有管理体制的"瓶颈"，探索新的行之有效的管理实施机制，对于落实"2011—2020 年纲要"新提出的"集中连片地区"的扶贫攻坚工作，具有重要意义。

除了实施"区域瞄准"以外，我们的扶贫开发工作也强调瞄准特殊群体，比如：由中央、中国青少年发展基金会以救助贫困地区失学少年儿童为目的，于 1989 年发起、社会参与最广泛、最富影响的"希望工程"；1989 年，由中国儿童少年基金会发起，旨在救助贫困地区失学女童重返校园的"春蕾计划"；1994 年，我国非公有制经济人士为配合国家"八七扶贫攻坚计划"，发起"光彩事业"①；1995 年，由中国人口福利基金会、中国计划生育协会、中国人口报社三家共同发起，旨在救助贫困母亲的"幸福工程"；2000 年，由中国扶贫基金会设立，旨在救助贫困母婴，降低孕产妇及婴儿死亡率的公益项目"母婴平安 120 项目"；2003 年，国务院扶贫办组织开展以贫困劳动力培训转移为主要内容的"雨露计划"；《中国农村扶贫开发纲要》（2011—2020 年），明确提出对贫困家庭初高中毕业生职业教育直接补助等。除了上述瞄准机制以外，我国在推进扶贫开发的过程中，还不断探索和创新扶贫瞄准机制，比如行业扶贫、定点扶贫和东西协作扶贫的瞄准机制等，都是具有中国特色的扶贫开发瞄准机制创新。

"十二五"以来，在强调集中连片特殊困难地区是扶贫开发主战场以外，越来越重视对极贫人口和特困家庭的瞄准。2013 年 12 月 18 日，中共中央办公厅、国务院办公厅印发《关于创新机制扎实推进农村扶贫开发工作的意见》的通知（中办发〔2013〕25 号）；2014 年 5 月 12 日，国

---

① "1994 年在中央统战部、全国工商联组织推动下，我国非公有经济人士发起光彩事业"。1995 年 10 月 25 日，经国家民政部批准，中国光彩事业促进会正式成立，推行以消除贫困为宗旨，以民营企业为主体，以贫困地区为领域，以项目投资为主要形式，以"义利兼顾、以义为先"为核心理念，以共同发展为基本目标的"光彩事业"。

务院扶贫开发领导小组办公室、中央农办、民政部、人力资源和社会保障部、国家统计局、共青团中央、中国残联联合下发了《建立精准扶贫工作机制实施方案》，将"精准扶贫"作为扶贫开发的重要手段加以推广实施。在宣传实践中，基层干部将"精准扶贫"形象地比作"滴灌式扶贫"，强调从建档立卡与信息化建设、建立干部驻村帮扶工作制度、培育扶贫开发品牌项目、提高扶贫工作的精准性和有效性、提高社会力量参与扶贫的精准性和有效性、建立精准扶贫考核机制六个方面进行精准扶贫。

因此，如图 2-2 所示，我国扶贫开发瞄准机制演进中的关键节点和事件表明：

第一，专项扶贫主要瞄准区域，社会扶贫主要瞄准人口。

第二，由政府主导的专项扶贫，在 2003 年以前主要采用区域瞄准视角；在 2003 年实施"雨露计划"后，开始转向"人口瞄准"视角；尤其是 2011 年《新纲要》的颁发，标志着扶贫开发中的人口瞄准机制已经上升到国家减贫战略层面。

第三，"人口瞄准"机制最先由社会扶贫实施，作为国家和地方财政"专项扶贫"的必要补充。

第四，区域瞄准以 1986 年的国家贫困县为起点，人口瞄准以 1989 年的"希望工程"为起点，以及之后交替出现的瞄准机制演进的节点和事件表明，我国的扶贫开发从一开始就尝试建立"专项扶贫的区域瞄准 + 社会扶贫的人口瞄准"的瞄准机制。

第五，"区域瞄准"视角具有刚性，"人口瞄准"则具有"补漏"特点。就区域瞄准而言，无论是"整村推进"还是"集中连片特殊困难地区"，虽然要么小于县域要么大于县域，但是从实施中来看，主要以县级行政单元为责任单位负责落实，所以并没有从根本上改变"县域瞄准"的区域视角。而从人口瞄准来看，从"希望工程"、"春蕾计划"到"幸福工程"和"母婴平安 120 项目"，直至专项扶贫实施的"雨露计划"等，都是瞄准某一特定人群展开"靶向扶贫"，而每一个瞄准特定人口实施的减贫计划，都是因为要么之前的计划过于笼统，虽然覆盖了后一个计划，但是由于在这个笼统的范围内，后者瞄准的人口又属于更弱势的群体，因此，有必要再实施专门面向更弱势群体的单独扶贫计划，比如"希望工程"与"春蕾计划"的关系；要么是因为之前的计划根本没有覆盖到需要帮助的特定人群，比如"希望工程"与"幸福工程"、"母婴平安120项目"的关系。

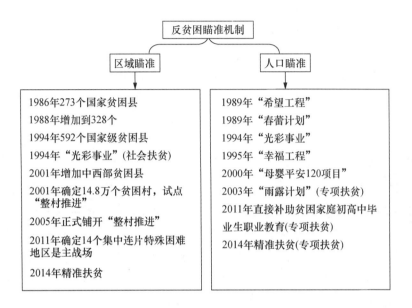

图 2－2　我国扶贫开发瞄准机制的演进

资料来源：作者整理。

总之，我国扶贫开发瞄准机制的演进，不仅具有专项扶贫以区域瞄准为主、社会扶贫以人口瞄准为主的典型特征，而且随着扶贫开发进程的推进，出现了交替融合的趋势：专项扶贫开始越来越重视人口瞄准，社会扶贫也瞄准区域展开减贫活动。而且，虽然无论是国际社会还是我们自己，都认为我国减贫之所以取得巨大成就，主要是因为政府在这个过程中发挥了绝对主导的作用，但是，从我国扶贫开发瞄准机制的演进来看，我国政府在大力实施扶贫开发战略之初，就高度重视和强调市场在扶贫开发中不可替代的重要作用。如果说 1989 年实施的"希望工程"和"春蕾计划"还主要是起着"补漏"的补充作用的话，从 1994 年开始实施的"光彩事业"则是典型的尝试以市场的培育和发展来推动扶贫开发的重要举措。由于我国的市场化改革始于 1992 年，因此，"光彩事业"在 1994 年开始就是很自然的事了。进入第二个《纲要》的实施时段以后，专项扶贫对"人口瞄准"的日趋重视，一方面，表明政府可能将区域瞄准中应该有市场发挥作用的领域交给市场；另一方面，也表明中央财政有了更强的实力实施费用更高但是针对性更强的"滴灌"式扶贫。很显然，在这样的交互演进过程中，目前我国已经基本形成"多管齐下"、立体交叉、相互补充、兜底无漏的瞄准网络。

三　贫困标准的演进

随着对"贫困"的界定从"收入范式"转向"能力"、"权利"和"参与"范式，对贫困标准的确定，经历了从单一的"收入贫困"到"多维贫困"，以及对贫困的"缺失维度"的关注。

从官方标准来看，主要运用的是"收入贫困"标准。该标准最早由19世纪末英国学者朗特里在《贫困：城镇生活的研究》一书中明确提出。按照他的界定，贫困是指一个家庭所拥有的收入不足以维持其最低生理上的需要。这一标准后来成为联合国和国际劳动组织将贫困定义为不能满足"人的基本需要"的基础，同时明确"人的基本需要"至少应包括基本生理需要（食物、衣着、住房和医疗）和基本文化需要（教育和娱乐）。我国农村贫困线的确定使用了世界银行推荐的方法。即（1）根据项目区低收入人口的实际食品清单和食品价格，确定达到人体最低营养标准（即每人每天摄入热量2100卡）所需的最低食物支出，确定"食物贫困线"；（2）再根据回归方法计算收入正好等于食物贫困线的人口的非食品支出，把这部分非食品支出作为"非食物贫困线"；（3）把食物贫困线和非食物贫困线相加即为贫困线；（4）根据贫困线的定义以及全国农村住户调查资料，选择农民人均纯收入作为标识贫困线的指标。根据以上原理和程序计算的我国农村贫困线，不是国际标准，也不是相对贫困标准，而是从中国实际出发确定的最低生活标准。

从表2-4可以看出，我国贫困线的变化随着人均GDP的增加不断提高。也正是由于贫困线随着收入增长不断调高，所以会出现随着减贫和经济发展进程的推进，出现贫困人口不减反增的现象。

从我国经济发展的阶段以及贫困现状来看，在未来20—30年之内，我们有可能逐步缩小我国的贫困线与世界银行1天1美元的差距，与国际贫困线接轨。在发达地区，有望实施相对贫困标准，相对贫困最常见的衡量方法是运用基尼系数进行判断。不过，不管是贫困线的划定还是相对贫困，其实质都是衡量收入贫困。

表 2 - 4　　　　　　　　　我国农村贫困线及贫困人口概况

年份	贫困线（元/人）	贫困人口（万人）	年份	贫困线（元/人）	贫困人口（万人）
2000	625	3209	2006	693	2148
2001	630	2927	2007	785	1479
2002	627	2820	2008	1196	4007
2003	637	2900	2009	1196	3597
2004	668	2610	2010	1274	2688
2005	683	2365	2011	2300	12238

资料来源：国家民政部网站、中国经济与社会发展统计数据库。

在收入贫困的基础上，联合国提出了"多维贫困"测度指标。1990年，联合国开发计划署（UNDP）在第一个《人类发展报告》中推出了人类发展指数（HDI），该指数包括长寿且健康的生活、教育以及体面的生活和尊严三个维度。但是著名经济学家森认为，人类发展是一个多维度的概念，还应该包括更广泛的赋权、公共治理、环境、人权等诸多方面，以及应该成为发展过程的参与者和创造者（Sen，2000）。在森的倡导下，联合国开发计划署在1997年引入了作为对多维度贫困综合衡量的人类贫困指数（HPI），该指数从剥夺的视角看待人类的发展，包括针对发展中国家的 HPI - 1 和针对发达国家的 HPI - 2 指数。HPI 在 HDI 的基础上，增加了参与和社会包容等其他方面的剥夺等内容指标。

尽管多维贫困已经大大拓展了贫困标准的内涵，但是国外致力于贫困与反贫困研究的一些机构仍然认为多维贫困测度仍然存在若干缺陷。牛津大学贫困与人类发展研究中心（OPHI）将这些缺陷命名为"贫困的缺失维度"。他们认为，"贫困的缺失维度指因为缺乏高质量的国际可比的数据而没有被多维度贫困度量所涵盖的那些方面"。忽视这些缺失的维度很可能会阻碍或减缓其他方面贫困的消除。在他们看来，就业、主体性和赋权、人类安全、体面出门的能力以及心理和主观幸福感是五个最重要的贫困缺失维度（萨比娜，2010）。

从中国尤其是贵州的扶贫开发实际来看，在今后相当长一段时间内，"收入贫困"仍将是我们关注的重点领域，但是，从战略层面来看，逐渐推动我国的减贫实践与研究同国际减贫实践与研究接轨，不仅十分必要，而且非常重要。

四　减贫实践与理论的交互演进及趋势

从贫困与反贫困理论、瞄准视角以及贫困标准的演进来看，世界各国扶贫开发大致经历了四个阶段。第一阶段是发展视角的反贫困，主要瞄准经济落后区域进行集中开发，试图通过经济增长的"涓流效应"缓解和消除贫困。但是各国的增长均表明，经济增长效应并不是均衡地分布在所有群体，因此，发展视角的减贫实践更普遍的结果是：在区域差距缩小的同时，贫富差距却在进一步拉大。这一事实将减贫实践推向了第二阶段，即瞄准视角的扶贫开发。这一视角强调减贫活动应该瞄准真正的贫困人口而不是贫困人口居住的区域展开，这样可以避免将扶贫资源投向贫困人口居住区域的非贫困人口。但是由于"真正的贫困人口"也同样是经历了区域扶贫开发而留下来的贫困人口，也就是不能抓住发展机会的人，换言之，就是没有能力抓住身边发展机会的人，因此，如何提高"真正的贫困人口"的发展能力至关重要。这就将扶贫开发推入第三阶段，即能力视角的扶贫开发。在该视角下，强调对贫困人口能力的培育，主要通过技术培训、教育投入以及营养方案的实施等人力资本投资手段，提高贫困人口配置资源、利用资源的能力，以及进入劳动力市场谋职的能力。能力贫困视角的扶贫开发被认为是最为有效的减贫策略。与能力视角差不多并行出现的权利视角的扶贫开发，可以看作更高层次的第四阶段的减贫策略。权利视角强调对贫困人口赋权，如果贫困人口权利被剥夺，那么，即使有能力，也不可能让能力真正发挥作用。正是在该视角下，参与式扶贫成为国际组织推动扶贫开发的新的组织模式。

世界扶贫开发四个阶段的发展表明，随着经济的发展，扶贫开发策略必然会经历从宏观—中观—微观的演变过程，具体领域及政策则具有明显的问题导向特征。比如，当保障较高出现了对穷人的工作负激励时，就会调整保障提供的策略，"迫使"贫困人口将保障作为一种过渡手段而非可以长期依赖的生存保障；当贫困文化的影响使得"代际贫困"现象凸显时，则通过社区建设消除贫困文化的影响；对于儿童营养不良的减贫地区，则提供营养方案以及针对母亲的家政培训项目。因此，尽管以后各国贫困领域出现的具体问题必然千差万别，但是，扶贫开发的趋势是一致的：对贫困的衡量将从收入贫困走向多维贫困；更强调通过过渡性的保障提供以及基础能力的培育，鼓励贫困人口走上自我发展的道路；扶贫开发政策的贫困人口需求主导特征更趋明显，问题导向更为明确。

第三章　贫困与反贫困的产权分析方法[①]

第一节　贫困的权利分析：贫困与权利失败

一　给定体制下的权利关系

权利关系由体制决定，给定体制就给定了权利关系。阿玛蒂亚·森是对贫困权利关系进行探讨的开先河者，他分析了私人所有制市场经济中典型的权利关系。

阿玛蒂亚·森认为，给定私人所有制的市场经济，就给定了人们所公认的权利关系。包括：以贸易为基础的权利、以生产为基础的权利、自己劳动的权利、继承和转移权利。上述权利因为所有制关系不同而存在很大差异，而所有制关系恰恰是决定经济体制性质的最重要的变量。因此，上述权利关系虽然是私人所有制市场经济下公认的权利关系，但是在以公有制为特征的社会主义计划经济中，上述权利关系未必成立；同样，对于虽然同样以私人所有制为特征，但是处于封建农奴和殖民地经济的社会而言，上述权利关系也不能成立。因此，对权利关系的探讨，必须在给定的体制框架下进行才有意义。

阿玛蒂亚·森认为，在私人所有制市场经济下，权利关系中的各项权利能够实现的关键是交换权利。因为市场的本质就是交换，如果能够成功地将自己拥有的商品交换出去，并购买到自己想要的另一组商品，那么，交换权利就得到了实现。如果给定一个人的所有权组合（包括劳动力），交换权利受到就业可能性及待遇、财产转让收入及满足需求的花费水平、

---

① 在课题申报论证设计时，本章标题名为"反贫困进程中贫困人口能力形成的产权分析：一个理论框架"，在课题研究和写作过程中，根据对该主题的理解进展和相关概念界定，修改为现在的篇章标题。

使用自身劳动力及配置其他资源的产出可能性、生产成本与销售水平、有权享受的社会保障福利与承担税金五大因素的影响。很显然，五大因素影响的交换权利内容可以归结为三点：一是劳动者将自己的劳动力交换出去的权利是否能够顺利实现；二是劳动者将自己的财产和生产出来的产品交换出去的权利是否能够顺利实现；三是劳动者将自己的劳动力、财产和生产出来的产品交换出去以后，换回来的财富或者产品能否满足自己生存和发展的需要。

生产方式通过实现以生产为基础的权利，进而影响到交换权利的实现。生产方式不同，劳动者的脆弱性就不同，自然交换权利就存在明显差异。比如在农业生产中，雇工和分成佃农的脆弱性在不同的冲击下，呈现不同的脆弱性，交换权利关系也在变化。比如遭遇自然灾害部分摧毁了庄稼，雇工可能因为灾后补种而得到更多的就业机会，从而提高交换权利；而分成佃农则因为本季收成减少以及补种成本支出提高而降低了交换权利。相反，在正常年景，大多数情况下雇工交换劳动获得的收入要低于分成佃农的收益，因此交换权利处于相对劣势。当然，这种收益分配方式的差异是必然的，因为相对于雇工，分成佃农承担了更大的风险——农作物整个生产过程中可能遇到的所有风险。再比如，同样是农场雇工，以货币工资支付劳动报酬和以实物工资支付报酬，在不同的条件下，也具有不同的脆弱性。仅以市场条件来看，如果没有通货膨胀，那么，以货币工资结算的雇工更容易实现其交换权利；相反，如果存在明显的通货膨胀，尤其是食品价格相对其他商品价格大幅上涨，那么，以实物工资结算的雇工更容易实现其交换权利，而以货币工资结算的雇工则会因物价大幅上涨而导致交换权利失败。因此，即使在同一体制下，由于外部冲击不同，交换权利的脆弱性也大相径庭。这意味着对贫困人口交换权利的分析，必须结合实际情况展开，而不能一概而论。

最低限度的交换权利由社会保障和就业可能性确定。对于没有财产性收入的大多数劳动者而言，如果处于就业状态，那表明他至少成功地实现了其劳动力的交换权利。但是，如果一旦失去工作，社会保障系统就十分必要。因此，对于穷人的交换权利实现问题：要么提供工作，要么提供保障。

交换权利的实现还依赖于分配原则。阿玛蒂亚·森以粮食供给与饥饿为题探讨了该问题。相关研究表明，除了非洲的部分地区以外，粮食供给的增加已经相当于或者快于人口的增长，但是，饥饿并没有消除。这是因为挨饿的人群交换权利失败所致。因此，在阿玛蒂亚·森看来，"如果说食物供给本身对饥饿现象的普遍存在有什么影响的话，其影响也可以被认为是通过权利关系而发生的。如果这个世界上有八分之一的人正在遭受饥饿，那么这是他们未能获得充分的食物权利的结果，并不直接涉及物质的食物供给问题"①（阿玛蒂亚·森，2001）。森认为我们由于传统思维模式的影响，往往只考虑到实际中存在什么，而完全忽略了是谁控制这些东西。宣称这种"只关注食物相对于人口的比率是十分幼稚的，这一幼稚的方法在过去几个世纪中一直起着混淆是非的作用，并且扭曲了以往的反饥荒政策。直到今天，它仍在严重困扰着人们对于这些政策的研究"（阿玛蒂亚·森，2001）②。为了扭转这种传统思维方式的不利影响，对饥饿和贫困的分析需要应用权利方法。

二　权利失败导致贫困

森对权利失败的分析从对贫困最极端的现象——饥饿和饥荒——出发。该方法重视人们"通过社会现有的合法手段支配事物的能力。这些手段包括生产机会、交易机会、国家赋予的权利以及其他获得食物的方法。一个人之所以挨饿，要么是因为他没有支配足够食物的能力；要么是因为他拒绝使用这种能力"③（阿玛蒂亚·森，2001）。很显然，权利分析方法只讨论前者，不关注后者。阿玛蒂亚·森对权利分析方法的说明采用了主流经济学范式，通过定义 E_i——一个社会中第 i 人的权利集合、S_i——饥饿资源禀赋集，即如果满足第 i 人最低需求的资源和交换权利集合为 E_i 时，当他无权得到 E_i 中的任何一个资源或者权利时，就进入 S_i 集合，即该集合里的资源禀赋组合，所对应的交换权利集合不包括能够满足他最低需求的商品组合。直观地说，如果第 i 个人的禀赋与权利组合落在 E_i 集合，则他不会遭遇权利失败导致的食物匮乏或者贫困；相反，如果第 i 个人的禀赋与权利组合落在 S_i 集合，则他就会遭遇权利失败导致的食物匮乏或者贫困。根据前面对权利关系的分析，很显然，权利主要表现为交换权利失败。导致交换权利失败的可能原因包括：因出售生产资料导致

---

① ［印度］阿玛蒂亚·森：《贫困与饥荒——论权利与剥夺》，王宇、王文玉译，商务印书馆 2001 年版，第 13 页。
② 同上书，第 14 页。
③ 同上书，第 61 页。

资源禀赋减少、因为必需品（比如食品）价格上涨、因经济波动而失去工作、因为通货膨胀使得货币工资跑不过物价、因为所在行业资源价格相对上涨等。根据交换权利失败的类型，可以将之区分为直接权利失败和间接权利失败。前者是指可供自己直接消费的商品减少；后者是指可以通过贸易获得的商品减少了。对于大多数以农业谋生的贫困人口而言，可能会同时经历两种情形：比如因为减产，不仅减少了自己消费的商品数量，而且也减少了拿到市场上交换的商品数量。

在强调权利分析方法对于饥荒的重要性以及适用于贫困分析的一般性以外，阿玛蒂亚·森也指出了权利分析方法存在的缺陷：第一，权利不容易被清晰界定。根据科斯定理和交易费用理论：产权界定的清晰程度取决于界定产权和实施产权的交易费用。如果仅仅使用语言或者法律条文清晰地界定产权，难度很小；但是，产权能否被清晰界定，更多地取决于产权实施的交易费用。如果实施产权的交易费用很高，即使三令五申，该产权也不能实施，如果非要实施，则必须以高交易费用为代价。比如，对于大学图书馆的学习座位，完全可以在文字意义上清晰地界定，但是要实施起来却难度很大。相反，对于一些没有明确界定的产权，如果实施者觉得成本很低，产权就会逐步被清晰地界定。也正是从这样一个意义上，巴泽尔强调产权具有公共域。解决权利不容易被清晰界定的方法是关注权利内容的变化，而不是纠缠于对权利的精确描述。第二，权利方法强调既定法律框架中的权利，不适用于非法手段对权利的侵害，比如掠夺或者抢劫。因此，如果当大面积的饥荒或者贫困发生时，同时期又没有不合法的事件导致前述结果时，可以认为，"事实上，法律力量所维护的是违背饥饿者需求的所有权"[1]（阿玛蒂亚·森，2001）。第三，人们的实际消费水平低于其权利所允许的水平可能有其他原因，比如无知、传统的饮食习惯等。由于我们关注的是权利，因此，这些非权利的因素被忽略了。事实上，这一点在其他贫困研究理论得到了补充和强调，比如贫困文化和能力贫困，就对权利以外的这些因素进行了重点关注。

---

① ［印度］阿玛蒂亚·森：《贫困与饥荒——论权利与剥夺》，王宇、王文玉译，商务印书馆 2001 年版，第 66—67 页。

第二节　政治经济学视野中的贫困：权利与禀赋[①]

阿玛蒂亚·森是首位提出权利分析方法运用于饥饿与贫困分析的经济学家，也正是因为他在该领域的突出贡献，于 1998 年被授予诺贝尔经济学奖。但是，正如牛顿所言，森无疑是"站在巨人的肩膀上"才能取得如此成就。可以说，从人们开始关注增长的那一天起，贫困与发展就进入了政治经济学的视野。结合本书主旨，本节概要简述马克思主义政治经济学和西方主流经济学视野中的贫困研究。

一　马克思主义政治经济学视点：权利贫困

马克思主义政治经济学认为，在生产资料的私人所有制经济中，由于所有权关系决定的权利不平等是产生贫困的根源，贫困具有阶级性特征。只有消除因生产资料私人所有制所导致的政治地位上的不平等，才能消除贫困。从这样一个意义上来看，马克思主义政治经济学的贫困理论与森的贫困权利分析方法类似。因此，可以将马克思主义政治经济学的贫困理论概括为权利贫困论[②]。但是，尽管都从权利的视角关注贫困，马克思主义政治经济学权利贫困理论的核心逻辑与森的权利分析方法有很大差异。这种差异首先由分析单元决定，然后引申到所关注焦点的差异。从分析单元看，马克思主义政治经济学的分析单元是阶级，是一种群体视角；森则沿用了西方主流经济学个体分析的视角，以单个的人为分析单元。正是由于分析单元的差异，导致马克思主义政治经济学的权利贫困更关注宏观层面的贫困问题：比如发展中国家在全球经济的位置、工人阶级在资本主义经济中的地位等；而森则更强调从个体的视角关注贫困问题。下面就马克思主义政治经济学贫困理论的三个问题作简要阐述。

（一）马克思主义政治经济学贫困理论的核心逻辑

从发展历程和内容的变化来看，马克思主义政治经济学贫困理论首先

---

① 作为本课题的阶段性成果之一，本节内容以"政治经济学视野中的贫困与不平等"为题，发表在《喀斯特地区发展评论》（第一辑），中国经济出版社 2010 年版，第 55—83 页。编入本书时有删改。

② 也有研究将马克思主义贫困理论概括为"社会制度决定论"，参见赵茂林《马克思主义反贫困理论的发展及其对中国反贫困实践的指导意义》，《沧桑》2005 年第 4 期；周怡《贫困研究：结构解释与文化解释的对垒》，《社会学研究》2002 年第 3 期。

关注的是资本主义国家的工人阶级贫困。战后将其视野扩展到全球体系中的发展中国家的整体贫困问题，从对工人阶级贫困的关注上升到国家层面。同时，马克思主义者并没有回避社会主义国家发展中出现的贫困，对该问题给予了专门的关注。但是，不论是对资本主义国家工人阶级贫困问题的分析，还是对全球体系中欠发达国家贫困问题的论述，以及对社会主义国家内部贫困问题的探讨，马克思主义政治经济学贫困论都沿袭了其阶级分析的核心逻辑。

马克思主义政治经济学贫困理论的核心逻辑由马克思本人建立，在其他学者那里虽有所发展，但从总体上看，后来学者的创新性发展并不多，基本没有超越马克思构建的框架。

马克思主义政治经济学贫困理论的核心逻辑建立在对资本主义国家的无产阶级贫困的分析基础之上。马克思写作《资本论》时，资本主义正处于上升阶段，从各阶层的收入差距来看，正处于倒"U"形库兹涅茨曲线的上升阶段，表现为收入差距越来越大，而且有恶化的趋势，所以这一阶段主要资本主义国家工人阶级的收入恶化状况十分明显。基于此，马克思分析了工人阶级的绝对贫困和相对贫困问题。其核心逻辑是：资本原始积累的掠夺行径使得大批农牧民沦为一无所有的劳动力出卖者，而这恰恰成为货币转化为资本的前提；由于资本家占有生产资料，无偿占有工人的剩余劳动，形成对工人阶级的剥削；而大机器生产对工人的排挤，形成的失业大军更是资本家榨取在业工人剩余价值的有效手段。随着资本主义的发展，一方面，财富在资本家手中积累；另一方面，贫困在无产阶级一边积累，无产阶级日趋贫困化。

无产阶级的贫困包括绝对贫困和相对贫困。绝对贫困包含两层含义。一层含义是指在资本主义制度下无产阶级除自身的劳动力外一无所有，在他们创造的社会财富中，他们只能得到维持劳动力再生产所必需的部分，其余的社会财富则被资产阶级无偿占有，无产阶级始终是劳动力的出卖者，总要隶属于资本。在资本主义制度下，随着资本积累的不断进行，虽然无产阶级创造的物质财富日益增多，但是无产阶级这种被雇佣的、隶属于资本的状况却是改变不了的。所以，无产阶级的这种贫困是绝对的。马克思指出："被剥夺了劳动资料和生活资料的劳动能力是绝对贫困本身"。"工人的绝对贫困……无非是说，劳动能力是工人唯一能出售的商品，工人只是作为劳动能力与物质的、实际的财富相对立"①。绝对贫困的另一层含义则是指随着资本积累的不断进行，无产阶级整个阶级的整个生活状况有时绝对恶化。"在一极是财富的积累，同时在另一极，即在把自己的产品作为资本来生产的阶级方面，是贫困、劳动折磨、受奴役、无知、粗野和道德堕落的积累"②。相对贫困是指在国民收入中，无产阶级的工资收入所占的份额同资产阶级的剥削收入所占份额相比是逐渐下降的。也可以表现为无产阶级的生活水平相对于资产阶级的生活水平，其差距越来越大。马克思说："工人的状况与资本家的状况相比，相对恶化"③。"工人可以得到的享受纵然增长了，但是，与资本家的那些为工人所得不到的大为增加的享受相比，与一般社会发展水平相比，工人所得到的满足程度反而降低了"④。马克思关于无产阶级相对贫困的理论得到了资本主义发展的现实验证，当今世界主要资本主义国家贫富差距的拉大，基尼系数的增大，都表明了相对贫困理论的正确性。

对马克思主义贫困理论核心逻辑的发展在战后仍然主要是围绕阶级分析展开。如日本学者幸德秋水在《社会主义神髓》一书中，认为资本主义制度的分配不公平是导致贫困的根本原因。在该书中，作者先提出问题："借问，方今生产的资财并不缺乏，市场的货物并不稀少，而我们多数人为什么会这样感到衣食不足呢？"⑤ 他的回答是"此无他，只是因为资财的分配不公平。只是因为资财没有普遍分配到全世界，而仅仅聚集在一部分人手中。只是因为资财没有平均分配给一切人，而为少数阶级所垄断"⑥。根据劳动价值理论，"社会的财富绝不是从天上掉下来的，也不是从地里涌出来的，就是一粒米、一片金属，也是人类劳动的成果"⑦。可是为什么劳动者不能够占有自己的劳动成果呢？"地主、资本家究竟有什么功德、权利和必要把它（指土地、资本，一切生产资料——引者注）垄断、独占和扩张，并以此破坏多数人的和平、进步和幸福呢？"⑧ "无

① 《马克思恩格斯全集》第四十七卷，人民出版社 1979 年版，第 39—40 页。

② 《马克思恩格斯全集》第二十三卷，人民出版社 1979 年版，第 678 页。

③ 《马克思恩格斯全集》第六卷，人民出版社 1979 年版，第 642 页。

④ 《马克思恩格斯全集》第一卷，人民出版社 1979 年版，第 349—350 页。

⑤ 幸德秋水：《社会主义神髓》，商务印书馆 1997 年版，第 9 页。

⑥ 同上。

⑦ 同上书，第 10 页。

⑧ 同上书，第 11 页。

他，只是由于侥幸、狡猾、贪婪而已。"① 因此，"我敢断言，解决现在社会问题的办法，只有把一切生产资料从地主、资本家手中剥夺过来，移交给社会人民所有。"② 可见，幸德秋水将贫困归因于制度造成的不平等，认为只要消灭了不平等，贫困就是可以根治的。

这种核心逻辑在罗默提出"地位剥削"以解释当代社会主义国家的贫困问题，以及众多马克思主义者用"中间阶级"来解释当代资本主义国家的贫困问题时，都得到了明显的体现。

（二）全球体系中发展中国家的贫困

战后众多的殖民地国家获得独立，成为主权国家，但是经济的发展却并不令人满意。发展中国家从国家层面表现出来的整体贫困，引起了经济学界的极大关注。马克思主义者认为，在分析发展中国家的贫困问题时，不能眼光向内，仅仅分析国内的原因，战后的全球格局决定了必须将该问题放到全球体系中考量。

发展中国家的反贫困问题就是如何发展的问题，因此，我们需要考察马克思主义发展经济学对该问题的思考。马克思主义发展经济学被称作激进主义的经济发展理论，又被称为"依附学派"。其主要特点是根据发达国家与发展中国家内部条件和外部条件，从历史与现状去认识发达国家对发展中国家的"支配—依附"（Dominance - dependence）关系。该学派的代表人物主要有巴兰、弗朗克、沃勒斯坦、斯威齐、阿明、桑托斯、卡尔多索等，他们一般都接受了马克思主义思想和理论的影响，但是程度不同。比较明显地采用了马克思的观点和方法的学者，从发展中国家国内的阶级关系和国际环境中帝国主义、殖民主义的势力，去分析支配—依附关系；有的则特别重视社会、政治、文化的因素，对支配—依附关系进行实证和规范的分析；有的则侧重对传统的比较成本说的批判，提出不平等交换理论，以解释支配—依附理论。概括地讲，激进主义发展理论主要关注三个基本问题：第一，第三世界国家发展落后的历史与欧美社会的根源问题；第二，当代世界经济格局的国际资本主义体系的形式和运行问题；第三，国际剥削与不平等交换问题。总之，着重对不发达国家"依附于"世界资本主义体系的根源与出路进行探讨。

---

① 幸德秋水：《社会主义神髓》，商务印书馆1997年版，第12页。

② 同上。

比如，巴兰认为不发达国家的贫困是有利于发达资本主义国家的统治阶层的，"具有决定意义的是，不发达国家的经济发展非常不利于发达资本国家的统治势力……落后的地区总是高度发达资本主义国家不可分离的腹地"[①]。弗兰克认为，在国际关系中，由于发达国家控制了先进技术，垄断了发展研究，又是跨国公司的所在地，从而具有强大的支配力量。发展中国家即使进行工业化，也仍然不得不依靠发达国家的优势力量，仍然不得不作为外围而受中心的剥削。外围因受跨国资本主义影响而形成的依附地位是其难以发展的原因。发展中国家的不发展不归因于前资本主义的传统或制度，而归因于资本主义。认为发展中国家依附先进资本主义国家的特殊社会经济结构，使得发达国家得以将发展中国家的经济改变为包括输出初级产品、输入制造品和依附性工业化在内的"外向型"结构，外国资本使不发达国家产生的剩余最终转移到发达国家。阿明的中心—外围理论认为，居于中心的发达资本主义引进了外围的资本主义，这使得外围地区的经济结构是按照国外市场的需要而形成并受其制约，缺乏经济发展的"自我的内部动力"。因此，中心的发展造成了外围的不发展，并且使外围依附于中心。同时，外围与中心的"不平等交换"使得中心国家获得了外围国家的剩余。因此，阿明认为，不平等交换的存在，意味着阶级斗争问题必须从世界范围来加以考虑。桑克尔认为，不发达国家内部的结构"瓶颈"起着依附机制的作用。不仅国际资本主义体系中存在中心—外围的两极分化，依附国家的国内殖民主义和国内两极分化也很严重。中心以多种方式剥削外围，如使外围的生产结构偏向原料供给，对外围资本进行搜刮，不平等交换等。卡尔多索则进一步论述了发达国家通过跨国公司的作用，"分裂"发展中国家的社会经济力量，培植这些国家中"最先进的"部分，使之与国际资本主义连接起来；而落后部门则是先进部门的从属部门，起着"内部殖民地"的作用。因此，中心—外围不仅表现为中心对外围的剥削，而且是"我们设想外在力量和内在力量之间的关系会形成一种复合体，这种复合体的结构联系不基于外在的剥削和压制，而植根于本国支配阶级和国际支配阶级的利益的一致，同时，另外，又受到本国支配集团和阶级的挑战。"[②] 桑托斯划分了依附的几种形式，说明

---

① 转引自张培刚《发展经济学教程》，经济科学出版社2001年版，第100—101页。

② 同上书，第104页。

导致中心剥削外围、先进剥削后进的依附不仅是外生现象，而且是一种内生的现象。

总之，激进主义的发展理论在论证时虽然各有侧重，但是其共识十分明显，即认为在不平等的交换关系中，中心国家从外围国家取得了大量的剩余，从而得到不断的发展，而外围国家则由于剩余的源源流出，以致不能跳出持久贫困的陷阱。因此，要改变依附状况，必须改变依附国家的内部生产结构，改变制度和秩序。而更为激进的政策推论则是，除非把整个世界改造成为国际社会主义体系，否则外围就不可能有真正的发展。只有铺平通往社会主义的道路，出现了具有新意识形态目标的新社会群体，自主的发展才有可能。有人认为，在外围国家内部必须进行由工人阶级领导的社会主义革命，才能挫败那些按照外国经济利益需要而行事的"企业的"和"官僚的"资产阶级集团的野心。换言之，革命和社会主义是摆脱贫困的必要条件。阿明则提出建立国际经济新秩序，依附国家和国际关系"脱钩"走上自力更生的发展道路是摆脱贫困的关键。

我们可以看到，虽然中心—外围的依附理论其论证各有特点，政策主张也不尽一致。但是，他们对全球体系中发展中国家呈现的整体贫困的分析，都很明显地体现了马克思主义的贫困理论的核心逻辑—权利不平等是贫困的根源。正是因为中心和外围国家在国际政治经济体系中的地位的不平等，使得这种依附具有了自我循环和加强的机制，这种机制在外围国家的作用，生成了内部的中心—外围集团，从而使得发展中国家的贫困问题尖锐化。

（三）当代社会主义国家和资本主义国家的贫困

战后独立的主权国家中，有不少是社会主义国家。但是社会主义国家在发展的过程中也遇到了贫困问题，马克思主义政治经济学如何解释社会主义国家的贫困？这不仅对完善马克思主义理论体系具有重要意义，而且对于消除社会主义国家发展中出现的贫困也十分必要。与此同时，资本主义国家在财富不断增加的总趋势下，贫困问题却并没有得到缓解，但是贫困的存在又没有让资本主义制度迅速走向灭亡，这是为什么？战后马克思主义学者关注了这些问题，给出了他们的解释。

1. 社会主义国家的贫困

分析学派马克思主义认为社会主义社会继续存在剥削、阶级和阶级斗争，社会主义社会的剥削主要不是源自剩余劳动，而是产生于财产关系的不均和财产分配的不公；新生的官僚所有制和市场经济不仅促成新阶级，也使他们拥有过量财富，这就是"阶级—财富"、"阶级—剥削"和"阶级—权力"对应原理，也是造成社会主义国家贫困的主要原因（张之沧，2003）。

美国经济学家罗默认为，当前的剥削主要不是产生于剩余劳动的攫取，而是产生于由权力引发的财产关系的不均和财产分配的不公，这意味着剥削在没有劳动力市场的经济模式中也可以出现。在市场经济中，市场主体根据财富决定雇工、独立经营和借贷资本的最优化选择，这就形成阶级，使其拥有相应财富，即"阶级—财富对应原理"。被雇佣者和借贷者是被剥削阶级，而雇佣者和贷出者是剥削阶级，即"阶级—剥削对应原理"。在社会主义条件下，权力就是财富、剥削和一切，即"阶级—权力对应原理"。社会主义剥削就是由于个人还占有不同的不可转让的财产或技能，不平等和特权还依然存在，并由此引发的剥削。具体地说，"在可转让资产被平均分配之后，如果一个群体带其人均社会不可转让财产退出而能改变自己的命运，那么它就受到社会主义剥削。"[①] 另外，社会主义制度下还存在财产分配的不公，其分配原则往往是根据社会地位的高低和权力的大小给予不同报酬，特别是社会主义的当权者不仅拥有高人一等的显赫地位，而且可以使自己拥有各种机会攫取财富。这部分人假如带着自己的权力和地位走出社会主义的经济体，使他变得无权无势，其生存就会变得相当糟糕，这就足以证明他是地地道道的社会主义剥削者。罗默把这种剥削叫作地位剥削。由此罗默认为所有这些剥削都是由于财产的私有形式和财产关系上的不平等造成的，因此只有消灭私有财产，进入完全的共产主义社会，才可能真正消灭剥削。

2. 资本主义国家的贫困

对资本主义国家贫困的长期存在，但是却又没有导致其灭亡的问题，马克思主义者提出了"中间阶级"论。

英国学者胡利特（Alan Hurit）的"政治实践决定论"认为，随着资本主义生产关系的发展，产品从个体生产者的直接产品转化为社会产品，成为"总体工人结合劳动人员的共同产品"，因此"生产劳动和它的承担者即生产工人的概念也就必然扩大。为了从事生产劳动，现在不一定要亲

---

① 转引自余文烈《分析学派的马克思主义》，重庆出版社 1993 年版，第 75 页。

自动手；只要成为总体工人的一个器官，完成他所属的某一种职能就够了"①。既然机械化、自动化和计算机在技术上取得的每一项进步都标志着社会总体劳动的进一步发展，由此也就应该把受雇佣的技术员、工程师和科学家看作是总体工人的一部分。"生产的社会关系"包括生产的技术关系、阶级关系以及一般关系或历史关系，而阶级关系是资本主义的根本性的社会关系，因此个人的阶级成分或阶级地位就不能只是从个人的职业中派生出来，还应该从构成阶级实践的各种活动中去认识，经济内容只是规定了阶级结构的参数和外部界限，具有决定意义的是政治实践和思想实践。

美国学者艾伦莱克（B. Ehrenreich）等提出的"经济—社会文化决定论"则认为，阶级的确定不仅有经济的成分，也有文化的成分，是经济与文化的结合。阶级的经济成分是阶级产生的基础，但是一个阶级的成员也与其受教育的背景、亲属关系、消费形式、劳动习惯以及宗教信仰等文化样式紧密相关。由于文化具有很强的记忆力和滞后性，它往往比政治经济因素具有更长的存在期。正是因为资本主义发展中所形成的庞大的"专业—管理阶级"，在"生产过程改组、社会管理的群众机构出现以及商品普遍渗入工人阶级的生活"的情势下，剥夺了原本属于工人阶级所固有的技术和文化的结果，并且从工人阶级中，分化出与工人既相依存又相对抗的新阶级，即第三产业（也叫服务业阶级）。

罗默的"财富—剥削决定论"认为除了工人阶级和资本家，还有介于两者之间的新中间阶层，新中间阶层的存在，冲淡了以往阶层结构中的两极对立关系。但是对于新中间阶层的理解，分析学派并不完全一致，主要有三种不同的看法。其一是保持原有的资本主义的阶级结构不变，把新中间阶层看作是其他阶级的一个部分，如"新工人阶层"和"新小资产阶层"。其二是把新中间阶层看作是一个性质上完全区别于其他阶层的新阶层形态，称为"专业—管理阶层"或称为"白领阶层"。由此使原先的资本主义的阶层结构发生重大变动，因为迄今为止在发达资本主义国家，白领阶级人数大幅度上升，远远超过蓝领阶层的阵营。其三是不把"中间阶层"看作一个独立实在的阶层，而是看作阶级关系中的矛盾地位的诸群体。如美国社会学家赖特（Erik Olin Wright）反对把"中间阶层"

---

① 转引自余文烈《分析学派的马克思主义》，重庆出版社 1993 年版，第 12 页。

看作一个实在阶级。他认为根据人们占有生产资料的不同，资本主义社会存在三个传统阶级：资本家、工人和小资产阶级。今天虽然阶级成分发生重大变化，但是并没有充分理由一定要给一种阶级结构内的所有社会地位集团以一个独立的阶级定义。关键是要认识清楚"新中间阶层"的阶级性质。

首先，根据马克思的阶级分析的方法，阶级划分的主要依据是人们对生产资料的关系，新中间阶层不占有生产资料，他们以不同的方式靠受雇领取薪金为生。其次，在现阶段的社会关系中，"统治"虽然不能作为确定剥削的基本要素，却是考虑阶级划分的一个重要因素。这个因素在现时代与马克思的时代有明显的不同。特别在现阶段许多企业的所有权与管理权已经分离的情况下，产生了一大批没有可转让财产却拥有不可转让的"财产"，即拥有科学技术和管理才能的人员。这些人一方面受资本家的剥削，另一方面又执行着"总体资本"的职能，在生产过程中有支配权和控制权，这就使他们的社会地位具有一定的特殊性。最后，从资本主义的积累过程来看，新中间阶层在执行总体工人的职能方面，与传统工人阶级一样，是剩余价值的创造者，是资本家的剥削对象，这就使新中间阶层具有鲜明的工人阶级特征，而且是代表最先进生产力的工人阶级，是当代意义上的工人阶级。

由此，赖特认为，即便在发达资本主义国家，工人阶级依然是一个最大阶级，从拥有中等文凭的工人算起，就是在美国也拥有将近40%的劳动力属于这个阶级。处于剥削地位的集团是少数。其中间阶级既是资本主义的剥削对象，又是技术剥削者。在资本主义社会里，经理和专家常常会购买资本、财产和股票以通过资本获得非辛苦的收入，进入资产阶级行列。因为他们"实际上控制了组织财产和技术财产"，处于"剥削关系中的矛盾地位"。资产阶级一般也会寻找与这些矛盾地位集团结成联盟，把他们的利益与自己直接连接起来，使他们易于进入统治阶级，或是降低对他们的剥削，使之进入纯剥削的地位。不过这种收买性的"霸权策略"常常适得其反，导致专家和经理中往往产生一种更加反资本主义的趋势，因为这类矛盾地位集团也可能与民众的被剥削阶级结成联盟，出现激进的民主社会主义。

总之，不管是当代社会主义国家还是资本主义国家中存在的贫困，都是因为有产者剥削无产者造成的。分析学派认为无产阶级要摆脱资本主义困境，还有漫长的路要走。它需要人们清醒地认识"与建立更公道、更人道、更自由、更利于他人的社会这一社会主义原则和历史使命相冲突的一切现象和行为，都会削弱社会主义的地位。"① 它需要完成对无产阶级自身的教育，建立完美的"知识—道德集团"，使之成为自为阶级，而不只是一个否定的胜利者。一句话，"无产阶级只有通过消灭和超越自己，通过阶级斗争的成功结果，创造无产阶级的社会，才能完善自己。"② 只有当无产阶级克服了资本主义体系对其阶级意识的破坏和侵蚀，才会真正赢得胜利。

（四）小结

马克思主义政治经济学的核心逻辑是权利不平等导致贫困，该逻辑由马克思本人创立，建立在对资本主义国家的无产阶级贫困的分析基础之上。战后对马克思主义贫困理论核心逻辑的发展仍然沿袭了这一思路。运用该核心逻辑，马克思主义政治经济学将战后发展中国家的贫困问题放到全球关系中去考量，认为正是由于发展中国家在全球格局中处于不利地位，甚至"依附"、"外围"地位，受到发达国家的剥削和掠夺，才导致了贫困状况的长期持续存在。对当代社会主义国家的贫困，马克思主义政治经济学则强调财产关系的不均和财产分配的不公产生了新的剥削，认为新生的官僚所有制和市场经济不仅促成新阶级，也使他们拥有过量财富，用"阶级—财富"、"阶级—剥削"和"阶级—权力"加以解释。而对资本主义国家的贫困则用"中间阶级论"加以解释。

可见，虽然都是从权利不平等的视角关注贫困问题，但是与森的贫困权利分析方法相比，马克思主义政治经济学的权利不平等贫困理论更为宏观，尤其是对于战后社会主义、资本主义这两种不同经济体制下的贫困，分别提出了基于其核心逻辑的解释并得出相应的结论。如果说大多数贫困研究主要是问题导向，结论旨在瞄准政策制定的应用性研究目标的话，马克思主义政治经济学的贫困理论所得出的结论，则不仅一方面指向解决贫困问题的政策制定的应用性目标，另一方面也比较明显地指向构建和发展更加具有解释力的马克思主义政治经济学理论体系这一理论研究目标。

同时，必须明确，马克思主义政治经济学贫困理论的价值是明显的：

---

① ［南］米洛斯·尼科利奇：《处在21世纪前夜的社会主义》，重庆出版社1989年版，第308页。

② ［匈］乔治·卢卡奇：《历史和阶级意识》，重庆出版社1989年版，第91页。

权利不平等不仅存在于资本主义国家，也存在于社会主义国家，因此，消除贫困必须致力于消除因制度结构、权力固化、特权阶层的存在等原因导致的权利不平等。而且，在某种意义上，如果坚持马克思主义政治经济学的重要理论前提：一切财富都是劳动创造的，尤其是由劳动者阶层创造的，那么，在社会主义国家，因为消除了所有制的差异，而且是全员劳动，因此，权利的不平等主要由分配环节决定，贫困则主要表现在消费环节。从这样一个意义上来讲，马克思主义政治经济学的贫困理论可以看作是一种分配性贫困。

二 主流经济学视点：禀赋贫困

西方主流经济学对贫困问题也相当关注，其贫困理论秉承自由主义传统，主要从贫困者的个人禀赋、贫困国家的禀赋分析贫困产生的根源，因此，我们将西方主流经济学的贫困理论概括为禀赋贫困理论[1]。相应地，该理论在反贫困实践中的应用，表现为重视通过增加贫困人口就业、收入分配等手段消除发达国家的贫困；而对发展中国家的贫困问题，则经历了重视资金、技术等要素的作用、人力资本的作用、制度的作用到现在重视社会资本的作用这一历程。这表明主流经济学家越来越重视发达国家与发展中国家经济的差异性，而这种差异性集中表现为内生发展的重要性。这一重要性决定了各国反贫困工作既有共同性，也有特殊性[2]。但是根据自由主义的观点，由于个人禀赋的差异和选择结果差异的累积，分化是不可避免的，因此贫困也就是不可避免的，所以，不管经济如何发展，贫困始终存在，我们能做的仅仅是如何缓解贫困，而不能期待彻底消除贫困[3]。

在这一节，我们将从主流经济学贫困理论的核心逻辑、发达国家的贫

---

① 相对于对马克思主义贫困理论"社会制度决定论"的概括，有研究将西方主流经济学的贫困理论概括为"经济力制造贫困"，参见周怡《贫困研究：结构解释与文化解释的对垒》，《社会学研究》2002年第3期。

② 事实上，正是因为发达国家和发展中国家贫困产生的原因不同，所以，"两者所关注的问题和理论工具的差异性也极为明显。发达国家最关注的是现实福利制度的利弊得失，他们的观点见解浸透了两方的价值观念。而不发达国家则是从发展的角度分析贫困问题，关心的是如何尽快消除大众贫困根源。因此，发达国家和发展中国家在这个问题上讨论的是同一语义下的不同问题"（周彬彬，1991）。

③ 对此，Alcock曾悲观地写道："失业、低工资、早退休、高税收等引起了贫困，因此，国内外各种各样经济力量的变化都可能而且正在引起贫困，这类经济力量的影响不得不被归属到宿命论者的悲哀之中，因为几乎任何政府、任何政策都无法真正抵御或改变它……政策意愿和经济力的互动不可能解决贫困问题，因为经济力是导致贫困现象的原因。"（Alcock，1993）

困、发展中国家的贫困以及社会资本在反贫困的作用四个方面介绍主流经济学的贫困理论。

（一）主流经济学贫困理论的核心逻辑

主流经济学贫困理论的核心逻辑是贫困是经济发展过程中内生的现象，在市场经济中，因为各种原因导致的不平等是贫困产生的根源。但是在如何缓解和消除贫困这一问题上，针对不平等产生的原因，各个时期和流派所提出的观点却是大相径庭。从发达国家反贫困的实践来看，强调政府在反贫困中的作用，同时强调通过再分配手段、促进贫困人口就业等现代自由主义的主张成为主流。而发展中国家的反贫困是与发展同步进行的，从战后发展的实践来看，经历了重视资金、技术、人力资本、制度和社会资本在反贫困中的作用这一过程，这表明发展中国家贫困问题的特殊性得到了关注。

1. 古典自由主义的观点

古典自由主义者认为，社会是自由地追求各自私利的个人的聚合体。古典自由主义强调起点平等和机会均等，对于现实生活中存在着的收入和财富的不平等，认为主要是由于以下原因造成：第一，不平等是由于个人生产力不同。在完全竞争市场中，各种要素的报酬按其对产出的贡献进行分配，收入按每个人可利用的生产要素数量和质量进行分配。任何收入的不平等都是由于一些人所拥有的人力资本或其他资源的价值所造成。第二，不平等是由于个人偏好不同。个人选择对收入分配具有决定的作用。因此，即使人们的才能相同，但由于他们在发展和使用这些才能时所做出的选择不同，他们的成就也会有所不同。因此，不平等和贫困在很大程度上是个人选择的结果。正如一些人利用一切可利用的时间和金钱通过教育和培训对自身进行投资，从而提高其获得收入的能力；而另一些人更倾向于闲暇和眼前的享受，他们不愿意为未来做出牺牲，不愿为未来订计划，游手好闲，由此陷于贫困。从这样一个角度看，贫困可能不过是认为闲暇的价值高于工作报酬的那些人所做出的选择。第三，技术的发展也是导致不平等的原因之一。技术的变化产生了当今世界大部分的贫富差别。比如，计算机革命造成了对高级技术人才的大量需要，同时消灭了许多原有的工作职位。结果，专业技术人员的工薪上升，而缺乏技术的工人面对的则是工资降低。第四，政府干预导致不平等。古典自由主义者认为许多市场缺陷是由政府干预造成。比如，最低工资法抑制了对缺乏技术的工人的雇佣，而福利项目则破坏了自立精神、创造性和家庭的凝聚力。政府使利益集团能够限制竞争，并阻碍了缺乏特权者集团的发展。市场从来就不是完全竞争的。如果信息不充分，或资源缺乏流动性，收入分配就很难具有充分的合理性。同样，市场势力的集中会由于限制进入人们所希望进入的行业和职位而造成更大的不平等。因而，由于缺乏竞争而造成的不平等根源在政府。

尽管不平等是导致贫困的根源，但是，古典自由主义者反对通过政府的努力消除不平等，从而消除贫困。在他们看来，不平等是合理的。第一，不平等有利于扩大自由。不平等和自由有着无法割断的联系，要抑制自然的不平等，就需要扩大政府的权力，并相应地减少自由。米尔顿·弗里德曼认为，不平等是抵御政府压制的一个堡垒，私人手中的财富积累创造了遍布整个社会的"权力节点"，他们可以抵抗政府的政治权力，增进社会自由。例如，当一个人拥有充分的可支配财富时，不受政府欢迎的创造性思想也能够得到资金支持。第二，不平等是一种市场公正。古典自由主义者认为，由竞争性市场产生的不平等是公平而公正的。一些人比另一些人得到的钱多，但他们可能也已经在受教育、紧张、牺牲闲暇等方面付出了成本。弗里德曼认为，市场是公正的，因为每个人都是"按他和他所拥有的生产手段的产出"取酬的。第三，不平等有利于提高效率。古典自由主义者认为不平等与效率通过三个方面联系在一起：其一，不平等对生产性活动具有强大的刺激作用，认识到努力、承担风险和创新是有报酬的，可以提高人的社会地位，人们就会更积极地从事这些活动；其二，不平等可以增加用于投资的储蓄，只有相对富有的人才有可能将其收入中的较大部分储蓄起来，而缓解不平等会减少储蓄和投资，使经济增长放慢，最终对富人和穷人都有损害；其三，劳动分工可以提高效率，而要实现劳动分工的要求，需要有等级制的指挥系统，以便有效地协调企业的生产活动。

正因为古典自由主义者认为不平等是合理的，因而反对通过政府大幅度的再分配来消除不平等和贫困现象，担心这会使财富所有者感到威胁，不再将财产用于生产性投资。如马尔萨斯等早期古典自由主义理论家认为，贫困这种不幸的结果是由人类在一个养育能力有限的世界里过度生育的倾向造成的。马尔萨斯强烈主张不要理睬贫困问题，因为任何帮助穷人的举措都只会鼓励人口的进一步增加，从而造成更大灾难。虽然一些古典自由主义者赞成通过私人慈善活动帮助穷人，但他们认为，这种帮助应该尽可能地少，以保持对工作的激励。福利不仅是鼓励了不负责的行为，还会通过鼓励努力与报酬之间的联系，败坏所有公民的道德。在大多数古典自由主义者看来，经济增长是解决贫困问题的最佳途径。他们以"水涨船高"为口号，认为减少贫困的唯一可靠办法是提高投资率、刺激增长的政策。经济增长可以为个人生活的改善提供更多机会，从而促进生产性活动。因而，在福利与经济增长之间，古典自由主义者更倾向于后者，因为他们相信，福利项目会滋生依赖性，从而实际上会制造贫困；减少政府的援助将促使低收入者变得更为自理，发挥使自己脱贫的主动性。

辩证地看，古典自由主义的贫困观既有明显的矛盾，也有可资借鉴之处。一方面，古典自由主义的贫困理论存在比较明显的逻辑不自洽问题。他们认为个人能力的差异、基于偏好不同的选择产生的结果是导致不平等的个人方面的原因；但与此同时，他们又强调市场的公正性。我们看到，正是市场产生并且强化了不平等，正如产生于竞争中的垄断一样，本身是竞争的产物，但是反过来会限制竞争——不平等是个人选择的结果，但是反过来，不平等的存在却限制了个人选择的自由和能力，如果大多数人都受限于此，古典自由主义主张的市场公正又如何得以保证和实现？而资本主义国家迄今为止的发展历程也已经表明：没有政府干预的市场并非完美，市场不能自动高效地完成一切；在市场经济的运行中，政府干预不仅必要而且必须。不过，另一方面，我们也必须看到，古典自由主义对福利项目滋生依赖性、工作负激励的判断，已经被越来越多国家的减贫实践所验证，也就是所谓的扶贫变异为"养懒汉"的减贫干预现象。正是从这样一个意义上，我们认为，古典自由主义的贫困理论对提高减贫政策的效率具有相当的启发意义。

2. 现代自由主义的观点

现代自由主义沿袭了古典自由主义不平等导致贫困的思路。他们试图促进更大的平等，同时保护个人自由和私有制。在新自由主义者看来，产生不平等的原因包括：第一，市场的不完全竞争。由于垄断、信息不充分、资源要素缺乏流动性、产品不同质等原因，现实中的市场必然偏离新古典理论的标准模型，要素也就不会按照边际产出进行分配。那些在市场地位、信息、资源要素等方面具有优势的个人和群体会"剥削"处于劣势地位的个人和群体。第二，不平等与产权结构固化有关。即使在完全竞争的市场中，极端不平等的资本和土地所有权也会产生极端的收入分配不平等。从资本主义的产生历史来看，在严格而完善的产权和契约制度产生之前，不少资本主义国家中的富裕阶层都曾通过对土地和财富的暴力掠夺，站在产权金字塔的顶端。即使在财产权利受到法律保护之后，依然有大量财富是以不道德甚至非法的手段获得的。因此，现有的财富和收入分配结构，除了个人禀赋、能力、努力程度所导致的差异以外，在很大程度上是长期以来奴役与被奴役、剥夺土地与土地被剥夺等发展历史的累积结果。市场在不考虑所有权来源的情况，通过承认所有者的财产权利而将产权结构固化，意味着将一直以来不断累积的不公正合法化和永久化。第三，贫困循环产生不平等。贫困循环典型地表现为贫困的代际传递，之所以贫困会表现出"家谱延续"特征，一方面是因为贫困文化的影响；另一方面是因为贫困人口在市场竞争、产权结构以及居住区域等环境中，处于不利的地位，即贫困环境的影响。贫困文化论最早由奥斯卡·刘易斯在1956年提出，他在《五个家庭：关于贫困文化的墨西哥人实例研究》一书中首次使用"贫困文化"概念。该理论认为，贫困不仅是经济现象，也是文化现象，是一个自我维持的文化体系。穷人在长期的贫困生活中，形成了一套特定的生活方式、行为规范、价值观念体系，而且这种文化会通过家庭、社区以及穷人的社会关系网络代代相传。长此以往，穷人就会生活在一种与主流文化分离的亚文化中，贫困自然也在这种亚文化中得以生存和繁衍。贫困环境论产生于20世纪70年代，代表人物有查里斯·A. 瓦伦丁和海曼·罗德曼等，该理论强调外部环境对穷人的影响。在他们看来，将贫困归因为"贫困文化"，指责穷人的价值观和生活方式是倒果为因。因为在社会文化与社会环境之间，是"处境"决定"文化"，而非"文化"决定"处境"。穷人因为先天的劣势，在困顿的生活环境和艰难的工作环境中，想要改变自身处境不仅需要机会的均等，更需要自身十倍于常人的努力，尤其是与"含着金钥匙"出生的人相比，改变自身和家庭处境十分困难。因此，所谓的机会均等，其实是不均等的；而且即使机会均等，但是由于穷人与其他人相比在很多方面处于劣势，因此可能也难以把握住机会。因此形成了"贫困—处境艰难—机会少或者抓不住机会—处境更艰难—更贫困"的恶性循环。第四，市场歧视产生不平等。市场是根据市场主体的偏好进行自由交易的场所，其交易原则是"法无禁止即可进入"——只要交易者愿意出价，只要不违法，任何偏好甚至看起来非常不符合常理的偏好也可以得到表达。这就产生了滋生歧视的土壤——一旦财富与偏见以及市场势力相结合时，就会产生歧视。那些有偏见的富人或者市场强势群体，会因种族、性别、文化背景、年龄、外貌等原因歧视其他人，使得受歧视群体在经济上难以取得成就，陷入贫困。第五，不合理的教育体制产生不平等。现代自由主义者认为，公共教育资金投入过少，而且，任何一个国家和地区对不同阶级、不同种族的孩子提供的教育质量存在很大差异，甚至非常不平等，这使得缺乏必要的基本技能，难以在劳动力市场上实现就业。

与古典自由主义者不同，现代自由主义者认为消除不平等对全社会有利，认为贫困难以消除，但是可以通过再分配手段缓解贫困。在再分配中，富人应该施惠于穷人。因为根据边际效用递减规律，新增加一美元给富人带来的满足，小于给穷人带来的满足，如果将富人的少部分钱再分配给穷人，富人损失的满足（效用）小于穷人增加的满足（效用），因此，富人施惠于穷人，是一种帕累托改进，可以增加社会总效用。而且，随着捐赠文化的形成，富人从施惠行为中也可以得到满足，这些因为帮助需要的人所获得满足感，可以弥补甚至抵消富人因为放弃财物所损失的满足。可见，无论是在捐赠文化形成之前，还是形成之后，在再分配中"以富济贫"都是有利于增进社会总福利的帕累托改进。同时，由于穷人的边际消费倾向更高，再分配中富人向穷人转移购买能力，有利于刺激消费，进而促进投资，有利于经济增长。这也是为什么各国刺激经济增长非常强调增加中低阶层收入的理论出发点。总之，现代自由主义在厘清产生不平等的原因基础之上，主张政府推动产权结构合理化进程和实施收入再分配，并提出可以通过累进税、遗产税、租金控制、农产品价格保护、工会、最低工资、福利项目、社会保障等措施的实施，减少经济中的贫困和不平等。

（二）发达国家的贫困

和马克思主义政治经济学的贫困理论一样，主流经济学的贫困理论，在其核心逻辑之下，也分别探讨了发达国家和发展中国家的贫困问题。

主流经济学认为发达国家的贫困问题实质上是一个收入分配问题。对于发达国家而言，收入总量足够大，如果不存在不平等，则不应该有人生活贫困之中。实证研究结论表明：要素所有权差异包括资本、劳动力等资源的所有权差异和歧视是导致贫困的主要原因。劳动力要素所有权差异主要由于个体在智力和体能、技能差异以及能力利用率等方面存在差异所致；其他资本资源所有权差异则是因为每一个人在继承、运气、积累倾向、垄断力量和歧视欲望等多方面存在差异的结果。在发达国家，歧视的内容从早期的单亲母亲就业收入歧视，到目前依然引人关注的有色人种就业和收入歧视等方面，都强调特定社会中的脆弱群体如果受到不公平待遇，则极有可能导致他们贫困，并进而陷入贫困与歧视的恶性循环中，难以改变自身处境。

在上述三个致贫因素中，歧视是社会因素，因此可以通过矫正歧视性的制度安排消除。但是劳动力资源、资本资源等方面存在的初始差异，却难以通过制度安排加以矫正。而拥有差异性资源的市场主体在进入市场体系以后，市场的"马太效应"又强化了这种差异性，从而导致贫困悬殊日益明显。因此，很显然，通过市场不能解决贫困问题，只有通过收入的再次分配缓解贫困问题。基于这样的思路，早在1601年，英国就制定了《济贫法》，成为欧洲通过建立现代社会保障制度缓解贫困的最早尝试。这种反贫困的思路在欧洲影响深远，欧盟国家反贫困政策的特点可以典型地概括为：一是重视政府在反贫困中的责任。具体体现在各国政府承担的反贫困责任上。从19世纪后半期以来，政府在这一领域的干预越来越多，从财政支出、政策制定和执行等方面都加以支持。第二次世界大战以后，欧洲国家纷纷建立了"福利国家"的制度和政策体系，标志着国家干预达到很高的程度。二是建立全面的社会保障和福利体系。一方面，欧洲各国对穷人的社会保护在原则上以预防性保护为主，旨在避免社会成员因各种原因而陷入贫困；另一方面，通过设立从老年福利保障、失业者保障、医疗服务到家庭（儿童）津贴等一系列的社会福利项目，建立了被称为从"摇篮到坟墓"的社会保障和福利体系，旨在最大限度地帮助贫困人口保持基本生活水准。当然，这样的反贫困政策体系的直接后果就是欧洲各国政府在社会保护方面的开支巨大。与欧洲相比，同为发达国家的美国在反贫困方面的政策又有所不同。由于贫困总是与失业联系在一起，因此，美国早在1933年就通过以工代赈的方式，通过在公共工程领域提供工作机会的方式缓解贫困问题。此后，由于有色人种尤其是黑人是贫困的主要群体，因此，美国的反贫困政策针对黑人被歧视、就业能力低、就业意愿不强、国家公共开支负担过重等问题，在各个阶段分别提出了消除歧视、增强穷人就业能力和意愿、鼓励民间机构参与扶贫等政策措施，也就是通常所说的重点解决权利贫困、能力贫困等贫困，并强调参与式扶贫方法。

总体来看，虽然发达国家反贫困政策的侧重点有所不同，但是可以概括为对就业目标的追求和社会福利制度的健全，同时充分考虑完善的社会保障带来的工作负激励问题。这种反贫困思路充分体现了主流经济学贫困理论的核心逻辑：贫困产生于不平等，而不平等由于个人禀赋方面的原因难以消除；不平等也会因为社会制度、文化等方面原因产生，应该成为反贫困聚焦的重点领域。因此，缓解和消除贫困问题，不能指望仅仅通过政府的努力就能解决，而必须通过援助计划提高贫困人口的就业能力和竞争能力，逐渐改变其在市场选择中的劣势地位，增强贫困人口在市场中的交易能力，才是帮助穷人摆脱贫困的根本途径。

（三）发展中国家的贫困

与贫困的区域瞄准视角一致，对发展中国家贫困问题的关注，源于与发达国家相比，发展中国家经济的整体落后。因此，主流经济学对发展中国家整体贫困的关注，形成了主流经济学的一个重要分支——发展经济学。在发展经济学框架下，形成了不同流派的贫困与发展理论。就贫困与反贫困的相关成果而言，西奥多·舒尔茨的《对人进行投资——人口质量经济学》、阿玛蒂亚·森的《贫困与饥荒》、冈纳·缪尔达尔的《世界贫困的挑战——世界反贫困大纲》和《亚洲的戏剧——对一些国家贫困问题的研究》等著作影响最为广泛和深远。而各种反贫困战略的实际效果和预期效果的差异，使得人们不断地探索最有效的反贫困战略和路径，近年来，这些探索指向了一个频频被各学科引用的范畴：社会资本。因此，本部分主要介绍发展经济学的主流观点和反贫困战略的最新进展——社会资本在反贫困中的作用。

1. 新古典主义经济发展理论

从 20 世纪 60 年代后期开始，新古典主义思想取代结构主义，开始被用于经济发展战略和政策的制定之中，其影响不仅包括一些发达国家主导的国际组织，如世界银行和国际货币基金组织，甚至也包括了一些充分表达第三世界国家代表意见的国际组织，比如国际劳动组织、联合国开发计划署和联合国贸易发展会议等。新古典主义经济发展理论的中心论点，可以概括为经济不发达的结果，来自错误的价格政策，以及第三世界政府过度活动引起的太多的国家干预所导致的资源配置不当。因此，对政府、市场各自在经济发展中的作用，应进行重新评价，并应利用市场力量解决发展问题。其代表人物有西奥多·舒尔茨，P. 鲍尔，哈里·约翰逊，H. 明特，贝拉·巴拉萨，迪帕克·拉尔，雅可布·雅纳等①。

新古典主义发展理论认为发展过程是渐进的、和谐的和乐观的，经济发展的结果令一般的所有收入阶层受益，因此持续的经济增长是可能的，发展前景是乐观的。在他们看来，经济体系有一种自然走向充分就业的强有力的趋势。由于货币因素、战争以及新生产技术的引进，失业只是暂时的现象，在长期中，由于价格具有弹性，经济总会通过价格机制的调整，回归到总供给等于总需求的均衡状态，因此，长期中经济可以实现充分就业。既然经济具有自我修复的均衡功能，那么，是不是持续的经济增长一定能够消除贫困呢？新古典主义发展经济学家的回答是肯定的。他们认为，经济发展中存在的"涓流效应"和"扩散效应"，分别从纵向和横向推动经济成果自动地、逐步地覆盖社会全体成员，使所有成员都能受惠于经济增长，从而通过经济增长推动社会经济达到"帕累托最优状态"。

进入 21 世纪以后，这一观点再次被世界银行等国际发展机构重申和强调。在世界银行以《可持续发展和包容性发展的战略》为副标题的 2008 年增长报告中，强调"经济增长可使人们一同脱离贫困与苦难。历史证明除此之外别无他途"（The International Bank of Reconstruction and Development/The World Bank，2008）。观察发现，"在赤贫国家，不实现增长就能消化贫困几乎是不可能的。因为没有可用于再分配的东西。相反，在人人贫困的情况下，不论怎样分配，增长都可以减低贫困"（The International Bank of Reconstruction and Development/The World Bank，2008）。因此，"简而言之，最能遏制贫困增长的良方就是经济的持续增长"（The International Bank of Reconstruction and Development/The World Bank，2008）。然而，因为高速的经济增长往往伴随着不断拉大的贫困差距，因此"增长的这层含义有时却会被忽略。人们会把正在上升的不平等与某种治贫过程中的失败相混淆。在没有增长的经济里，贫困差距的加大的确会伴随贫困的加剧。但是，在快速增长的经济里，即使不平等会增加，减少贫困还是可能的并且很正常"（The International Bank of Reconstruction and Development/The World Bank，2008）。

---

① 参见张培刚《发展经济学教程》，经济科学出版社 2001 年版，第 93 页。

强调增长是消除贫困的必要前提，这是新古典主义发展经济学主张的反贫困第一层含义，在此基础上，他们强调通过边际调节实现经济发展。

在他们看来，对于发展中国家而言，最重要的不是存在不平等，而是经济中的价格扭曲严重制约了其经济发展。价格扭曲的关键在于政策误导和政策体系的冲突。因此，对于发展中国家而言，要消除贫困，首先要解决因价格扭曲导致的经济增长不利问题，这需要发展中国家的政府矫正其发展政策。

矫正政策要坚持三个基本主张：一是主张保护个人利益，强调私有化的重要性；二是反对国家干预，主张自由竞争和自由放任；三是主张经济自由化，包括贸易自由化和金融自由化。

可以看到，新古典主义的发展理论强调市场对经济的"启动作用"，尤其是通过私有产权的激励，刺激市场主体"为己牟利"的积极性。事实上，在20世纪80年代以后，随着新自由主义重新上升到"官方经济学"，前社会主义在转轨过程中和解体之后的发展中，都不同程度地采纳了上述经济发展主张。但是，发展中国家发展的事实也表明：采用这些发展战略的结果有好有坏。且不说变得更糟的国家，就获得发展的发展中国家而言，是不是就不存在贫困问题了呢？很显然不是。相反，由于"贫困线是不断变化的，它随着平均收入的提高而提高。美国的贫困不同于孟加拉国的贫困，今天的贫困也不同于50年前和20年后的贫困。贫困像基本需求一样，是一个动态的概念"（迈耶、斯蒂格利茨，2003），所以，即使发展中国家获得了发展，但是仍然存在由于各种原因造成的不平等和贫困问题。

可见，对于发展中国家而言，贫困问题具有两种不同的发展背景：一种是获得了经济发展情况存在的贫困问题，这样的国家消除贫困可以在很大程度上借鉴发达国家的做法，比如促进就业、援助极端贫困人口等措施；另一种是由于经济增长不足导致的整体贫困。在新自由主义发展经济学家看来，后一种情形更具代表性，因此，对于广大的发展中国家而言，要消除贫困，首先要考虑"做大蛋糕"的增长问题，而不是如何合理"分配蛋糕"的分配问题。根据对发展中国家经济增长不足是由于政策不当导致价格扭曲的判断，西方主流经济学家认为发展中国家应该从制度层面破解发展困境，实现经济持续增长，从而实现整体改进脱贫。对发展中国家制度问题的关注，形成了主流经济学范式下的新制度主义发展观。

2. 新制度主义发展观

20世纪60年代以来，在主流经济学范式下，新制度经济学的诞生被认为是经济学理论的重大进展，尤其是科斯、诺思、奥斯特罗姆、威廉姆森等人分别在1991年、1993年和2009年获得诺贝尔经济学奖，标志着新制度经济学从产生到被广泛认可，作为重要的理论分析工具这一个过程的完成。

制度分析主要有三种方法：交易成本方法、寻租方法和分利集团方法。交易成本方法以科斯、诺思为代表，寻租方法以布坎南、托利森和图洛克为代表，分利集团方法则以曼柯尔·奥尔森为代表。三种方法各有特点。交易成本方法试图提供一种关于契约成本的基本理论框架，据此建立一个政治经济制度的一般理论；寻租方法致力于建立政治体系的利益集团模型，界定一种决策规则结构，然后分析这些决策规则的后果；奥尔森的分利集团方法虽然没有关于国家的明确模型，但是分析了利益集团的相互作用，其结论是制度降低了体系的效率和生产力。在上述三种方法中，最具有代表性的是交易费用分析方法。根据交易费用理论，一些发展中国家之所以发展缓慢，是因为履行合约的交易费用更高。而这些高交易费用，往往是因为低效率、不合理甚至错误的制度安排导致的。因此，对于发展缓慢的发展中国家而言，最重要的是通过制度变革，以更合理、更高效的制度安排降低交易费用，从而促进经济的整体快速发展。

那么，在相互交错的制度体系中，应该从哪些环节突破变革，实现制度安排的优化呢？

新制度经济学认为，首先是要尽可能清晰地界定产权。虽然科斯定理和巴泽尔都强调：清晰地界定和实施产权是有费用的。因此，产权被清晰界定的程度，取决于界定产权的成本与界定产权带来的收益。延续这一思路，巴泽尔则提出不仅产权的清晰界定有交易费用，在产权被清晰界定以后，产权在多大程度上得以实施也取决于交易成本的高低。这意味着对于一些实施成本高的产权，即使被清晰界定，但是由于实施过程中的高交易费用，往往导致产权主体主动放弃实施，使得一部分产权留在公共领域。那么，谁会是公共领域产权的受益者呢？一般来说是信息优势方。对此，巴泽尔以一个经典的案例——奴隶为自己赎身——加以说明。从逻辑上讲，在奴隶社会里，奴隶的产权既然属于奴隶主，那么，能够为奴隶赎身的只有其他自由人。但是，在现实中，会发现大量的奴隶为自己赎身的案例。这主要是因为奴隶在为奴隶主劳动的过程中，由于监督成本过高，奴隶主放弃了一部分监督权利，使得奴隶把从理论上应该属于奴隶主的财富"合法"地据为己有，当财富积累到一定程度，奴隶就可以向奴隶主为自己进行赎身。对于这种留在公共领域的产权收益，张五常从另一个视角进行了关注，分析了土地使用等经济行为中的租值消散问题。虽然同样是讨论产权的清晰界定和实施，但是张五常的出发点和科斯、巴泽尔不同。在张五常看来，现实经济中之所以会出现产权主体的租值消散现象，主要是由于政府管制的存在。因此，消除不必要的政府管制，是避免租值消散的必要前提。

其次是低成本地履行契约。与产权的界定和实施一样，合约的履行也是有费用的。根据合约性质，新制度经济学探讨了企业与市场的边界。不考虑契约理论艰深的理论逻辑，就该理论对于发展中国家的应用性而言，主要表现在以下三个方面：其一，对于科层组织内的契约实施，其交易费用的高低取决于制度安排的效率，以及组织内非正式制度（组织文化或者潜规则）与正式制度的关系。如果两者是互补关系，则实施成本低；如果两者是替代关系，则实施成本高。其二，对于市场中的契约实施，其交易费用的高低也取决于保障合约实施的正式制度效力。如果正式制度效力极低，则要么合约难以实施，要么出现保障合约实施的替代机制。对这些替代机制的研究，大多指向社会资本。其三，要低成本地履行合约，不仅需要高效率的正式制度安排，而且需要互补性而非替代性的非正式制度安排。

最后是制度变迁理论。无论是产权理论还是契约理论，都指向需要更有效率的制度体系降低交易费用。那么，制度变迁到底是怎样得以实现的呢？对制度变迁的解释，新制度经济学家仍然沿用了主流经济学范式，以衡量制度变迁的成本和收益、制度的需求与供给阐释制度变迁能否最终产生，提出了著名的诱致性制度变迁理论。但是，对此林毅夫并不认同，他认为中国的制度变迁表现出明显的"强制性变迁"特征；杨瑞龙等则从地方政府竞争的视角揭示了中国的制度变迁现象。中国学者对中国制度变革特殊性的关注，并没有从根本上模糊新制度经济学的主流经济学范式特征，更多的是对新制度经济学理论的中国化和应用性发展。但是新制度经济学对制度变迁中对非正式制度的忽视，被认为是一个致命的硬伤，因此对制度变迁的解释逐渐转向用博弈论、演化甚至进化论的思想和分析工具进行分析，越来越重视本土文化和传统等非正式制度因素在制度变迁中的重要作用。

除了在"增长是减少贫困的必要条件"这一层含义上探讨发展中国家的制度问题以外，一些学者专门探讨了有利于穷人的制度安排。世界银行"发展经济学研究小组"农村发展组首席经济学家克劳斯·丹宁格在《促进增长与缓减贫困的土地政策》（2003）一书中，专门探讨了有利于穷人的土地政策。克劳斯·丹宁格认为对于穷人而言，土地政策尤为重要，因为土地是穷人的重要资产，是许多发展中国家的经济活动和市场（如信贷）以及非市场制度（如地方政府和社会关系网）运行的基础。土地产权对于经济增长的重要性不言而喻，对于发展中国家的大多数穷人来说，其重要性不仅体现在土地是穷人谋生的主要手段，而且也是他们进行投资、积累财富并且可以在代际转移和传承财富的主要途径。土地对于穷人获得经济机会发挥着决定性作用，至少在四个方面发挥重要影响：其一，穷人家庭作为市场主体，生产必需品和向市场提供剩余产品的能力；其二，穷人的社会经济地位以及集体的特征；其三，穷人投资和提高土地可持续利用程度的积极性；其四，穷人的自我保障或者进入融资市场的能力。因此，为了减缓贫困，发展中国家政府应该在土地产权、土地交易、土地管制等方面实施有利于增长和穷人的土地政策。

我国学者卢现祥等在《有利于穷人的制度经济学》（2010）一书中，将贫困区分为因为先天性疾病、丧失劳动能力等原因引起的自然性贫困和因为后天教育、出身和家庭等方面的原因而导致的制度性贫困，减贫干预的重点显然是后者。因此，该书以制度与公共政策有利于穷人为主线，在阿玛蒂亚·森、罗尔斯和奥尔森等人的理论基础之上，建立了一个有利于穷人增长的制度分析框架；尝试建立判断有利于穷人增长的指标体系；首次把制度区分为亲贫制度、非亲贫制度和中性制度；并以中国研究为实例，对有利于穷人的经济增长制度安排与公共政策的关系展开研究。

3. 社会资本在反贫困中的作用

新制度学派在探讨发展中国家经济中的合约履行机制时，与转轨经济学家研究转轨国家转型过程中的合约实施机制一样，观察到一个重要的非正式实施机制：社会资本。与此同时，社会学家运用经济学范式对社会资本在人力资本投资中作用的分析，引发了各学科相继关注社会资本这一个新的分析工具。在贫困研究领域，社会资本也成为最受关注的前沿之一。

从分析方法来看，社会资本是在新制度框架下的拓展。

杰拉尔德·迈耶在梳理发展思想的演进时认为，尽管世界银行是理智的行动者，但发展的思想更自然地来自大学的经济学家和研究机构。发展思想的演进表现为数个分析层面和政策含义的演进。根据依次发展的顺序，迈耶认为发展思想的演进从发展的目标、宏观经济增长理论、资本积累、国家与市场、政府干预和政策改革等层面受到了关注。从资本积累层面来看，迈耶认为经历了有形资本、人力资本、知识资本和社会资本几个阶段。但是从分析工具来看，社会资本使用的是新制度主义的分析工具，尤其是社会资本中信任与合作的大量存在对于交易费用的降低，是社会资本在发展项目中被观察到的重要原因（迈耶、斯蒂格利茨，2003）。

社会资本的概念至今仍然缺乏统一的界定，但是社会资本在发展项目中的作用是确定的，尤其是在世界银行的小额信贷项目中，以及一些地方性公共性公共项目的实施中，社会资本的作用十分明显和重要。

保罗·科利尔①比较详细地分析了社会资本对贫困的影响。他认为穷人比富人更依赖社会资本，但这并不意味着社会资本对穷人一定是有益的。他通过社会资本的作用机制分析了其对穷人的影响。

首先是从知识外部性来看，其作用机制是模仿和共享。社会性相互作用的主要形式是单方面非正式的社会性相互作用和网络。模仿的一个明显特征是具有一定的分配意义：拥有较多知识的人将获得较高的收入——这的的确确是促进其他人进行模仿的动力。因此，模仿是降低贫困程度的有力武器。但是，穷人模仿高收入者存在一定的障碍。比如在肯尼亚农村，以妇女为核心的家庭就不模仿以男子为核心的家庭。模仿的这个局限并不表明信息是分离的，如果行为人之间差距显著，那么模仿别人的决定就是不明智的。但是，在缺乏模仿的地方，很明显地表现出社会性相互作用的分离。在那里，可以得出信息流动不畅这个合理的推断。信息流动的一个类似的障碍是语言和民族分化。这些障碍可能会造成社会团体之间的收入悬殊，他将对社会产生危害。同样地，不同地区对模仿的重视程度会强化不同地区之间的收入差距。

因为共享的作用是互惠的，所以有可能排挤穷人。网络倾向于吸纳有

---

① 保罗·科利尔：《社会资本与贫困：一个微观经济学的视角》，载 C. 格鲁特尔特、T. 范·贝斯特纳尔编《社会资本在发展中的作用》，黄载曦、杜卓君、黄志康译，西南财经大学出版社2004 年版，第 25—54 页。

近似知识存量的人，这是知识共享的基础。拥有更多知识存量的人拥有更大的共享网络，可以从网络中获得更多的信息。在建立私人信息共享的动力体系中存在排挤穷人的倾向。

其次是声誉机制会排挤穷人。重复交易和声誉机制可以有效地减少机会主义行为，这也是社会资本表现出来的外部性之一。但同时我们也应该看到，重复交易的一个作用是在社会上排除新的进入者，这一点对穷人不利。而声誉夸大了从重复交易中获取的收入。重复交易产生了一个承诺——信任双边关系，声誉使那些拥有承诺——信任关系的人得到更多的其他交易。

最后是规范和规则的作用。科利尔认为，由于穷人投资其他替代品的能力更弱，适用于全社会的规范和规则越健全，和富人相比，穷人收益越多。比如，由于穷人和富人在私人安全消费上的差异，犯罪的受害者更多的是穷人。适用于集团的规范和规则，有利于增加成员的收入。一般而言，穷人比更高收入者从规范和规则中获得的收益更大。因此，穷人有更强的动力加入俱乐部和权威机构这类组织。由于在俱乐部和权威机构的创立一般都需要一个领袖人物，而领袖人物来自高收入集团的可能性更大。如果需要建立规范和规则的俱乐部及权威机构大部分由来自较高收入集团的成员组建，那么组建者将倾向于解决较高收入集团存在的问题，并吸引该集团的成员加入。如果来自较高收入团体的领袖人物没有忽视穷人的利益和参与，那么，规范和规则的作用应该是积极的。

因此，科利尔认为"支持穷人"这一公共政策意味着，由于不同作用机制的分配结果不同，制定公共政策的重点应该放在提高那些最能产生积极分配效应的作用机制上，并努力消除削弱其他作用机制的消极影响。应该增加模仿；通过提高法庭效率减少对重复交易和声誉的需要，从而增加穷人参与交易的机会；通过集团的公共行动提供在穷人中建立集体行动的最初的领导力量。

社会资本对贫困的这些影响得到了众多案例研究的结论支持。比如克瑞奇纳和厄普赫夫在"通过评估保持和发展印度拉加斯坦邦河流流域的集体行动来度量社会资本"的研究中[①]，用社会资本指数来衡量社会资本

---

① 克瑞奇纳·厄普赫夫：《通过评估保持和发展印度拉加斯坦邦河流流域的集体行动来度量社会资本》，载 C. 格鲁特尔特、T. 范·贝斯特纳尔编《社会资本在发展中的作用》，黄载曦、杜卓君、黄志康译，西南财经大学出版社 2004 年版，第 119—172 页。

对农民在解决管理河流分界线这个重要问题时的合作程度，他们的研究表
明，社会资本制度和政治竞争、文化程度一同对河流分界线的管理以及更
为广泛的发展结果有着显著的正面影响。而法肯姆普斯和明腾的研究则说
明了从私人契约中获得的信任能够提高马达加斯加农业贸易商及其家庭的
收入。马达加斯加的贸易商把关系看得比投入品、产出品的价格还要重
要，甚至将能够通过关系获得贷款或设备的能力作为生意成败的重要因
素。不对社会资本进行投资的贸易商无法扩大自己的生意。① 艾沙姆和卡
科内对印度尼西亚爪哇省以社区为基础的水供应工程的研究，帕格尔、吉
利根和赫克对孟加拉国达卡市自愿管理固体废弃物的研究等，都表明了社
会资本可以帮助城市贫困人口和农村贫困人口获得具有公共物品特征的商
品和服务。② 总之，尽管社会资本的界定还不统一，其度量也有相当的难
度，但是，众多的案例研究表明，社会资本对于贫困人口发展具有重要的
正面作用。尤其是古格特和克瑞梅尔的研究说明，社会资本不是能够轻易
创造的，为了促进合作和参与而特意设计一些援助计划，其作用在短期内
是微乎其微的。这意味着反贫困项目必须依托和充分利用贫困人口的社会
资本，以发挥最佳效用。③

　　我国学者也非常重视对社会资本与贫困的研究。不少学者从不同层面
对之进行研究。比如王朝明等（2009）从社会资本的视角对四川城市贫
困进行了测度研究，他们尝试建立社会资本测度的框架与方法，将社会资
本区分为个体层次、集体层次、国家层次和其他层次分别测度，然后进行
综合测评。在众多的社会资本研究中，测度社会资本一直被认为是最困难
和复杂的论题，我国学者密切结合我国贫困实际，进行这方面的探索和尝
试无疑是非常有意义的开创性研究。对此，本书将在第七章的第一、二节
专门探讨，此处不再赘述。

---

① 法肯姆普斯·明腾：《社会资本和厂商：来自马达加斯加农业贸易商的证据》，载 C. 格
鲁特尔特、T. 范·贝斯特纳尔编《社会资本在发展中的作用》，黄载曦、杜卓君、黄志康译，西
南财经大学出版社 2004 年版，第 172—214 页。

② 艾沙姆、卡科内：《参与行动和社会资本是如何影响以社区为基础的水供应工程的—来
自印度尼西亚爪哇的证据》，载 C. 格鲁特尔特、T. 范·贝斯特纳尔编《社会资本在发展中的作
用》，黄载曦、杜卓君、黄志康译，西南财经大学出版社 2004 年版，第 215—284 页。

③ 古格特、克瑞梅尔：《自发援助对社会资本的影响：来自肯尼亚的证据》，载 C. 格鲁特
尔特、T. 范·贝斯特纳尔编《社会资本在发展中的作用》，黄载曦、杜卓君、黄志康译，西南财
经大学出版社 2004 年版，第 287—313 页。

（四）小结

总体来看，主流经济学是在增长理论的框架下探讨贫困问题。其核心逻辑强调禀赋的初始差异以及制度安排导致的排斥与歧视，因此强调消除由于制度安排不公平导致的贫困。针对战后发展中国家的整体贫困，也在自由主义框架下形成了差异性的发展理论和流派，即使是宣称反对新古典"黑板经济学"的新制度经济学，在分析范式上仍然采用了主流经济学范式。同时，主流经济学的贫困理论非常强调应用性，因此总是根据现实问题的需要发展学科，尤其是对其他学科的融合，比如社会资本理论在贫困领域的应用。或许正是因为主流经济学这种融合其他学科、适应现实问题的开放性，使其成为"主流"。但是，不管主流经济学的贫困理论如何兼容并包，其核心逻辑十分明显而且强大。根据主流经济学的核心逻辑，减贫政策可以简要地归结为两大类：保障性减贫和发展性减贫。保障性减贫主要针对不可能通过就业等方式脱贫的人口展开，发展性减贫则主要针对因制度安排不合理导致的贫困。很显然，后者的情形更为复杂，也是我们讨论的主要范畴。

三 新发展经济学视点：林毅夫的"新结构经济学"

2012 年，林毅夫在对第二次世界大战以后发展经济学的主要流派结构主义、新古典主义的反思基础之上，结合战后各国的发展经验和事实，提出了新结构经济学，出版专著《新结构经济学——反思经济发展与政策的理论框架》。在该书中，林毅夫强调要素禀赋、不同发展水平上产业结构的差异，以及经济中的各种扭曲带来的影响。认为这些扭曲来源于政策制定者过去对经济的不当干预，这些政策制定者对旧结构经济学的信念，使得他们高估了政府在矫正市场失灵方面的能力。而华盛顿共识所倡导的政策常常未考虑发达国家与发展中国家间的结构性差异，也忽略了发展中国家对各种扭曲进行改革时的次优性质。

因此，为了指导发展中国家获得更持续的经济增长，有必要在反思经济发展与政策的基础之上重构发展经济学的理论框架，林毅夫认为新结构经济学就是这个框架。他希望通过新结构经济学达成以下目标：（1）建立一个分析框架，将发展中国家的要素禀赋和基础设施、发展水平，以及相应的产业、社会、经济结构等因素考虑在内；（2）分析政府与市场在不同发展水平上的作用，以及从一个水平到另一个水平的转换机理；（3）分析经济扭曲出现的原因，以及政府退出扭曲应该采用的措施。他认为过去几十年主导人们的发展理论框架，其实和各国的经验事实联系非常不紧密。因此，新结构经济学的努力方向，是依据各国的禀赋结构和发展水平，提出一条因国而异的、严谨的、有创见的、对于发展政策来说是切实可行的路线。

之所以需要提出新的发展理论框架，不仅是因为发展经济学的现状，更因为全球危机对发展中国家经济的严重影响。他认为新结构经济学所提出的研究议程应该能丰富相关领域的研究，深化人们对经济发展本质的理解。而这最终必然有助于低收入、中低收入国家实现动态的、可持续的、包容性的经济增长，并消除贫困。

可见，林毅夫教授提出的"新结构经济学"，更多的是瞄准发展中国家的整体增长问题，而非聚焦贫困问题。可以说是宏观层面的减贫战略，也就是国家层面的增长战略。当然，如果能够真正实现包容性增长，发展中国家经济增长的过程，就是消除贫困的过程。从这样一个意义上来讲，新结构经济学提出的发展思路也可以被理解为宏观层面的减贫思路。

四　为什么会贫困：贫困与不平等的哲学思考

（一）为什么会不平等

很显然，在政治经济学视野里，无论是马克思主义政治经济学还是主流经济学，都认为不平等是贫困的根源。但是，什么是不平等的根源呢？对此，两个体系有不同的看法。

冈纳·缪尔达尔认为不平等包括社会不平等和经济不平等；认为"社会不平等很明确地与地位相连，也许最好可定义社会流动性的极端缺乏与对自由地竞争的可能性的严重妨碍……而经济不平等的概念较简单，与财富和收入的差距相连"（Myrdal，1972）。按照缪尔达尔对不平等的划分，社会不平等就是我们在一般意义上的"不平等"，经济不平等就是我们一般意义上的"贫困"。因此，两个体系对贫困与不平等关系的不同看法，实质上就是对社会不平等与经济不平等两者关系的差异性论述。

在马克思主义政治经济学看来，社会不平等是导致贫困（经济不平等）的根源。因为在社会结构中，占有生产资料的剥削阶级对缺乏生产资料的劳动者的剥削，是导致劳动者贫困的根本原因；这在社会主义国家，罗默认为主要表现为地位剥削，地位剥削的存在使得社会结构中的弱势群体处于贫困。尤其是资本的原始积累阶段，剥削阶级通过暴力手段获得本属于个人所有的生产资料，使得一部分人沦为赤贫。因此，马克思主义政治经济学的贫困理论认为：任何一个社会，只要消除了剥削阶级（特权阶层），也就消除了贫困产生的根源，贫困问题就会得到彻底的解决。

在主流经济学看来，贫困与不平等的关系在发达国家和发展中国家具有差异性。在发达国家比较典型地表现为贫困导致不平等。由于个人禀赋的差异，每个人在市场中的竞争力自然具有差异，这势必导致产出和收入的差距，当差距累积到一定程度时，就产生了贫困。由于贫困剥夺了贫困人口参与经济的权利和能力，以及社会歧视等原因使得不平等现象产生。不平等的存在反过来又进一步导致了贫困的加剧。发展中国家则不一样，主要是由于不平等导致了贫困。在主流经济学看来，发展中国家由于特权阶层的存在，改变或者扭曲了市场配置资源的方式；同时，由于社会极度缺乏流动性，导致贫困人口极少有机会改变自身处境。因此，对发展中国家而言，首要问题是建立市场经济体制，消除特权阶层对经济和社会资源的垄断性控制和配置，让更多的人有公平参与市场经济的权利。

对比主流经济学家对发达国家和发展中国家的贫困与不平等论述，可以发现，从贫困与不平等的关系来看，贫困问题只能缓解而不可能消除。这是因为，主流经济学坚信市场机制才是有效配置资源的发展机制。但是由于市场主体天生存在差异，即使初始的发展环境不存在任何不平等与不公平，不同市场主体从事经济活动的经济效果必然存在差异。这种差异的累积最终就表现为贫困的产生。经济上差距的拉大，有可能催生情感、观念甚至制度安排上的排斥和歧视，从而产生和加剧社会不平等。一旦一个社会形成了文化、价值观念和制度体系上的排斥性，就容易导致被排斥群体在"贫困"与"不平等"之间形成恶性循环。因此，从这样一个意义上来看，按照主流经济学的观点，发展中国家即使通过消除社会不平等，走上市场经济的发展道路，但是在个人差异和市场机制的双重作用下，贫困和不平等仍然不可避免。所以，根据主流经济学家的逻辑，不平等是不可消除的，因此，贫困也是不可消除的。我们所能做的，只是缓解贫困而不是消除贫困。

（二）贫困与不平等的关系

上面的分析表明，无论产生不平等的原因是什么，就贫困与不平等的关系而言，不管是马克思主义政治经济学还是主流经济学，都持不平等导致贫困这一观点，并且都认为贫困会加剧不平等，形成恶性循环。

马克思主义政治经济学的观点是：当贫困人口处于被剥削的不平等状态时，就会陷入绝对贫困或相对贫困。贫困人口出卖劳动力所获得的收入仅仅能够维持劳动力再生产的水平，而没有多余的收入改善自己的处境。所以，随着资本主义经济的发展，一方面，财富在资产阶级手中积累；另一方面，贫困在无产阶级一边积累，社会两极分化越来越严重。这使得不平等加剧，贫困恶化。

主流经济学的观点则认为，在市场经济中，自由选择的个体，由于禀赋的差异，导致了产出的不同。这便是不平等的个人禀赋根源。这也是导致贫困的重要原因。但是，不能因此而否认市场是最有效的经济发展机制。他们将贫困对个体参与市场经济能力的影响，追溯到文化层面。认为在市场经济条件下，收入援助计划只会使贫困人口产生依赖心理，放弃个人努力，形成"贫困文化"，害怕竞争，不愿意自食其力。所以，从这样的角度来看贫困会加剧不平等。但是，古典自由主义认为不平等不是坏事，是好事；而现代自由主义则坚持平等。而不管是反对还是坚持平等，贫困都会加剧不平等，从而进一步削弱贫困人口再就业等方面的竞争力确实是不争的事实。

总之，尽管马克思主义政治经济学和主流经济学对不平等产生的原因看法不一致，从而提出了不同的消除贫困的政策主张，但是，对于贫困与不平等的关系，两个体系的认识基本是一致的。由于现实中的贫困一直存在，所以，不管是马克思主义政治经济学，还是主流经济学，对贫困问题的关注从来没有停止过。相反，随着不同国家在不同阶段的贫困问题的发展，两个体系的贫困理论都在与时俱进地发展着。本书对两个体系贫困理论的梳理，旨在提出贫困与反贫困的产权分析方法，尝试结合我国减贫实际推进和创新贫困理论。

第三节　产权分析的两大逻辑起点

一　减贫活动中产权的重新界定

从产权经济学的视角来看，减贫活动实质上是对产权的重新界定。

根据新制度经济学理论，"资产的所有权被理解为包括使用资产的权利、改变资产的形式和性质的权利以及转让所有或部分资产的权利。所有权是一种排他权，但是所有权并非是一种不受限制的权利。显然，产权给予个人自由处置资源的权利，从而为竞争性市场提供了一种基础"（Eucken，1952）①。因此，给定古典自由政府中的基本制度框架假设，"私人产权拥有者的经济决策受到两个方面因素的影响。首先是由所有权内容赋予的自由处置权；其次是（竞争性）市场"②。这在阿尔钦看来，私人产权拥有者之间的产权交易所形成的互动关系构成了经济学研究的本质内容："本质上，经济学是研究稀缺资源的产权……一个社会中的稀缺资源分配实质是指将权利在资源的使用中进行分配……而且经济学问题，也就是价格如何被决定的问题，其实就是产权应该如何界定和交换以及在什么样的条件下的问题。"（Alchian，1967）因此，很显然，产权不是指人与物之间的关系，而是指由物的存在及关于它们的使用所引起的人们之间相互认可的行为关系。产权安排确定了每个人相应于物的行为规范，每个人都必须遵守他与其他人之间的相互关系，或承担不遵守这种关系的成本。

在一个社会中，产权的主要结构可以被理解为一组经济和社会关系，这种关系为每个人界定了与资源使用有关的位置。这种产权关系能够存在，是因为有相应的产权制度支持。产权制度是制度化的产权关系，是划分、确定、界定、保护和行使产权的一系列规则。"制度化"的含义就是既有的产权关系明确化，相对固定化，依靠规则使人们承认和尊重，并合理行使产权，如果违背或侵犯它，就要受到相应的制约或制裁。产权是一束权利，包括占有权、使用权、出借权、转让权、用尽权、消费权、市场投票权、特许权、履约权、专利和著作权等。产权可以区分为绝对产权和相对产权。前者指对有形物品的所有权、其他非物质权利的所有权或知识产权以及人权。相对产权则源于自由达成的合约或者法庭上的指令（在侵权行为的情形中），主要包括合约性产权比如销售债务或销售关系，以及法律上的强制义务比如身份、情感、关爱、友情、宗教信仰以及爱国主义等。根据产权的性质，还可以区分为私有产权和共有产权，相应地，私有产权具有排他性、可分割性、可让渡性和清晰性，而共有产权则不具备前述特征。产权具有减少不确定性和降低交易费用、外部性内部化、激励

①　埃里克·弗鲁博顿、鲁道夫·芮切特：《新制度经济学——一个交易费用分析范式》，上海三联书店 2006 年版，第 97 页。

②　同上书，第 96—100 页。

等功能①。正是因为所有交易、合约虽然表现为资源的交换，其背后的实质却是产权的转换和界定，因此，产权分析方法对于分析贫困问题也就有特别的洞察力。

在完全私人所有权条件下，产权的所有者可以选择使用自己拥有的资产、出租资产或出售给其他人。在出售的情形下，只有当一束产权从一方转移至另一方才是有效的。当然，不考虑其他，这意味着任何交易的财产价值取决于交易中产权被转移的束。如果由于政府行为或其他的原因，一种资产的产权内容发生了变化，对于资产所有者和任何可能的资产购买者而言，资产价值也必然发生变化。而且，可以预期到，物品的交易价值的变化将不可避免地对人们的行为产生影响。通过这种对行为的影响，产权安排就会对资源的配置、产出结构、收入分配等产生影响。这里的互动关系使得 Alchian 认为②：作为新制度经济学的重要构成部分，产权理论主要关注产权安排与资源配置的关系。认为在"产权分配和经济选择之间存在系统性的关系"；强调公有产权的低效率甚至无效率，而私有产权则是有效率的。为了说明这一点，前社会主义国家的例子常常被引用。比如"在南斯拉夫共和国的社会主义劳动管理企业化中，企业工人在企业中拥有一组特定的产权。……他们有权决定企业的资产如何使用，并对企业的剩余收入有着法律索取权（只要他们是企业的雇员）。而且，工人有权在企业中进行投资，通过扩大资本存量，他们可以在未来获得更多的收入。但是，关键的问题是，工人事实上并不享有资本（物质生产方式）的完全私人所有权。工人虽拥有受益权，但是对于劳动管理型企业中的资产，不仅没有永久的索取权，而且也没有可转让权。……因此，可以预期，对这些工人最有意义的受益不是来自于企业和社会的进步，而是他们在与企业有着雇佣关系的时期所能够获取的金钱和非金钱回报。给定这些偏差，追求自身狭隘利益的工人很可能将企业的政策推向不甚理想的方向。让我们举一个极富戏剧性的例子，假设下面这样的一个情景：如果一个企业中

---

① 莱索托在其《资本的秘密》一书中指出，西方国家的正规所有权制度产生了六种效应，使它们的公民能够创造出资本。这六种所有权效应是：确定资产中的经济潜能；把分散的信息综合融入一个制度；建立责任制度；使资本能够互换；建立人际关系网络；保护交易。转引自袁庆明《新制度经济学》，中国发展出版社 2005 年版，第 99—112 页。

② 埃里克·弗鲁博顿、鲁道夫·芮切特：《新制度经济学——一个交易费用分析范式》，上海三联书店 2006 年版，第 97 页。

大多数工人计划在未来某个时期 T 退休离开企业，他们可能会发现对在 T 时期会带来较多收入的耐用性投资进行投票是有利的，但是之后却会产生灾难性的后果。这里的要点是，一旦退休，工人不必再去关心企业未来的命运。原则上，这种产权结构至少对社会而言是无效率的。"相反，完全私有所有权的产权结构会产生出不同但却更为有效的激励机制。尽管投资选择上的错误肯定都会出现，但是每个私人性的企业家均会尽力保持和提高企业的预期"现值"。他这样做并不是出于利他主义或为后代考虑，而仅仅是为了以更好的价格卖出资产的机会。

产权理论认为，产权的初始界定与资源的稀缺性有关，而产权界定的清晰程度与界定成本有关。当资源充裕时，不需要进行产权的界定；稀缺的资源需要将产权界定到什么程度，则由产权界定、保护的成本和界定产权的收益决定。有些产权界定的费用很高，或者说界定清楚了，但是对之实施有效的保护成本很高，因此，在现实生活中，总有一部分产权落入到"公共领域"（Barzel，1997），换言之，并非所有的产权都能够清楚地界定，也并非所有的产权都值得清楚地界定。

产权界定是交易的前提——交易者不可能把不属于自己的物品进行交易。因此，很显然，在物的交易的背后，是产权的转移或者重新界定。产权理论强调，私有产权是有效率的，因为产权人可以自由决定是否交易。而根据理性人假设，没有人愿意进行于己无利的交易，因此，从效率的角度来看，每一次交易都是帕累托改进，是有效率的。但是，这并不意味着现实生活中只存在私有产权一种形态。事实上，正是因为对私有产权进行了有效的保护，私有产权才是有效的。但是由于任何产权的保护都是有费用的，因此，在某些领域实施私有产权可能费用高昂，因而是缺乏效率的。在这方面，最为典型的就是公共产品的产权问题，由于公共产品不能满足排他性和竞争性的要求，因此要对之实施有效的产权保护就十分困难。作为经济人选择的后果，普遍的现象就是公共产权的私人供给严重不足。为了解决这一个问题，在公共产品领域，公共产权成为最具代表性的选择。因此，在现实生活中，虽然产权经济学家强调私人产权在资源配置方面具有明显的效率优势，但是，私人产权在公共品领域的失灵，使得即使是在最为自由化的市场经济国家中，公有产权仍然占有一席之地，形成了私有产权与公有产权并存、相互补充的社会产权结构。

　　可见，根据产权经济学理论，扶贫开发实际上是将不属于贫困人口的产权重新界定给贫困人口。当然，由于贫困人口的产权也存在私有与公共产权之分，因此，被重新界定的产权有的落入贫困人口的私人领域，有的则落入贫困人口的公共领域。如表3－1和图3－1所示，2002—2005年，对贵州50个扶贫开发重点县调查村的监测数据表明，贵州投向改善农村水、电、路、土壤改良、灾害防治、生态环境治理等方面的资金占总扶贫资金的40%以上。虽然2005年投向基础设施的资金大幅减少，只占到总扶贫资金的28.47%，但是4年的平均数仍然高达47.28%。这意味着扶贫活动中的极大部分涉及公有产权问题。从扶贫的初衷和最终目的来看，都是为了消除贫困。如果贫困人口能够依托政府或者社会（主要是政府）的减贫努力而实现脱贫致富，那么，毫无疑问，政府对公共产权领域的投资，就成功地导致了私有产权的增值。因此，正是从这样一个意义上来说，减贫活动从产权转移的角度来看，其实是对产权的重新界定。政府对包括公共产品在内的扶贫资助，是将本来属于全体公民的一部分资源直接界定给贫困地区或者贫困人口，而界定的规则是区别于其他规则的——是一种从上至下、单方面的产权转移。

表3－1　　　　　　　贵州省2002—2005年50个重点县调查
村扶贫活动情况　　　　　单位：万元

年份	资金总额	基本农田	饮水工程	公路修建	电力设施	电视设施	学校	卫生室	技术培训	后8项比重（%）
2002	882.01	57.32	186.99	66.42	29.60	4.64	47.44	0.60	0.69	44.64
2003	883.14	56.20	99.10	87.97	150.97	26.60	149.10	4.90	0.85	65.19
2004	1012.34	2.13	112.16	186.11	75.70	12.90	116.25	8.80	0.41	50.82
2005	2681.12	165.45	181.28	274.25	2.50	16.16	113.80	3.90	5.88	28.47

　　资料来源：《2002—2005贵州省农村贫困监测报告》，第85页。

　　正是这种从上至下、单方面的产权转移，使得扶贫活动中的产权转移区别于一般意义上的产权转移。在产权经济学中，被高度关注的是私有产权的转移问题。在以产权私有为前提的情况下，产权的转移通常被强调是一种典型的市场化行为，即产权主体在自主平等的前提下，进行产权的市场交易。扶贫活动中扶贫物资的分配，其背后自然也是产权的转移。但是，与市场交易中的产权转移的"双边性"特征不同，扶贫活动中的产权转移是以"单边交易"为特征，即产权的单方面转移。因此，从严格意义上来讲，这种带有单边交易性质的产权转移，实质上是对产权的重新界定，带有明显的强制性质。

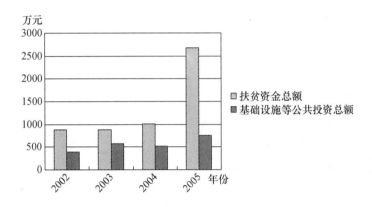

图 3 - 1　贵州省 2002—2005 年 50 个重点县调查村扶贫资金构成

尤其是政府统筹进行的扶贫活动，这一特征表现得更为明显。财政扶贫是政府运用经济手段进行扶贫的重要措施和物质基础。我国政府自1980 年开始设立财政扶贫专项资金，并随着经济实力增强不断加大强农惠农富农和扶贫开发的投入力度。2001—2010 年，财政投入从 127.5 亿元增加到 349.3 亿元，年均增长 11.9%，十年累计投入 2043.8 亿元。其中，中央财政安排的扶贫资金投入从 100.02 亿元增加到 222.7 亿元，年均增长 9.3%，十年累计投入 1440.4 亿元。中央财政用于"三农"的支出从 2003 年的 2144.2 亿元增加到 2010 年的 8579.7 亿元，年均增长21.9%。2004 年以来，中央政府累计安排财政扶贫资金 30 亿元用于实施以劳动力转移为主要内容的"雨露计划"。与此同时，地方财政也在不断增加扶贫开发投入。这种通过中央和地方财政分配体系进行的扶贫资金安排，是通过行政的强制约束力，把财政收入的一部分直接界定为财政扶贫专项基金，不得挪作他用，具有典型的行政正式约束性质。增加面向贫困地区的财政转移支付项目①，扩大面向贫困地区的财政转移支付的规模，也具有和财政专项扶贫资金一样的性质，是直接对财政资源重新进行产权的界定。除了这二者以外，比如制定优惠政策促进贫困地区经济发展和农民增收减负②，以及利用财政贴息方式引导银行贷款支持扶贫开发③等，虽然不是直接表现为对物的分配，也就是对物的产权的重新界定，但是，这些政策却规定了面向贫困地区的交易中的产权界定原则，这使得发生在贫困地区的部分交易规则有别于其他地区。因此，如果说财政专项扶贫资金和中央政府转移支付是对中央财政收入的一部分直接进行产权的重新界定的话，那么，面向贫困地区的支持政策就是重新规定了贫困地区交易中的产权界定规则，这个规则不具有普遍适用性，而具有特殊性。这个特殊的产权界定规则，规定了贫困地区交易关系中利益的特殊分配原则，从而改变了贫困地区交易的成本和收益关系。总体来看，主要表现为将本应由贫困地区交易者承担的一部分成本界定给了第三方——政府。减免税是如此，扶贫贴息贷款也不例外。因此，尽管财政专项扶贫资金、中央财政转移支付与对贫困地区减免税、实施贴息贷款在形式和内容上都有所区别，但是，从交易所涉及的产权转移关系来看，它们都具有"不对等"的单边交易性质，即具有在双方收益不对等的情况下进行产权转移的特征。从严格意义上来讲，这一特征已经迥异于为了实现自身利益最大化，而进行讨价还价并以均衡价格成交的交易背后的产权转移，也正是从这样一个意义上来讲，我们说，扶贫活动中的产权转移是政府利用行政权威，对相关资源的产权的重新界定。

---

①　按照推动城乡统筹发展，让公共财政阳光普照农村的要求，中央财政专项转移支付对农村的支持重点由过去单纯发展生产向促进农村经济社会全面发展转变。转移支付项目逐步增加，涉及农村教育、医疗卫生、生态环境建设、社会保障、灾害救济和农村社会发展等诸多方面。此外，通过安排贫困地区义务教育、少数民族发展资金等专项转移支付，对农村贫困地区特别是少数民族地区给予照顾，使农村贫困地区和少数民族地区在同等享受建立公共财政带来的好处之外，还得到额外的支持。

②　主要包括政府对贫困地区新办企业，在3年内先征后返或部分返还所得税；政府从粮食风险基金中拿出一部分资金对吃返销粮的贫困户给予补贴；对贫困户或受灾人口实行减免农业税政策；2000年开始进行农村税费改革，2006年全国取消了农业税，大幅度减轻了农民负担。这些政策的实施对降低农村贫困发生率起到了积极作用。

③　安排扶贫贴息贷款是政府支持扶贫开发的一项重要措施。2001—2010年，中央财政累计安排扶贫贷款财政贴息资金54.15亿元人民币、发放扶贫贷款近2000亿元（中华人民共和国国务院新闻办公室：《中国农村扶贫开发的新进展》白皮书，2011年11月）。

当然，从另一个意义上来看，也可以说扶贫活动中资源的分配和使用并非完全是在一种"单边"交易，可以认为，资助方和受助方也存在一种特殊的双边交易关系——资源与信息的交易——贫困地区和贫困人口向政府和外界发布自己贫困的信息，资助方根据这些信息决定扶贫资助的资源数量、方式以及途径等。但毫无疑问，这是一种颇为特殊的双边交易，与我们通常意义上的双边交易有着明显的不同。在大多数情形下，双边交易意味着物品与货币、劳务与货币、劳务与物品、物品与物品、劳务与劳务、货币与货币之间的交换，在成功交换的背后，是交易双方对交易对象价值的一致估计，即马克思所说的等价交换。扶贫活动中资助方与受助方的双边交易，显然不具有上述特征。因此，扶贫活中涉及的资助方与受助方的资源与信息的交易关系，并不能改变扶贫活动中涉及的产权转移更多地具有单边性质这一特征。

扶贫活动中产权重新界定的上述特征决定了扶贫活动的特殊性，并隐含着扶贫效率的影响因素。一方面，扶贫活动中指向基础建设等公共产权领域的投资，因为排他的成本很高，因此，为了保证扶贫有效率，就需要强调产权界定领域的瞄准性；另一方面，扶贫活动根据贫困地区、贫困人口提供的信息而决策的特点，又使得资助方不得不依赖受助方单方面提供的信息——自己采集信息的成本很高，同时，由于验证受助方提供的信息是否属实成本都很高——受助方就有可能提供虚假的信息以获得更多的扶贫资助，这就使得扶贫活动偏离了瞄准性，因此，效率就会大受影响。尤其是考虑到最为贫困的地区，贫困人口发布信息的能力要弱于其他地区；而当地行政领导的扶贫激励因为脱贫难度太大又大大低于其他地区——行政领导的扶贫激励主要来自扶贫产生的良好效果而获得的升迁机会，作为当地贫困人口的代理人，行政领导的激励不足，就会产生严重的委托—代理问题。其结果就是越是贫困的地区，越难以将真实的信息传达给资助方，从而不能获得珍贵的扶贫资助。

此外，扶贫活动中产权的单边转移，从形式上看，具有"不拿白不拿"的免责性质——得到扶贫资助的人无须承担任何形式的义务，只需要去领取扶贫物资即可。这一方面使得受助方让产权增值的激励不足；另一方面，受助方使产权增值的能力也成为决定扶贫效率的关键因素。

二　贫困人口的产权特征

扶贫开发中把减贫物资的产权重新界定给贫困人口，是因为与非贫困人群相比，贫困人口具有其鲜明的产权特征。而从产权分析的视角来看，扶贫开发就是要改变贫困人口的产权特征，使其具有维护产权、增值产权的发展基础和能力。所以，要实施针对性的减贫措施，首先必须了解贫困人口的产权特征。

（一）贫困人口的城市和农村之分

对贫困人口的区分，因其居住在城市或农村而被区分为城市贫困人口和农村贫困人口。在计划经济时期，直至 20 世纪 90 年代初期，我国的贫困问题还一直被视为一种农村现象。这不仅因为农村的贫困人口在全国总贫困人口中占很高的比例，而且还因为当时城市的贫困人口的绝对数量也是微不足道的。例如，利用 1988 年全国的住户调查数据得出的估计结果表明，农村有 12.7% 的贫困人口，而城市的贫困人口比例只是 2.7%；甚至到 1995 年，用可比的调查方法和定义，估计出的农村和城市的贫困发生率分别是 12.4% 和 4.1%（Riskin and Li，2001）。可是，进入 90 年代以后，我国城市贫困的变动趋势发生了一定程度的逆转，城市贫困人口的比例从以前的下降趋势转变为逐渐上升的趋势。美国学者卡恩利用中国社会科学院经济研究所收入分配课题组的两次调查数据，估算了 1988 年和 1995 年城市的贫困发生率。他的估计结果表明，1995 年的贫困发生率比 1988 年上升了 12%。同时，他发现 1995 年贫困人口的贫困程度更加恶化，这主要表现在贫困人口的平均收入是下降的，离贫困线的距离不是缩小，而是扩大了（Khan，Griffin and Riskin，2001）。到了 90 年代末，我国城市贫困的状态变得更加严重。在 1995—1999 年间，虽然城市实际的人均收入增加了 25%，贫困的发生率却上升了 9%，用加权贫困距测量的贫困深度则上升了 89%（蔡昉、万广华，2006）。据不同的口径综合估算，到 2002 年底，中国城镇需要救助的贫困人口约 2000 万—3000 万人。城市贫困的严重性引起了国内外学者的重视，有学者把近几年出现的城市贫困称为中国的"新贫困"（黄剑雄，2003）。2011 年中国社科院发布的《中国城市发展报告 No.4》中称中国城市贫困人口约有 5000 万人。虽然新一轮的扶贫开发是以集中连片特殊困难地区作为主战场，主要面向农村展开，但是，随着工业化、城市化的推进，农村人口向城市转移，城市反贫困工作将会越来越繁重。

不过，贫困人口的农村与城市之分，并不仅仅是居住区域的不同，从产权分析方法的视角来看，更为重要的是其产权特征的不同。

（二）农村贫困人口的产权特征①

1. 新时期农村贫困的特征

相对于城市贫困人口，农村贫困人口是一个我们更加熟悉，同时也是一个更大的群体，因而自然也就成为扶贫开发瞄准的主要群体。改革开放以来，随着我国经济的持续高速增长，我国农村总体贫困程度大大缓解，尤其是若干扶贫攻坚计划的顺利实施，大大减少了我国农村的绝对贫困人口。但是，随着贫困标准的提高，收入差距的持续拉大，以及经济波动中贫困人口的脆弱性更强等新情况的出现和环境的变化，我国农村反贫困形势依旧不容乐观。

因此，进入新世纪以后，我国的反贫困也翻开了新的一页，为了有效地治理贫困，我国根据新的农村贫困形势制定了《中国农村扶贫开发纲要（2001—2010 年）》（后文简称《纲要》）和《中国农村扶贫开发纲要（2011—2020 年）》（后文简称《新纲要》）。总体来看，当前我国农村贫困具有以下特征：

第一，区域发展不平衡问题突出，制约贫困地区发展的深层次矛盾依然存在。扶贫对象规模大，相对贫困问题凸显，返贫现象时有发生，贫困地区特别是集中连片特殊困难地区（以下简称连片特困地区）发展相对滞后，扶贫开发任务仍十分艰巨。

第二，从农村贫困人口的分布来看，西部地区和连片特困地区成为扶贫攻坚主战场。一方面，20 世纪 90 年代以来，贫困人口进一步向西部省区集中。居住在我国西部贫困人口的比例从 20 世纪 80 年代后期的不到一半，增加到 90 年代中期的 2/3 以上。这些穷人大部分居住在边远的乡镇和村庄，特别是山区，降水量低、土地难以维持低水平的简单再生产。另一方面，全国贫困人口集中分布在连片特殊困难地区，包括六盘山区、秦巴山区、武陵山区、乌蒙山区、滇桂黔石漠化区、滇西边境山区、大兴安岭南麓山区、燕山—太行山区、吕梁山区、大别山区、罗霄山区 11 个连片特困地区，加上已明确实施特殊政策的西藏、四省藏区、新疆南疆三地州，共"11 + 3"个片区。此外，由于发展中的差距越来越大，20 世纪 90 年代以来最贫困人口的贫困程度加深了，即最贫困的人口收入离贫困

---

① 作为本课题的前期研究成果之一，同时也是本课题申报设计论证的产出之一，本节是前期课题贵州教育厅基地项目"喀斯特民族地区农村贫困问题研究"（08JD006）的阶段性成果，以"产权分析视阈中的农村贫困"为题，发表在《江西财经大学学报》2009 年第 4 期。

线更远了。正是基于贫困人口的分布特征，《新纲要》认为新世纪扶贫开发的重点是：按照集中连片的原则，把贫困人口集中的中西部少数民族地区、革命老区、边疆地区和特困地区作为扶贫开发的重点，并在上述四类地区确定扶贫开发工作重点县。

第三，少数民族在农村贫困人口中的比例较高。少数民族占全国人口的9%，但是在绝对贫困人口中占40%，而且大多数生活在最深度的贫困中，在国家级扶贫开发重点县中，少数民族自治县占40%。居住在遥远山区的少数民族是贫困人口中的赤贫者。世界银行的分省报告认为：在20世纪90年代中期，人均收入低于400元以下的国家扶贫开发重点县中，3/4是民族自治县或者自治地区；而在人均收入低于300元的国家贫困县中，民族自治县、自治地区比例占到了4/5。比如四川省的报告称，最贫困的县全在少数民族地区。1997年，四川省贫困县的人均收入为1032元，但是3个人均收入仅为720元到860元的最贫困的地区，都是少数民族地区。云南的普洱地区，少数民族人口占到61%，贫困人口中少数民族高达90%。贵州省也不例外，根据2002—2005年对贵州省50个重点县调查村的调查，少数民族聚居村的比重占到69.4%，少数民族人口占调查人口的65%。

第四，农村残障人士的贫困发生率远远高于城市贫困人口。据中国残疾人联合会估计，1997年中国有6000万残障人士，1700万处于绝对贫困中，其中1200万是农村贫困人口，占残障人士的20%。而据估计，目前贫困人口中的20%生活在国家扶贫开发重点县中。因此，对于农村残障人士而言，贫困发生率几乎接近100%。对于居住在592个国家级扶贫开发重点县之外的残障人士，即使是在相对富裕的省份里，残障人士也占了当地贫困人口的极大比例。比如在经济发达的江苏省，贫困人口中超过60%的人是残障人士。但是，这并不意味着城市残障人士的高贫困发生率。根据前面的估计，6000万残障人士有大约4800万居住在城市，其中500万处于绝对贫困状态，贫困发生率为10.4%，远远低于农村残障人士几近100%的贫困发生率。

第五，农村贫困人口的健康和教育状况令人担忧，尤其是在最贫困的少数民族地区，几乎有一半男孩和所有女孩都不能上学，因此不能识字。许多贫困县的婴儿死亡率和产妇死亡率分别高达10%和0.3%，比全国平均水平至少分别高出50%和100%，而在贫困乡镇和村庄，情形还要严重。其中传染病和地方病的发病率，如肺结核、碘缺乏症等，集中发生在贫困边远地区，生活在贫困线以下的家庭中，大约一半儿童发育不良（痴呆）。铁、维生素 A 和其他微量元素缺乏症在贫困人口中十分普遍。超过 90% 以上的儿童忍受慢性寄生虫病的痛苦①。

《新纲要》认为，正是因为现有贫困人口所具有的上述特征，尽管国家"八七扶贫攻坚计划"（1994—2000 年）和《中国农村扶贫开发纲要（2001—2010 年)》的实施，我国扶贫事业取得了巨大成就，但是，我国仍处于并将长期处于社会主义初级阶段，扶贫开发任务仍十分艰巨。同时，我国工业化、信息化、城镇化、市场化、国际化不断深入，经济发展方式加快转变，国民经济保持平稳较快发展，综合国力明显增强，社会保障体系逐步健全，为扶贫开发创造了有利环境和条件。我国扶贫开发已经从以解决温饱为主要任务的阶段转入巩固温饱成果、加快脱贫致富、改善生态环境、提高发展能力、缩小发展差距的新阶段。因此，我国 2011—2012 年扶贫开发总的奋斗目标是：到 2020 年，稳定实现扶贫对象不愁吃、不愁穿，保障其义务教育、基本医疗和住房。贫困地区农民人均纯收入增长幅度高于全国平均水平，基本公共服务主要领域指标接近全国平均水平，扭转发展差距扩大趋势。

2. 农村贫困人口的产权特征

根据上述农村贫困特征以及《新纲要》所制定的扶贫开发总目标，可以对农村贫困人口的产权特征进行较为深入的分析。与城市贫困人口的产权特征不同，农村贫困人口的产权不仅涉及人力资本产权，也涉及土地等农业生产资料的产权。

（1）农村贫困人口从事生产活动的生产性产权劣势明显。农村贫困人口大部分居住在降水量低、土地贫瘠的边远山区这一特征，决定了当地的农村人口（当然绝大多数是贫困人口）与其他地区的农村人口相比，在农业生产资料的占有方面处于严重劣势。对于农业生产而言，土地是不可替代的最为重要的生产资料，土地以及附属于土地的气候、水源等构成的自然环境，直接作用于农作物的生长过程，从而在很大程度上决定了农作物的产量和质量——尤其是在低现代技术含量（比如种子、化肥、病

---

① 世界银行：《中国战胜农村贫困》，中国财政金融出版社 2001 年版，第 23、24、31、32 页。

虫害防治等）的传统农业生产中，土地的重要性更为突出。农村贫困人口居住的边远山区，土地干旱、贫瘠，在贵州、云南等喀斯特地区，还存在土地石漠化严重等生态脆弱问题，在西北地区则是沙尘暴、沙漠化等生态问题的严重威胁。统计数据表明，这些地区正是农村贫困人口集中成片的地区。因此，从生产资料的占有来看，大多数农村贫困人口占有的是贫瘠、高风险（因干旱而绝收）的土地。由于农村人口与土地具有特殊的联系，以及我国农村土地制度的约束，农村人口要改变自己的居住地，自主迁移到别的农村地区居住是不可能的①，因此，边远山区农民因其在土地资源占有方面的劣势，更容易陷入贫困。农村贫困人口的生产性产权贫困特征，从主流经济学的视角来看，实质上是一种禀赋贫困。虽然我们不主张绝对的禀赋决定论，但是，从地球版图上富国和穷国的分布来看，禀赋在很大程度上决定了当地居民的富裕程度却是不争的事实。而在人类发展的历史长河中，贫困人口向禀赋条件差的区域集中的过程，其实就是不同人群和族群对禀赋条件好的区域产权不断进行争夺和重新界定的过程。目前我们看到的收入区域差异实际上若干次战争和迁徙的结果，是不断变更的区域资源产权格局的一个短暂截面。可以预见，随着不同人群发展能力的相对位置变化，区域资源产权格局将会进一步发生变化。

（2）资源富集区域农村贫困人口的分配性产权贫困特征明显。在《新纲要》确定的"11＋3"个集中连片特殊困难地区中，不乏资源富集地区，比如六盘山区、乌蒙山区等，这些片区与武陵山区等片区的贫困致因不同。从资源禀赋来讲，这些片区是矿产资源富集的区域，但是恰恰是在这些资源富集的区域，农村贫困程度并没有随着当地资源的开发利用而减轻，相反是贫富差距越来越大，贫困程度加深。之所以会出现这样的情况，主要是因为一方面，当地政府为了加快 GDP 增长和税收增加，加大了资源开发力度；另一方面，当地世居农民很难甚至几乎不可能从资源开发获益，因而出现"丰裕中的贫困"、"增长中的贫困恶化"等现象。资源富集地区的资源开发，当地世居农民难以从中受益有多方面的原因。一是在现行的矿产资源开发体制机制下，当地世居农民在矿产资源开发的决

---

① 迁移到城镇、城市则是可能的，不管是通过升学、招考等官方渠道，还是非正式的打工、做生意等民间渠道。

策过程中缺位，不能就如何开发、分配资源产权表达诉求；二是因资源开发占用土地而得到的产权补偿不能解决失地农民的持续生计问题；三是当地农民不能参与增值收益的分配，换言之，缺乏资源产权的分配权利；四是落后地区的资源多为初级开发，没有形成产业链，因此很难提供非农就业机会，使得失去农地的农民其劳动力要素闲置；五是低收入的农民要为资源开发造成的生态环境毁灭性恶化埋单，承受因污染导致的土壤肥力下降等损失。正是因为我国资源富集地区在资源开发的过程中，"富县富财政不富民"，同时资源开发殆尽、环境破坏严重等"资源诅咒"现象普遍存在，在十八届三中全会通过的《决定》中，明确提出要"健全自然资源资产产权制度和用途管制制度"，要求形成"归属清晰、权责明确、监管有效的自然资源资产产权制度"；同时"实行资源有偿使用制度"，要"就加快自然资源及其产品价格改革，全面反映市场供求、资源稀缺程度、生态环境损害成本和修复效益"；要"建立和完善严格监管所有污染物排放的环境保护管理制度，独立进行环境监管和行政执法"。可以看到，在新一轮的全面深化改革中，非常重视资源产权，以及资源开发带来的污染排放监管问题。这些措施虽然是作为"加快生态文明制度建设"被提出来，但是很显然对于资源富集地区的贫困人口是一个重大的利好政策，是我国在资源产权改革迈出的第一步。可以预见，随着该项改革的深入与全面推进，将来的资源产权改革将会区分资源开发当地民众与其他地区的民众的不同产权权利，而不是同质化处理。因为在与资源开发相关的产权关系中，有些对于所有居民都具有同质性，更多的则需要区别对待。比如就污染排放而言，各地民众具有相当的同质性；但是就资源开发而言，不同区域的民众所具有的权利则大相径庭。就好比亚马孙河热带雨林的破坏性开发，可能的环境不利影响对于巴西、美国和中国居民可能没有太大差异，但是在开发雨林的过程中涉及的产权收益及分配问题，不仅巴西、美国、中国居民具有明显差异，即使对于巴西居民而言，是否居住在雨林中也存在巨大的差异。因此，从这样一个意义上来讲，我国资源富集地区的农民贫困问题仍然是需要重点关注的贫困现象，从产权分析的视角来看，则表明反贫困必须关注贫困人口的分配性产权贫困问题。

（3）农村贫困人口进行商品交换的交易产权匮乏。由于地处偏远、交通不便，农产品的商品化程度低，尤其是与外部市场的分割，几乎是绝对的。即便是农村内部市场的交易频率和交易量，也大大低于发达地区的农村集镇和乡场①。因此，对于边远地区的农民而言，即便有多余的农产品，要在市场上成功地实现交易，交易成本也是数倍于其他交通便利的农村地区②。而且，边远地区的城镇规模小，非农村人口对农产品的需求小，这也从需求方面制约了农产品的商品化。正是由于边远地区的农村贫困人口占有的土地贫瘠，农产品的商品化程度低，所以多年以来，其生产和生活方式处于一种基本停滞的低水平均衡状态，用马克思的话来说，就是仅仅能够维持简单再生产。从产权分析的视角来看，这决定了农村贫困人口的产权特征是：占有的生产资料增值能力低，农产品几乎不进入流通领域进行所有权的转移，从而导致农村贫困人口缺乏交易的手段，长期游离于市场交易之外，不与外界进行产权的交易。

（4）少数民族贫困人口人力资本产权的双重性特征。少数民族在农村贫困人口中的高比例，决定了农村贫困人口的产权特征，在新的发展格局中，对其脱贫发展既有不利的制约，也形成了独特的优势。从不利的方面来看，由于大多数少数民族都有自己的语言，以及悠久的历史文化传统，所以少数民族的文化传统异质性较高，形成了"一方一俗"的分布格局。而少数民族不同的民族语言，在很大程度上强化了这种相互分割的格局。文化上的分割，自然阻碍了经济上的交往，因此，贫困人口中少数民族文化的异质性，对于商品交易具有不利的一面，这不仅阻碍了产品交易，也阻碍了各民族之间的社会性互动，并因之失去了从社会性互动中获

---

① 所谓"乡场"，就是指农村地区定期举行的农产品交易，地点一般在乡政府、镇政府所在地，交易频率则因地而易。比如在贵州，虽然同为国家级贫困县，但是在黔北遵义市的务川县，大多数乡场是三天一市，而在黔南地区的平塘县，大多数乡场都是五天或者七天一市。

② 这一特征或许可以解释为什么一些交通不便的少数民族地区，形成了家家户户自酿苞谷酒的传统。由于交易不便，而且处于同一小气候下，所以，一旦丰收的话，一个聚居区的农民都会丰收。多余的粮食难以拿去换钱购买其他的商品，吃又吃不了那么多，贮藏不仅需要地方，而且还存在鼠患、火灾等风险，而一旦连续几年丰收的话，贮藏显然没有必要。与此同时，要到市场去买酒也比较麻烦和昂贵（对于难以将农产品顺利换成货币的农民而言，任何市场购买都是昂贵的），因此，干脆自酿苞谷酒，既解决了粮食多余的贮藏问题，也解决了白酒的消费问题，还丰富了消费品种，一举多得，何乐而不为呢？

得信息（包括国家政策和商业信息）和人力资本提升的若干潜在机会①。而与各民族之间语言、文化的差异性相反，民族内部却是高度同质性的文化传统和生活方式，甚至农产品的构成。这种高同质性一方面容易产生排外思想，开放和包容性有待进一步提高；另一方面是人力资本提高的局限性，即人们难以从差异性的思想、行为中互相学习，共同提高。在这两方面因素的共同作用下，民族地区长期恪守传统，难以形成创新，保持在一种低水平的均衡之中自然就成为情理之中的事情。但是，在开放性越来越强的经济发展格局中，各民族的异质性资源又构成了其未来发展的独特优势。在现代标准化批量生产的模式下，产品的高同质性越来越令追求个性的现代人反感，而为了满足现代人追求个性所发行的各种"限量版"，又因为价格高昂而不是所有消费者都能够企及的。因此，个性化的消费在未来存在很大的发展空间，而民族地区产品和文化的异质性正好与之不谋而合。尤其是便利的交通线路的延伸，网络交易平台的普及，为民族贫困地区对接城市人的个性化消费，充分开发利用民族地区的异质性资源提供了巨大的发展空间。近年来，越来越多的扶贫资金和项目指向贫困地区基础设施建设、特色农产品和精品旅游线路的开发。高标准、高质量的基础设施建设延伸到边远的贫困山区，对于缩短大山和城市的距离起到了决定性的作用，而依托民族地区异质性资源开发的特色农产品和精品旅游线路，则是吸引城市人走进大山，享受个性化消费的根本源泉。因此，农村贫困人口中少数民族比重高这一事实，决定了农村贫困人口另一个重要的产权特征：人力资本、文化、农产品在区域内部的同质性高，但是区域之间的异质性高，因此，存在区域之间进行各类资源的产权交易的可能性和潜在获利机会。

（5）农村贫困人口人力资本产权中健康的绝对重要性。农村残障人士的高贫困发生率充分表明，农村劳动力的人力资本构成中，身体素质具有绝对的重要性，尤其是对于贫困山区的农业劳动力而言，更是如此。一

---

① 2005年我们在贵州黔东南州某县的一个贫困乡进行农民调查时，需要当地的干部和教师为我们充当翻译，因为当地人不懂汉语，而我们又不懂他们的语言。当被问及他们如何进行计划生育政策的宣传时，当地的干部告诉我们，他们将计生标语翻译成当地语言，甚至编制成文艺节目，以提高宣传的效果。无独有偶，在2008年年底的农村与区域发展硕士研究生面试中，一个来自贵州黔南州某县某镇的政府部门基层干部说：虽然在大学四年期间说的是汉语，但是回去工作以后一直在少数民族乡镇工作，每天说的都是少数民族语言，所以面试时说汉语感觉很吃力，表达不是很流利。并说汉语对于他而言，就像外语对我们一样。

是没有资金雇用劳动力代劳，二是难以用机械动力替代体力和畜力，而对畜力的使用又是以体力为前提。因此，健全健康的身体对于农业劳动力就成为难以替代的生产要素。残障人士自身不能提供这一生产要素，又缺乏从市场上获得这一生产要素的购买手段和支付能力，因此，难以有效地进行农业生产，难免陷入贫困。根据前文的估计数据，农村残障人士的贫困发生率高达100%，这一事实不仅充分说明了劳动者自身的体能体力对于农业生产的绝对重要性，而且突出了农村贫困人口的另一个重要产权特征：贫困人口人力资本使用的单一性特征，主要表现为生产活动中对体力的严重依赖，智力因素发挥作用的空间极小。这一点对于残障人士而言，就是一旦缺失体力，就几乎等于注定了贫困；而对于健全人而言，就是在生产活动中主要依赖体力，而较少依赖智力因素去改变传统的生产方式，实现扩大再生产，或者积极寻找特色农产品与大市场对接的渠道和途径，甚至对于政府以及社会团体的救助也不能积极响应和配合①，只是安于现状，年复一年地重复祖先们的生活方式。

（6）农村贫困人口与其他群体的人力资本产权总体差距大。农村贫困人口总体健康和教育状况不佳这一事实，实际上是残疾贫困人口的一般化。残障人士是特殊的群体，但是从总体来看，农村贫困人口的健康状况远不如非贫困人口，因此，从一般意义上来讲，农村贫困人口的人力资本特征与残障人士具有共同性。而教育状况不尽如人意，一方面制约了农村贫困人口凭借智力因素实现劳动力转移的机会，另一方面也形成了农村贫困人口在农村创造性、开拓性地使用传统农业资源的知识约束。二者结合起来，使得农村贫困人口更加依赖传统的生产方式，更加强调对体力的依赖，但是，由于贫困，其健康状况并不令人满意。由此，再次形成了农村贫困的恶性循环。因此，从根本上来讲，农村贫困人口的健康和教育状况，仍然是决定了农村贫困人口的人力资本产权使用的单一性，不仅是人力资本构成中主要依赖体力的单一性，而且是对人力资本使用的单一性，

---

① 2009年2月我们在贵州省黔南州一个乡调研的时候了解到，农民即使接受培训并掌握了某项农业适用技术，但是并不积极主动地加以运用。比如当地的土壤、气候条件，很适合早桃的栽培，而且当时的市场销售很好，用当地乡党委书记的话说就是"愁产不愁销"。因此，为了提高产量，增加农民收入，乡里联系、组织了多次桃树栽培管理的技术培训，但是收效甚微。比如最基本的桃树压枝，也有大约50%的农户没有依照技术培训的要求实施，以至于技术人员下来检查看到疯长的桃枝时说："农民不是想收获桃子，而是木柴。"

即与人力资本这一生产要素相结合的其他生产要素的单一性，以及结合方式的单一性等。产权交易的束很小。

　　根据前面的分析，可以得到如表 3 - 2 所示的农村贫困特征和农村贫困人口的产权特征。

表 3 - 2　　　　　　　　农村贫困人口的产权特征

农村贫困特征	农村贫困人口的产权特征	影响
居住区域的资源禀赋差	生产性产权贫困	生产、交换、分配
资源富集区域的农村贫困	分配性产权贫困	分配、交换、生产
交通不便，交易条件差	交易产权贫困	交换、生产方式
民族地区文化封闭性	交易产权贫困；封闭运行生产技术长期落后，形成物质资本生产性产权贫困与交易产权贫困的封闭循环	交换、生产和生活方式
民族地区文化异质性	开发潜力，潜在的生产性和交易性产权增长	开放、融入和发展方式的选择
残障人士是贫困高发群体	人力资本产权中健康的绝对重要性	生产
健康、教育状况整体更差	人力资本产权的单一性，决定生产方式、交易方式的单一性	生产、分配、交换、消费

　　资料来源：作者整理。

　　总体来看，农村贫困人口的产权特征表现为生产性产权贫困、分配性产权贫困、交易产权贫困和人力资本产权的单一性，以及人力资本构成中健康的绝对重要性。这些产权特征全方位地影响到农村贫困人口在生产、分配、交换和消费各个环节的产权实现能力，决定了农村贫困人口的贫困状况。在所有的产权特征中，唯一可能带来积极影响的是少数民族贫困人口文化的异质性预示的开发与增长可能。换言之，从可以投入到生产中的禀赋状况来看，农村贫困人口无论是物质生产条件还是人力资本状况，都处于绝对劣势，唯有独特的民族文化可能会带来新的增长点。从可以用于交换的产品和服务来看，由于低产出或者高产出低交易，通过交易实现产权的可能性很小；唯一的例外是向外界提供具有民族特色的服务可以获得垄断性利润。从通过分配和消费实现产权来看，由于可以用于分配和消费的产品少或者能力低导致现有产品没有发挥最大效用，从而难以实现现有产权的保值和增值。

（三）城市贫困人口的产权特征①

1. 城市贫困人口的致贫原因

要分析城市贫困人口的产权特征，首先需要了解其陷入贫困的原因。

对于该问题，不少学者进行了定性和定量的研究，尽管所用的研究方法有差异，切入的视角也有所不同，但是研究结论却相对一致。综合来看，对于城市贫困的形成原因可以总结为以下几个方面：

（1）社会经济原因。主要包括人口压力太大、区域经济发展不平衡，地区之间收入差距日益突出、不同行业或部门之间的收入差距加速扩大等。首先是人口因素导致的贫困。在相当长的时期内，这主要表现为人口基数大、人口增长速度快，经济发展被人口快速增长抵消，人均收入增加有限，从而导致城市存在贫困。不过，随着 2012 年我国劳动年龄人口进入负增长，进入老龄化社会，人口因素导致的城市贫困命题又有所不同——不再是因为人口基数大，而是因为老龄化程度太高。其次是东、中、西部地区经济发展不平衡，直接形成了中西部地区的城镇居民陷入贫困的概率比东部地区大、贫困人口的发生率高于东部地区的贫困分布区域格局。此外，行业或部门间的收入差距，也是导致城市贫困的重要原因。比如两个学历和资历相同、工作能力不相上下的劳动者，分别在不同的行业或部门就业，由于行业或部门的收入相差很远，所以一人生活优越，另一人却极有可能陷入贫困。

（2）制度与政策因素。在我国转型期的改革进程中，对城市人口陷入贫困影响最大的包括国有企业改革、行业或部门就业壁垒以及社会保障制度与国企改革的对接程度。我国的城市改革，在很大程度上就是对国有企业进行市场化改革。从 20 世纪 80 年代正式启动国有企业改革以后，国有企业职工的"铁饭碗"被打破，大量的下岗工人成为我国改革进程中特殊的弱势群体。目前在继续推进的国有企业向混合所有制改制的进程中，依然产生了大量的"40"、"50"年人员。这些人员中的大多数因为难以就业，生活陷入困难，沦为城市贫困群体。城市中下岗工人的突发式

---

① 作为本课题的前期研究成果之一，同时也是本课题申报设计论证的产出之一，本节内容是前期课题贵州教育厅基地项目"喀斯特民族地区农村贫困问题研究"（08JD006）的阶段性成果，以"城市贫困人口的致贫原因分析——基于人力资本产权的视角"为题，发表在《江西财经大学学报》2010 年第 4 期。

剧增，是导致 20 世纪 90 年代末城市贫困恶化的一个首要的因素①。而由于失业保障提供的保障程度有限，难以确保下岗失业人员维持体面的生活。

　　此外，由于制度或者政策原因导致的行业或部门分割，从而形成的劳动力市场分割现象，也拉大了城市中的收入差距，劳动力在不同行业或部门就业的刚性，使得在低收入行业或部门就业的劳动力缺乏进入高收入行业或部门的通道，成为低收入群体。如表 3－3 所示，2004—2013 年，平均工资最低的行业为农、林、牧、渔业；2004—2008 年，平均工资最高的行业为信息传输、计算机服务和软件业；2008—2013 年，平均工资最高的行业为金融业。而平均工资最低的行业与最高行业之间的极差也从 2004 年的 25952 元扩大到 2013 年的 73839 元，收入最低行业与收入最高行业的绝对差距不断拉大，其走势如图 3－2 所示。即使从相对差距来看，虽然没有持续拉大，但是从 2004 年的 4.5 倍缩小到 2013 年 3.9 倍，改善幅度很小；即使用 2005 年、2006 年的最高相对差距 4.7 倍来看，十年时间行业收入相对差距仍然接近 4 倍，缩小的程度十分有限。尤其是考虑到一般民众往往只关注绝对差距，而不关注相对差距，这种绝对差距不断拉大的趋势，会增加民众的不公平感。另一种衡量行业与部门收入差距的口径是注册类型。如表 3－4 所示，按注册类型分的平均工资，2013 年最低平均工资是其他单位就业人员平均工资；其他年份最低平均工资是城镇集体单位就业人员平均工资；2009—2012 年，最高平均工资是股份有限公司就业人员平均工资；其他年份为外商投资单位就业人员平均工资。从图 3－3 可以看到，以注册类型分的平均工资极差也呈现不断拉大的趋势，但是差距值远远低于行业差距；从相对差距来看，也远远低于行业相对差距，最高为 2.3 倍，而且呈现逐年持续小幅改善的趋势，到 2013 年，缩小到 1.6 倍。

　　上述数据表明，我国的行业和部门收入差距主要不是由注册类别导致，而主要是由行业性质所决定。为了降低民众的不公平感，控制行业、

---

　　①　根据民政部救灾救济司 2002 年 10 月 15 日的统计报表，在全国城市居民最低生活保障对象中，占比例最高的依次是离岗人员、失业人员和下岗职工，分别为 20.5%、16.9% 和 12.3%。而其他人员作为困难职工、离岗和失业人员家属的集合，占享受低保人口的 31.9%。享受低保的城市人口都是收入不能维持其基本生存的人口，也就是绝对贫困人口。而考虑到我国转轨中形成的离岗人员，其实质和下岗人员一样，都是因为国有企业改革而失去工作机会的话，那么，可以发现，因为国有企业改革而产生的失业人员（离岗和下岗人员）就成为新时期城市贫困的主要群体。相应地，其家属也成为贫困的主要群体。

部门收入差距，尤其是国有企业内部的收入差距过大问题，2014 年 8 月 18 日，习近平以中央全面深化改革领导小组组长身份主持召开中央深化改革领导小组第四次会议，敲定未来七年的改革"路线图"，会议针对央企目前存在的行业差距太大、企业领导和普通工作人员之间收入差距大、体制内人员和临时聘用人员之间同工不同酬、国企负责人铺张性职务消费等民众反映强烈的问题，明确将逐步规范国有企业收入分配秩序，对不合理的偏高、过高收入进行调整。

表 3 - 3　　　2004—2013 年各行业城镇单位就业人员平均工资　　单位：元

年份 行业	2004	2005	2006	2007	2008	2009	2010	2011	2012	2013
城镇单位就业人员	15920	18200	20856	24721	28898	32244	36539	41799	46769	51474
农、林、牧、渔业	7497	8207	9269	10847	12560	14356	16717	19469	22687	25820
采矿业	16774	20449	24125	28185	34233	38038	44196	52230	56946	60139
制造业	14251	15934	18225	21144	24404	26810	30916	36665	41650	46431
电力、燃气及水的生产和供应业	21543	24750	28424	33470	38515	41869	47309	52723	58202	67082
建筑业	12578	14112	16164	18482	21223	24161	27529	32103	36483	42072
交通运输、仓储和邮政业	18071	20911	24111	27903	32041	35315	40466	47078	53391	57872
信息传输、计算机服务和软件业	33449	38799	43435	47700	54906	58154	64436	70918	80510	90926
批发和零售业	13012	15256	17796	21074	25818	29139	33635	40654	46340	50308
住宿和餐饮业	12618	13876	15236	17046	19321	20860	23382	27486	31267	34043
金融业	24299	29229	35495	44011	53897	60398	70146	81109	89743	99659
房地产业	18467	20253	22238	26085	30118	32242	35870	42837	46764	51048
租赁和商务服务业	18723	21233	24510	27807	32915	35494	39566	46976	53162	62543
科学研究、技术服务和地质勘查业	23351	27155	31644	38432	45512	50143	56376	64252	69254	76603
水利、环境和公共设施管理业	12884	14322	15630	18383	21103	23159	25544	28868	32343	36122
居民服务和其他服务业	13680	15747	18030	20370	22858	25172	28206	33169	35135	38428
教育	16085	18259	20918	25908	29831	34543	38968	43194	47734	51951

续表

行业 \ 年份	2004	2005	2006	2007	2008	2009	2010	2011	2012	2013
卫生、社会保障和社会福利业	18386	20808	23590	27892	32185	35662	40232	46206	52564	57991
文化、体育和娱乐业	20522	22670	25847	30430	34158	37755	41428	47878	53558	59339
公共管理和社会组织	17372	20234	22546	27731	32296	35326	38242	42062	46074	49245
绝对极差（元）	25952	30592	34166	36853	42346	46042	53429	61640	67056	73839
相对差距	4.5	4.7	4.7	4.4	4.4	4.2	4.2	4.2	4.0	3.9

资料来源：根据历年《中国统计年鉴》整理。

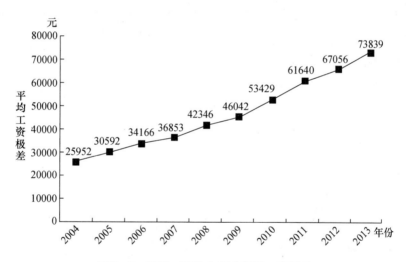

图 3 - 2　2004—2013 年行业平均工资极差

资料来源：根据历年《中国统计年鉴》计算。

表 3 - 4　　　　　　　**按登记注册类型分单位就业人员平均工资**　　　　单位：元

注册类型 \ 年份	2004	2005	2006	2007	2008	2009	2010	2011	2012	2013
城镇单位	15920	18200	20856	24721	28898	32244	36539	41799	46769	51474
国有单位	16445	18978	21706	26100	30287	34130	38359	43483	48357	52635
城镇集体单位	9723	11176	12866	15444	18103	20607	24010	28791	33784	38904

续表

注册类型 ＼ 年份	2004	2005	2006	2007	2008	2009	2010	2011	2012	2013
股份合作单位	11710	13808	15190	17613	21497	25020	30271	36740	43433	48631
联营单位	15218	17476	19883	23746	27576	29474	33939	36142	42083	43973
有限责任公司	15103	17010	19366	22343	26198	28692	32799	37611	41860	46717
股份有限公司	18136	20272	24383	28587	34026	38417	44118	49978	56254	61145
其他单位	10211	11230	13262	16280	19591	21633	25253	29961	34694	38306
港、澳、台商投资单位	16237	17833	19678	22593	26083	28090	31983	38341	44103	49961
外商投资单位	22250	23625	26552	29594	34250	37101	41739	48869	55888	63171
绝对极差（元）	12527	12449	13686	14150	16147	17810	20108	21187	22470	24865
相对差距	2.3	2.1	2.1	1.9	1.9	1.9	1.8	1.7	1.7	1.6

资料来源：根据历年《中国统计年鉴》整理。

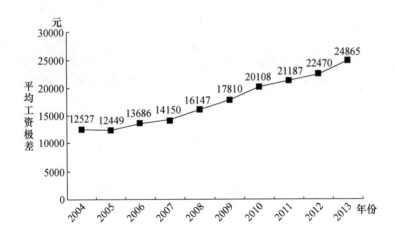

图 3 - 3　按登记注册类型分平均工资极差

资料来源：根据历年《中国统计年鉴》计算。

（3）重大疾病与安全生产事故风险。与农村残障人士一样，对于城市人口而言，残障人士是贫困的高发群体。因此，对于普通的城市人群而言，保持健康，降低人力资本的风险就至关重要。在城市人口面临的人力资本风险中，最常见的两种是重大疾病和安全生产事故对人力资本的毁灭性冲击。虽然有医疗保险，但是无论是对于农村家庭还是城市家庭，面临重大疾患的冲击，在治疗成本和机会成本的双重重压之下，轻者生活水平短暂下降，重者倾家荡产，生活陷入贫困。安全生产事故也是如此，虽然现在对安全事故的赔付有完善的法律法规可以遵循，大多数因公伤残者都能够得到比较公允合理的赔付。但是，对于主要劳动力在工作的城市家庭而言（其实大多数都是家庭的主要劳动力），通过就业而获得持续的收入与"坐吃山空"完全是两个概念，在物价持续上涨的情况，生活压力必然越来越大，难免陷入贫困。

（4）个人及家庭因素。一般而言，家庭人口越多，陷入贫困的可能性越大，贫困发生率越高。国家统计局城调总队课题组（1997）的住户调查资料表明，城市贫困发生率一般和家庭人口成正比。此外，家庭成员的人力资本水平和就业状况，对家庭是否陷入贫困有着重要而显著的影响。如果户主的受教育水平为高中或中专，以及大专以上，家庭陷入贫困的概率会大大降低。高中或中专受教育水平，对于一个家庭是否容易陷入贫困状态，是一个重要的分界线。就业人员占家庭人口比例越高，家庭越不容易陷入贫困；与之相对应，失业人员占家庭人口比例越高，家庭越容易陷入贫困。另外，在健康和教育方面面临较大风险或不确定性的家庭陷入贫困的可能性高于其他家庭。

简言之，居住在低收入地区、家庭人口多、就业人口少、家庭成员文化程度偏低、无固定职工或从事体力劳动的居民户，以及在健康和教育方面面临较大风险或不确定性的家庭最有可能成为贫困户（张问敏、李实，1992；王美艳，2006；李实，John Knight，2002；黄剑雄，2003）。

2. 城市贫困人口的产权特征

城市贫困的形成原因决定了城市贫困人口区别于农村贫困人口的产权特征。

具体而言，对于城市贫困人口而言，其产权特征主要围绕其人力资本产权的实现展开，包括人力资本在生产、流通、分配、交换等各个环节的产权特征。因为从产权交易的视角来看，大多数城市人口可以用于交换的资源仅有其人力资本的使用权而已——对于贫困人口而言，则更是如此。前述城市贫困人口的致贫原因，正是通过影响城市贫困人口在生产、流通、分配和交换各个环节人力资本的产权实现，从而使得城市贫困人口相对于农村贫困人口而言，具有不同的产权特征。不过，在上述所有的致贫原因中，人口因素是一个普遍适用的社会经济因素——在中国，不管是城市人口还是农村人口，都必须承受这一因素带来的影响。因此，对于这一既适用于城市贫困人口，也适用于农村贫困人口的致贫因素，这里暂且存而不论，而主要分析其他致贫因素对城市贫困人口产权实现的影响，并进而提炼出城市贫困人口的产权特征。

（1）区域经济不均衡直接影响城市贫困人口人力资本产权的实现程度。这主要表现在劳动力与生产资料相结合的概率差异上。经济发达地区的城市，就业机会多，劳动力与生产资料结合的概率大，从而形成现实的生产力，劳动者的人力资本更容易在生产领域与其他生产资料相结合，形成产品或者服务等产出，从而形成交换能力，实现劳动力的价值，即人力资本产权得到实现。相反，在经济欠发达的城市，由于就业机会少，所以，劳动力与生产资料结合的概率更小，劳动者的人力资本难以通过市场进入到生产领域，并形成产出，实现其价值。这对于仅仅拥有劳动力这一唯一生产要素的城市人口而言，意味着进入到社会生产各个环节的机会更少，难以进入到社会生产的循环之中。这从产权交易的视角来看，就是劳动者的人力资本使用权，没有能够成功地完成交换。而对于城市劳动者来说，唯一可以用于交换的资源就是其人力资本的使用权。所以，一旦其不能顺利进入到生产领域与生产相结合，后续的消费、分配领域的交换就不复存在，生活自然陷入贫困。因此，由于区域经济发展滞后，就业机会相对匮乏，而导致城市贫困人口人力资本产权不能实现的情形，可以称之为生产性人力资本产权贫困。

（2）行业或部门就业壁垒通过社会交换均衡价格影响城市贫困人口人力资本产权的实现。收入差距对于城市贫困人口产权实现的影响，主要表现在流通环节。与地区经济差距不同，行业或部门对劳动者人力资本产权实现的影响，是以就业为前提的——对于在不同行业、部门就业的劳动者而言，由于其就业的行业或部门的收入差距，低收入行业或部门更容易形成城市贫困人口，而高收入行业或部门则几乎不会产生城市贫困人口。而行业部门的收入之所以有差距，主要是由其社会交换中的均衡价格所决定（当然不排除一些由于政策、垄断等因素扭曲社会交换均衡价格的现象）。低收入行业或部门收入之所以低，主要是由于其产品或服务在交换中的均衡价格低；而高收入行业或部门收入之所以高，主要是由于其产品或服务在交换中的均衡价格高。拥有同样人力资本的劳动者，通常被假定可以提供同质的劳动，而现在由于其身处的行业或部门不同，同质的劳动形成了均衡价格差异很大的产品或服务。因此，对于同质的劳动者而言，其人力资本在产品和服务交换中的均衡价格主要由其就业的行业或部门决定，相应地，相对于高收入行业和部门的劳动者而言，低收入行业和部门的劳动者更容易陷入贫困。特别需要说明的是，对于转型中的我国而言，因行业或部门收入差距导致的城市贫困并不违背经济人假设。按照经济人假设，劳动者在选择自己要就业的行业或部门时，当然会选择高收入的行业或部门，而不会去选择低收入的行业或部门。由此看来，进入低收入行业或部门的劳动者，其人力资本一定不可能与高收入行业或部门的劳动力同质，所以，因行业或部门收入差距导致的城市贫困似乎可以直接归结到致贫因素的第四类——导致城市贫困的个人及家庭因素。在典型的自由市场经济框架中，这样的假设是毫无问题的。可是对于转型中的中国而言，这样的推论则存在脱离客观现实的危险。事实上，在计划经济时代，在哪个行业或部门就业，并非完全出自劳动者自己的自主选择，而是实行计划配置模式。在这样的计划就业模式下，同质的劳动者被配置到收入差距迥异的行业或部门也就不足为奇了。因此，对于行业或部门收入差异导致的城市贫困可以修正为：在计划经济时代，行业或部门收入差距导致的城市贫困，存在对同质的人力资本不同定价的问题；而在市场化的今天，则至少具有两种情形：一是在允许同质劳动力自由流动的情况下，劳动力在不同行业和部门的就业分布表明了不同行业或部门人力资本的质量差异；二是存在行业或部门内部进入壁垒的情况下，同质劳动力在收入差距悬殊的不同行业或者部门就业的格局，则表明在低收入行业或部门就业的劳动者人力资本产权的沉淀，是人力资本产权实现程度低的具体表现。第一种情形实际上是由于城市劳动者个人或者家庭原因所致，所以将在后文讨论。这里主要分析第二种情形。

事实上，在我国，由于三大原因的存在，使得因为行业或者部门壁垒导致的收入差距被认为是不公平的重要社会现象之一。这三大原因分别是：其一，计划经济体制形成的就业格局的后续影响。中国有句古话叫作"三十不学艺，四十不读书"，强调一个人到了一定年龄以后要学习掌握新的知识技能，难度会越来越大。在新制度经济学中，这被称作"人力资本的专用性"。根据诺贝尔经济学奖获得者威廉姆森的专用性理论：任何资产，专用性越强，缔结市场合约的交易费用越高，缔结组织内契约的交易费用越低。因此，在不同的组织类型中，会观察到不同的专用性资产合约。但是，一般而言，对于具有专用性资产的产权主体而言，一旦解除组织契约，由于缺乏相应的市场机制（或者说费用高昂）对专用性资产重新进行配置，因此解约即意味着专用性资产的沉淀。所以，虽然从理论逻辑上讲，拥有专用性资产的产权主体在缔约过程中应该具有相当的谈判力，但是现实却是拥有专用性资产的产权主体往往处于缔约谈判的弱势方。专用性人力资本产权也不例外。在计划经济体制下，通过"分配工作"替代自主择业形成的就业格局，不仅决定了被分配者本人的人力资本专用性特征，而且在很大程度上决定了其子女的人力资本专用性特征。父母人力资本专用性特征对子女人力资本专用性特征的决定性影响，主要通过家庭教育和社会资本提供的相关资源发挥作用。关于后者，科尔曼的研究影响深远，我国学者也将该问题放在转型背景下进行探讨，关注了留守儿童的人力资本投资问题（李晓红、周文，2007）。而从经验层面来看，我国古代著名的故事"孟母三迁"，以及当今流行的"官二代"、"富二代"、"星二代"、"学二代"和"贫二代"等诸多社会现象的存在，也是对该理论的现实注解。其二，要素市场发展滞后。自1992年我国实施市场化改革以来，产品市场的市场化进程推进较快，尤其是十八届三中全会以后，垄断企业改革步伐加快，包括对国外垄断产品的制裁和处罚等治理措施的实施，进一步推动了我国产品市场化进程。但是，与之相比，要素的市场化进程则要缓慢得多，尤其是土地和劳动力市场，市场化进程迟缓。具体到不同行业与部门的劳动力资源配置，则表现为存在比较明显的进入壁垒。其三，信息不对称。由于劳动力要素市场发育相对迟缓，因此供求双方信息不对称，使得劳动力供给与岗位需求形成结构性失衡或者错配、低配现象的出现，使得劳动者不能实现其人力资本产权的效益最大化。

综合上述分析，可以将城市贫困人口因为种种原因在收入更低的行业或部门就业，而导致人力资本产权难以实现、低程度实现的特征称之为分配性人力资本产权贫困。

（3）国有企业改革导致城市贫困人口人力资本产权难以实现或者沉淀。这主要是由于国有企业改革改变了城市贫困人口人力资本产权形成与使用的激励评价体系的连续性。这种非连续性集中在两个方面：一方面表现为人力资本使用权的交易机制的转换；另一方面表现为不同交易机制下人力资本投资预期与使用权交易的错位。在人力资本使用权的交易机制方面，在改革之前，城市劳动者的人力资本使用权交易是在计划经济体制下进行统一分配，劳动者自己基本不能就人力资本使用权进行自主交易。就业以后的工作调动、工作调整也主要由相关部门根据组织需要进行——当然也会考虑到劳动者自身的能力和要求，在这一人力资本使用权的配置模式下，劳动者"主动跳槽"的事情几乎不会发生。相应地，企业和员工形成了一种近乎一致的预期：一旦企业雇用某个劳动者，就意味着终身雇用，而这一预期也在计划经济体制下不断地被事实验证。这就使得计划经济体制下国有企业工人的人力资本使用权，在很大程度上具有了"共有"的性质。这就加大了产权共有人——用人单位对工人的人力资本使用权再次交易的控制力和影响力。改革开放之后，随着用人方式的转变，市场机制在生产要素的配置中发挥了基础性作用。在这一交易机制下，劳动者通过市场自主交易人力资本产权成为可能，就业也不意味着终身就业。劳动者和企业之间是平等的契约关系，这一契约关系决定了只要完成了契约，劳动者就可以进行自主选择，用人单位将不能以任何方式控制和影响劳动者的人力资本使用权交易。因此，在市场交易机制下，人力资本使用权更具"私有"性质，用人单位很难以产权共有人的身份影响劳动者的人力资本使用权交易。人力资本使用权交易机制的这一转变，对于新进入劳动力市场的劳动者而言并不存在是否适应的问题，但对下岗工人而言，则有一个艰难的适应过程。这一过程之所以艰难，不仅因为劳动者必须经历从观念到行为选择的转变，更大的现实困难来自不同交易机制下人力资本投资预期与使用权交易的错位。对于下岗工人而言，他们只能把在改革前计划模式下形成的人力资本用于改革后的市场交易。下岗人员主要是文化程度低、非技术工种的"40"、"50"人员。根据人力资本投资理论，人力资本形成的黄金时期是22—25岁以前的青少年时期。错过了人力资本投资的黄金时段以后，再进行人力资本投资，不仅事倍功半，而且由于人的一生在不同的年龄段面临着不同的责任和义务，所以也可能面临客观上不可行的问题。具体到国有企业的下岗人员，由于其年龄偏大，文化底子差，接受文化技术培训比较困难；而此年龄段，正是上有老、下有小的负担最重的人生阶段，所以，即便主观上愿意接受再培训和学习，客观上也可能由于生活压力而无法实施。因此，即使下岗工人希望通过新的人力资本投资提高其人力资本产权在交易中的成功概率，但是，这种改变也因各种原因而备显艰难。而其在计划体制下形成的人力资本，不仅已经与企业的需要不匹配，而且由于人力资本存量严重不足，很难在市场机制下成功实现其使用权的交易。因此，我们可以看到，40 岁、50 岁的下岗工人，因为错过了人力资本投资的黄金时期，不得不将在旧体制下形成的人力资本用于新体制下的市场交易中。而由于种种原因导致对人力资本投资不足，致使下岗工人的人力资本存量很低，其使用权难以实现成功的交易。再考虑到人力资本使用权交易机制在改革前后的转变，下岗工人要实现其人力资本使用权的交易就更加困难。正是从这个意义上，本书将国有企业改革导致的城市贫困人口人力资本沉淀和适应性障碍，界定为人力资本产权生产性再配置困难，最终表现为城市劳动力因不能就业而导致贫困。

（4）重大疾患、安全生产事故等风险增加了城市人口人力资本的脆弱性。社会保障制度对城市贫困人口人力资本产权的实现，只能起到帮助人力资本重新进入市场的过渡性维持作用，而难以从根本上改善人力资本的素质和竞争力。为下岗人员提供基本生活保障、惠及全民（尤其是贫困人口）的医疗保险，其实质是对暂时因为失业、疾病而不能实现人力资本使用权交易的困难人群实施过渡性的辅助，一旦失业者重新就业，或患者恢复健康，重新进入劳动市场，成功地实现了人力资本使用权的交易，这种过渡性的帮助就会取消。如果一个劳动力在失业以后，能够在相对较短的时间内找到工作，那么，即使在失业阶段没有得到社会保障，由于其本人以及其他人对其重新就业的预期较高，所以失业者可能会通过私人渠道获得救助，渡过难关，避免陷入长期贫困。相反，如果一个劳动力在失业以后长期不能重新就业，即便享有低保，也难免贫困。同样的情形也适用于残障人士。从人力资本投资的角度来看，残障人士天生具有人力资本的劣势，如果由于家庭等因素后天又不能得到很好的教育投资的话，残障人士在劳动力市场上的竞争力就会大大低于健全人[①]。因此，对于大多数残障人士而言，社会救助必须是长期的，否则难免贫困。不过，重

---

① 当然，这并不排除残障人士能比身体健全者更成功的可能性。但是，一般而言，能够对残障儿童进行超常教育投资，其前提条件必然是足够殷实、富裕的家庭。当前，我国高收入、高知识家庭对小孩的人力资本投资已经延伸到出生之前。为了孕育一个健康宝宝，准父母会调整自己的生活方式，残疾婴儿在这些家庭诞生的可能性自然大大降低。但是，目前我国的大多数残障人士尤其是出生于贫困家庭的残障人士，在人力资本投资方面仍具有天生的劣势，这就形成了类似于纳克斯的贫困恶性循环的人力资本投资恶性循环：低收入—不能进行出生干预—残障婴儿人力资本投入少—残障人士缺乏谋生手段—低收入。

大疾病的保险例外，重大疾患产生的巨额医疗费用甚至可能会使一个殷实的家庭在短期内陷入困顿，尤其是当患病者是家庭的主要劳动力时。这就意味着如果能够减轻重大疾病对于普通家庭的不利冲击，将能有效地避免这些家庭陷入贫困。因此，综合来看，社会、医疗保障对于城市贫困人口而言，只能起到缓解的作用，难以做到从根本上解决贫困问题；但是重大疾病保险可以降低普通城市家庭陷入贫困的风险。从这样一个意义上来讲，社会和医疗保障涉及两种类型的城市人口人力资本：先天不足型和后天风险型。对于残障人士这种先天不足型的人力资本产权，社会和医疗保障要致力于提供长期的兜底保障；对于因为重大疾病以及生产安全事故而陷入贫困风险的城市人口人力资本，则具有降低风险的作用。

（5）个人及家庭因素的影响。研究和经验事实都表明城市家庭的人口规模、户主的受教育水平、家庭中的就业人员数量以及健康和教育的较大风险和不确定性等因素，与城市贫困的相关性最高。这实际上表明了城市贫困人口人力资本投资与贫困之间的恶性循环：低人力资本投资→低就业→低收入→低人力资本投资。如家庭人口规模对子女教育投资的影响，给定同样的家庭收入，一个只有 2 个小孩的家庭，相对一个有 4 个甚至更多小孩的家庭而言，从食品、健康、正式和非正式的教育投资等各方面而言，后者的平均水平显然更低。而户主的受教育水平，主要是通过影响户主就业，从而影响家庭的收入，并进一步影响到对家庭成员的食品、健康、教育等人力资本投资水平。同样，如果一个家庭在健康和教育方面面临着较大风险和不确定性，则表明存在更大的人力投资沉没的可能性，如果投资没有获得回报，其效果与低人力投资是一样的，尤其是对于后续的人力资本投资而言。因此，只要城市贫困的个人和家庭因素导致的人力资本产权的恶性循环不被打破，这些因素导致对城市贫困人口人力资本产权的实现影响就是全方位的——从生产、分配、交换到消费环节。具体可表现为人力资本产权在使用、投资等方面的脆弱性和较大风险性以及不确定性；集中表现为在人力资本使用权交易中，不能成功实现人力资本使用权的转移；在人力资本投资中，导致人力资本投资低且面临着人力资本投资沉没的更大可能性。

根据前面的分析，可以得到如表 3－5 所示的城市贫困人口人力资本产权特征及其影响。总体来看，对于城市贫困人口而言，所拥有的产权主要是其自身的人力资本产权。因为从一般意义上来讲，如果城市人拥有其他财产性产权，那么其陷入贫困的概率相对小很多，或者说几乎没有。因此，城市贫困人口的产权特征主要围绕人力资本产权的实现展开。从现实情况来看，导致城市人口陷入贫困的主要原因包括区域经济发展不均衡、行业或部门就业壁垒、国有企业改革、残障、重大疾病和安全事故等外部冲击以及个人及家庭因素等，其中，区域经济发展不均衡导致城市劳动力与生产资料结合的概率存在差异，从而极有可能导致城市人口因为不能实现其人力资本产权的生产性功能而陷入贫困。因为生产性人力资本产权贫困主要表现为就业的可能性大幅降低，因此，影响主要集中在就业前。行业或部门就业壁垒则导致已经在不同行业或部门就业的城市劳动力拉大收入差距，并限制或者排除了劳动力从收入低的行业或部门向收入高的行业或者部门流动的可能性，从而使得已经就业的城市人口因为社会分配体系的不公平而陷入贫困，因此是典型的分配性人力资本产权贫困。国有企业改革产生的下岗工人，因为再就业困难，以及错过人力资本投资的最佳时期，要实现重新就业，或者改变自身人力资本存量与质量都很困难，陷入就业转换困难之中，这是人力资本产权生产性再配置的困难，也容易导致城市下岗工人家庭陷入贫困。城市残障人士在人力资本方面存在先天不足，因此陷入贫困的概率大大增加。重大疾病和安全生产事故等外部冲击加大了人力资本的风险，如果没有相关社会保障和救济帮助这些群体暂渡难关，那么受到冲击的家庭极有可能陷入贫困。个人和家庭因素则影响家庭成员人力资本的存量差异以及异质性特征，如果不能打破低人力资本与贫困的恶性循环，城市贫困家庭很难从根本上摆脱贫困。因此，我们可以看到，城市贫困人口人力资本产权特征，影响了城市贫困人口就业前、就业中、就业转换等各个环节的产权实现。从产权分析的视角来看，要帮助城市贫困人口摆脱贫困，典型地表现为要提高其人力资本产权在各个环节的实现程度。对于生产性实现，主要是要帮助城市人口提高就业能力；对于分配性实现，主要是要实现同工同酬；对于生产性再配置或者交易性实现，主要是建立终身学习机制，提高城市人口人力资本的适应能力；对于先天不足的人力资本实现，主要是要提供保障性救助，同时鼓励并针对性地支持其通过就业实现其人力资本产权；同时要全面提高城市人口人力资本存量和异质性，降低风险系数，从而增加人力资本产权在各个环节实现的可能性。

表 3 - 5　　　　　　　　　　城市贫困人口的人力资本产权特征

城市人口致贫原因	人力资本产权特征	影响	影响时段
区域经济发展不均衡	生产性人力资本产权贫困	劳动力与生产资料相结合的概率差异	就业前
行业或部门就业壁垒	分配性人力资本产权贫困	行业或部门收入差距	就业后
国有企业改革	人力资本产权生产性再配置困难	再就业困难，错过人力资本投资最佳期	就业转换
残障人士	人力资本先天不足	就业可能性低，生存能力差	就业
重大疾病、安全生产事故	人力资本高风险性	陷入贫困，或在社会保障和救济的救助下渡过难关	就业
个人和家庭因素	人力资本存量差异	低人力资本与贫困的恶性循环	就业

资料来源：作者整理。

三　贫困的产权分析理论基础与现实发端

综上所述，可以很清晰地看到贫困的产权分析方法，有着多元的理论基础，并立足于中国贫困与反贫困实际。

第一，从理论基础来看，贫困的产权分析是在森的贫困权利理论、产权理论、生产关系理论、经济增长理论等基础之上提出的。森强调在私有制框架下的权利平等，是缓解和消除贫困的根本之道；产权理论强调只有产权界定和实施的费用最小时，产权安排才是有效率的；生产关系理论认为可以将社会经济活动分为生产、分配、交换和消费四个环节；经济增长理论强调生产要素数量和效率的提高，是产出增加的关键。贫困的产权分析综合以上四大理论，从农村贫困人口和城市贫困人口的产权特征两大逻辑起点出发，为后文建立贫困与反贫困的产权分析奠定了分析基础。当然，除了上述四大理论以外，在分析中还会用到制度理论社会资本理论、人力资本投资理论甚至管理学中的相关分析工具，但是，前述四大理论对贫困产权分析起到了最直接的影响。

第二，从现实发端来看，中国的贫困以区域性贫困为主要特征。在要素自由流动的经济体制中，如果区域差距过大，市场会引导要素从低收入区域流向高收入区域，直到高收入区域生产和生活成本增加，使得区域之间收入差距缩小。但是，在我国，城乡分割的二元格局，不仅仅是因为工业化进程中工业快速发展，农业相对滞后所致；主要还是由于我国城乡分割的二元制度结构所致。比如，我国 20 世纪 80 年代末 90 年代初，在改革开放政策的作用下，城市经济得到极大发展，这直接使得农村因实施家庭联产承包责任制释放的生产力，与城市相比显得缺乏吸引力。因此，第一代农民工弃农进城，寻找发展机会。如果不存在城乡二元制度结构的障碍，这一批农民工应该如同国有单位第一批下海经商的城市职工一样，成为抓住机会先富起来的人。但遗憾的是，由于城乡二元分割的制度结构，农民工虽然在城市工作，却不能获得城市居民的身份，长期往返于城市和农村之间，形成了世界上最为壮观的"春运"。毫无疑问，在这些"职业进城"但是"身份进不了城"的农民工中，不乏来自边远贫困山区的农民。显然，对于这种多种原因交织形成的贫困固化，是森的权利分析理论难以解释的。因为在森的假设中，经济体制是私有性质的市场经济，而在市场经济中，要素自由流动是基本要义。除了制度的现实差异以外，减贫实践也存在若干差异。最典型的特征就是我国政府主导的反贫困进程，实际上是对相关减贫资源重新进行产权界定。从这样一个意义上来看，减贫效率取决于减贫活动中产权界定和实施的效率。

正是因为贫困的产权分析综合相关理论形成分析思路，并立足于我国贫困与反贫困的特殊现实，因此对于分析我国反贫困进程中贫困人口的能力形成具有特殊的解释力。

第四节　贫困与反贫困的产权分析方法

一　贫困与反贫困的产权分析方法的基本思想①

综合前面的分析，贫困与反贫困的产权分析方法的基本思想可以简要地表述为：根据马克思的社会生产关系理论，所有导致贫困的原因，都可以相应地归结到生产、分配、交换、消费等环节；根据产权理论，所有致力于消除贫困的活动，实际上都是对扶贫物资重新进行产权界定，根据扶

---

① 作为本课题的前期研究成果之一，同时也是本课题申报设计论证的产出之一，本节是前期课题贵州教育厅基地项目"喀斯特民族地区农村贫困问题研究"（08JD006）的阶段性成果，以"贫困与反贫困的产权分析"为题，与课题组成员周文教授合作发表在《马克思主义研究》2009 年第 8 期。

贫物资的流向或所涉及的主要领域，扶贫活动中产权的重新界定也就相应地落入生产、分配、交换和消费环节。因此，能否有效地消除贫困，主要取决于两点：第一，扶贫活动中对产权的重新界定是否与导致贫困的原因契合，即两者是否处于社会生产关系的同一环节；第二，如果两者是契合的，那么，扶贫效率就取决于贫困人口的产权维护能力。如果贫困者能够维护扶贫活动中被重新界定的产权，则扶贫是有效率的；反之，则是无效率的。

因此，贫困与反贫困的产权分析方法一方面强调外生产权与致贫原因的契合性；另一方面强调一旦外生产权确定以后，产权的内生性问题——贫困人口维护产权的能力。当减贫机构和组织将扶贫物资发放给贫困人口时，实际上是这些机构和组织外生地将这些资源的产权界定给贫困人口，而一旦这些扶贫物资的产权被外生地界定给贫困人口之后，其产权能不能够稳定地延续下去，则涉及产权的内生性问题。

与森的权利分析方法不同，贫困与反贫困的产权分析方法不仅强调对致贫原因处于社会生产关系哪个环节的产权分析，而且更重视相应的反贫困实践的产权分析；既关注致贫原因与反贫困进程中的外生产权界定在社会生产关系环节的契合性，也关注贫困人口在获得外生产权的基础上，如何形成产权的内生性，使产权带来的收益具有持续性，从而摆脱贫困这一终极目标。相应地，森的权利分析方法旨在澄清 FAD 方法导致的对致贫原因的误读，并矫正因之而导致的政策失误，而产权分析方法则旨在强调通过提高反贫困实践的瞄准性，从而提高反贫困实践的效率。

需要说明的是，这里对反贫困进程中扶贫物资被界定到哪个环节以及得到减贫物资的贫困人口的产权维护能力的探讨，是以减贫已经瞄准贫困人口为前提。换言之，是假设所有的减贫活动都瞄准了贫困人口，而不讨论是否瞄准以及怎样瞄准贫困人口的问题。这就使本书的产权界定环节与当前推行的"精准扶贫"区别开来。产权界定环节强调的是确定了减贫对象以后，采用的任何一种减贫干预，都对应着把减贫物资界定到生产、分配、交换和消费的某一个环节；而精准扶贫则强调在没有发放减贫物资之前，要怎样精准地确定哪些人是贫困人口。

二　贫困与反贫困的产权分析框架

对贫困与反贫困产权分析框架的说明，需要在梳理相关理论的核心观点以及政策含义的基础上展开。如表 3 - 6 所示，与反贫困进程中贫困人口能力形成相关的各个理论，都有自成一体的核心观点以及相应的政策含义，而这些观点和含义都可以从产权分析的视角进行解释。

表3-6　　　　　　　不同贫困理论的核心观点和政策含义比较

不同理论	核心观点	减贫政策含义	产权分析视角含义
能力理论	个人能力取决于人力资本和社会环境提供的机会	人力资本投资干预；社会环境改善干预；社会资本的重要性	生产性产权贫困；产权权益增加的重要性；忽略贫困人口的其他产权
森的贫困权利分析理论	既定体制下的初始权利和交换权利失败是贫困的根源	针对个人禀赋的技能投资策略；改变导致权利失败的制度安排	权利失败可能表现在生产性、分配性、交换性产权贫困等各个领域；对人力资本产权强调不够
马克思主义政治经济学	权利贫困；社会不平等导致贫困	消除社会不平等；改革化社会分配制度	分配性贫困；忽略人力资本产权、生产性、交换性产权
主流经济学	机会均等条件下的个人禀赋差异导致贫困；剥夺个人机会的制度性贫困	社会保障减贫；市场化改革提供均等发展机会；社会资本的重要性	人力资本产权贫困（生产性产权贫困）；物质资本生产性产权贫困；分配性产权贫困；忽略交换性产权
贫困与反贫困的产权分析理论	产权贫困导致贫困，产权贫困可分为初始性、生产性、交易性和分配性产权贫困等	根据减贫对象的产权特征将减贫物资正确地界定给贫困人口；落实和增加贫困人口的产权权能；强调形成贫困人口的产权维护能力；增加产权权益和价值；强调人力资本产权作为一种生产要素与其他物权的结合	

　　资料来源：作者整理。

　　具体来看，能力理论主要从个人的人力资本投资角度关注能力问题，因此围绕人力资本投资的影响因素展开论述，是从个体视角对能力形成的关注。如果从产权分析的视角来看，则主要落脚到生产性产权贫困范畴，即如果个人因为人力资本存量低，而导致能力低下的话，则会缺少与社会生产资料相结合的机会，自然收入低，容易陷入贫困；另外，贫困人口由于出生、家庭环境和社会关系的影响，容易导致潜在的产权权益得不到开发，从而导致自身的人力资本沉没或者浪费，不能获得同等人力资本产权开发的权益，收入低下甚至没有收入，陷入贫困。因此，普遍性的旨在增加人力资本产权权益的公共政策，对于贫困人口有着特殊的重要意义。这一点，如果更清晰地表述的话，可以具体到城乡教育资源和公共服务的均衡布局与提供。对于人力资本的形成而言，除了健康的身体以外，在知识和技能方面的投资，最关键的影响因素就是国民教育体系提供的教育资源，以及国民教育体系之外可以共享的教育资源。从国民教育体系的教育资源来看，由于贫困人口多集中在农村，而教育资源的城乡差距又十分明显，两者的叠加，自然非常不利于本就处于劣势的贫困人口的人力资本投资；从非国民教育体系的教育资源来看，主要由公共服务提供，同时也包括社会环境提供的"干中学"机会，很显然，由于城乡二元结构的存在，非国民教育体系的教育资源也非常不利于贫困人口的人力资本投资。所以，如果要普遍性地增加贫困人口的人力资本，改善农村的国民教育体系和公共服务就是政府首先应该着手的减贫措施。

　　从森的贫困权利分析理论来看，主要强调在私有市场经济体制下，贫困人口的初始权利失败和交换权利失败导致的贫困。如果从产权分析的角度来看，权利失败可能表现为贫困人口技能低，或者不能与社会生产资料相结合的物质资本生产性产权贫困；也可能表现为由于资源和收入分配不公平导致的分配性产权贫困；还可能表现为由于市场交易环境和条件的制约，导致"资源优势"不能转化为"经济优势"的交换性产权贫困。因此，可以看到，森的权利分析理论虽然也强调由于制度安排导致的交换权利失败是减贫的主要领域，但是与贫困的产权分析方法相比，更为概括和抽象；相反，贫困的产权分析更为具体和明确，直接将权利失败界定到产权贫困的具体领域，这增加了为减贫策略和措施的制定提供更具针对性的建议方案的可能性。

　　马克思主义政治经济学认为社会不平等是导致贫困的根源，而且不平等主要表现在分配领域。也就是说，马克思主义政治经济学关注的是在产出既定的情况下，由于剥削或者特权阶级侵占了其他阶级的分配权利，多拿多占，从而导致底层的贫困。从产权分析的视角来看，这无疑是集中关注了分配性的产权贫困问题。因此，相应的减贫措施就是建立公平合理的社会分配制度。

主流经济学的贫困理论强调禀赋贫困和制度性贫困。认为禀赋贫困是无法消除的，只能通过社会保障制度的健全实施兜底性的减贫干预；而制度性贫困被认为主要存在于发展中国家，因此，相应的处方就是赋权，而在主流经济学家眼里，建立市场制度无疑是实现"一揽子"赋权的最佳选择。从产权分析的视角来看，禀赋贫困实际上是一种人力资本产权的初始性贫困；而由于制度安排导致的机会剥夺，根据主流经济学的论述，主要关注的是物质资本生产性产权贫困。因而在他们看来，不存在所谓的交换性产权贫困——因为市场规律告诉我们，哪里有价值，哪里就有市场；反过来，如果这个地方不存在市场，是因为在这里交易无利可图。这个从市场发育的角度来看毫无问题，但是这样的结论对于发展中国家进行区域性反贫困没有太大意义。尤其是在世界各国都在倡导亲贫式的经济增长，比如 PPT 模式时①。另外，主流经济学对社会资本减贫作用的强调，一方面是对贫困人口参与性的直接强调，另一方面又何尝不是对减贫过程中政府干预的间接反对呢？不过，这一强调从产权分析的视角来看，实际上是将资源产权的分配权能界定给谁的问题。如果减贫过程中完全是政府主导，毫无疑问，作为减贫对象的贫困人口失去了资源的分配权能，而只能被动地被分配；相反，如果减贫过程是由贫困人口高度参与决策，那么，减贫资源的分配权能在很大程度上属于减贫对象所有。而发达国家和世界银行所有的减贫项目似乎都指向说明：有贫困人口高度参与的减贫项目更容易获得成功，即应该将减贫资源的分配性产权界定给贫困人口。

因此，总体来看，如果从贫困的产权分析视角来看，最为全面的仍然是森的贫困权利分析理论，涵盖了产权贫困的各种可能性，但是对贫困人口的人力资本产权强调不够。这一点，他自己在对权利分析理论的不足中，

---

① PPT 是"Pro – Poor Tourism"的缩写，国内往往直接等同于"旅游扶贫"。但国际上首次提出 PPT，源于 1999 年，英国国际开发署委托相关专家开展了一项关于可持续旅游和消除贫困的研究。由于 PPT 强调从旅游中增加贫困人口的纯收益，为贫困人口提供脱贫良机，因此，一经提出，便迅速成为国际减贫干预的重要理念原则和操作模式。

也明确指出权利失败可能有其他原因，比如无知、传统习惯等，但是权利分析方法关注的是权利，因此，这些非权利的因素被忽略了。而这正是贫困人口的能力因素。在关注贫困人口的能力问题时，如果仅仅从个人禀赋角度进行关注，则就是能力理论强调的人力资本产权。因此，森的贫困权利分析方法虽然包含了产权分析的各个领域，但是却较少关注甚至忽略了人力资本产权。比较而言，能力理论则只关注人力资本产权，而没有关注贫困人口作为产权主体对其他生产资料的产权属性。马克思主义政治经济学则主要关注分配性产权贫困，而没有论及人力资本产权、生产性和交换性产权，这主要是因为在他们看来，只要解决了社会不平等问题，其他所有的问题都迎刃而解了。主流经济学则没有重视对交换性产权的分析。

　　以上的分析表明，贫困与反贫困的产权分析方法具有覆盖领域全面、更具针对性的特点。这种方法的分析框架可以用图 3 – 4 加以说明。

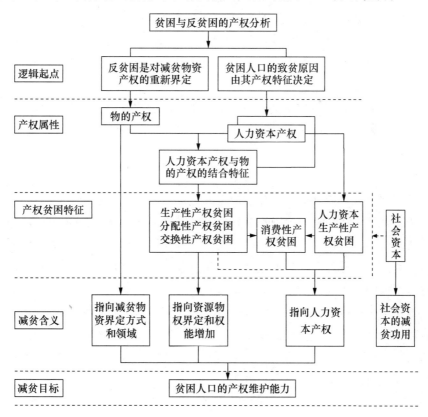

图 3 – 4　贫困与反贫困的产权分析框架图

资料来源：作者。

如图 3 - 4 所示，贫困与反贫困产权的产权分析包括 5 个层次的内容。

第一层次：贫困与反贫困产权分析的两大逻辑起点。一是反贫困实际上是对减贫物资产权的重新界定；二是贫困人口之所以贫困，主要是由他们具有的产权贫困特征决定的。

第二层次：贫困与反贫困的产权属性分析。从贫困与反贫困产权分析的两大逻辑起点出发，可以综合分析贫困与反贫困的产权属性。对于反贫困来讲，其产权属性主要是关于物的产权，因为反贫困主要表现为将相关物资的产权重新界定给贫困人口。对于贫困人口而言，其产权属性则表现为人力资本产权，以及人力资本产权与物的产权（主要是社会生产资料）结合的方式。而将贫困与反贫困的产权属性结合起来的，也正是贫困人口的人力资本产权与减贫物资的产权的结合特征。任何减贫干预，不管政府主导的力度有多大，最终仍然需要由贫困人口来具体实施。而减贫实践告诉我们：给定减贫项目，成功的关键因素就在于贫困人口的人力资本产权，以及贫困人口人力资本产权与减贫项目的结合方式。因此，综合来看，贫困与反贫困的产权属性，具体表现为物的产权、人力资本产权，以及两者的结合特性。

第三层次：贫困与反贫困的产权贫困特征分析。第二层次的产权属性，无论是贫困人口的人力资本产权、减贫物资以及贫困人口自身拥有物的产权，还是两者结合的产权，从生产要素投入生产到转化为财富的各个环节来看，可以区分为不同类型的产权贫困。首先，从人力资本产权来看，表现为人力资本产权的初始性贫困，即起点低、存量小，在人才市场竞争中处于劣势。从人力资本产权作为劳动力要素、物的产权作为其他生产要素的角度看，人力资本产权与物的产权相结合，实质上也就是各种生产要素的配置方式问题。根据生产要素从投入生产到最终获得分配，实现财富增值的各个环节看，人力资本产权与物的产权相结合如果不能实现财富增值，主要原因包括：由于生产性产权贫困导致的物质资本生产性产权贫困；也有可能是在财富已经生产出来的情况下，在分配过程中，由于贫困人口的低谈判力，没有实现其人力资本产权或者物的产权应有的价值增值，从而表现为分配性的产权贫困；还有可能是生产、分配环节都不存在产权贫困现象，但是由于交易制度或者条件的限制，使得经济长期在封闭状态下运行，多余的产品不能商品化、市场化，市场经济发展迟缓，从而反过来影响经济增长和财富积累，这种现象被我们称作交换性贫困。最后，在人力资本生产性产权贫困、物质资本生产性产权贫困、分配性产权贫困和交换性产权贫困的共同作用下，贫困人口可能表现出消费性产权贫困的特征。这种特征更多地由于人力资本产权贫困导致，具体地主要是贫困人口由于知识限制和传统文化的影响，对家庭财富中用于消费的部分，不能合理、科学地安排使用，不利于形成生产—消费的良性循环。在研究中，要严格区分分配性产权贫困与消费性产权贫困有一定难度。尤其是在只能选择一个研究视角时，要清晰区分几乎是不可能的。这是因为，如果仅仅从概念进行区分的话，很显然，分配性产权贫困是从宏观视角进行的划分；而消费性产权贫困显然是从个体视角进行划分。但是，在一个体系中，显然不能穿插使用不同的分析视角。由于对物质资本生产性产权贫困、交换性产权贫困都是从微观个体的视角切入，因此，对分配性产权贫困，如果从微观视角切入的话，只能理解为个体产权在国民分配体系中的实现程度，而不是去关注国民分配体系整体的公平性问题。相比较而言，消费性产权贫困则更多地聚焦到贫困人口对已拥有财富的家庭分配使用的产权特征。例如，对于同样人口规模、同样年收入、生产禀赋条件差不多的两个贫困家庭而言，在对家庭财富的分配方式上可能存在巨大的差异。一家可能会将家里的余钱用于赌博，另一家可能会投资于孩子的教育，这种对家庭财富的不同消费方式，对贫困家庭自我发展能力的影响是直接而深远的。正是因为如此，不少发达国家在减贫实践中，都通过政府、教会以及其他社会组织实施了家庭理财方面的减贫干预，目的就在于阻断消费性产权贫困导致的贫困代际传递。因此，总体来看，贫困人口的产权贫困特征可以区分为人力资本生产性产权贫困、生产性、分配性、交换性和消费性产权贫困。

贫困与反贫困的产权特征分析是产权方法的重点。对贫困人口产权特征的分析，不仅需要清晰界定其产权贫困的特性，而且需要结合现实原因，对产权贫困进行经验分析。经验分析对导致产权贫困的原因以及相关因素的识别，对提出针对性的减贫思路至关重要。

此外，国际减贫实践和研究表明，在多种多样的影响因素中，社会资本对贫困与反贫困的影响非常重要。因此，国际减贫非常重视社会资本的作用。受国际减贫经验的影响，以及基于对我国反贫困实践的经验观察，本书重点关注了社会资本对贫困人口产权贫困特征的影响分析。因此，在第三层次，社会资本作为一个重要因素专门加以分析。

第四层次：减贫含义。根据对贫困与反贫困产权特征的分析，提出针对性的减贫建议。很显然，既然反贫困是对减贫物资产权的重新界定，减贫含义自然指向减贫物资的界定方式和领域；生产性、分配性、交换性产权的减贫含义，则指向具体的资源产权怎样界定才有利于减贫，以及如何增加已有资源产权的价值；人力资本产权贫困与消费性产权贫困的减贫含义，都指向怎样增加贫困人口的人力资本以及其人力资本产权如何实现的领域。除此之外，社会资本的减贫含义需要结合贫困人口的产权特性以及我国反贫困的政府主导特征展开。由于社会资本是一个相对独立的理论体系，因此，相关的减贫建议指向社会资本的减贫功用，需要单独讨论。

第五层次：减贫目标。这是所有分析的落脚点，同时也是本书的出发点。即减贫最终的目标是形成贫困人口的自我发展能力，而这种自我发展能力从产权分析的视角来看，就是贫困人口的产权维护能力。之所以强调贫困人口而非贫困地区的自我发展能力，原因正如本书开篇所言，即使在最富活力的区域，如果收入差距始终存在甚至不断拉大，那么，处于收入最底层的群体依然难以摆脱贫困困扰。而且由于收入差距引发的社会分层，会强化收入差距，表现为社会排斥的出现和强化，使贫困人口的状况不断恶化，难以形成自我发展能力。相反，对于任何区域，只要人口具有了自我发展能力，区域自然也就具备了自我发展能力，贫困人口与贫困地区也不例外。这就是本书将贫困地区与贫困人口的自我发展能力区分开来，并且聚焦于贫困人口自我发展能力的根本原因。再来看产权维护能力，本书认为，只要贫困人口形成了自身的产权维护能力，则具备了自我发展能力；否则，很难说贫困人口形成了自我发展能力。根据产权分析的逻辑，产权维护能力包括生产性产权的增值能力、新增产权的保值和增长能力、矫正不合理产权安排的谈判能力等。

三　贫困与反贫困产权分析方法可能的创新与不足

与已有的贫困与反贫困理论相比，贫困与反贫困产权分析方法可能的创新包括三点：

第一，尝试将经济制度差异内生化。在诸多贫困与反贫困理论中，产权分析方法与权利范式联系最为密切，从某种意义上讲，后者对前者的启发最大。但是，两者还是有着明显的区别。在森的贫困权利理论中，将经济制度作为外生变量。森在一开始就明确该方法是在私有市场经济体制度下建立，保留了在其他经济制度下该方法的科学性和适用性。产权分析方法则将经济制度内生化，可以适用于所有的经济制度。这是因为，产权分析方法是通过对贫困与反贫困产权属性的分析，进而剖析贫困人口的产权贫困特征，从而提出减贫建议，最终是为了形成贫困人口的自我发展能力。很显然，在不同的经济制度下，产权界定和实施的规则存在差异，相应地，贫困与反贫困的产权属性必然存在差异，从而贫困人口的产权贫困特征也必然存在差异，基于上述差异提出来的减贫建议自然更具针对性和操作性。因此，这种将经济制度内生化的努力，使得贫困与反贫困的产权分析方法具有更强的解释力和适用性，是更有力的理论分析工具。

第二，是建立"理论自信"的创新尝试。贫困与反贫困的产权分析不仅是一种理论创新尝试，而且是扎根于我国贫困与反贫困的现实土壤的理论创新尝试。长期以来，我国反贫困主要以西方发达国家的减贫经验为蓝本，在以区域发展为主的减贫时期，这些举措取得了明显的成效，大多数低收入家庭，随着区域经济的发展，收入得到提高，分享了区域发展的红利。但是，随着扶贫开发进入攻坚阶段，国外普适性的减贫经验对我国扶贫开发的指导作用受到考验。因为目前我国的贫困地区，都是经过多轮扶贫开发仍然存在的"特殊困难地区"；而现存的贫困人口，是在我国持续 30 多年的高速发展中，一直没有能够抓住发展机会富裕起来的家庭和人口。而这些地区和人口之所以如此，除了区位和能力问题以外，还受到我国渐次开放、城乡分治的发展政策影响。这些发展政策的影响，对于从计划经济向市场经济转轨的我国而言，最典型地表现为产权界定和实施规则的逐渐变更；而扶贫开发过程中，虽然对减贫物资重新进行了产权界定，但是这些被重新界定的产权，在实施过程中依然要受到不断改革的产权规则的约束。因此，可以说，无论是我国贫困的致因，还是贫富差距的拉大，以及扶贫开发实践，都离不开对产权属性和产权贫困特征的分析，而且具有明显的特殊性。但是现有的贫困与反贫困理论，恰恰没有过多地关注我国贫困与反贫困的特殊现实。加之自改革开放以来，虽然我们一直强调要走"有中国特色的社会主义市场经济"道路，但是理论界长期以来非常重视对西方主流经济理论的引进和介绍，自主创新不足。即使在"拿来"的基础上进行"改良"，也主要表现在工具的运用方面，而非理论创新方面。正是因为我国学术界长期以来植根于我国客观现实的理论创新不活跃，2012 年 11 月，十八大报告中首提"三个自信"，即"中国特色社会主义道路，中国特色社会主义理论体系，中国特色社会主义制度"

的道路自信、理论自信和制度自信。很显然，"三个自信"中的"理论自信"一定是植根于中国经济社会发展的丰厚土壤，以发展中的问题为导向，在现有的理论基础之上，构建具有中国特色的发展理论体系。因此，贫困与反贫困的产权分析方法无疑是建立"理论自信"的有益尝试和探索。

第三，是创造性的理论承继。贫困与反贫困的产权分析有多元的理论渊源，是对已有的贫困与反贫困理论、经济发展理论、产权理论、马克思主义社会生产关系理论、能力理论等多个理论的整合创新，是一种创造性的理论承继。创造性主要表现在一些关键概念的提出和清晰界定，比如贫困与反贫困的产权分析、产权贫困特征、产权维护能力等。

此外，由于贫困与反贫困的产权分析方法是立足于我国实际提出的，因此，对于我国贫困与反贫困问题具有较强的解释力和针对性。

当然，作为一种创新尝试和探索，该方法也存在尚待进一步改进和完善的空间。

一是分析框架不够简洁。虽然将分析框架区分为 5 个层次，每个层次也比较清晰，但是，作为一种理论分析工具来看，仍然存在层次太多，不够简洁的问题。

二是没有解决社会资本的外生化问题。社会资本在减贫与发展中的作用越来越受到重视，社会资本作为一个理论分析工具也受到多个学科的追捧。尤其是我们很容易观察到，在产权界定和实施，尤其是合约缔结和履行方面，社会资本发挥了非常重要的作用。在某些特定的环境中，甚至取代正式制度发挥着决定性的影响。因此，贫困与反贫困的产权分析，不能不考虑社会资本的作用。但是，在现有的分析框架下，社会资本只能作为一个外生变量加以考虑，而不能将之内生化，这是下一步需要继续研究的课题。

三是在经验研究中，很难区分分配性产权贫困与消费性产权贫困。尤其将贫困家庭或者人口作为分析单元时，更难区分。而研究贫困人口的能力问题，最佳的分析单元自然是个体视角，而非集体视角。因此，下一步也需要从概念的可分解性这一个角度进一步完善相关概念，以便为经验分析夯实理论基础。

第五节　产权分析视阈里的产权贫困类型

根据图 3-4，产权贫困可以区分为生产性产权贫困、分配性产权贫困、交换性产权贫困与消费性产权贫困。

一　生产性产权贫困

生产性产权贫困包括因为生产条件匮乏或者恶劣导致的物质资本生产性产权贫困，以及由于贫困人口人力资本不足导致的人力资本生产性产权贫困。生产性产权贫困在物质条件方面，主要表现为农业生产条件恶劣、生态脆弱、自然灾害频发等不利于农业稳产高产的自然条件和环境因素。在人力资本产权的生产性贫困方面，则主要表现为营养不良、身体素质不高、受教育程度低、技能缺乏等；对于留守儿童来说，人力资本产权的生产性贫困还包括与父母自幼分离带来的低社会化问题。

从形成原因来看，贫困人口的生产性产权贫困主要由两个原因造成。第一个是先天的禀赋原因，这是贫困人口无法或者难以选择的既定产权安排。这包括出生地和智商水平。对于贫困家庭而言，由于祖祖辈辈都在当地生活，因此，对于出生地是没有办法选择的。在新中国成立以前，国人一向有安土重迁的传统，无论当地生存环境多恶劣，除非碰到灾年会外出逃荒，否则都是安安分分地守着自己的一亩三分地刨食，并寄希望于辛勤劳作积累足够的财富以后，通过购置田产改善生存条件——无论是在当地，还是迁到外地。除了出生地不能选择以外，先天的身体条件也是不能选择的。如果存在先天的残疾，对于农村人口而言，基本上就意味着丧失了劳动力，形成初始性的人力资本产权生产性贫困。第二个原因是制度因素。在土地可以买卖的制度安排中，生存环境恶劣地区的人口可以通过市场化手段，实现物质资本生产性产权贫困的改善。在新中国成立以后，随着城乡户籍制度的实施，以及农民与土地产权关系的制度安排，农民离开当地，除非是农转非和国家战略，否则几乎没有可能，这实际上是强化了贫困人口改善物质资本生产性产权贫困的约束，使之更加难以改变。而从人力资本产权的生产性贫困来看，这种制度因素的影响就更为直接而深远。这集中表现在城乡教育资源的巨大差异上。从 20 世纪 90 年代市场化改革以来，县域优秀师资的流出，几乎成为所有贫困地区的痛；到今天，则不仅是师资流出，连优质生源也在流出。有一位中学优秀老师曾经说过一句话："其实给孩子择班，不是选择老师，而是选择学生。"可见，市场机制作用的结果，必然是差距的进一步拉大。而任何一个国家的制度安排，都很难保证将贫困人口悉数迁移到生产条件好的地区（尽管我国也实施了规模宏大的生态扶贫移民计划），既然如此，减贫制度安排就应该聚焦消除贫困人口的人力资本产权生产性贫困。

物质资本生产性产权贫困的存在，必然导致其他类型的产权贫困。因此，如果不消除物质资本生产性产权贫困，其他类型的产权贫困必然难以从根本上消除。比如，即使通过临时发放大量消费性物资，暂时解决了贫困人口的消费性产权贫困问题，但是由于没有解决贫困人口自己生产和创造财富的物质资本生产性产权贫困问题，当援助性的物资被消耗完以后，消费性产权贫困问题必然再次出现。因此，抑制和消除生产性产权贫困，是减缓和消除贫困的关键。

二　分配性产权贫困

分配性产权贫困与其他类型的产权贫困相比，最大的特点就是主体的多元性。由于主体的多元性，导致分配性产权贫困的多层次性。

在宏观层面，分配性产权贫困主要是指公共资源分配中贫困人口的产权劣势地位。包括三种情形：其一，贫困地区的公共资源少，因此，存在分配性产权的初始贫困；其二，在分配公共资源时，由于贫困地区的话语权小，因此获得公共资源少的分配性产权贫困；其三，由于负责分配公共资源的工作人员的知识和能力约束，导致公共配置失当，造成贫困地区客观上的分配性产权贫困。

在中观层面，分配性产权贫困主要是指资源开发利用中贫困人口产权的劣势地位。包括两类，一是因为资源开发，需要农民转让其物质资本生产性产权的谈判力不够，导致在生产性资源被分配用于其他用途过程中的产权贫困；二是在资源开发过程中，对新增产权的分配权利缺失，不能分享开发收益的分配性产权贫困。

在微观层面，主要表现为贫困家庭在可分配的家庭资源一定时，合理分配使用家庭资源，达到效用最大或者利润化的能力。因此，如果说其他类型的产权贫困更多的是一种权利贫困的话，那么，微观层面的分配性产权贫困更多的是指贫困人口的能力贫困。很显然，这种能力贫困与贫困人口的人力资本产权贫困高度相关。

对于分配性产权贫困的多层次性，后文将根据经验研究结论，专门对之进行归纳性总结，这里不再赘述。

三　交换性产权贫困

交换性产权贫困是指贫困人口不能通过交换实现财富增值，与阿玛蒂亚·森的交换权利失败意义非常接近。交换性产权贫困主要包括两种情形：一是生产性贫困导致的交换产权不足，即缺乏用于交换的产品和服务。从经验现象来看，交换性产权不足几乎总是与物质资本生产性产权贫困和人力资本产权贫困有关，甚至由后两者决定。二是交换性产权难以实现，即并不缺乏用于交换的产品或者劳动，但是由于交易条件和环境的约束，使得生产出来的产品或者服务难以市场化，因此，要么自己消费多余的产品；要么浪费自己的劳力资源。

在贫困地区，交换性产权贫困对于消除贫困至关重要。对于物品而言，在解决了物质资本生产性产权贫困以后，能否实现贫困人口的"增收"问题，就取决于交换性产权能否实现。如果不能实现，不仅意味着对物质资本生产性产权贫困的瞄准失去了意义，而且意味着必然导致分配性和消费性产权贫困的产生，还有可能导致生产性产权贫困的加剧。

由于我国农村贫困长期以来典型地表现为绝对贫困，解决贫困人口的吃饭问题是减贫重要目标。即使在2010年出台的《新纲要》中，扶贫开发的首要目标仍然是"到2020年，稳定实现扶贫对象不愁吃、不愁穿，保障其义务教育、基本医疗和住房。"这种以解决贫困人口温饱问题为目标的扶贫开发中，最重视的是消费性产权贫困和物质资本生产性产权贫困的消除，而对为了增加收入而进行市场活动关注不够，自然对交换性产权贫困的瞄准就较弱。不过，虽然《新纲要》将"不愁吃、不愁穿"定为减贫首要目标，但是也开始强调农村贫困人口的相对贫困问题，开始重视通过抑制交换性产权贫困，增加农民收入的减贫目标，明确提出了"贫困地区农民人均纯收入增长幅度高于全国平均水平"的减贫目标。

四　消费性产权贫困

消费性产权贫困主要包括两种情形，一是指贫困人口可以消费的物品和劳务数量小。二是因为知识约束，不能合理地消费已有物品和服务。包括一些传统但是未必科学的消费习惯；以及在家庭膳食安排中，由于安排不当导致家人营养失调甚至出现健康问题的消费方式。

从上述两种情形的消费性产权贫困来看，第一种与物质资本生产性产权贫困有关；第二种与人力资本产权贫困有关。因此，可以说，与其他类型的产权贫困相比，消费性产权贫困可以说是"结果性贫困"，而非"致因性贫困"。即只要存在其他类型的产权贫困，就必然产生消费性产权贫困；反之，只要消除了其他类型的产权贫困，消费性产权贫困几乎也就没有生长的土壤。

因为消费性产权贫困的这种衍生性质，以及国内已有大量研究关注贫困人口的消费问题，后文在对各种类型的产权贫困进行经验研究时，省去对消费性产权贫困的经验研究。因为从逻辑上来讲，如果贫困人口可以消费的物品不足，那需要解决物质资本生产性产权贫困问题；如果贫困人口消费不当，则需要解决人力资本的产权贫困问题。

五 产权贫困的初始性与继发性

与生产关系的四个环节一致，四种类型的产权贫困存在交互关系。从时间顺序来看，这种交互关系典型地表现为初始性与继发性的关系。

表3-7　　　　　　　　产权贫困的类型、性质与表现

类型	性质	表现
生产性产权贫困（物质资本、人力资本产权）	初始性	绝对贫困
分配性产权贫困	继发性	相对贫困
交换性产权贫困	继发性	相对贫困
消费性产权贫困	继发性	绝对贫困/相对贫困

资料来源：作者。

如表3-7所示，产权贫困的初始性与继发性关系包括以下四层含义：

第一，当存在生产性产权贫困时，必然存在其他三种类型的产权贫困，这在现实中往往表现为绝对贫困。因此，从总体关系来看，生产性产权贫困具有典型的初始性特征，其他三种类型的产权贫困则具有继发性特征。从减贫的视角来看，消除初始性的生产性产权贫困需要付出最为艰辛的努力。在这一层面上，针对物质资本的生产性产权贫困的减贫措施，需要增加贫困人口的生产资料；针对人力资本的生产性产权贫困的减贫措施，则需要增加贫困人口的人力资本。

第二，当不存在生产性产权贫困时，则不一定不存在其他三种类型的产权贫困。这需要满足一些条件。具体地，如果没有生产性产权贫困时，

要不存在分配性产权贫困，需要满足分配制度是公平的这一前提条件；要不存在交换性产权贫困，需要满足交易环境（包括制度）与条件是有利于交易进行的这一前提条件；要不存在消费性产权贫困，只要不考虑下一个生产—消费循环，则只要不存在生产性产权贫困，消费性产权贫困必然不存在。

第三，当存在其他三种类型的产权贫困时，对生产性产权贫困的影响不确定。对此，几乎所有的励志故事都可以作为这种关系的经验注脚。换言之，任何一个国家或地区，在任何时期，分配制度、交易环境（条件）、消费习惯和能力等，都不可能是没有瑕疵的理想状态，也不可能不存在难以接受的各种差距，但是，即便如此，我们也看到不少社会底层人士通过自己的努力，成为成功人士。用产权分析的术语来说，就是即便在存在分配性、交换性和消费性产权贫困的情况下，不少贫困人口由于拥有比较丰富的生产性产权，尤其是人力资本产权，因此，可以通过自身努力摆脱贫困。

第四，当不存在其他三种类型的产权贫困时，生产性产权贫困必然不存在。如果一个社会观察不到相对贫困，表明收入差距足够小，经济发展在各个层面都比较均衡。这虽然是一种理想状态，但是这无疑从另外一个视角进一步验证了前述三点的内容。

综上所述，如果将"生产性产权贫困"定义为"A"；将后"分配性、交换性、消费性产权贫困"定义为"B"，可以将两者的关系总结为：有 A 必有 B；无 A 不一定无 B；有 B 不一定有 A；无 B 必无 A。正是因为"有 A 必有 B"，但是"有 B 不一定有 A"，所以我们认为，生产性产权贫困具有初始性质，而其他三种贫困则具有继发性质。

从其表现来看，只要存在生产性产权贫困，则基本上表现为绝对贫困；而其他三种产权贫困的存在，往往表现为相对贫困——温饱问题可以得到解决，但是却不能维持与当时普遍水平相当的"体面"生活。这也意味着，减贫不仅需要消除因为初始性的生产性产权贫困导致的绝对贫困，而且需要抑制因为继发性的分配、交换和消费性产权贫困带来的相对贫困。

第四章　生产性产权贫困的经验研究：以贵州贫困地区为例①

第一节　贵州贫困地区的不同划分

贵州农村贫困人口集中分布在贫困地区。贫困地区根据不同的分类标准，可以区分为国家级扶贫开发重点县、集中连片特殊困难地区以及民族地区。

一　贵州省50个国家级扶贫开发重点县的分布

国家级扶贫开发重点县（以下简称重点县）是沿用最久的贫困地区分类标准。2012年3月19日，国务院扶贫开发领导小组办公室对重点县进行了调整，但其数量未变。根据这一轮调整，贵州88个县级行政单元中，有50个重点县，占全省县级行政区划的56.8%。贵州贫困县的具体分布状况见表4-1和图4-1。在贵州50个重点县中，黔东南州14个；黔西南州7个；毕节市5个；铜仁市7个；黔南州6个；六盘水市3个；安顺市4个；遵义市4个。其中需要特别说明的是，六盘水市的盘县是国家扶贫开发重点县，但是从经济总量来看，又是贵州的经济强县，因此，在国家确定的滇桂黔石漠化片区县中，并不包括盘县。这也是贵州唯一一个没有列入集中连片特殊困难地区名单的国家扶贫开发重点县。

---

① 在课题申报论证设计时，本章标题名为"致贫、返贫原因的产权分析：基于贵州50个扶贫开发重点县的经验研究"，在课题研究和写作过程中，根据贫困与反贫困的产权分析框架，以及扶贫开发攻坚主战场的变化，修改为现在的篇章标题。

表 4 – 1　　　　　　　　　　　贵州省 50 个国家级贫困县一览表

地（市、州）	县（市、区）
黔东南（14）	雷山　从江　剑河　榕江　黎平　麻江　丹寨　台江　岑巩　锦屏　三穗　天柱　黄平　施秉
黔西南（7）	晴隆　望谟　册亨　贞丰　普安　兴仁　安龙
毕节市（5）	纳雍　赫章　大方　织金　威宁
铜仁市（7）	沿河　松桃　思南　石阡　印江　江口　德江
黔南（6）	三都　长顺　罗甸　荔波　独山　平塘
六盘水（3）	水城　盘县　六枝特区
安顺市（4）	紫云　关岭　普定　镇宁
遵义市（4）	道真　务川　正安　习水

资料来源：贵州省扶贫办。

图 4 – 1　贵州省的 50 个国家扶贫开发重点县的分布图

二　贵州三大片区 65 个县的分布

在《新纲要》确定的"11 + 3"个集中连片特殊困难地区（以下简称"片区"）中，贵州分属武陵山区、乌蒙山区、滇桂黔石漠化区三大片区。片区作为新一轮扶贫开发的主战场，不仅贫困程度深，而且贫困人口集中，是减贫政策重点瞄准的区域。

在贵州 88 个县级单元中，有 65 个县（市、区）分属三大片区。如表 4 - 2 和图 4 - 2 所示，贵州省三大片区覆盖全省 65 个县（市、区），占贵州县域总数的 75%。其中武陵山区贵州分区有 15 个县（市、区），包括遵义市的 5 县、铜仁市的 1 区 8 县 1 特区；乌蒙山区贵州分区有 10 个县（市、区），包括遵义市的 2 县 1 市和毕节市的 1 区 6 县；滇桂黔石漠化区在贵州的分布最广，该片区贵州分区有 40 个县（市、区），包括六盘水市的 1 区 1 县，安顺市的 1 区 5 县、黔西南布依族苗族自治州（以下简称黔西南州）的 7 县，黔东南苗族侗族自治州（以下简称黔东南州）的 14 县和黔南布依族苗族自治州（以下简称黔南州）的 10 县。

需要说明的是，在编制相关片区和县域规划的时候，贵州省纳入片区规划的县份为 70 个，即将国家没有列入的余庆县（遵义市）纳入武陵山片区规划；将钟山区（六盘水市）、兴义市（黔西南州）、凯里（黔东南州）和都匀市（黔南州）纳入滇桂黔石漠化片区规划。按照片区产业、基础设施统筹规划的思路编制规划，但是省级财政扶贫不拨付相应资金。

表 4 - 2　　　　　　　　　贵州三大片区 65 个县一览表

分区	地（市、州）	县（市、区）
武陵山片区（15）	遵义市	正安　道真　务川　凤冈　湄潭
	铜仁市	碧江　江口　玉屏　石阡　思南　印江　德江　沿河　松桃　万山
乌蒙山片区（10）	遵义市	桐梓　习水　赤水
	毕节市	七星关　大方　黔西　织金　纳雍　威宁　赫章
滇桂黔石漠化片区（40）	六盘水市	六枝特区　水城
	安顺市	西秀　平坝　普定　镇宁　关岭　紫云
	黔西南	兴仁　普安　晴隆　贞丰　望谟　册亨　安龙
	黔东南	黄平　施秉　三穗　镇远　岑巩　天柱　锦屏　台江　黎平　榕江　从江　雷山　麻江　丹寨
	黔南	荔波　贵定　独山　平塘　罗甸　长顺　龙里　惠水　三都　瓮安

资料来源："关于公布全国连片特困地区分县名单的说明"，国务院扶贫办，2012 年 6 月 14 日。

图 4 - 2 贵州省三大片区 65 个县的分布图

三 贵州民族地区的分布

贵州民族地区是贫困高发地区，因此，各级政府非常重视民族地区的经济社会发展与扶贫开发工作。一般而言，贵州民族地区主要指属于集中连片特困地区的民族自治州和自治县。根据贵州三大集中连片特困地区的县域分布情况，在贵州省 88 个县级单元中，民族贫困地区覆盖了其中 46 个县（市、区），占全省县域行政单元的 52%。具体包括黔西南州、黔东南州、黔南州和 10 个民族自治县。其中黔西南州 8 个县（市、区），包括兴义市和 7 个县；黔东南州 16 个县（市、区），包括凯里市和 15 个县；黔南州 12 个县（市、区），包括都匀市、福泉市和 10 个县[①]。如表 4 - 3 所示，10 个民族自治县则分别分布在遵义、铜仁、毕节、安顺等市，分别为遵义市的务川仡佬族苗族自治县和道真仡佬族苗族自治县；铜仁市的玉屏侗族自治县、印江土家族苗族自治县、沿河土家族自治县和松桃苗族自治县；安顺市的镇宁布依族苗族自治县、关岭布依族苗族自治县和紫云

---

① 其中黔南州的三都水族自治县也是自治县。由于本书将民族自治州所辖的所有市县界定为民族地区，所以，三都水族自治县不再单列，而是列入黔南自治州一并考虑。

苗族布依族自治县；毕节市的威宁彝族回族苗族自治县。民族地区国土面积约 9.78 万平方公里，占全省国土总面积的 55.5%。

表 4 - 3　　　　　　　　贵州民族地区覆盖的自治州和自治县

市（州）	民族自治县名称
黔东南苗族侗族自治州（16）	凯里市　黄平县　施秉县　三穗县　镇远县　岑巩县　天柱县　锦屏县　剑河县　台江县　黎平县　榕江县　从江县　雷山县　麻江县　丹寨县
黔南布依族苗族自治州（12）	都匀市　福泉市　荔波县　贵定县　瓮安县　独山县　平塘县　罗甸县　长顺县　龙里县　惠水县　三都水族自治县
黔西南布依族苗族自治州（8）	兴义市　兴仁县　安龙县　贞丰县　普安县　晴隆县　册亨县　望谟县
遵义市（2）	务川仡佬族苗族自治县　道真仡佬族苗族自治县
铜仁市（4）	玉屏侗族自治县　印江土家族苗族自治县　沿河土家族自治县　松桃苗族自治县
安顺市（3）	镇宁布依族苗族自治县　关岭布依族苗族自治县　紫云苗族布依族自治县
毕节市（1）	威宁彝族回族苗族自治县

资料来源：根据贵州行政区划整理。

四　贵州不同类别贫困地区覆盖面的差异

从贵州国家级扶贫开发重点县、三大片区覆盖县、民族地区县域的分布来看，很显然，三大片区的覆盖面最广，包括 65 个县；如果把纳入规划的县都计算进去的话，则覆盖了 70 个县（市、区）。其次是国家级扶贫开发重点县，包括 50 个县。覆盖面最小的是民族地区，为 46 个县（市、区）。

覆盖面的差异是十分直观的差异。在覆盖面差异的背后，是不同划分标准的问题。国家级扶贫开发重点县主要是以人均收入为指标；片区的划分则兼顾人均收入与区位、地理环境等因素；而对民族地区的划分，则主要以少数民族人口的聚居程度为依据，因此三个自治州所有的行政区划以及其他地级市的民族自治县都纳入到民族地区范围内。如果从主管部门来看，贫困地区主要是由省扶贫办牵头负责；而民族贫困地区则需要民委的大力支持与协助，在一些支持民族地方性发展的项目方面，甚至直接由民委部门牵头。

因此，我们可以看到，三类标准划分的贵州贫困地区各有不同。由于在政策实施过程中，并不是按照三个不同类别贫困地区的交集享受相关政策，而是按照并集的概念享受政策，这实际上意味着扩大相关政策的覆盖面。

第二节　贵州贫困地区基本情况[①]

因为贵州三大片区覆盖了所有的国家级扶贫开发重点县，以及 46 个民族县（市、区），因此，对贵州贫困地区基本情况的描述以三大片区为例。此外，根据我国五年一个经济发展计划的周期，"十二五"即将在2015 年完成，因此本书对贵州三大片区基本情况的介绍主要以"十一五"期末 2010 年的数据为主，而没有更新到 2013 年。

一　三大片区与全省的比较

三大片区覆盖了贵州省 88 个县级单元中的 65 个县（市、区），占全省总县数的 74%。三大片区涵盖贵州 11 个少数民族自治县和 3 个少数民族自治州，如表 4 - 4 所示，少数民族人口共计 796.29 万人，占少数民族自治州（县）的 58.73%。

表 4 - 4　　　　　2010 年三大集中连片地区少数民族人口统计

民族自治州（县）名称	年末常住人口（万人）	少数民族人口数量（万人）	少数民族人口比重（%）
黔西南布依族苗族自治州	281.02	112.97	40.2
黔东南苗族侗族自治州	348.52	275.05	78.9
黔南州布依族苗族自治州	323.51	180.92	55.9
道真仡佬族苗族自治县	24.42	18.04	73.9
务川仡佬族苗族自治县	32.19	29.10	90.4
镇宁布依族苗族自治县	28.41	15.32	53.9

[①] 本节内容主要来自作者与课题组成员共同发表的辑刊论文"贵州集中连片特殊困难地区贫困现状研究"，载洪名勇主编《生态经济评论》第三辑，经济科学出版社 2013 年版，第 265—313 页。

续表

民族自治州（县）名称	年末常住人口（万人）	少数民族人口数量（万人）	少数民族人口比重（%）
关岭布依族苗族自治县	30.20	19.28	63.8
紫云苗族布依族自治县	27.07	17.53	64.8
玉屏侗族自治县	11.86	9.55	80.5
印江土家族苗族自治县	28.44	24.03	84.5
沿河土家族自治县	45.01	40.76	90.6
松桃苗族自治县	48.72	24.34	49.95
威宁彝族回族苗族自治县	126.56	29.40	23.23
三都水族自治县	28.36	27.14	95.69
合计	1355.93	796.29	58.73

资料来源：根据《贵州统计年鉴》整理计算。

民族地区国土面积约 15.4 万平方公里，占全省国土总面积的 87.3%。其中，岩溶地貌占全省岩溶总面积的 84.2%，石漠化面积 3.3 万平方公里，潜在石漠化面积 2.86 万平方公里。

如表 4-5 所示，贵州省三大片区 2010 年末总人口 2310.26 万人，占全省总人口的 66.4%；2010 年三大片区生产总值是 2085 亿元，占全省生产总值的 45.3%；人均生产总值 9521 元，是全省人均生产总值水平的 72%；财政一般预算收入是 135.4 亿元，全省财政一般预算收入是 533.7 亿元，三大片区占全省的比重达 25.4%；但三大片区财政一般预算支出为 737.8 亿元，占全省财政一般预算支出的 45.2%；全省常用耕地面积为 176 万公顷，三大片区常用耕地面积是 136 万公顷，占全省常用耕地面积的 77.3%；三大片区农林牧渔业总产值为 802 亿元，全省农林牧渔业总产值 997.8 亿元，三大片区占全省的 80.4%；2010 年全省的粮食产量为 1112.3 万吨，三大片区粮食产量是 1033.3 万吨，占全省的比重是 92.9%；三大片区人均粮食产量为 416.4 公斤，全省人均粮食产量是 319.7 公斤，三大片区人均粮食产量比全省平均水平高出 30.3 个百分点；全省规模以上工业增加值是 1227 亿元，三大片区规模以上工业增加值为 417.9 亿元，占全省的 34.1%；全省固定资产投资 3186 亿元，三大片区的固定资产投资是 1151 亿元，占全省的比重是 36.1%；三大片区社会消费品零售总额是 516 亿元，全省社会消费品零售总额是 1482.7 亿元，三大片区占全省的比重为 34.8%；全省城乡居民储蓄余额为 3245 亿元，三大片区的城乡居民储蓄余额为 1268 亿元，占全省的 39.1%。在表 4－5 列出的所有指标中，除了人均粮食产量以外，三大片区所有指标均低于全省平均水平。

表 4－5　　　　　　　2010 年三大集中连片地区主要指标与全省比较

主要指标 ＼ 地区	三大片区	全省	三大片区占全省比重（%）
年末总人口（万人）	2310. 26	3479	66. 4
生产总值（亿元）	2085	4602. 2	45. 3
人均生产总值（元）	9521	13228	72
财政一般预算收入（亿元）	135. 4	533. 7	25. 4
财政一般预算支出（亿元）	737. 8	1631. 5	45. 2
常用耕地面积（万公顷）	136	176	77. 3
农林牧渔业总产值（亿元）	802	997. 8	80. 4
粮食产量（万吨）	1033. 3	1112. 3	92. 9
人均粮食产量（公斤）	416. 4	319. 7	130. 3
规模以上工业增加值（亿元）	417. 9	1227	34. 1
固定资产投资（亿元）	1151	3186	36. 1
社会消费品零售总额（亿元）	516	1482. 7	34. 8
城乡居民储蓄余额（亿元）	1268	3245	39. 1
城镇居民人均可支配收入（元）	—	14142	—
农民人均纯收入（元）	3410. 77	3471. 93	98. 2

资料来源：根据《贵州统计年鉴》整理计算。

二　三大片区 65 个县与 50 个重点县的比较分析

贵州三大片区涵盖贵州 65 个县，其中，贵州省 50 个扶贫开发重点县中，三大片区就占据了 49 个（除了盘县）。如表 4－6 所示，2010 年末，三大片区年末常住人口 2310. 26 万人，50 个贫困县年末常住人口 1786. 5 万人，占全省比重分别为 66. 4%、51. 4%；2010 年，三大片区农民人均纯收入为3411元，50个重点县农民人均纯收入是2720元，分别占全省的98.2%和78.3%，表明50个重点县的贫困程度要高于三大片区。

表4-6 2010年三大片区与50个贫困县的比较

指　标	全省	三大片区合计	三大片区占全省比重（%）	50个贫困县合计	50个贫困县占全省比重（%）
年末常住人口（万人）	3479	2310.26	66.4	1786.5	51.4
农村贫困人口（万人）	418	354.91	84.9	316.55	75.7
农村贫困发生率（%）	12.1	13.1	108.2	15	124
农民人均纯收入（元）	3472	3411	98.2	2720	78.3

资料来源：根据《贵州统计年鉴》整理计算。

三　三大片区之间的比较

从表4-7可以看到，2010年，三大片区总人口为2310.26万人，其中，武陵山片区人口占三大片区的21.6%，乌蒙山片区占31.4%，滇桂黔片区占47%。从生产总值来看，三大片区总产值为2085亿元，其中武陵山片区生产总值占三大片区的21%，略小于人口所占比例；乌蒙山片区占30.6%，也低于人口比例0.8个百分点；滇桂黔片区占48.4%，高于人口比例1.4个百分点。这表明就经济总量来看，滇桂黔片区要好于其余两个片区。从人均生产总值来看，三大片区平均值为9521元，其中，武陵山片区人均生产总值高于三大片区0.2个百分点；乌蒙山片区高于三大片区5.2个百分点；滇桂黔片区则低于三大片区5.4个百分点，是武陵山片区的94.4%，乌蒙山片区的89.9%。这表明尽管滇桂黔片区的经济总量占三大片区的比重高于人口所占比重，但是人均产值与另两大片区相比仍然有差距。从财政一般预算收入来看，三大片区总额为135.4亿元，其中武陵山片区占三大片区的17.7%，比生产总值所占比重低3.3个百分点；乌蒙山片区占三大片区的32.2%，比生产总值所占比重高1.6个百分点；滇桂黔片区占50.1%，比生产总值所占比重高1.7个百分点。从财政一般预算支出来看，三大片区总额为737.8亿元，其中武陵山片区占三大片区的23.3%，高于生产总值所占比重2.3个百分点，高于预算收入所占比重5.6个百分点；乌蒙山片区占25.8%，低于生产总值所占比重4.8个百分点，高于预算收入所占比重6.4个百分点；滇桂黔片区占50.9%，高于生产总值所占比重2.5个百分点，高于预算收入0.8个百分点。这几组数据的对比表明，与乌蒙山、滇桂黔两大片区相比，武陵山片区的经济发展更倾向于富民，但是穷财政。最后看农民人均纯收入，2010 年三大片区农民人均纯收入为 3411 元，其中武陵山片区为 3432 元，比三大片区高 0.6 个百分点；乌蒙山片区为 3491 元，比三大片区高 2.4 个百分点；滇桂黔片区为 3309 元，为三大片区的 97%，为武陵山片区的 96.4%，乌蒙山片区的 94.8%。结合生产总值、人均生产总值、财政预算收入与支出等指标，综合来看，在三大片区中，滇桂黔片区是贫困程度最深的片区，乌蒙山片区是发展较好的片区，武陵山片区是发展模式最富民的片区①。

表 4 - 7　　　　　　　　2010 年三大集中连片地区间的比较

主要指标 \ 地区	片区合计	武陵山片区	占三大片区比例（%）	乌蒙山片区	占三大片区比例（%）	滇桂黔石漠化片区	占三大片区比例（%）
年末总人口（万人）	2310.26	497.78	21.6	726.69	31.4	1085.78	47
生产总值（亿元）	2085	437.8	21	637.2	30.6	1010	48.4
人均生产总值（元）	9521	9543	100.2	10016	105.2	9005	94.6
财政一般预算收入（亿元）	135.4	23.9	17.7	43.6	32.2	67.8	50.1
财政一般预算支出（亿元）	737.8	171.6	23.3	190.4	25.8	375.8	50.9
常用耕地面积（万公顷）	136	33.5	24.6	42.5	31.3	60	44
农林牧渔业总产值（亿元）	802.2	230.5	28.7	221.9	27.7	349.8	43.6
粮食产量（万吨）	1033	275	26.6	301	29.2	456	44.2
人均粮食产量（公斤）	416	460	110.6	408	98	380	91.4
规模以上工业增加值（亿元）	417.9	53	12.7	136.2	32.6	228.8	54.7
固定资产投资（亿元）	1151.7	271.2	23.6	395.1	34.3	485.4	42.1
社会消费品零售总额（亿元）	516	122.5	23.7	146.5	28.4	247	47.9
城乡居民储蓄余额（亿元）	1268.3	344.6	27.2	323.4	25.5	600	47.3
农民人均纯收入（元）	3411	3423	100.6	3491	102.4	3309	97
农村贫困人口（万人）	354.91	75.1	21.2	103.01	29	176.76	49.8
农村贫困发生率（%）	13.1	12.24	—	12.19	—	14.9	—

资料来源：根据《贵州统计年鉴》数据计算整理。

---

① 这与我们调研的直观感受有些出入。从实地调研的情况来看，乌蒙山片区贫困程度最深，滇桂黔片区次之，发展最好的是武陵山片区。当然，实地调研的结果也许和选点有非常直接的关系。

四 三大片区县域比较分析

以上分别比较了三大片区与全省、三大片区与 50 个贫困县以及三大片区之间的比较。由于当前的反贫困虽然是以集中连片特殊困难地区为主战场，但是仍然是以县为落实单位，而且我们在调研过程中也发现，同一片区的县域之间差距极大，因此，有必要从县域视角对三大片区进行一个比较分析。

因为三大片区面临的发展任务主要是反贫困，因此，这里主要就两项指标对三大片区的县域进行比较，即人均生产总值和农民人均纯收入。表4-8 分别列出了 2010 年三大片区各市（州）两项指标最低和最高的县（市、区）。

（一）武陵山片区的县域比较分析

从表4-8 可以看到，在武陵山片区中，2010 年人均生产总值最高的县是玉屏，比铜仁市平均水平高出 95.9%；是最低县石阡的 3.14 倍，石阡县的人均生产总值仅为铜仁市平均水平的 62.4%。从农民人均纯收入来看，最高的是碧江区，超过铜仁市平均水平的 32.8%；最低的是万山特区，仅为碧江区的 67.3%、铜仁市平均水平的 89.4%。但是，值得注意的是农民人均纯收入最低的万山特区并不是人均生产总值最低的县（市、区），相反我们可以看到，万山特区的人均生产总值比最低的石阡县高出 124.9%。这表明在铜仁市域范围内，县域之间经济发展极不均衡，而且县域内部城乡发展也极不均衡。

再来看武陵山片区遵义市的情况。从人均生产总值来看，最高的是湄潭县，超过遵义市平均水平 15%，是最低县务川的 1.3 倍。从农民人均纯收入来看，最高县湄潭高出遵义市平均水平 15%，最低县务川为湄潭县的 59.5%，是遵义市平均水平的 82.6%。与铜仁市的情况不同，遵义市两项指标的最高县和最低县都是同一个县，而且就生产总值来看，差距没有铜仁市那么大；但就农民收入来看，差距很大。

从武陵山片区来看，玉屏县是人均生产总值最高的县，超过片区平均水平的 118.3%，是最低县务川的 3.43 倍；农民人均纯收入最高的县是湄潭县，比片区平均水平高 38.6%，最低是务川县，为片区农民人均纯收入的 82.5%。因此，综合来看，务川县是武陵山片区最贫困的县份。

（二）乌蒙山片区的县域比较分析

2010 年，乌蒙山片区的毕节市人均生产总值最高的是织金县，比毕节市平均水平高61%，是最低县威宁的3.14倍；最低县威宁仅为毕节市平均水平的51.2%。从农民人均纯收入来看，最高县是毕节市的七星关区，超过毕节市平均水平的18.2%，是最低县威宁的1.18倍；威宁的农民人均纯收入为毕节市平均水平的93.8%。以上数据表明，毕节市各县（市、区）的经济规模差异很大，但是农民收入差距并没有同样大的悬殊，普遍处于比较低的水平。这一现象同时还意味着毕节市各县（市、区）中，经济规模越大的县（市、区），城乡差距极有可能更大。

表4-8　　　　　　　2010年贵州省三大片区分区数据统计

地区名称		地名	人均生产总值（元）	农民人均纯收入（元）
武陵山片区	铜仁市	碧江区	15717	4351
		玉屏县	20831	4254
		石阡县	6632	3224
		万山特区	14914	2929
		平均	10633	3276
	遵义市	务川县	6070	2830
		湄潭县	7882	4758
		平均	6851	3427
	分区平均		9543	3432
乌蒙山片区	毕节市	七星关区	10550	3624
		织金县	15408	3167
		威宁县	4900	3066
		平均	9571	3267
	遵义市	桐梓县	9483	4263
		习水县	9673	3206
		赤水市	14007	4569
		小计	11054	4013
	分区平均		10016	3491
滇桂黔石漠化片区	黔西南州	兴仁县	10111	3490
		贞丰县	11577	3332
		望谟县	5257	2586
		平均	8899	3064

续表

地区名称		地名	人均生产总值（元）	农民人均纯收入（元）
滇桂黔石漠化片区	黔东南州	黄平县	6090	3013
		施秉县	9646	3495
		镇远县	11874	3335
		锦屏县	8780	2973
		平均	8200	3118
	黔南州	瓮安县	10549	4051
		平塘县	6443	3428
		龙里县	16778	3933
		三都县	5554	3478
		平均	9788	3681
	六盘水市	六枝特区	10837	3341
		水城县	9924	3274
		平均	10381	3308
	安顺市	西秀区	11499	4365
		平坝县	13919	3650
		镇宁县	8652	3116
		紫云县	5487	3124
		平均	9245	3424
		分区平均	9005	3309

资料来源：根据《贵州统计年鉴》数据计算整理。

　　遵义市有三个市、县划入乌蒙山片区，在三个市、县中，赤水的人均生产总值最高，高出遵义市平均水平的 26.7%，是最低县桐梓的 1.47 倍；桐梓县的人均生产总值是遵义市平均水平的 85.8%。从农民人均纯收入来看，最高的仍然是赤水市，高出遵义市平均水平的 13.9%，是最低县习水的 1.43 倍；最低县习水为遵义市平均水平的 80%。以上数据表明，遵义市乌蒙山片区的三个市、县经济发展规模差距不是很大，但是农民收入差距要略大于同一片区的毕节市各个县（市、区）。这也表明遵义市三个市、县之间的经济协调性比较好，但是县域内部城乡发展的协调性存在比较大的差异。

　　从乌蒙山片区内的各个县（市、区）来看，人均生产总值最高的是织金县，比片区平均值高 53.8%，最低县依然是威宁县，为片区平均值的 48.9%。从农民人均纯收入来看，最高的是赤水市，超过片区平均水平的 30.9%，是最低县威宁的 1.49 倍。值得注意的是，该片区人均生产总值最高的织金县，农民人均收入却不高，仅为农民人均纯收入最高的赤水市的 69.3%，为片区平均水平的 90.7%，甚至低于该片区遵义市最低的习水县，只达到后者的 98.7%。这些数据进一步表明：在乌蒙山片区，毕节市各县（市、区）之间的均衡性较差，而且县域内部城乡之间的均衡性也较差；相比之下，遵义市在该片区的三个市、县之间的经济协调性以及县域内部城乡协调性均好于毕节市。

（三）滇桂黔片区的县域比较分析

滇桂黔片区覆盖了贵州省三州两市共 40 个县级单元，是覆盖县域单元最多的片区。

2010 年，黔西南州人均生产总值最高的是贞丰县，超过黔西南州平均水平的 30.1%，是最低县望谟的 2.2 倍。农民人均纯收入最高的县是兴仁，超过黔西南州平均水平的 13.9%，是最低县望谟的 1.35 倍。上述数据表明黔西南州县域之间的协调性较差，但是县域内部的城乡协调性尚可。

黔东南州人均生产总值最高的县是镇远县，超过黔东南州平均水平的 44.8%，是最低县黄平的 1.95 倍。农民人均纯收入最高的县是施秉县，超过黔东南州平均水平的 12.1%，是最低县锦屏的 1.18 倍。上述数据表明黔东南州县域之间发展虽然存在差距，但是差距较小，县域内部来看，人均生产总值较大的县，城乡之间协调性较差，而农民人均纯收入较高的县，城乡之间的协调性则较好。

黔南州人均生产总值最高的是龙里县，超过黔南州平均水平的 71.4%，是最低县三都的 3.02 倍。从农民人均纯收入来看，最高的是瓮安县，超过州平均水平的 10.1%，是最低县平塘的 1.18 倍。以上数据表明，黔南州县域之间的差距较大，尤其是由于地理位置的差异，在今后的发展中，县域之间的发展差距有可能进一步拉大，比如龙里，由于毗邻贵阳，又属于黔中经济区的范畴，已经被规划成为贵阳经济圈，发展机遇明显要优于地处偏远的三都等县。而从县域内部城乡发展的协调性来看，经济发展越快的县域，协调性越差。

六盘水市的情况很简单，从表 4-8 的数据可以直观地看到，六盘水市县域之间的协调性较差，农民收入普遍较低。

安顺市人均生产总值最高的是平坝县，超过安顺市平均水平的50.6%，是最低县紫云的2.54倍。从农民人均纯收入来看，最高的是西秀区，超过安顺市平均水平的27.5%，是最低县镇宁的1.4倍。以上数据表明，安顺市县域之间的发展差距较大，协调性较差，县域内部的协调性也较差。

从滇桂黔片区的各个县（市、区）来看，人均生产总值最高的是龙里，高于片区平均水平的86.3%，是最低县望谟的3.19倍。农民人均纯收入最高的是西秀区，高于片区平均水平的31.9%，是最低县望谟的1.69倍。在片区覆盖的三州两市中，人均生产总值最高的是六盘水市，超过片区平均水平的15.3%，是最低的黔东南州的1.27倍；农民人均纯收入最高的是黔南州，高于片区平均水平的11.2%，是最低的黔西南州的1.2倍。由此可以看到，该片区的经济发展极为不平衡，农民收入总体很低，而且片区内县域经济的多样性、复杂性明显，缺乏共同特征。

（四）三大片区之间的县域比较分析

从三大片区的县域来看，人均生产总值最高的玉屏县是最低的威宁县的4.25倍，是三大片区的2.19倍。农民人均纯收入最高的湄潭县是最低县望谟的1.84倍，是三大片区的1.39倍。结合前面分析的各片区的数据，可以看到贵州省三大片区县域之间经济发展的差距很大，协调性较差。农民人均收入普遍较低，这表明经济总量越大的县（市、区），县域内部城乡发展的协调性越差。换言之，通过对县域的比较分析，可以发现我们追求经济总量的发展模式进一步拉大了城乡差距，因此从县域视角来讲，探索亲贫困的经济路径至关重要。

如果将视角放大一点，从市、州的视角来看，在三大片区覆盖的8个市州中，2010年人均生产总值最高的是乌蒙山片区的遵义市两县一市，超过三大片区平均水平的16.1%；最低的也是遵义市，即位于武陵山片区的遵义市5个县的平均人均生产总值，为三大片区平均水平的72%，为乌蒙山片区遵义市县平均水平的62%。农民人均纯收入最高的也是乌蒙山片区的遵义市两县一市，超过三大片区平均水平的17.6%；最低的是黔西南州，是三大片区平均水平的89.8%，为乌蒙山片区遵义两县一市平均水平的76.4%。

既然无论是人均生产总值还是农民人均纯收入，最高的都是乌蒙山片区的遵义两县一市，接下来我们比较一下人均生产总值和农民人均纯收入最低的武陵山片区遵义5县和滇桂黔片区黔西南州的情况。从表4-8可以得到，人均生产总值最低的武陵山片区遵义5县，其农民人均纯收入达到最高的乌蒙山片区遵义两县一市平均水平的85.4%，比最低的黔西南州高9%；农民人均纯收入最低的黔西南州，其人均生产总值达到最高的乌蒙山片区遵义两县一市平均水平的80.5%，比最低的武陵山片区遵义5县高8.5%。

综上可以看到，遵义市的县域之间经济发展差距较大，但是县域之内城乡协调县看起来要好于其他市州，看起来遵义市县域经济的发展更具有亲贫困特征。但是，从彼此交错的上述简单数据，确实很难得出准确的结论。就县域内部的城乡差距而言，我们本打算做一个时间序列的比较分析，但是由于城镇居民可支配收入的数据基本只统计到市州，各县的数据不全面，因此只能放弃这一打算。但是从减贫的角度来看，今后加强县域城镇居民收入的统计非常具有必要性。

第三节　贵州物质资本生产性产权贫困的经验证据：贫困发生率与石漠化的相关分析[①]

对于农村人口来讲，土地是最基本也是最重要的生产资料。如果地力贫瘠，不管多么勤劳地耕作，石头地里也长不出庄稼来。从产权分析的视角来看，地力贫瘠实际上是一种物质资本生产性产权贫困。因此，本节主要关注贵州贫困地区贫困发生率与石漠化的相关度。

一　石漠化："地球的癌症"

中国是世界上石漠化最为严重的国家之一，在贵州、云南、广东、广西、湖北、湖南、重庆、四川八省都有石漠化现象，其中以贵州最为严重。石漠化是"石质荒漠化"的简称，指在喀斯特脆弱生态环境下，由于人类不合理的社会经济活动而造成人地矛盾突出、植被破坏、水土流

① 本节内容是本课题支撑项目贵州大学文科特色重点学科及特色学科重大科研项目（GDZT2010003）、贵州大学2012年人文社科重大招标项目的阶段性成果，以"贵州集中连片特殊困难地区贫困现状研究"为题，编入《生态经济评论》第三辑，经济科学出版社2013年版。

失、土地生产能力衰退或丧失、地表呈现类似荒漠景观的岩石逐渐裸露的演变过程。由于石漠化的治理十分困难，因此被称为"地球的癌症"。

为查清岩溶地区石漠化状况，为科学防治提供基础数据，到目前为止，我国进行了两次石漠化监测。

第一次是 2004—2005 年，中国国家林业局组织开展了岩溶地区石漠化土地监测工作。监测范围涉及湖北、湖南、广东、广西、重庆、四川、贵州、云南 8 个省（自治区、直辖市）的 460 个县（市、区），监测区总面积 107.14 万平方公里，监测区内岩溶面积为 45.10 万平方公里。第一轮监测数据表明中国石漠化特征主要有：一是分布相对比较集中。主要分布在以云贵高原为中心的 81 个县，国土面积仅占监测区的 27.1%，而石漠化面积却占石漠化总面积的 53.4%。二是主要发生于坡度较大的坡面上。发生在 16 度以上坡面上的石漠化面积达 1100 万公顷，占石漠化土地总面积的 84.9%。三是程度以轻度、中度为主。轻度、中度石漠化土地占石漠化总面积的 73.2%。四是石漠化发生率与贫困程度密切相关。监测区的平均石漠化发生率为 28.7%，而县财政收入低于 2000 万元的 18 个县，石漠化发生率为 40.7%，高出监测区平均值 12 个百分点；在农民年均纯收入低于 800 元的 5 个县，石漠化发生率高达 52.8%，比监测区平均值高出 24.1%。

为了掌握石漠化扩展和治理的最新变化动态，2011 年，国家林业局组织开展了第二次石漠化监测工作。监测范围涉及湖北、湖南、广东、广西、重庆、四川、贵州、云南 8 个省（区、市）的 463 个县，监测工作从 2011 年初开始，2012 年 5 月中旬结束，历时近一年半。共组织技术人员 4000 多人参加，调查图斑 231 万个，建立了包括 4 万余个 GPS 特征点、近亿条信息在内的石漠化监测信息系统，掌握了 2005—2011 年间我国石漠化动态变化情况。根据第二轮石漠化监测结果，截至 2011 年，我国石漠化土地面积为 1200.2 万公顷，占监测区国土面积的 11.2%，占岩溶面积的 26.5%。与 2005 年相比，石漠化土地净减少 96 万公顷，减少了 7.4%；年均减少 1600 平方公里，缩减率为 1.27%（20 世纪 90 年代末为年均扩展 1.86%、"十五"期间年均扩展 1.37%）。结果表明，我国土地石漠化整体扩展的趋势得到初步遏制，由过去持续扩展转变为净减少，岩溶地区生态状况呈良性发展态势，但局部地区仍在恶化，防治形势仍很严峻。

与 2005 年相比，岩溶地区生态状况呈现几个重要变化：

一是石漠化状况普遍改善。从分省情况看，8 省（区、市）石漠化状况全部出现逆转。从重点区域看，除云南曲靖珠江源区因连续干旱影响，石漠化年均扩展 6.8%外，其他重点区域都呈好转态势。贵州毕节地区石漠化年均缩减率为 1.4%，三峡库区石漠化年均缩减率为 0.7%，珠江中上游河池、百色地区石漠化年均缩减率为 3.5%，湘西武陵山区石漠化年均缩减率为 2.4%。

二是石漠化程度明显减轻。轻度石漠化面积增加 75.2 万公顷，增加了 21.1%；中度、重度、极重度石漠化分别减少了 12.3%、25.8%和 41.3%；轻度石漠化比重增加了 8.5 个百分点，而重度和极重度石漠化的比重下降了 5.9 个百分点。

三是植被状况显著改善。岩溶地区植被盖度明显好转，区域植被总盖度提高了 4.4%；植被结构也有明显改善，乔木型和灌木型的比例增加 2.2%，无植被类型的面积减少 0.8%。

四是生态状况呈好转趋势。生态状况改善的面积为 408.0 万公顷，占 9.0%；稳定类面积为 3901.5 万公顷，占 86.8%；继续退化面积为 187.3 万公顷，占 4.2%。改善的面积比继续退化面积高 4.8 个百分点。

五是坡耕地的石漠化呈加剧趋势。发生在坡耕地上的石漠化土地增加了 65.15 万亩，年均增加 10.86 万亩，其中失去耕种条件的面积为 42.93 万亩，年均以 7.15 万亩的速度弃耕，坡耕地质量进一步下降。

监测结果显示，人工造林种草和植被保护对石漠化逆转发挥着主导作用，其贡献率达 72%；土地压力减轻和农村能源结构调整促进的植被自然修复贡献率为 18%；实施农业工程与农业技术措施贡献率为 7%；其他措施的贡献率为 3%。

尽管与 2005 年相比，我国石漠化现象有所改善，但是，防治前景并不乐观。主要是石漠化地区多是老、少、边、穷地区，现有国家扶贫重点县 227 个，贫困人口超过 5000 万，人口密度相当于全国的 1.5 倍，人口压力大，极易产生对生态资源的破坏现象。而根据国家林业局副局长张永利在"第二次全国石漠化监测结果"新闻发布会上的介绍，石漠化的成因虽然很复杂，但大致可以归结为九点，而其中四点都是人为因素。在人为因素中，贫困与生态恶化的恶性循环既是石漠化的后果，也是石漠化加剧的原因。

正是因为石漠化与贫困人口分布的这种高度相关性，本书对贵州石漠化率与贫困发生率的相关性进行分析。由于贫困发生率使用的是 2010 年的数据，考虑到生产环境对生产影响的时限，因此石漠化率仍然采用 2005 年的数据。具体的方法是：在对贵州省各县 2005 年石漠化率和 2010 年贫困发生率数据汇总后，绘制出了 5 个相关折线图，用以表明这两种数据间的相关性。所采用的石漠化率表示石漠化面积（轻度面积、中度面积、强度面积之和）占总喀斯特面积的比例。贫困发生率指的是低于贫困线的人口占总人口的比例。

二 贵州三大片区 65 个县石漠化程度与贫困发生率的相关分析

从图 4 - 3 可以看出，65 个县石漠化率和贫困发生率大体呈正相关的关系。石漠化率高，贫困发生率也高，反之亦然。两条折线的走势表明：各片区县的石漠化率与贫困发生率呈正相关关系，石漠化程度越高，贫困发生率越高。因为贫困发生率主要是指农村人口中的贫困人口比例，即为农村贫困发生率，是反映农村贫困的重要指标。而对于农村人口来说，土地是最基本和最重要的生产资料，石漠化越严重，适宜耕种的土地数量越少、土地质量越差，地块越破碎，最极端的石漠化地区，甚至是一窝苞谷就是一块地，将庄稼种在石旮旯里，一旦干旱，就会颗粒无收。因此，对于农村贫困人口而言，石漠化几乎等同于生产资料的生产性产权贫困——即使拥有数量相等的人均土地，但是由于土地破碎、不耐干旱，歉收甚至绝收的脆弱性极高；即使风调雨顺，但是由于破碎的地块只能使用人力耕作，不仅土地单产低，劳动生产率更低。因此，无论是丰年还是灾年，石漠化都意味着当地农村人口更低的收成与更高的脆弱性，是典型的物质资本生产性产权贫困。

图 4 - 3 不包括 5 个特殊县，即赤水县、榕江县、锦屏县、雷山县、从江县，这些县的石漠化率都为 0，贫困发生率依次为 6.9%、16.5%、16.7%、17.1%、17.3%，可见尽管 5 个县都不存在石漠化的问题，但是依然存在不同程度的贫困，并且相互之间差距很大。也就是说，这 5 个县的石漠化率与贫困发生率无必然联系。如果从行政区划来看，可以看到，在除了贵阳的 8 个市（州）中，黔东南州各县石漠化率与贫困发生率的相关性最低，其他 7 个市（州）的各县则拟合度较好。而在 5 个特殊的县中，除了赤水属于遵义地区以外，榕江、锦屏、雷山、从江 4 个县都属于黔东南州。这一总体特征再一次表明：贵州三大片区覆盖的 65 个县中，除了黔东南州各县以外，其他各县的石漠化率与贫困发生率大体呈正相关

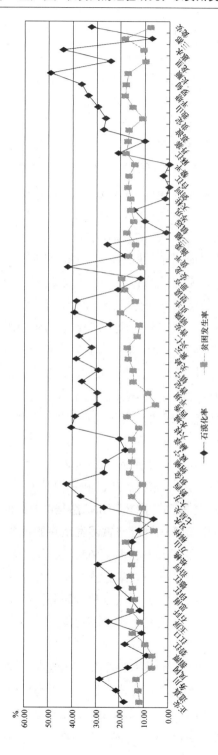

图 4 - 3　贵州三大片区 65 个县石漠化率与贫困发生率（5 个特殊县除外）

关系。这表明，对于黔东南州各县而言，贫困致因中，最主要的不是石漠化，而是其他原因。石漠化率与贫困发生率这种显著的正相关关系，为本书课题组的选点调查打下了坚实的前期数据分析基础。课题组在选择重点县进行调研的时候，除了考虑到区域分布之外，还必须考虑所选调研点的典型性和代表性。这也是为什么会选择雷山进行调研的重要原因。因为根据对贵州三大片区 65 个县石漠化率与贫困发生率的相关关系分析，黔东南州是一个例外，而在黔东南州的各个片区县中，雷山县虽然石漠化率为 0，但是贫困发生率却很高，是石漠化率与贫困发生率偏离的典型，通过对雷山的调研，可以以之作为分析黔东南州贫困的代表样本。事实上确实如此，虽然课题组的问卷调查只在雷山进行，但是因为其他课题或者合作，对黔东南各县的实地调研所得结论，与雷山调研高度一致：对于黔东南州而言，虽然由于石漠化导致的生产性产权贫困不突出，但是因为交通不便导致的交换性产权贫困却十分突出，因此，黔东南各县虽然是石漠化与贫困高度相关的例外，但却是交换性产权贫困的典型。

三　贵州 50 个重点县石漠化程度与贫困发生率的相关分析

我国石漠化地区多是老、少、边、穷地区，其中国家扶贫重点县有 227 个，贫困人口超过 5000 万，人口密度相当于全国的 1.5 倍，人口压力大，极易产生对生态资源的破坏现象。贵州也不例外，从图 4-4 可以看出，50 个国家扶贫开发重点县石漠化率和贫困发生率大体呈正相关的关系：石漠化率高，贫困发生率也高，反之亦然。图中数据没有列出的 4 个特殊县依然是黔东南的 4 个县：锦屏、榕江、从江和雷山。可见，从 50 个重点县的石漠化与贫困的相关关系来看，黔东南州依然是例外的情况。

四　贵州三大片区石漠化程度与贫困发生率的相关分析

前面从总体上分析了贵州三大片区 65 个县石漠化程度与贫困发生率的相关度，但是因为涉及的县份太多，图形又没有分割，所以看起来趋势不是很清晰。因此，本节将三大片区以片区为分析单元，分别考察每一个片区内各县域石漠化率与贫困发生率的相关度。

（一）武陵山片区

从图 4-5 可以看出，武陵山片区贵州 15 个县石漠化率和贫困发生率几乎呈正相关的关系：石漠化率高，贫困发生率也高，反之亦然。湄潭县的石漠化率最低，为 8.9%，而其贫困发生率也是最低的，只有 6.3%；相反，石漠化率最高的沿河县是 28.80%，而其贫困发生率也较高，为 15%。

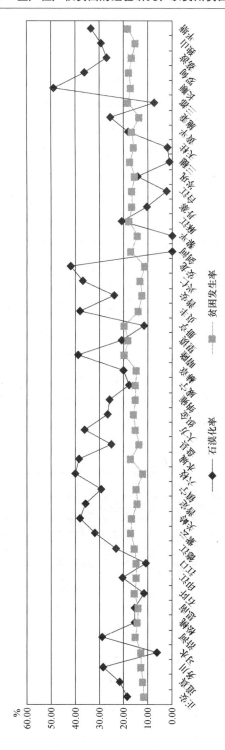

图 4 - 4 50 个贫困县石漠化率与贫困发生率相关图（4 个特殊县除外）

比较特殊的是万山特区，石漠化率较低，为 14.8%，但是贫困发生率却最高，为 17.2%。造成这一现象的主要原因在于：虽然万山特区的石漠化率不算最高，但是有效耕地利用面积却很少，尤其是随着汞资源的枯竭，不仅减少了农民来自第三产业的收入，又有大量矿地没有复垦。因此，虽然在武陵山片区贵州的 15 个县（区）中，万山特区的石漠化较低，但是这并不意味着当地农民的物质资本生产性产权不存在贫困现象。相反，由于可耕地减少、地力因为汞矿开采日趋贫瘠、随着汞矿业没落提供服务的机会减少等现象的存在，当地农民直接以土地为生产资料的生产性产权、以劳动力与其他非农地生产资料相结合提供服务的机会减少的人力资本生产性产权贫困（也可以界定为人力资本的交换性产权贫困），以及直接向汞矿工人提供农产品的交换性产权贫困同时存在，相互交织发挥作用，贫困率居高不下。因此，我们可以看到，万山特区在石漠化与贫困发生率的相关度上看起来好像是不符合生产性产权贫困的逻辑，但是，如果考虑到其他原因引起的生产性产权贫困，就容易发现，贵州的国家级扶贫开发重点县大多存在因为直接生产资料导致的生产性产权贫困，或者人力资本生产性产权贫困，或者人力资本产权得不到实现导致的贫困。

因此，如果从典型性来看，以石漠化率与贫困发生率来说明物质资本生产性产权贫困具有代表性。

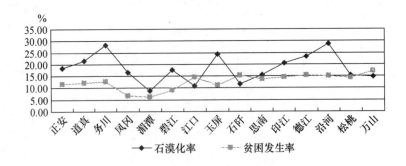

图 4 - 5　武陵山片区贵州 15 个县石漠化率与贫困发生率的相关性

（二）乌蒙山片区

从图 4 - 6 可以看出，乌蒙山片区贵州 10 个县石漠化率和贫困发生率呈现比较明显的共同趋势：石漠化率高，贫困发生率也高，反之亦然。这一区域较为特殊的是赤水县和黔西县，赤水县的石漠化率为0，贫困发生率也仅有6.9%；黔西县的石漠化率最高，为42.2%，贫困发生率却较低，为10.5%。但总体来看，该片区各县的石漠化率与贫困发生率呈现比较明显的一致性趋势。因为赤水县的贫困发生率与石漠化率没有关系，故图4-6中没包括赤水县数据分布点。

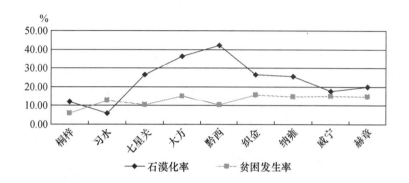

图4-6　乌蒙山片区10个县石漠化率与贫困发生率的相关性（赤水县除外）

（三）滇桂黔石漠化片区

从图4-7可以看出，滇桂黔石漠化片区贵州40个县石漠化率和贫困发生率大体呈正相关的关系：石漠化率高，贫困发生率也高，反之亦然。这一片区主要包括三州两市共40个县（市、区），是贵州省三大片区中，覆盖县域最多的一个片区。在40个片区县中，锦屏、榕江、从江、雷山4个县的石漠化率为0，在图中没有反映。如果从行政区划来看，可以比较清晰地看到：除黔东南州以外，安顺、六盘水、黔西南州、黔南州的各个县，石漠化与贫困的拟合度较好，呈现比较一致的趋势。

综上所述，对三大集中连片地区65个县50个国家扶贫开发重点县以及分片区的石漠化程度与贫困发生率的相关分析来看，在贵州，除个别森林覆盖率高、石漠化程度为0的县份，由于地处偏远、开发困难、经济薄弱、贫困发生率很高以外，只要存在石漠化的县份，石漠化程度与贫困程度存在比较显著的正相关关系，即石漠化程度越高的县，贫困发生率越高。

五　石漠化、物质资本生产性产权贫困与贫困

对贵州三大片区65个县以及50个重点县的石漠化率与贫困发生率的

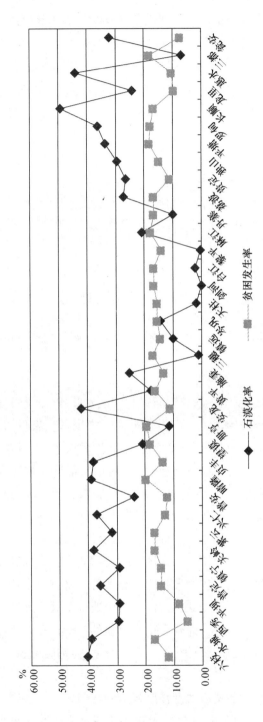

图 4 - 7 滇桂黔石漠化区 40 个县石漠化率与贫困发生率相关图（4 个特殊县除外）

趋势分析表明，无论是以哪类贫困地区为分析单元，虽然总是存在个别例外的县，但是，总体来看，石漠化率与贫困发生率高度相关；即使相关度不高的县份，也存在其他类似的原因，导致农地地力低下，以致贫困高发。

在贵州之所以会出现石漠化与贫困并存的现象，从产权分析的视角来看，是因为石漠化使得当地农民赖以生存的土地减少，地力持续降低，因此，土地作为物质资本生产性产权存量极低，呈现物质资本生产性产权贫困特征。这种特征又典型地表现在两个方面：一是人均土地少，因此土地作为物质资本生产性产权存量极低；二是同样面积的土地因为地力贫瘠，产出更少，因而创造的价值更低。在这两方面因素的共同作用下，当地农民的收入必然很低，陷入贫困。为了摆脱贫困，大多数农民选择了增加人均土地这一改善路径。这一路径在非石漠化、非生态脆弱地区可能有用，但是在石漠化地区，却必然导致石漠化的扩散，从而一方面使得耕地减少，另一方面地力更加贫瘠。由此，我们经常说的"生态环境恶化—贫困加剧—开荒—生态恶化加剧—贫困加剧"的恶性循环就出现了。为了破解这种恶性循环，必须以提升地力作为改善路径，这其中最典型的减贫措施便是"坡改梯"工程的实施。

但是，很显然，无论是"生态环境恶化—贫困加剧—开荒—生态恶化加剧—贫困加剧"的恶性循环，还是"坡改梯"工程，其实都说明了石漠化与物质资本生产性产权贫困的紧密关系。只不过前者是直接说明，而后者是从相反的方向来证明前一种恶性循环的存在是如何导致了贫困，而为了打破这种恶性循环，后者应运而生。

第四节　贫困人口人力资本产权贫困的经验证据：以贵州民族贫困地区为例

威廉·配第说"土地是财富之母，劳动是财富之父"，土地和劳动是人类创造财富最重要的生产要素。就生产性产权贫困而言，也必须关注贫困地区的人力资本产权特征。

前文已经说明，贵州贫困地区的分类包括三大类，其中一类就是民族贫困地区。前面分析了贵州三大片区和重点县，这里探讨贵州贫困人口的人力资本产权问题时，主要以民族贫困地区为例。此外，之所以在关注人力资本产权初始贫困问题时，以民族贫困地区为例，还因为少数民族长期以来形成的人力资本特殊性。

一 贵州民族地区人口情况

由于民族地区是贵州经济社会发展的最短板，因此，《贵州统计年鉴》有专门面向民族地区的各项统计指标和数据。为了便于数据的收集和查找，本书采用了和《贵州统计年鉴》一致的分类口径，即将贵州民族地区分为民族地区、民族自治州、民族自治县三个层次，其中"民族地区"对应统计年鉴上的"民族自治地方"。由于民族自治县中的三都水族自治县属于黔南州，因此，三都的数据同时被合计到"民族自治州"、"民族自治县"两个不同的层次，考虑到行政归属，本书在计算分析时，除非单列，否则三都的数据都被统计在"民族自治州"，而没有统计到"民族自治县"。

表4-9列出了贵州民族地区2006—2010年人口数据，对表4-9的统计数据进行计算整理，可以发现"十一五"期间，贵州民族地区人口呈现以下特征：

第一，常住人口呈不断下降趋势。如图4-8所示，从2006—2010年，与全省的趋势一致，贵州民族地区的常住人口呈下降趋势，从图4-8可以看出，单独看民族自治州或者民族自治县，常住人口的下降趋势并不是非常明显，但是，如果看民族地区的总趋势，会发现从2009年以来，常住人口的下降趋势相对于全省而言更为明显。这表明作为生产要素的人口，在民族贫困地区自2009年以来，经历了一个幅度更大的流出过程。

表4-9		贵州民族地区人口数量统计			单位：万人
时间	2006 年	2007 年	2008 年	2009 年	2010 年
全省	3690	3632	3596	3537	3479
民族地区	1546.27	1641.18	1534.85	1535.75	1355.93
民族自治州	1071.59	1163.79	1082.04	1082.70	953.05
民族自治县	474.68	477.39	452.81	453.05	402.88

资料来源：根据《贵州统计年鉴》整理计算。

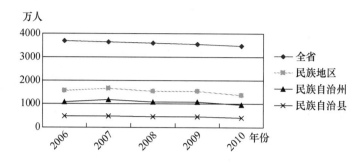

图 4 - 8　贵州民族地区人口数量统计

第二，民族地区人口占全省人口比例呈下降趋势。如表 4 - 10 所示，2006—2010 年，贵州民族地区人口占全省总人口的比例，从 2006 年的 41.9% 下降到 2010 年的 39%，降低 2.9 个百分点；民族自治州人口占全省人口的比例从 2006 年的 29% 下降到 2010 年的 27.4%，减少 1.6 个百分点；民族自治县人口占全省人口的比例从 2006 年的 12.9% 下降到 2010 年的 11.6%，减少 1.3 个百分点。

表 4 - 10　　　　　贵州民族地区人口占全省人口的比例

时间	2006 年	2007 年	2008 年	2009 年	2010 年
全省人口（万人）	3690	3632	3596	3537	3479
民族地区/全省（%）	41.9	45.2	42.7	43.4	39
民族自治州/全省（%）	29.0	32.1	30.1	30.6	27.4
民族自治县/全省（%）	12.9	13.1	12.6	12.8	11.6

资料来源：根据《贵州统计年鉴》整理计算。

第三，民族地区常住人口减少比例大于全省。根据表 4 - 9，全省常住人口从 2006 年的 3690 万人下降到 2010 年的 3479 万人，减少 211 万人，减幅为 5.7%；民族地区的常住人口从 2006 年的 1546.27 万人减少到 2010 年的 1355.93 万人，减少 190.34 万人，减幅为 12.3%；民族自治州的常住人口从 2006 年的 1071.59 万人减少到 2010 年的 953.05 万人，减少 118.54 万人，减幅为 11.1%；民族自治县的常住人口从 2006 年的 474.68 万人减少到 2010 年的 402.88 万人，减少 71.8 万人，减幅为 15.1%。

第四，人口分布极不均衡。从总量来看，如表 4-11 所示，人口最多的威宁彝族回族苗族自治县 126.56 万人，占民族自治县总人口的 31.4%；最少的玉屏侗族自治县 11.86 万人，占民族自治县总人口的 2.9%；威宁人口是玉屏的 10.7 倍。从人口密度来看，如图 4-9 所示，玉屏、关岭、威宁的人口密度都高于全省的人口密度。其中，玉屏的人口密度最高，2010 年达到 230 人/平方公里，比全省平均水平 197 人/平方公里的人口密度多 33 人，高出全省平均水平的 16.8%。人口密度最低的道真县，2010 年人口密度为 113 人/平方公里，比全省人口密度少 84 人，低于全省平均水平的 42.6%。人口密度最大的玉屏县与最小的道真县差距就更大，每平方公里相差 117 人，换言之，玉屏县的人口密度是道真县的 2 倍多。

贵州省民族地区人口分布的极度不均衡特征，是在实施扶贫开发和民族发展政策时需要重点考虑的因素，尤其是要结合各民族自治县、自治州的具体情况进行分析应对。比如玉屏的人口密度虽然最高，但是它与人口密度次高的关岭、威宁却有着巨大的差别。玉屏虽然是民族自治县，也地处武陵山区域发展与扶贫攻坚片区，但是，玉屏不仅是贵州省的经济强县，而且是贵州城镇化程度最高的县，因此，该县人口密度高并不意味着人口对环境的压力大，而是因为工业相对发达产生的人口集聚功能。相反，不管是关岭还是威宁，不仅是全省经济城镇化发展缓慢的县份，而且是石漠化严重的县份，因此，这类县域人口密度较大，意味着如果开发不当，有可能进一步加剧"人增—耕进—林退—石漠化—贫困"的恶性循环。同样，从三州的人口密度来看，黔西南州最高，为 167 人/平方公里，每平方公里比最低的黔东南州多 52 人，是其 1.45 倍；每平方公里比黔南州多 44 人，是其 1.36 倍。从片区来看，虽然三州同属滇桂黔石漠化片区，黔西南州的石漠化程度要高于黔南和黔东南，但是，这并不意味着后两者更具开发潜力，因为不管是黔南还是黔东南，尤其是黔东南，有不少县份属于国家级自然保护区或生态屏障区域，也属于限制开发区域。三州的这种现实差异，要求贵州省在制定区域发展与扶贫攻坚政策时，必须以县为单位，提出具有针对性和适用性的发展思路和方案。

表 4 - 11   **2010 年贵州民族自治州、民族自治县人口分布**

民族自治州（县）	年末常住人口（万人）	人口密度（人/平方公里）
黔西南	281.02	167
黔东南	348.52	115
黔南州	323.51	123
道真	24.42	113
务川	32.19	116
镇宁	28.41	167
关岭	30.20	206
紫云	27.07	119
玉屏	11.86	230
印江	28.44	145
沿河	45.01	182
松桃	48.72	170
威宁	126.56	201
贵州	3479	197

资料来源：根据《贵州统计年鉴》整理计算。

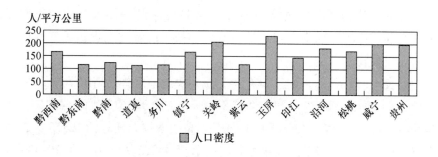

图 4 - 9 2011 年贵州各区域人口密度

资料来源：根据《贵州统计年鉴》整理计算。

二 贵州少数民族贫困人口的人力资本概况

  人口是人力资本的载体，前面对贵州少数民族地区人口情况的分析表明，由于民族地区的贫困影响，近年来，民族地区的人口呈现更为明显的外流趋势。从人力资本产权的实现角度来讲，这对于流出的人口而言，是好事。但是，从另一个角度看的话，因为市场竞争机制的筛选功能，根据

"人往高处走"的逻辑，这意味着留在民族地区的人口，多为难以流动的人力资本。换言之，留在民族地区的劳动力，其人力资本在劳动力市场更缺乏竞争优势。因此，为了更清楚地了解贵州民族地区少数民族人口的人力资本状况，下面分别从教育事业发展、教育投资、受教育年限等方面加以说明。

（一）贵州民族地区教育事业发展总体情况

教育事业发展滞后是制约民族地区经济社会发展的重要原因之一，也是导致少数民族人口人力资本生产性产权贫困的根本原因。目前，贵州民族地区教育各项指标还未达到国家预期目标；民族地区与非民族地区、民族地区城市与农村等多重差距明显，民族地区农村教育质量明显落后于城市；教学质量和针对性不高，严重制约着民族地区教育事业的发展；优秀教师流失严重，加剧了城乡教育资源失衡；教师整体素质亟待提高，教师队伍仍需充实；乡村教师背负了太多的责任，收入微薄，教育体制改革需要进一步深化。教育事业发展的滞后，直接影响了贵州民族地区的科技发展。总体来看，贵州民族地区科技投入主要依赖于中央和省级政府投资，"十一五"以来，政府通过财政预算和国债加大了对科技投入和自主创新的资金支持力度，但与民族地区发展特色优势产业需要的科技创新巨大资金量相比，这些支持只是杯水车薪。长期以来，受前期基础、风俗习惯、社会观念和投入的影响，贵州民族地区教育事业发展比较落后。

如表 4 - 12 所示，截至 2010 年，贵州民族地区普通高中学校 150 所，占全省 444 所的 33.8%；初中学校 876 所，占全省 1617 所的 54.2%；小学 5480 所，占全省 12422 所的 44.1%。高中学校专任教师 12475 人，占全省 33072 人的 37.7%；初中学校专任教师 44822 人，占全省 109436 人的 40.9%；小学专任教师 8.46 万人，占全省 19.79 万人的 42.7%。2010 年贵州民族地区普通高中学校、初中学校、小学的师生比分别为 1：19、1：20、1：23，越往低年级，教师越短缺。这些数据表明，贵州民族地区教育师资严重不足，达不到标准配置，难以满足教学要求。这种状况也使得贵州的"最美乡村教师"，不仅是全科教师，而且由于留守儿童是学生主体，还充当了父母、医生、保姆等角色。

（二）贵州民族地区教育投资情况

虽然近年来教育问题得到越来越多的重视，无论是贵州省的整体情况，还是贵州民族地区，教育总投资都在逐年增长，但是，从人均教育投资来看，民族地区与贵州整体水平还存在一定的差距。如表4－13所示，以2010年来看，民族地区的人均教育投资总体低于贵州省平均水平，为全省平均水平的94.1%；民族自治州的差距要小一些，达到全省平均水平的97.4%；民族自治县的差距最大，为全省平均水平的86.4%。这主要是因为对三个民族自治州的统计，包含了州府所在地的数据，因此从数字上看差距缩小了。但是，这恰好表明贵州省民族地区教育的非均衡状况，尤其是城乡教育资源的非均衡分布。考虑到贫困人口大多居住在交通不便的山区，这种非均衡对贫困家庭学龄儿童的人力投资的不利影响，更不能被低估。

表4－12　　　　　2010年贵州民族地区教育事业发展状况①

	高中学校			初中学校			小学		
	学校（所）	在校学生（人）	专任教师（人）	学校（所）	在校学生（人）	专任教师（人）	学校（所）	在校学生（万人）	专任教师（万人）
民族县	38	58753	3069	261	293204	14543	1879	70.33	3.02
民族州	114	169800	9555	634	585580	31216	3712	112.70	5.61
民族地区	150	225474	12475	876	861975	44822	5480	179.04	8.46
全省	444	620221	33072	1617	2136599	109436	12422	433.50	19.79

资料来源：根据《贵州统计年鉴》整理计算。

表4－13　　　　　　　2010年贵州人均教育投资

	全省	民族地区	民族州	民族县
人均教育投资（元）	839.49	790.37	817.96	725.09
占全省比重（%）	1	94.1	97.4	86.4

资料来源：根据《贵州统计年鉴》整理计算。

（三）贵州民族地区人口受教育年限

由于贵州民族地区农村教育发展滞后，教师总体素质偏低，教学质量

───────────

① 表中"民族县"、"民族州"的数据都包括三都水族自治县，因此两者之和大于"民族地区"的数据。

不高等问题尚未得到根本改变，少数民族儿童经过小学升入初中后再升入高中乃至大学的机会很少，现有劳动力文化素质低，学习和掌握农业新技术的难度大，使生产长期在传统落后的方式中循环，贫困现状改变依旧缓慢。大部分贫困家庭为了增加当前收入，支持小孩读完初中或初中未毕业就外出务工，文化程度较低。数据表明，贵州全省农村居民家庭劳动力平均受教育年限为 7.07 年；文盲或半文盲所占比例为 10.29%，小学程度比例为 38.63%，初中程度为 43.23%，高中及以上比重仅为 3.78%，中专程度为 1.69%，大专以上为 1.31%；而贵州民族地区 20—50 岁的青壮年中，小学以下文化程度占到 80% 以上，比重远远高于全省平均水平。由于民族地区人口文化结构不合理，文盲、半文盲所占比例大，接受农业适用技术差、科技意识淡薄、劳动技能缺乏导致他们在农业生产时只能依靠传统的农业生产方式，无法实现科学种养，产出仅能维持家庭成员温饱的需要，农业收入还很低。同时，由于受教育程度低，外出务工的竞争力较弱，依然难以依靠打工收入摆脱贫困。

三 贵州少数民族贫困人口的人力资本产权贫困

20 世纪 50 年代末 60 年代初，舒尔茨和贝克尔创立并不断丰富了人力资本理论。人力资本是体现于劳动者身上，通过投资形成并由劳动者的知识、技能和体力健康状况所构成的资本。贫穷国家经济之所以会落后，其根本原因就在于人力资本的匮乏，健康水平、专业知识、劳动技能不足，以及在对人力资本投资方面的过度轻视。从宏观的社会层面来看，贫困人口的人力资本投资不足在很大程度上导致了贫困问题长期存在；从微观的家庭层面来说，贫困家庭对子女在教育方面的投资不足是造成"贫二代"产生的重要原因。

对于贫困与人力资本的关系，大量经验研究从微观层面切入，通过入户调研，获取原始数据，并进行回归分析，几乎所有的研究都取得了共识性研究结论：就个体而言，受教育年限与收入高度相关，受教育年限越长，收入越高，因此，对于贫困人口而言，增加教育投资至关重要。

正是因为大量研究已经从结果的视角揭示了贫困与人力资本的关系，本书根据人力资本理论，原定从构成人力资本的要素或类型入手，将人力资本区分为教育资本、知识与技术资本、健康资本、迁移与流动资本以及培训资本等，计划以贵州民族贫困地区为样本，希望尝试从过程的视角揭示贫困人口人力资本的不足，以期得到有启发性的研究结论。但遗憾的是，在收集数据时，我们发现现有统计指标体系很难支撑我们的研究思路。而完成本项课题研究的时间和其他约束，又使得调整研究思路不可行。因此对贫困人口人力资本产权贫困的研究，仍待进一步深入展开。

根据已有的研究资料，我们认为，关注贫困人口的人力资本产权贫困，需要重视以下论题：

第一，人力资本产权的初始性贫困。主要包括教育和健康的初始性产权。就教育资源而言，目前的《中国教育统计年鉴》提供了省级层面的各项数据，但是就各省的贫困地区（县）而言，统计口径不尽一致。最好用的数据就是人均教育支出，但是这一指标并不能很好地说明贫困人口的人力资本产权的初始性贫困问题。主要原因在于，近年来，随着国家和省级财政层面加大对贫困地区的教育投资，因此从数字上来看，有可能表现为贫困地区的公共教育支出上升幅度很大，从而掩盖了其存量极低的客观事实。教育资源的存量差异，主要表现为生均教育资源的差异。根据2008年9月3日由住房和城乡建设部、国家发展和改革委员会发布的《农村普通中小学校建设标准》，贫困地区中小学的标准化建设任重而道远。该标准从2008年12月1日起施行，虽然两部委在发文时明确指出"考虑到全国各地情况差异很大，在具体执行时要实事求是，根据环境条件的实际情况，因地制宜，合理规范和设计，不要不顾条件硬性追求达标"，但是考虑到该标准已经发布了7年，贫困地区应该尽快缩小与标准的差距。就健康投资来看，大多数研究用人均医疗资源来加以说明。从精准扶贫的层面，这个数据远远不能说明贫困人口得到的健康投资。理由很简单，因为不管有多少医疗资源，贫困人口可能根本就不会去使用。因此，医疗资源可以说明公共卫生条件，但是却不能支撑精准扶贫的需要。对于贫困人口，尤其是贫困家庭的儿童而言，健康投资最重要的是监护人的健康知识与实施情况。前者与监护人的教育程度高度相关，后者则与监护人与受监护人在一起的时间有关系。而当前留守儿童成长中出现的各种问题，也有力地验证了这一点。因此，对于贫困人口人力资本初始产权的关注，从精准扶贫的视角来看，需要增加贫困地区的生均教育资源监测指标；对贫困家庭的监测，则有必要增加与监护人一起生活时间的指标。与所有儿童一样，对于贫困家庭的儿童而言，成长中父母的陪伴，永远比爷爷奶奶或者外公外婆更重要。

第二，人力资本产权的分配性贫困。这主要观察人力资本的投资结构。从统计年鉴上看，可以用财政总支出中各级各类投资内部分配的比例关系加以说明，包括教育投资、科学技术投资、文体媒投资和医疗保健等几个方面。

教育资本是指用于教育的费用，以培养和提高在职和未来劳动者的能力，因此可称之为能力资本。财政总支出是国民经济发展的重要指标，财政总支出中的教育经费是教育投资的主要部分。因此，教育投资占财政总支出的比例，是确定教育投资比例的重要指标，是一种刚性指标，它标志着政府在教育投资方面的水平和努力程度。

人力资本是经济发展的源泉，科学技术又是经济发展的动力。科学技术支出是指用于科学技术方面的支出，包括科学技术管理事务、基础研究、应用研究、技术研究与开发、科技条件与服务、社会科学、科学技术普及、科技交流与合作等。可以考察科学技术支出占财政一般预算支出的比率加以说明。

文体媒支出是指政府在文化、文物、体育、广播影视、新闻出版等方面的支出。《关于 2011 年中央和地方预算执行情况与 2012 年中央和地方预算草案的报告》指出，要大力促进文化发展繁荣，保证公共财政对文化建设投入的增长幅度高于财政经常性收入增长幅度，更好地满足人民群众精神文化需求。因此，可以考察文体媒支出占财政支出的比率。

医疗卫生支出是指政府医疗卫生方面的支出，包括医疗卫生管理事务支出、医疗服务支出、医疗保障支出、疾病预防控制支出、卫生监督支出、妇幼保健支出、农村卫生支出等。公共卫生、医疗服务和医疗保障体系的建设一直是我国财政预算支出中的重要项目支出。近年来，中央和省级政府用于医疗卫生的支出绝对数每年都在上升，而且政府预算的公共卫生支出所占比重也在逐年增加。对于农村地区而言，尤其是"新农合"的实施，大大提高了农民生病就选择住院的比例，从而仅从数据上看，很可能会发现，越是贫困的地区，财政用于医疗卫生支出的比重可能会上升更快。因此，如果仅仅观察增长趋势的话，可能会得出贫困地区改善很大的结论。但是，如果考虑医疗资源的存量，以及医疗服务水平的差异，可能就不会轻易得出这一结论。当然，当前医疗资源不足是一个普遍性的问题，无论是在大城市还是县城。从实际情况来看，对贫困地区医疗资源的关注，应该更多地集中在医疗服务水平的提升上。

第三，贫困人口人力资本投资的特殊性导致的产权贫困。包括留守儿童的社会化问题、劳动力人口通过"干中学"提升人力资本的问题，以及面向农民工提供的各类培训的适用性以及有效性问题等。其中，留守儿童的社会化问题，可以放到一般性人力资本投资框架加以考虑，之所以将之列为贫困人口人力资本投资的特殊问题，是因为这一问题的阶段性特征。根据本书课题组的调研，随着农村生育率的降低，农民家庭也越来越重视孩子成长中父母"缺位"的负面影响，因此有条件的家庭要么将孩子带在身边，在打工地点上学；要么夫妇双方一人出去打工，一人专门留在家里带孩子。所以，留守儿童的问题应该是一个阶段性问题。但是，由于贫困地区更为偏远，因此，留守儿童现象在未来十年甚至更长时期难以完全消除，有必要对之加以关注和干预。至于"干中学"和培训问题，其实都是后续的人力资本投资问题，不同的是，一个在社会资本范畴，另一个在正式制度范畴。从政策干预的角度来看，重要的是干预正式制度范畴的农民工培训体系。当前对农民工的适用技术培训，存在多部门齐抓共管的职能交叉局面，这一方面自然可以最大限度地堵漏，确保每一个应该接受培训的农民工都得到必要的培训；但是另一方面，也确实造成了资源的浪费和效率低下，尤其是重复培训，不仅浪费人力物力，而且容易引起受训人员对培训的反感。因此，对于该问题，有必要在系统调查研究的基础上，提出真正能够增加受训人口人力资本产权的改进措施。

以上对人力资本产权贫困研究的框架性思考，对于在当前大力推行精准扶贫的减贫背景下，进一步完善贫困人口的监测指标体系，提高贫困监测指标体系与统计指标体系的可比性，具有重要意义。

第五节　贵州生产性产权贫困的典型特征

根据前面的分析，贵州的生产性产权贫困主要可以划分为两大类：一是因为自然环境恶劣导致的物质资本生产性产权贫困；二是因为人力资本投资不足或者缺位导致的贫困人口人力资本生产性产权贫困。

一　自然条件恶劣或限制性开发导致物质资本生产性产权贫困

对于农村贫困人口而言，农业生产力低往往是最直接的致贫原因和表现。世界贫困人口有75%住在农村地区。正如舒尔茨所言"世界上大多数人是贫穷的，所以如果我们懂得了穷人的经济学，也就懂得了许多真正重要的经济学原理。世界上大多数穷人以农业为生。因而，如果我们懂得了农业，也就懂得了穷人的经济学。"亚洲绿色革命表明农业生产力对于农民走出贫困的关键作用。土地贫瘠之所以几乎必然导致农村贫困，是由土地对于农业生产的难以替代性所决定。而对于农村贫困人口而言，农业是其商品中心，这也是难以替代的。因此，大多数减贫战略强调支持农业发展，建立农户资产，减少农户进入市场的障碍，使当地的市场通道顺畅、支持农户向全国和国际市场进军，支持多样化的生计，保护资产（土地、水、财政），减少风险（新形式的保险），对于小农户实行目标研究和发展投资研究。所有这一切努力，都是为了增加农村贫困人口赖以生存的农业价值。也就是消除物质资本生产性产权贫困带来的收入影响。

　　本书对贵州贫困地区石漠化与贫困发生率的相关分析结果，非常直接而有力地验证了上述观点。从这样一个意义上来看，对于农村贫困人口而言，由于自然条件恶劣而导致农业生产力低下，是物质资本生产性产权贫困的典型表现。这一点在喀斯特地区表现为石漠化对农业生产的影响；在西北地区则表现为沙漠化对农牧业生产的影响；在华北则主要表现为干旱或者土地盐碱化对农业生产的影响；在一些高寒地区，则主要是极端天气导致灾害频发对农业生产的影响。因此，我们可以看到，尽管自然条件恶劣的表现方式各种各样，但是其最终指向的结果却相当一致：导致农民的生产性行为得不到应得的产出与报酬。而由于国家政策对农地资源的产权界定规则，以及贫困人口自身人力资本权的初始性贫困特征，使得贫困人口想要摆脱这种物质资本生产性产权贫困十分困难，从而极易陷入"环境恶化—贫困恶化"的恶性循环之中。

　　贫困人口物质资本生产性产权贫困的另一个原因是居住在限制开发甚至禁止开发功能区。当然，一般情况下，禁止开发功能区基本属于"无人区"，这里可以存而不论。而限制开发区则不然，由于历史的原因，贵州不少少数民族世世代代居住在现在被划定为"限制开发"功能区的山区。根据国务院关于印发的《全国主体功能区规划》（国发〔2010〕46号），限制开发区域又可以区分为农产品主产区和重点生态功能区。对于农村贫困人口而言，如果居住在被确定为农产品主产区的限制开发区域，其物质资本生产性产权不会受到限制，相反，还会得到国家和地方各级政府的财政支持，进行保护性开发。因为国家层面限制开发的农产品主产区都具备较好的农业生产条件，以提供农产品为主体功能，以提供生态产品、服务产品和工业品为其他功能，主要是限制进行大规模高强度工业化城镇化开发，但是要求保持并提高农产品生产能力的区域。因此，国家层面农产品主产区的功能定位是：保障农产品供给安全的重要区域，农村居民安居乐业的美好家园，社会主义新农村建设的示范区。这样的定位意味着当地农民有着很好的农业发展前景。但是对于国家层面限制开发的重点生态功能区而言，情况则完全不同。因为这些地区的生态系统十分重要，关系全国或较大范围区域的生态安全，目前生态系统有所退化，需要在国土空间开发中限制进行大规模高强度工业化城镇化开发，以保持并提高生态产品供给能力的区域。国家重点生态功能区的功能定位是：保障国家生态安全的重要区域，人与自然和谐相处的示范区。这意味着当地农牧民的物质资本生产性产权遭到限制。

因此，对于依赖自然生产力的农村人口而言，一旦自然生产力遭到破坏，或者被限制使用自然生产力，那么，物质资本生产性产权贫困就是必然的结果。

二　投资不足与缺位导致人力资本产权贫困

事实上，贫困人口人力资本投资不足、人力资本存量低、人力资本在劳动力市场上处于竞争劣势等人力资本产权贫困的原因与表现，不仅是老生常谈，更是共识。无论是从研究层面来看，还是从现实观察而言，都有若干的证据指向农村人口或者贫困人口由于受教育程度的差异，而导致就业和收入的差异。因此，本书对贫困人口人力资本产权贫困的说明，主要关注了贵州民族贫困地区各级教育的师生比、教育资源的分布，以及贵州民族地区贫困人口人力资本特征、投资构成等方面。虽然由于数据的可得性以及数据挖掘程度不够，导致说服力不是很强。但是，从趋势来看，我们可以发现，对于民族贫困地区的学子而言，由于教育资源的巨大差异，用"输在起跑线上"来描述无疑非常贴切。如果再考虑到幼儿教育的巨大差异的话，农村小孩尤其是贫困地区的孩子，在人力资本投资的初始阶段之不足就更为明显。

很显然，当我们关注农村孩子在人力资本投资各个阶段和环节的不足时，通常使用前文所述的方式，即通过对比城乡教育资源差异的方式，来说明农村孩子因为教育资源的匮乏和不足，从而导致人力资本投资渠道和方式单一，人力资本增加缓慢，从而导致人力资本产权的初始性贫困。其实，除此之外，还有一个重要的方面，往往被我们自动忽略了。那就是农村孩子应该享受到但是却缺位的人力资本投资。这其中最典型的就是留守儿童的家庭教育缺位问题。如果没有我国城乡分割的教育制度以及城乡分割的户籍制度，就不会有长期如候鸟般往来于城市与农村之间的农民工，自然也就不会出现我国庞大而特殊的儿童群体——留守儿童。家庭教育之于孩子成长的重要性，无论是我国最古老的"三字经"，还是现在教育学理论，以及经济学领域的人力资本投资理论和社会学领域的社会资本理论，都有非常明确的强调和重视。但是，留守儿童的成长因为家长的缺位而缺失人力资本投资中最重要的一角。这也使得留守儿童一度成为"问题儿童"的高发群体，各种令人难以置信的留守儿童事件也常常见诸报端。

上述两种人力资本投资不足与缺位无疑是导致贫困人口人力资本的生产性产权贫困的最重要原因。但是，从人力资本投资的途径来看，环境提供的一些正外部性学习机会也是非常重要的。这通常被表述为社会资本对人力资本的投资作用。关于这一点，这里不再展开。

第五章　分配与交换性产权贫困的经验
研究：以贵州贫困地区为例①

第一节　公共资源配置中的分配性产权贫困：
以贵州民族贫困地区为例

要衡量公共资源配置中的分配性产权贫困，最具代表性的当然是国民收入再分配过程。因此，本书以对贵州民族贫困财政收入与支出的分析，说明该问题。为此，我们主要选取了三大指标：财政收入量占全省的比重，主要衡量该地区可供分配的公共财政资金能力的大小②；财政支出量占全省的比重，主要衡量该地区公共财政资金的收支匹配能力的大小，从其他渠道获取资金用于公共支出的能力；财政支出结构，主要考察该地区合理使用公共财政资金的能力。

一　公共资源产权分配基础：可支配财政收入的比较

财政收入是政府实施分配的基础，没有雄厚的财力为基础，公共资源产权也就无从谈起；公共资源的分配更是"巧妇难为无米之炊"。因此，研究一个地区的公共资源产权，首先要了解可支配的财政收入状况。

统计资料显示，2006—2010 年，贵州民族地区公共财政资金总量小，财力薄弱；财政收入占全省比重低，与民族地区所占国土面积、人口和创

---

① 在课题申报论证设计时，本章标题名为"资源转换与产权替代的错位：转型中新生贫困的产权分析"，在课题研究和写作过程中，根据贫困与反贫困的产权分析框架，修改为现在的篇章标题。

② 说明：在分析民族地区的公共财政能力时，我们选取的财政收入指标为"财政一般预算收入"，财政支出指标为"财政一般预算支出（亿元）"，这主要是考虑到统计年鉴上县级数据只有"财政一般预算收入"这一指标，而没有"财政总收入"这一指标。

造生产总值高度不匹配；占全省比重增长缓慢，尤其是民族自治县，5 年间占比增长不到一个百分点。综合来看，贵州民族地区以 55.5% 的国土面积，养活了全省 38.3% 的人口，2010 年创造了全省 27.4% 的生产总值，但是只拥有全省 18.6% 的公共财政资金能力，财力十分薄弱，且与民族地区的国土面积、人口、生产总值占比极度不匹配。从占比的增长情况来看，如表 5 - 1 所示，2006—2010 年，民族地区财政收入占全省比重从 8.3% 增加到 18.6%，增幅较大，达到 10.3 个百分点，其中民族自治州占比增长 8.7 个百分点，民族自治县仅增长 1.6 个百分点。民族地区财政收入占比的增长率巨大差异，进一步凸显民族自治县的发展弱势地位。

表 5 - 1　　　　　　2006—2010 年民族地区财政收入占全省比重　　　　单位:%

时间	2006 年	2007 年	2008 年	2009 年	2010 年
民族地区	8.3	15.6	16.0	17.7	18.6
自治州	6.7	12.9	13.0	14.5	15.4
自治县	1.6	2.7	3.0	3.2	3.2

资料来源：根据《贵州统计年鉴》计算。

　　从财政收入的增长率来看，2008 年以来，贵州民族地区财政收入增长速度总体高于全省平均速度，其中 2010 年民族自治县的增长速度略低于全省平均水平。如表 5 - 2 和图 5 - 1 所示，2007 年，民族地区财政收入增长率总体低于全省平均水平；自 2008 年以后，民族地区财政收入增长率总体高于全省平均水平，其中 2008 年民族县的增长率最高，高于全省 12.8 个百分点；2008 年以后，唯一的例外是 2010 年，民族自治县财政收入的增长率低于全省 1.2 个百分点，但是民族地区总体却高于全省平均水平 6.5 个百分点，这主要是因为由于"三州"的贡献，以高于全省平均水平 8.2 个百分点的速度增长。从 2006—2010 年的平均增长率来看，民族地区整体增速略低于全省平均速度；只有民族自治州的增速略高于全省平均速度；民族自治县的平均增速最低，低于民族地区平均增速 3.1 个百分点，低于贵州省平均增速 3.5 个百分点。

表5-2 　　　2006—2010年全省与民族贫困地区财政收入增长率　　单位:%

区域	2006年	2007年	2008年	2009年	2010年	平均增长率
贵州省	24.3	25.7	22.6	19.2	28.2	28.3
民族地区	18.0	19.0	25.9	31.8	34.7	27.9
自治州	18.4	21.5	23.9	32.1	36.4	28.6
自治县	16.2	27.2	35.4	30.4	27.0	24.8

资料来源：根据《贵州统计年鉴》数据计算。

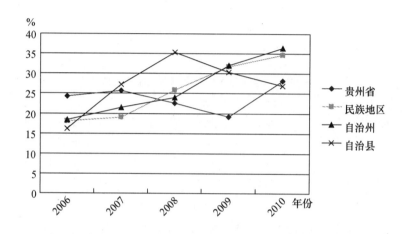

图5-1 2006—2010年全省与民族贫困地区财政收入增长率比较

资料来源：根据《贵州统计年鉴》数据计算。

二 公共收支匹配性的衡量：财政收入与支出的对比分析

对财政收入的分析表明，民族地区的财政收入虽然占比与其人口、国土面积、经济总量不相匹配，但是从2008年以来，却以高于全省平均水平的速率增长，因此，表现为占全省财政收入的比重呈现缓慢上升态势。那么，财政支出的情况又是怎样的呢？

首先，从财政支出的增长速度来看，如表5-3所示：2006—2010年，民族地区财政支出增长率总体高于全省平均水平3—4个百分点左右。分年度看，2008年民族地区的财政支出增长率达到最高，比全省高13—18个百分点左右；而就全省来看，2010年是一个低谷，增长仅为18.9%。但即便是在这样的全省低增长背景下，民族地区财政支出的增长速率依然保持了很高的增速。因此，总体来看，自2007年以来，民族地区财政支出的刚性特征比较明显，这可能主要是因为民族地区更为落后，民生等刚性需求更为突出。尤其是 2008 年遭遇冷冻灾害，以及在次贷危机冲击下，大量农民工返乡，可能是诱发 2008 年民族地区财政支出呈现井喷式增长的重要原因。这种趋势可以从 2006—2010 年的平均增长率得到更加明显的说明。如表 5-3 最后一列所示，观察期内，贵州省财政支出总量的年均增长率为 27.9%；民族地区总体高于全省平均水平 5.8 个百分点；自治州的平均增速低于民族地区总体年均增速，比全省高 5 个百分点；增幅最高的依然是民族自治县，年均增速高于民族自治州 3.1 个百分点，高于民族地区 2.3 个百分点，高于全省年平均增速 8.1 个百分点。

表 5-3　　　　　2006—2010 年全省与民族地区财政支出总量增长率　　　　单位:%

区域	2006 年	2007 年	2008 年	2009 年	2010 年	平均增长率
贵州省	17.3	30.3	32.7	30.0	18.9	27.9
民族地区	19.8	29.4	46.4	24.4	35.0	33.7
自治州	18.6	28.6	45.2	24.5	34.0	32.9
自治县	20	32.3	50.6	24.1	38.5	36

其次，从人均财政支出来看，如表 5-4 所示：从绝对数看，民族地区的人均财政支出远远低于全省平均水平，尤其是民族自治县，从 2006 年人均 751 元增加到 2010 年的 3056 元，占全省人均财政支出的比重如表 5-6 所示，虽然增幅较大，从占全省人均财政支出的 45.4% 增加到 65.2%，但是，与全省平均水平比，民族地区的人均财政支出仍然偏低，不足后者的 70%；不过，从增长速度来看，2006—2010 年，全省人均财政支出平均增速为 29.7%，而民族地区均在 36% 以上；尤其是民族自治县的人均财政支出，平均增长率高出全省平均增长率将近 13 个百分点，这再一次表明近年来对民族地区财政支出的刚性增长。

表 5-4　　　　　　2006—2010 年全省与民族地区人均财政支出　　　　单位：元、%

区域	2006 年	2007 年	2008 年	2009 年	2010 年	平均增长率
贵州省	1655	2190	2935	3880	4690	29.7
民族地区	1018	1241	1943	2415	3693	38
自治州	1133	1341	2093	2604	3963	36.8

续表

区域	2006 年	2007 年	2008 年	2009 年	2010 年	平均增长率
自治县	751	997	1582	1962	3056	42

再次，从财政支出占全省的比重来看，如表 5 - 5 所示：2006 年以来，民族地区财政支出占全省的比重增长缓慢，在个别年份，还有所回落。这也直接导致 5 年间，民族地区财政支出占全省的比重仅增加了 4.9 个百分点；自治州占比仅增加了 3.3 个百分点；自治县则更少，仅增加 1.7 个百分点。因此，表 5 - 5 的数据很清晰地表明，2006 年以来，相对全省而言，民族地区财政支出增加并不明显。但是，如果将表 5 - 5 与表 5 - 4、表 5 - 6 的数据联系起来看，则会得到一些不同的看法。表 5 - 4 的数据表明，观察期内，民族地区人均财政支出增长速度明显高于全省平均水平。表 5 - 6 的数据则表明，2006—2010 年，民族地区人均财政支出占全省人均水平的比重增加较快，达到 17.3 个百分点；自治州增加比率达到 16 个百分点；增加比重最大的是自治县，达到将近 20 个百分点。这几组数据进一步表明：民族地区人口在减少，人口密度比全省低。这一判断也与前文贵州民族地区的人口数据高度吻合。因此，如果从另一个角度来说的话，这表明自 2006 年以来，作为生产要素之一的劳动力，对于民族地区而言呈现净流出态势。另外，民族地区近年来公共财政支出的大幅上涨，也表明这些地区历史欠账较多。可以预见，随着城乡公共服务均等化的推进，民族贫困地区公共财政支出的刚性增长还将持续。

表 5 - 5　　　　　　2006—2010 年民族地区财政支出占全省比重　　　　　单位:%

区域	2006 年	2007 年	2008 年	2009 年	2010 年
民族地区	25.8	25.6	28.3	27.0	30.7
自治州	19.9	19.6	21.5	20.5	23.2
自治县	5.9	6.0	6.8	6.5	7.6

资料来源：根据《贵州统计年鉴》计算。

表 5 - 6　　　　　　2006—2010 年民族地区人均财政支出占全省比重　　　　　单位:%

区域	2006 年	2007 年	2008 年	2009 年	2010 年
民族地区	61.5	56.7	66.2	62.2	78.8
自治州	68.5	61.2	71.3	67.1	84.5
自治县	45.4	45.5	54.0	50.6	65.2

最后，公共收支的匹配性。对该问题的考察，包括相对匹配性和绝对匹配性。相对匹配性从民族地区财政收支占全省财政收支比重的角度，考察其相对的匹配性，计算公式为：相对匹配系数 =（民族地区财政收入占全省比重 - 财政支出占全省比重）/民族地区财政收入占全省比重 × 100%。绝对匹配性则从民族地区自身出发，考察公共收支的绝对匹配程度，计算公式为：绝对匹配系数 = 民族地区财政收入/民族地区财政支出 × 100%。

根据上述计算方法，计算结果如表 5 - 7、表 5 - 8、表 5 - 9 所示。表 5 - 7 计算出民族地区收入与支出占全省比重的差值，可以看到，2006—2010 年以来，民族地区的差值没有缩小，反而拉大了。其中民族地区和民族自治州在 2008 年达到最大值，自治县则在 2010 年达到最大值。民族地区财政收入占比与财政支出占比差值的扩大，一方面表明民族地区财政增收乏力，另一方面表明财政支出的刚性增长特征十分明显，因此，相对缺口越来越大。

进一步地，运用表 5 - 7 的数据计算出民族地区的公共收支相对匹配系数，计算结果如表 5 - 8 所示。从相对匹配性来看，自治县的收入完全不能匹配其支出，自治州以及民族地区整体则有所改善。这一结论与前文分析人均财政支出相吻合。一方面，表明在民族地区内部分化比较明显，民族自治县由于劳动力外流，又缺乏有力的经济增长点，因此财政收入增长缓慢；另一方面，对民族自治县的公共财政支出刚性增长特征明显，在两方面因素的共同作用下，民族自治县公共收支相对匹配性最差。

表 5 - 9 的数据表明，从绝对匹配性来看，贵州省作为人均 GDP 最低、贫困程度最深、贫困面最广的省份，公共财政收支的绝对匹配性不到 40%，而民族地区在贵州省内更是财政收支匹配的短板。2006—2010 年，随着财政支出的刚性增长，贵州省公共收支的绝对匹配系数不断走低，从 2006 年的 37.1% 下降到 2010 年的 32.7%，降低了 4.4 个百分点；民族地区的降低与全省基本同步，公共收支绝对匹配系数从 23.8% 下降到 19.8%，降低了 4 个百分点；民族自治州降幅稍小，降低 3.3 个百分点；民族自治县的降幅最大，达到 5.7 个百分点。表 5 - 9 的数据还表明，在贵州民族地区内部，公共财政收支匹配性的差距悬殊。与前面的相对匹配系数一致，民族县的绝对匹配系数最低，甚至不到省级平均水平的一半。与民族自治州的差距也在 2010 年扩大到 7.7 个百分点。这一数据再一次

凸显了县域经济尤其是民族贫困县域经济发展的艰巨性和紧迫性。

表5-7　　　2006—2010年民族地区财政收入与支出占全省比重之差　　单位:%

区域	2006年	2007年	2008年	2009年	2010年
民族地区	-9.3	-10	-12.3	-9.3	-12.1
自治州	-6.5	-6.7	-8.5	-6	-7.8
自治县	-2.8	-3.3	-3.8	-3.3	-4.4

表5-8　　　　2006—2010年民族地区公共收支相对匹配系数　　单位:%

区域	2006年	2007年	2008年	2009年	2010年
民族地区	-112	-64.1	-76.9	-52.5	-65.1
自治州	-97.0	-52	-65.4	-41.4	-50.6
自治县	-175	-122.2	-126.7	-103.1	-137.5

表5-9　　　　2006—2010年民族地区公共收支绝对匹配系数　　单位:%

区域	2006年	2007年	2008年	2009年	2010年
贵州省	37.1	35.8	33.1	30.3	32.7
民族地区	23.8	21.8	18.8	19.9	19.8
自治州	25	23.6	20.1	21.4	21.7
自治县	19.7	16.1	14.5	15.3	14.0

三　公共财政分配的结构分析：财政支出结构的比较

在财政收入既定的前提下，公共财政支出结构便是影响公共资源产权实现的关键因素。为了说明在每年公共财政收入既定的情况下，公共财政支出结构的增量变化，下面主要考察2010年比2006年各支出部分的增长倍数。

首先，分析各类地区在各支出部分的增长幅度极值。如表5-10所示，从全省来看，五年间支出增加倍数最多的部分是交通运输，2010年的支出比2006年增加了5.25倍；最少的部分是公共安全，2010年的支出仅比2006年增加了1.05倍。从民族地区来看，五年间支出增加倍数最多的是环境保护，2010 年的支出比 2006 年增加了 7.3 倍；最少的部分是文化体育与传媒，2010 年的支出仅比 2006 年增加 1.25 倍。从民族自治州来看，五年间支出增加倍数最多的部分是环境保护，2010 年的支出比 2006 年增加了 6.58 倍；最少的部分是文化体育与传媒，2010 年的支出仅比 2006 年增加 1.21 倍。从民族县来看，五年间支出增加倍数最多的部分是环境保护，2010 年的支出比 2006 年增加了 10.15 倍；最少的部分是科学技术，2010 年的支出仅比 2006 年增加 0.65 倍。由此可见，2006—2010年，就贵州全省范围来看，公共支出主要侧重交通、医疗和农林水事务，其中交通设施建设有利于改善贵州山区崎岖导致的交易性产权贫困状况；医疗支出的增加主要通过防范农村人口的人力资本产权风险，从而有利于改善农村的人力资本产权贫困；对农林水事务的支出有利于改善农村因为土壤、工程性缺水等导致的物质资本生产性产权贫困。因此，可以看到，就贵州省来看，公共财政支出可以认为是将产权重新界定到生产性领域。而民族贫困地区则不然，2006—2010 年，财政支出增幅最高的是环境保护，增幅最低的是教育与科学技术。在生态补偿机制尚未建立起来的情况下，贫困地区投向环境保护的公共资源越多，表明贫困地区因为环境保护受到限制的地区和人口越多，因限制开发而导致的物质资本生产性产权贫困就越突出。同样，对于已经存在人力资本产权初始性贫困的民族贫困地区而言，在教育和科学技术方面的公共投入增长幅度却最低，表明在公共资源的分配环节，没有充分重视当地人力资本产权的初始性贫困问题。在差距本来已经存在的前提下，其他部分的支出增长很快，而短板部分却增长很慢，可以预见，已有的差距将继续扩大。因此，民族地区公共财政资源的支出结构，实际上加剧了当地物质资本生产性产权贫困与人力资本产权的初始性贫困。

其次，比较各项支出各类地区的增幅。如表 5-10 最后一列所示，以每一项支出的最高值减去最低值，所得到的差值显示：在列出来的 12 项公共支出中，差距最大的是环境保护，增幅最高的民族县超过全省平均增幅 9.07 倍；差距最小的是教育，民族县虽然增幅最大，但是也仅比全省平均增幅高 0.1。此外，就单项支出的增幅而言，除了交通运输以外，其他各项支出都是民族地区增幅最高。这与财政支出的事权与财权划分有关系，因此可以看作是例外。这也从另一个侧面表明：就贵州省级层面而言，越来越重视对贵州民族地区的公共支出。这样的趋势无疑有利于改善民族贫困地区的分配性产权贫困状况。

表 5 – 10　　　　　　　　2006—2010 年全省与民族贫困地区
财政支出各部分支出增加量

	贵州	民族地区	民族自治州	民族县	极值之差
一般公共服务	1.06	1.53	1.62	1.21	0.56
国防	1.37	1.56	1.38	2.54	1.17
公共安全	1.05	1.62	1.67	1.47	0.62
教育	1.27	1.31	1.29	1.37	0.1
科学技术	1.17	1.70	1.86	0.65	1.21
文化体育与传媒	1.25	1.25	1.21	1.49	0.28
社会保障和就业	1.75	2.72	2.47	3.68	2.45
医疗卫生	2.55	3.48	3.38	3.78	1.23
环境保护	1.08	7.30	6.58	10.15	9.07
城乡社区事务	1.39	2.34	2.44	1.97	1.05
农林水事务	2.18	2.63	2.52	2.99	0.81
交通运输	5.25	2.88	2.67	3.88	2.58

资料来源：根据《贵州统计年鉴》数据计算。

四　公共资源分配性产权贫困的特征

综上所述，贵州民族贫困地区公共资源的分配性产权贫困特征主要表现在：

第一，可分配公共资源基数小，增长不均衡。基数小主要表现在贵州民族地区以 55.5% 的国土面积，养活了全省 39% 的人口，2010 年创造了全省 27.4% 的生产总值，但是只拥有全省 18.6% 的公共财政资金能力。增长不均衡主要表现为区域不均衡，即民族地区内部增长率的差异大。总体来看，2006—2010 年，民族县增幅最低，"三州"增幅最高；具体到某一年来看，不均衡则更为明显，比如 2010 年，民族自治县财政收入的增长率低于全省 1.2 个百分点，但是民族地区总体却高于全省平均水平 6.5 个百分点；而"三州"更是以高于全省平均水平 8.2 个百分点的速度增长。

第二，财政支出增长较快，但民族地区人均财政支出远远低于全省平均水平，财政支出占全省比重缓慢上升。2006—2010 年，民族地区财政支出年均增长率总体高于全省平均水平 5.8 个百分点，民族自治县的年均增速更是高于全省年平均增速 8.1 个百分点。人均财政支出占全省比重差异较大，与全省人均财政支出水平最接近的民族自治州，达到全省人均财政支出水平的 84.5%；与全省人均财政支出水平差距最大的民族自治县，仅为全省人均财政支出水平的 65.2%，差距悬殊。从财政支出占全省的比重来看，民族地区财政支出仅增加 4.9 个百分点，自治州增加 3.3 个百分点，自治县仅增加 1.7 个百分点。

第三，民族地区公共收支的匹配性差，尤其以民族县最为突出。以财政收入与支出占全省比重的差值看，不仅没有缩小，反而拉大了，其中民族地区总体拉大 2.8，自治州拉大 1.3，自治县拉大 1.6。从相对匹配性来看，自治县表现最差，相对匹配系数最高竟达到 −175%。从绝对匹配性来看，贵州省整体不到 40%，民族地区在贵州省内是财政收支匹配的短板，而民族县则毫无意外地成为短板中的最短板，绝对匹配系数最低，甚至不到省级平均水平的一半，与民族自治州的差距也在 2010 年扩大到 7.7 个百分点。

第四，民族贫困地区公共支出增长结构不利于缓解产权贫困。2006—2010 年，就贵州全省范围来看，公共支出主要侧重交通、医疗和农林水事务，其中交通设施建设有利于改善贵州山区崎岖导致的交易性产权贫困状况；医疗支出的增加主要通过防范农村人口的人力资本产权风险，从而有利于改善农村的人力资本产权贫困；对农林水事务的支出有利于改善农村因为土壤、工程性缺水等导致的物质资本生产性产权贫困。而民族贫困地区财政支出增幅最高的是环境保护，增幅最低的是教育与科学技术。前者不利于物质资本生产性产权贫困的改善，后者则有可能加剧人力资本产权的初始性贫困。

第二节　资源开发过程中的分配性产权贫困：以贵州 P 县为例①

对于贫困人口而言，根本性的改善来自于自力更生地利用自然资源进

---

　　① 本节内容是作者主持的贵州大学文科特色重点学科及特色学科重大科研项目（GDZT2010003）以及作者指导的贵州大学 2011 年大学生创新性实验计划项目"资源富集贫困地区的反贫困对策研究——以 P 县为例"的阶段性成果，以"资源富集地区贫困问题调查——以贵州省 P 县为例"为题，编入《生态经济评论》第二辑，经济科学出版社 2011 年版。

行生产性活动。但是，由于我国的贫困地区有不少是资源富集地区，根据我国现有的矿产资源开发法律，地下矿产的产权属于国家所有。因此，国家对贫困地区矿产资源的开发，必然会影响到依赖土地生存的当地农民。因此，本书以贵州 P 县为例，拟对这一问题做一尝试性的探讨。

一　"富饶的贫困"：既是经济强县又是国家级贫困县的 P 县

"富饶的贫困"是我国大多数贫困地区的真实写照，被形象地称为"捧着金饭碗要饭"。贵州也不例外。2012 年，为了加大对贵州经济社会发展的支持力度，我国出台了《国务院关于进一步促进贵州经济社会又好又快发展的若干意见》（国发〔2012〕2 号）（后文简称国发 2 号文件），从文件对贵州发展的定位可以看出，在国家视野中，贵州具有典型的"富饶的贫困"特征。

国发 2 号文件指出，"……（贵州）是贫困问题最突出的欠发达省份。贫困和落后是贵州的主要矛盾"，因此，"加快发展是贵州的主要任务"。从国发 2 号文件对贵州发展的 5 个定位来看，一是强调如何开发利用丰富的资源，将"资源高地"建成"经济高地"；二是强调消除贫困，谋求共同发展。这种战略思路集中体现在前两个战略定位。第一个定位是建成"全国重要的能源基地、资源深加工基地、特色轻工业基地、以航空航天为重点的装备制造基地和西南重要陆路交通枢纽。"除了交通枢纽这一定位是基于区位，产业基地都是基于资源和技术优势定位。第二个定位直指贵州的扶贫开发，要把贵州建成"扶贫开发攻坚示范区"。这一定位紧跟在资源开发形成各类产业基地之后，排位第二，表明在国家视野中，一方面贵州具有非常丰富的资源，具有巨大的开发潜力；另一方面，这么多年来，虽然贵州经济社会取得长足发展，但是贫困落后的现状没有得到根本改变，仍然是贵州经济社会发展的主要矛盾。因此，综合第一、第二个定位来看，在国家视野中，贵州仍然没有能够破解大多数欠发达地区面临的共同的发展难题——"富饶的贫困"。

既然贵州具有"富饶的贫困"这一典型特征，贵州各县（市、区）就必然有典型的样本。经过筛选，我们认为贵州 P 县就是一个微缩版的典型样本。

P 县位于贵州西部，地处滇、黔、桂三省接合部，素有"滇黔咽喉"之称。P 县矿产资源丰富，尤其是煤炭资源以储量大、品种全、质量优等特点著称，现已探明储量 105 亿吨，远景储量 380 亿吨，为全省储量的

15%。在丰富的资源支撑下，P县的煤电产业得到大力发展。在 PJ 煤电（集团）有限公司、P县发电厂、PN 电厂等国有大中型企业的强力带动下，2008 年，P县综合实力和竞争力跻身贵州经济强县第 2 位、中国西部百强县（市）第 22 位和全国中小城市投资潜力百强县（市）第 29 位。

但是，令人感到困惑的是，P县同时还是贵州省 50 个国家级扶贫开发重点县之一。这种同一个县既是省级经济强县又是国家级扶贫开发重点县的情形十分罕见，"P县现象"引起了课题组的高度关注。通过初步的文献阅读，我们了解到，P县作为西部地区的省级经济强县，其重要支撑就在于丰富的煤炭资源，是典型的资源富集地区。对比西部贫困地区，不少地方都具有这样的特点：既是资源富集地区，同时又是积贫积弱地区，因此，关注P县的贫困问题，具有普遍意义。我们希望对这一个难解悖论的调查研究，提出具有针对性的政策建议，为更多"富饶的贫困"提供注解，也为资源开发中贫困农户的分配性产权贫困提供经验证据。

二　P县矿产资源开发中的产权补偿调查

在P县 37 个乡镇、450 个行政村中，课题组选择了 XS 镇 CT 村和 MC 村村民进行入户调查。调查时间是 2011 年 8 月，调查方法包括自填式问卷调查法、访谈法和观察法等。

（一）调查地点选择理由

之所以选择 XS 镇，主要因为 XS 镇有在建的贵州省装机容量最大的火力发电厂"PN 电厂"，是贵州省西电东送的龙头企业，规划总装机容量为 6×60 万千瓦；其电力发送对贵州煤电系统有着举足轻重的影响，是整个P县煤化工业的代表。

PN 电厂 XS 煤矿自开工建设，截至 2005 年 5 月底，共在 XS 镇征用耕地 6500 亩，涉及 9 个村 2304 户 8639 人；征地后人均剩余耕地面积不足 0.2 亩的有 1416 户 5237 人；耕地被全部征用的有 1201 户 3115 人。本次之所以选择 MC 村和 CT 村作为调研对象，一是由于这两个村距离镇政府距离较近，受电厂建设影响较大。CT 村原址被电厂征用，主要土地被征收，只留下一些坡地和一些离电厂较远的土地。MC 村由于中学搬迁、灰场路修建及煤灰倾倒点建设，被占用大量的田地；而且由于运灰车每天经过，扬尘较大，空气污染较严重，对当地居民日常生活影响较大。二是虽然两个村离 XS 镇都很近，但两个村都属于贫困村。这种现象即使在贫困地区也比较罕见。因为从区位对经济社会发展的影响来看，一般距离城镇近的村寨总是率先得到发展。但是，从 PN 电厂开工建设十多年以来，距离 XS 镇很近的 MC 村和 CT 村居民的生活条件并没有明显改善，反而进一步拉大与当地城镇居民的收入差距，加之历史形成的绝对贫困，成为矿产资源开发过程中绝对贫困与相对贫困双重叠加的低收入者。因此，对两个村的调查研究很有代表性和典型性。

（二）矿产资源开发中 MC 村的产权补偿调查

建设 PN 电厂主要是由于当地丰富的煤矿资源，对煤矿资源的开发必然需要占用土地。土地作为农民的生产资料，是典型的物质资本生产性产权。因此，矿产资源开发过程中的征地补偿，属于产权补偿的范畴。

MC 村是运灰车的必经之路，走进村子，第一感觉是天空灰蒙蒙的。从镇上延伸出来的水泥路只到新建的 XS 中学的一个大门旁边，并没有贯穿整个村子，村里的道路依旧是凹凸不平的泥巴路。由于运煤车和运灰车的常年碾轧，泥巴路面非常不平整。在下雨天，坑坑洼洼的路面满是积水，湿滑泥泞，给当地居民出行造成极大不便。在 PN 电厂开工建设之前，MC 村有肥沃的农田。电厂开工建设之后，将近 90% 的良田被占用，同时新建的 XS 中学也坐落于 MC 村，学校建设用地也是来源于原有的耕地。因此，在矿产资源开发过程中，MC 村的土地主要被征收用于厂矿、学校和道路建设。

在调查中，通过与当地居民交谈，课题组了解到 MC 村赔偿款并未按 XS 镇征地统一标准赔偿，大部分只付 3750 元/亩。村民对于征地前政府的一些承诺没有兑现意见较大，比如当时政府承诺要在当地修建公路，但是 10 年过去了，道路仍然没有修好，对此大部分被访村民都很不满意。尽管补偿标准不高，但是对于土地被全部征用或者大部分征用的农户而言，仍然可以拿到一笔数额不算小的征地补偿款。对此，习惯了以土地作为生产资料的农民，对于如何以资金作为生产资料，生产出全家的生活资料，并实现再生产的简单循环或者扩大循环，既缺乏实践经验又缺乏必要的知识。因此，大多数村民能够想到的就是依托新搬来的 XS 中学，卖点小东西给学生以维持生计。但是由于学校外面矿车和灰车穿梭不断地经过，学校为了学生的安全，不允许学生到校园之外擅自活动。这就使得村民希望通过为学生提供服务获得收入的生计之路难以实施，因此，当问及以后如何谋生时，很多村民都感到迷茫和无助。

问卷整理调查的信息则反映出以下问题和现象：

（1）征地拆迁是政府主导，农民认为政府只关心建厂，而对农民利益没有足够的关注，相反，主要是通过美好的发展蓝图来引导农民同意土地被征用。

（2）征地补偿款有折扣，农民认为政府没有引导他们把每一笔钱用在实处，没有引导农民合理利用赔偿款；没有听取农民的心声，及时为他们解决困难。

（3）就业机会过少，非农就业难以实现。即使打工，也是打零工，收入极不稳定，脆弱性很高。

（4）政府和农民之间关系恶化，出现很多矛盾，农民对政府的不信任感、恐惧感和仇视感不断加深，政府与人民之间越来越难以沟通。

（5）"等、靠、要"思想仍然很有市场。许多农民没有考虑失地之后的生存问题，而是寄希望于政府的扶助，长期吃着救济，不思考如何通过自身努力脱贫，认为既然国家把自己的土地征用了，一旦自己没有饭吃，国家也不会不管，因此把扶持救济看成是理所当然的事情，看成是自己应得的福利。

（三）矿产资源开发中 CT 村的产权补偿调查

因为 PN 电厂的建设需要，CT 村整体搬迁，村民全部房屋被拆，耕地大部分被占。村民居住方式由原来的散居，在整体搬迁之后，统一安排距离镇政府不远的河滩上，变成聚居模式。每家基本都修有两层的房屋，底层是门面，不过大部分都空闲着，只有靠近镇医院有几户做了点小生意。道路较宽，不过路上人很稀少、冷清。在河对岸离镇政府大约 500 米左右的地方，有一个大煤矿，煤矿里的废水排到河里，一眼望去，河水黑乎乎的，污染严重。同时 CT 村位于 PN 电厂南部，与电厂直线距离在一千米以内，受电厂废气等影响较大。

从补偿标准来看，水田补偿标准为 9000 元/亩；旱地补偿标准为 8000 元/亩；房屋补偿标准为 140—210 元/平方米，不区分房屋的地段与房屋状况的好坏。对这个补偿标准村民意见很大。村民认为补偿没有按国家标准，比邻近的云南少很多。村民说云南省征地，水田补偿标准为 18000 元/亩，是当地的两倍；旱地补偿标准为 13800 元/亩，是当地的 1.725 倍。赔偿款在盖完房屋后就所剩无几，有些家庭甚至连修建房屋都不够，更别说用余款从事其他经营实现生计的可持续。

2011 年村民家庭年收入部分在 5000—15000 元/年，大部分自称在电厂打零工没有固定收入。在电厂建设前，有 70% 左右的家庭务农。电厂建立后，38% 左右的家庭务农；40% 左右的经商或从事其他工作，大部分只能在附近打零工维持生计，每天收入不等，好的达到 35 元/天，差的只有 20 元/天。由于电厂岗位不多，就业机会极少，只有很少部分家庭有人在电厂上班。

村民认为政府未履行之前的诺言，以前承诺用水、用电免费，现在均收取费用，虽然用电确实比以前更方便、更便宜，但并非是政府之前承诺的免费。以前有用煤补助，现在用煤非常困难。现在虽然交通更方便了，但污染问题也更严重了。最让农民担心和愤怒的是，房屋建在河滩之上，地基不稳，房屋大多出现震裂，村民多次反映情况无果，对此意见很大。总之，大部分人认为电站并未给他们自己带来多大的经济效益，反而让他们失去了赖以生存的土地，带来了严重的环境污染，还要面临就业的压力。

三　P 县矿产资源开发中的产权补偿分析

在工业化和城镇化进程中，对农地和农民宅基地的征用，无疑是将已经界定给农民的农地使用权，由政府有偿收回后，再重新有偿界定给其他产权主体。在这种产权主体变更的过程中，因为土地是农民赖以生存的生产资料，是农民的"命根子"，因此，必须解决农民失去土地后的生计问题。从产权分析的视角来看，这实际上是一个产权补偿的问题。如果从资源使用和开发的角度来看，则是一个资源替代的问题。换言之，就是当农民没有土地赖以维持生计时，政府或者新的土地使用主体用什么资源替代土地资源，确保农民可以依赖这种资源维持可持续的生计。由于土地的肥力在没有污染破坏或者不可抗力事件冲击的情况下是可持续的，因此，这就要求替代土地资源的其他资源也具有同样的特性，才有可能实现农民的可持续生计。但是，遗憾的是，在现实世界中，恐怕没有任何一种资源可以替代土地，成为一种可以永续开发利用的资源。正是因为土地资源这一特殊性，不仅使之具有"财富之母"的美誉，而且也给非自愿的土地产权转换带来了若干冲突和问题。

就课题组调研的 P 县 XS 镇 CT 村和 MC 村矿产资源开发中的产权补偿与资源替代问题而言，从产权分析的视角来看，可以概括为：

（1）产权补偿价值基本对等的原则没有得到遵循。虽然是土地征用，不是土地交换，但是考虑到土地对于农民维持可持续生计的重要性，在产权补偿中，遵照产权补偿机制基本对等的原则是必需的。尤其是考虑到被补偿的产权是物质资本生产性产权,具有永续利用特征的话,这一原则更需要得到严格的遵守。

(2)矿产资源开发利用的负外部性加重了当地居民的物质资本生产性产权贫困。这主要表现在由于矿产资源开发,带来的日趋严重的环境污染和破坏问题。主要表现在:

第一,空气和水的污染。在问及电厂建设给当地带来的最大弊端时,95%以上的村民的回答都是"环境污染很严重"。村民指着不远处电厂的烟囱说,现在连自家地里的白菜都吃不成,菜叶上被厚厚的灰尘覆盖着。每天有上百辆运灰车从村里经过,运灰车虽然在电厂内喷上水,但是每到一个地方到处都是灰,整个村子的房子都蒙上了一层。

目前,P县空气中主要污染物为二氧化硫、一氧化碳、烟尘、灰尘等等,火电行业、焦化业是这类污染物的主要来源。全县的焦化厂存在工艺装备落后,生产能力低下,资源浪费严重等诸多问题。煤炭的燃烧带来大量的氧化污染物,虽然P县几个煤矿都有相应的脱硫设施,但是不能从根本上解决这个问题。P县几个主要的煤炭生产区都有严重的污染,一个名叫土城的镇成了名副其实的"土城",而XS也继而成为土城的翻版。走到有火电厂的地方,都能看到烟尘滚滚,道路上都是灰尘扑扑,河里是黑乎乎的脏水。河水污染主要来自洗煤厂的污水和发电厂的冷却水,乌黑的煤炭水排入河流后,原本清澈的河水也只能"同流合污"。在一些污染严重的地方,还可看到有当地居民在河水里捞沉淀下来的煤,沥干作日常生火用,河水污染之严重由此可见一斑。

污染对当地居民的生活产生了直接影响。由于煤化工带来的灰尘太大,一般情况下居民都不敢轻易打开门窗。据当地居民反映,有些工厂使用的是劣质煤,这使得空气污染更加重,严重影响当地居民的日常生活。

第二,植被的破坏。火电站和焦化厂的建设要占用大量的土地,而且这些被占用的土地大多为地势较低的肥田沃土。由于建设需要,这些土地上的植被全部被砍伐,变成电厂的建筑区域。同时,煤渣及煤矸石的倾倒地点离电厂有一定的距离,因此,连接电厂和倾倒地点的道路设施建设及倾倒地点的植被又被破坏。同时,大量的灰尘附着在周边植物的叶片上,也不同程度地影响这些植物的生长。另外,煤矿开采和房屋建设等都离不开树木,煤矿开采规模和建筑的增加,大量的木材需求也加剧了当地的植被破坏,使得当地的生态不断恶化,水土流失加剧。

第三，地质结构的破坏。煤矿的大量开采，使得地层被掏空，破坏了原有岩层的结构和平衡，许多在煤矿附近的村庄地面都出现裂痕，或者出现房屋基石的塌陷等情况；另外，一些地方除了出现地陷，还有滑坡的情况，使煤矿矿井和很多在煤矿周围的村庄存在着严重的安全隐患，也影响着周围交通设施的安全，严重影响着地理环境。由于贵州是喀斯特地貌，地下有很多暗河和溶洞，在煤炭的开采中，稍有不慎，就容易造成重大安全事故。同时，地层破坏后还会造成漏水和缺水等现象，影响当地的地下水，进而也会影响当地居民的日常用水。

第四，小气候的改变。P县属于喀斯特岩溶地貌，正所谓"天无三日晴，地无三尺平"，这些地方大都山高路陡，地形地势崎岖。因此，煤矿都建设在地势较低的山脚或"小坝子"里，一般都集聚在河道的附近，随河道而延伸，周围都有高山。在燃煤发电的过程中，大量热量和二氧化碳不能及时散开，聚集在发电厂周围，使得电厂周围的气温要高于其他地方，在电厂周围也最容易形成"热岛效应"。在贵州这样特殊的地理环境下，热岛效应只会加剧当地的环境污染情况。此外，火力发电厂需要大量的冷却水，这就必须要建水库，水库的建设必然也会改变局部地区的气候，使原本的陆地变为湿地，增加了湿度。使夏季水面温度低于陆地温度，水库水面上部大气层结构比较稳定，使降水量减少；冬季水面温度高于陆地温度，大气结构不稳定性增加，降水略有增加。蓄水后水库的库区平均气温略有升高，并且出现年温差、日温差减小的情况。水库的建设除了对周围的小气候产生影响，也会造成地理环境的改变，容易引发地质灾害。比如在干旱年份，水库的水位迅速下降，就会引起周围坡体和地质结构的不稳定。

（3）矿产资源开发新增产权分配没有遵循公平原则。就P县的矿产资源开发而言，受益方应该是企业、中央政府、当地政府和农民。但是在现实中，农民以失去土地为代价换来的项目开工，项目运转后新增的收益农民几乎不可能直接分享。这实际上是将农民排除在新增产权的分配体系之外。如果考虑到项目建设之初已经对农民进行了土地补偿的话（虽然补偿存在若干遗留问题），可以认为在初次分配时不考虑农民是有道理的，但是，如果在二次分配时，依然将当地居民排除在外，就是具有典型的非亲贫增长特征了。就课题组调研的情况来看，这种排斥性的非亲贫性矿产资源开发至少表现在四个方面：

第一，失地农民非农就业机会少。由于 P 县经济基础薄弱，政府又疏忽了对失地农民的就业指导和经济规划指导，使得农民增收困难。建设火电厂之前大多农民都只依靠着土地维持全家的生计。火电厂的建设使周围农民失去了房屋和田地，这些土地中绝大部分又都是土壤较肥沃的，虽然大部分家庭都还留有一些土地，但大都是坡地、劣地，不利于耕作，这些失地农民的增收便成为一个严峻的问题。在调查中也发现，政府对一些拆迁户的拆迁补贴在搬迁规划之前就已经下发了。由于政府没有相关的指导，使一些农户房子没有建好，到了建房的时间拆迁款已经花完了，既失去了经济来源，又没有了房屋，生活条件远不比之前。同时，很多工作岗位都有相应的技术要求，一些失地农民难以上岗，也因此沦为低保对象。要使失地农民真正转变为一个有独立经济收入的"市民"，不仅需要提供更多的非农就业机会，而且政府提供的就业引导和指导尤为重要。

第二，央企的税收与污染不匹配。P 县年生产原煤约 3000 万吨，国有煤矿与地方煤矿各占一半，但地方煤矿所上缴的税费远远大于国有煤矿。国有煤矿缴纳税费相同的是：增值税、教育与城建附加、资源税、资源补偿费等。而不同的是，地方煤矿应缴的项目为"个税"（按销售收入的 7.5%）、地方规费（79.15 元/吨）、和谐矿区建设费（5 元/吨）、乡镇管理费（3 元/吨），国有煤矿只缴企业所得税（按利润的 25% 计），其他项目由于体制原因地方政府不能对其予以收缴。两者税费的差距为 100—110 元/吨。可以看出地方煤矿比国有煤矿给政府带来的收入要高出很多。整个 P 县的税收绝大部分都来源于地方煤矿，但不仅仅因为地方煤矿的税收比国有的要多，更重要的是因为在 P 县的大型煤矿都属于国有，其营业税直接上缴到国家，根本不经地方税务局。近年饱受争议的环境税问题在 P 县也显得比较突出，国有煤矿的税负不与地方政府挂钩，但是其生产对环境的各种负面影响却让地方政府去承受，这对地方政府来说负担也相当沉重。因此，探索央企在资源开发中的地方性公共事务分担机制，对于财力薄弱的贫困地区可持续发展具有重要意义。

第三，替代资源的问题。在开发之前，当地农民可以方便地以煤炭为免费燃料，在电厂建设后，农民不能自行采煤。同时由于大量的煤要支持发电，居民日常生活使用煤炭相对紧缺，虽然有煤票等限量供应，但是很少能买到煤。生活用煤成为问题。

第四，资源开发中的逆向支持问题。矿产资源开发的收入，无非政府、企业、煤矿主三个主要群体，随着煤化工业的不断发展，政府收入提高的同时，相应的对当地的各方面建设和当地贫困居民的生活投入也在增加；但是在调查中却鲜有当地企业和煤矿主拿出钱来建设当地的基础设施，而且许多煤矿主也不愿意在当地消费；由于煤炭的开采和加工导致当地环境的恶化，许多煤矿主就拿着在贵州挣到的钱到环境更好的云南或其他地方去消费，使得煤炭产生的经济效益不能留在 P 县境内，从而也不利于第三产业的发展。此外，矿产资源开发对道路交通等基础设施需求增加，因此很多地方在建电厂和煤炭开采过程中修建了许多道路，但是由于本身地质条件及许多运输车辆超载情况严重，导致这些道路破坏严重，很多道路建好后两三年就不能使用了。按照"谁使用，谁付费"的原则，企业应该为基础设施的维护投入资金。但是，正如前文所述，不仅企业缺少直接投入，就是通过上缴税收的方式进行间接投入，对于央企也是不可能的。因此，对于落后地区矿产资源开发中的央企，其新增产权的分配模式，表现为典型的以贫困地区的资源支持发达地区的建设的"逆向支持"问题。

因此，总体来看，贫困地区的矿产资源开发，在产权补偿和资源替代方面，极容易出现产权补偿不对等、贫困地区居民物质资本生产性产权受限加剧产权贫困和当地居民在矿产资源开发中新增产权分配中缺位的情形，所有这些现象的产生，都是因为在矿产资源的开发过程中，贫困人口在产权分配上话语权更小，是典型的分配性产权贫困。

第三节　家庭资源配置中的分配性产权贫困：以贵州 4 个重点县为例

一　分配性产权贫困的微观考察

对公共资源配置中的分配性产权贫困考察，是基于宏观视角；对资源开发利用过程中的分配性产权贫困的考察，可以认为是基于中观视角；从微观层面来看，家庭是资源配置的重要单元和主体，因此，对家庭资源配置中分配性产权贫困的考察，无疑是基于微观视角。

经验观察表明：同样的家庭收入，不同的分配能力，会产生不同的分配效果。这就是在人民公社时期，同样人口规模、同样劳动力、挣相同工分的家庭，为什么有的家庭饱一顿，饿一顿；而有的家庭却能做到"细水长流"的根本原因。同样，即使在当前，前文分析失地农民对补偿款的合理使用时，虽然是放在资源开发中的分配性产权贫困议题下进行探讨，但是，其内容已经落入家庭配置的范畴，是一种因分配能力不强导致的分配性产权贫困。因此，探讨贫困人口的分配性产权贫困问题，必须探讨微观层面家庭资源配置中的分配性产权贫困问题。

二 对贵州 4 个重点县贫困家庭分配性产权贫困的调查[①]

为了从微观层面对贫困家庭的分配性产权贫困展开研究，课题组选择了贵州威宁、务川、雷山和盘县四个县进行入户调研，然后对其分配性产权贫困进行研究。

（一）选点依据

之所以选择上述四个县，主要是按照既具有代表性又具有典型性的原则，分别在贵州省的四个区域各自选取一个典型的贫困县：黔西区域选择威宁；黔北区域选择务川；黔东区域选择雷山；黔南区域选择盘县。

之所以在黔西区域选择威宁，是因为威宁属于毕节试验区的辖区，人口增长率一直居高不下，2010 年威宁的年末总人口有 126.56 万人，占全省总人口的 3.64%，人口总数位居全省 88 个县的榜首，而生产总值为612916 万元，仅占全省的 1.33%，人口总数占全省的比重是生产总值占全省比重的 2.74 倍，因此人均生产总值仅 4900 元，位居全省末位。喀斯特地貌较为严重，石漠化面积达 1806km²，是全省石漠化面积最大的县域；同时威宁还属于国家扶贫开发重点县，贫困总人口全省最高，2010年达到 190200 人，贫困发生率也高达 14.9%。因此威宁是一个人口压力、生态恶化和贫困落后问题相互交织的县域。

务川是少数民族自治县，少数民族人口高达 91.5%，也是国家级扶贫开发重点县之一，是贵州省经济较为发达的遵义市的管辖县域，但其经济总体发展水平年年位居遵义市的末位。2010 年务川的年末总人口 32.19万人，生产总值 200142 万元，人均生产总值 6070 元，位居第 83 位。农

---

① 本小节和下一节的内容，主要来自本书课题组主要成员之一、贵州大学 2010 级农业经济管理专业硕士研究生孙红的硕士毕业论文《县域能力贫困比较研究——基于贵州四县的数据》相关部分。该论文选题来自作者主持的教育部课题；论文数据主要来自入户调研。该论文从调研设计到调研实施，所有经费均来自本课题经费，是作者主持的教育部课题研究内容之一，经论文作者同意，节选部分内容收入本书。

民人均纯收入 2830 元，居于第 85 位。由此可见：无论是哪项经济指标，务川在全省排名均靠后，其贫困程度也显而易见，贫困发生率 12.8%，高于全省 12.1% 的平均水平。因此选取了务川作为黔北的调研地点。

雷山县虽然有较好的生态环境条件，地表资源也丰富，森林覆盖率高达 64.4%，少数民族人数较多，占到总人数的 80% 以上，旅游资源丰富，但其贫困发生率较高，达 17.1%。雷山 2010 年年末总人口 11.73 万人，生产总值 90210 万元，位居倒数第二位，人均生产总值 7628 元，位居第 70 位。农民人均纯收入仅为 2982 元，离全省平均水平相差甚远。综合来看，其贫困程度也较深。因此被课题组确定为黔东调研地点的一个选择。

盘县矿产资源丰富，近几年来因为能矿企业的大力发展，2010 年生产总值 2103860 万元，居全省 88 个县中的第 3 位。财政一般预算收入196488 万元，居全省榜首，人均生产总值 20092 元，远远高于全省13228.00 元的平均水平，是贵州省经济强县；但同时盘县也是贵州 50 个国家级扶贫开发重点县之一，贫困人口仍有 13.96 万人，贫困发生率更是高达 13.4%，比全省 12.1% 的平均贫困发生率还高，这一发展悖反现象使课题组将之确定为调研地点之一。

（二）问卷设计和调研实施

2011 年进行设计问卷时，对贫困人口能力形成的理论构想还没有上升到产权分析层面，主要仍然聚焦于"能力"展开。但是，初步的思路与目前的构想仍然高度一致，即将贫困人口的能力区分为生产、分配、交换和消费四个环节，并针对以上四个环节进行问卷设计。

问卷对分配环节的问题设计，主要选取了两项重要指标，以便进行比较：平时如何分配日常开销和如何分配使用扶贫资金。所问的问题是：（1）家里最主要的两项开销是什么？（2）如果获得过扶贫资金，您是如何利用这项资金的？希望通过比较农户对自己的资金的分配使用情况，即开销侧重点所在，可以看出其对家庭资源的分配方式，并分析这种分配方式对产权贫困程度的影响。

问卷设计好以后，课题组于 2011 年 5 月上旬在贵州省贵阳市花溪高坡乡进行预调研，发放 30 份问卷，收回 30 份有效问卷。通过对预调研过程中遇到的问题、问卷质量的分析，经过多次讨论修改，最终确定了调查问卷。问卷总共包括 6 个部分，第一部分是家庭基本情况，第二至第五部分分别是生产环节、分配环节、交换环节和消费环节的相关指标询问，最后是开放性问题。

　　问卷最终定稿以后，正式调研于2011年6月20日—7月15日在贵州威宁、雷山、盘县和务川四个县展开。每个县进行入户调研100户，同时访谈当地县扶贫办主任、乡镇领导和村支书。最后总共收回397份有效问卷进行整理和统计。总体上看，此次调研算是一次比较成功的调研，主要是因为课题组严格按照调研的步骤扎扎实实地有效推进。在调研前期做足了准备工作，比如查阅大量相关资料，查找相关数据指标等，有助于调研时心中有数；最关键的是课题组进行了一次预调研，这对于问卷质量和调研质量都大有益处；同时，由于同期课题组承担了国家发改委委托的课题"贵州发展战略研究"的子课题"贵州扶贫开发战略研究"，因此调研得到了贵州省发改委西开处和各县发改局的大力支持和协助，这对于我们高质量、高效率地完成实地入户调研至关重要。

三　贵州4个重点县分配性产权贫困的比较分析

　　对家庭资源的分配使用，是贫困人口分配能力高低的具体展现。给定家庭资源，如果分配使用得当，则经由分配环节可以缓解贫困人口的产权贫困现象；相反，如果分配能力低下，从产权分析的视角来看，实际上是分配性产权贫困，其影响必然延伸至物质资本生产性产权贫困、人力资本产权贫困、交换性和消费性产权贫困等。因此，虽然分配本身似乎并不产生价值，但是分配确确实实影响着产生价值的其他属性的产权，因此，分配环节对于贫困人口的能力形成也非常关键。

　　根据问卷调查的统计分析结果，如表5-11所示，调查表明，四个县的贫困农户认为主要的开销有三项：生产生活资料、医药开支和子女教育开销。对于购买生产生活资料这一选项，威宁有63%的农户选择，务川、雷山和盘县分别有46%、60%和60%的农户选择。医药开支项中，务川选择该项作为主要开销的人数比最高，有一半的农户选择；其次是盘县，有47.1%的农户选择，威宁和雷山分别有41.3%和22.3%的农户选择。最后是子女教育开销，雷山将该项作为最主要开销之一的户数比最高，有48.2%的农户选择；其次是务川，选择该项的农户比有46%，威宁和盘县分别有37%和22.6%的农户选择。由于四个县均属于国家扶贫开发重点县，因此大部分的农户都将最主要的开销用于购买生产生活资料。四个重点县中，除了务川以外均有60%以上的农户将最主要的开销之一用于购买生产生活资料，而务川仅有46%的农户将该项作为最主要的开销之一。作为对比，务川选择医药开支作为最主要开销之一的农户比例较高，这有可能是因为务川由于贫困而导致人口健康程度较差，也有可能是务川贫困人口更重视身体健康投资，还有可能是因为务川就医条件更为方便，或者参加"新农合"的比例更高。而就教育投入而言，雷山最重视，其次是务川，这也正好是问卷基本信息部分得出的结论：在四个被调查县中，务川和雷山的高学历人才比重更高。重视教育投资，大力进行人力资本的建设，人力资本得到积累，其生产必然大幅度提高，从而脱贫的难度也随之降低；反之盘县对教育投入少，所以脱贫难度加大，并且将会使得其贫困代际传递现象表现得更严重。此外盘县还有 26.2% 的农户选择修建住房作为最主要开销之一，这一比例甚至高于选择子女教育作为最主要的开销之一的比例，后者为 22.6%。因此这同样也验证了问卷基本信息部分的结论：在四个被调查县中，盘县的人力资本存量最低。

表 5 –11　　　　　　　　贵州 4 个重点县生活主要开支情况①　　　　　　单位：%

最主要的三项开销	威宁	务川	雷山	盘县②
购买生产生活资料	63.0	46.0	60.0	60.0
医药费	41.3	50.0	22.3	47.1
子女教育	37.0	46.0	48.2	22.6

资料来源：2011 年课题组调研数据。

另外，对于扶贫资金的使用也可以看出贫困家庭配置资源能力的大小。从表 5 – 12 可以看出，威宁农户更多的是将扶贫资金用于购买生产资料，其次是用于医疗保健，再次是盖房买房、赡养老人，最后是用于其他（以下均用维持生活替代）和子女教育。务川农户选择将扶贫资金先后分别用于医疗保健、购买生产资料、子女教育和维持生活。雷山农户将扶贫资金先后用于购买生产资料、子女教育、盖房买房、维持生活和医疗保健。盘县用扶贫资金的方式则是较多的农户选择用于维持生活，其次是子女教育、医疗保健，接着依次是赡养老人和盖房买房。可见，各重点县贫困人口对于扶贫资金的使用，侧重点各不相同。

---

　　① 开销的百分比是选择该项消费的人数比重，而不是资金比例。由于是多选，所以各项开销的人数比重之和不为 1。

　　② 盘县最主要的开销还有一项，修造住房（26.2%）。由于其余三个县最主要的前三项开支都是购买生产生活资料、医药费和子女教育，因此综合考虑就选择列举以上三项开支。

表 5-12　　　　　　　　贵州 4 个重点县扶贫资金分配情况①　　　　　单位:%

	子女教育	购买生产资料	医疗保健	盖房买房	赡养老人	礼尚往来	婚丧嫁娶	其他②
威宁	6.3	53.1	12.5	9.4	9.4	0	0	9.4
务川	19.2	30.8	46.2	0	0	0	0	3.8
雷山	29.6	40.7	3.7	14.8	0	0	0	11.1
盘县	24.6	20.3	21.7	2.9	4.3	0	0	26.1
全国	2.5	80.3	1.2	0				15.4

　　资料来源:四个县的数据来自课题组调研,全国数据来自国家统计局农村贫困监测数据。

　　对四个重点县农户关于扶贫资金分配使用的调研从以下三个方面说明了贫困人口的分配性产权贫困:

　　第一,对扶贫资金分配使用的优先序差异。从一般意义上来讲,将扶贫资金优先用于购买生产资料、子女教育等现期和远期生产性产权,可以认为是具有较强的分配能力;反之,如果将扶贫资金优先用于购买生活资料、医疗保健等维持性开支,则可以认为分配能力较弱。也正是基于这样的考虑,总体上,我国对于扶贫资金的分配顺序是:购买生产资料、子女教育和医疗保健。从四个县贫困人口对扶贫资金分配使用的顺序来看,与国家确定的顺序存在或大或小的差异:比如就威宁而言,用于教育的扶贫资金过少,考虑到威宁高于其他贫困地区的人口出生率,以及贫困家庭的规模更大这一现实特征,这样的选择在发展的背景中,有可能会加剧代际贫困的传递;务川用于医疗保健的比重高于购买生产资料的比例,这表明务川贫困人口将减贫物资更多地投向了人力资本产权;雷山贫困人口对于扶贫资金的分配和国家确定的领域基本一致,这表明国家确定的减贫资源投入顺序与雷山贫困人口的需求契合度较高,因此在其他条件相同的情况下,雷山的扶贫效率应该比较显著;盘县贫困人口对扶贫资金的使用表现为各项开支相对均衡,没有明显的侧重和先后之分,而将扶贫资金更多地用于购买生活资料的选择,是盘县贫困人口分配扶贫资金的典型特征,这

　　①　由于问卷设计的是将扶贫资金用于以上八项中的哪一项,所以表中数据表示的是选择该项支出的人数占总人数的比重。由于是单选,所以各县数据加总和为 1。此外,前四县的数据是户数比,而全国的数据是资金比,因此以上数据只是为了说明各自对扶贫资金使用的侧重点,仅起到一个排序的作用,而并不用于数据的比较分析。

　　②　根据问卷填写的开放式答案,“其他”一项多指将扶贫资金用于购买生活资料。

表明对于盘县贫困人口而言，将扶贫物资主要界定到生产环节适应性并不高。这种国家扶贫资源战略规划与贫困人口实际分配使用顺序的差异，通常意义上被理解为供给与需求的错位，而从产权分析的视角来看，则是国家对扶贫物资界定的产权领域与实际分配使用的领域的差异。很显然，差异越大，减贫效率越低。

第二，相关管理制度对贫困人口的扶贫资源分配权约束。关于这一点，从调研数据并不能直接得到，但是在实地调研的访谈中，了解得比较充分。而且关于这一点，并不仅限于贫困人口，事实上，大多数贫困地区的各级政府也对此感受颇深。这种约束主要来自资金使用用途的明确规定，用一句通俗的话来说，就是"打酱油的钱不能用来买醋"。正如前文所言，国家扶贫资金具有清晰的用途，并有相关的使用条例和审计制度，确保扶贫资金"用途不变，渠道不乱"。这些规定和制度都是提高扶贫资金使用效率必需的，是为了避免扶贫资金使用流程中的"跑冒滴漏"，但是，正如一枚硬币有两面一样，这些严格的规定带来的另一个问题就是扶贫资金使用的强约束。从产权分析的视角来看，这种强约束实际上是对扶贫资金使用人分配权的一种约束。从规范扶贫资金的使用和管理看，这种约束不仅必要而且十分重要；从扶贫资金的使用效率来看，这种约束客观上确实缩小了贫困地区政府和贫困人口对扶贫资金的分配性产权，容易导致扶贫资金的低效甚至无效使用，造成稀缺资源的浪费。之所以存在这种悖论，主要原因在于县域贫困的巨大差异①。好在这一问题得到了国家层

①　以课题组调研的贵州四个重点县来看，雷山贫困人口对扶贫资金的分配顺序与国家拟定的顺序高度一致，而盘县却大相径庭。这集中表明了虽然同为国家级扶贫开发重点县，但是雷山和盘县的贫困非常不同。从课题组的实地调研的样本村来看，差异确实十分明显：雷山可以说是典型的交换性产权贫困，而盘县却是由于缺乏劳动力，不能从事生产劳动，从而直接表现为消费性贫困，这也是为什么盘县贫困人口更多地将扶贫资金用于购买生活资料的重要原因。之所以说雷山是典型的交易性贫困，是因为课题组调研的贫困村，具有交易性贫困的两大典型特征：一是交通十分不便。2011 年公路仍然没有通到村子，调研组在步行了 3 个多小时以后才到达村子。二是当地农民有余粮，不缺吃。课题组调研成员一行 7 人，因为交通不便，所以只能吃住在村民家中。调研期间，村民十分热情，拿出腊肉、土鸡、自酿米酒尽情款待调研人员。调研组发现，村民并不缺粮食、酒肉，就是没钱花。没钱花的原因也很简单，就是因为交通不便，因此不能将消费不完的农产品换成货币。而盘县则完全不同，调研村交通十分方便，当地居民种地的不多，大多打零工，因此，扶贫资金大多用于直接购买生活资料；此外，调研村地方病高发，课题组在盘县东边与普安接壤的一个贫困村、西边与云南接壤的一个贫困村分别选了 50 户进行入户调研，结果发现盘县 100 户农户中，家里有残障人士的比例远远高于其他三个县，这显然也是盘县贫困人口更多地将扶贫资金用于购买生活资料的重要原因。

面减贫战略的重视，并采取了相应的改进措施。比如 2013 年 12 月 18 日，在中共中央办公厅、国务院办公厅印发的《关于创新机制扎实推进农村扶贫开发工作的意见》（中办发〔2013〕25 号文件）中，提出要"改革财政专项扶贫资金管理机制……探索以奖代补等竞争性分配办法"，并首次提出"简化资金拨付流程，项目审批权限原则上下放到县"，这实际上是放松对扶贫资金分配权的约束，这就可以在很大程度上解决"打酱油的钱不能用来买醋"这一扶贫资金分配中的特殊问题。

第三，贫困人口对扶贫资源的低分配能力。关于这一点，其实很难用数据加以说明，但是这并不意味着这一问题不存在。相反，现实中有很多真实的案例。比如在产业扶贫中，农民将政府发放的种羊、种猪直接吃掉；一些拿低保又缺乏劳动能力的农民，领到钱以后，不是先去买生活必需品，而是用于赶集买酒喝，个别的甚至拿去赌博！在调研中，这类案例各地都有发生，并非个别地区的个别现象。

因此，综合来看，给定相同的减贫资源，贫困人口对扶贫资源分配的优先序、约束条件以及分配能力，是影响贫困人口分配性产权贫困的关键因素。其中，贫困人口的分配能力虽然与贫困人口确定贫困扶贫资源的优先序有关，但是由于存在对扶贫资金使用的制度约束，因此并非完全一一对应的关系，因此，对两者分别进行探讨。

四 分配性产权贫困微观考察的不足与展望

关注贫困人口的分配性产权贫困问题，微观视角的考察是必不可少的重要视角。但是，由于微观数据主要来自第一手入户调研资料，因此要得出客观可靠的研究结论，存在许多困难。比如贫困农户素质对问卷质量的影响。课题组在雷山调研时，当地发改局帮助选择了一个极端贫困村，当调研组跋山涉水达到村子时，很无奈地发现当地村民根本不会汉语。最后课题组通过当地政府部门，找来几位在省城上大学的大学生和在县城念书的高中生作为翻译，沟通颇为不顺畅地完成了调研。此外，研究经费的约束也给微观数据的直接获取带来极大困难。因此，对贫困家庭微观数据的获取，不应该由单个的课题组去获得，基本信息部分，最好由扶贫开发或者人力资源与社会保障厅等部门提供系统可靠的公共信息。至于专用性信息部分，只能通过千方百计控制调研成本、提高调研质量来解决。另外，还存在实地调研选点的代表性与现实的差异性问题，而这恐怕是任何一个单独的研究都难以解决的系统性问题——"窥豹一斑"的局限是这种研究方法本身存在的问题，即便是进入大数据时代，这一局限在贫困研究中，也很难有很好的解决方案。

此外，本次调研对分配性产权贫困的理论和概念思考还不够成熟，导致遗漏了不少研究内容。比如，贫困人口对时间的分配。时间是一种不可逆的宝贵资源，因此，对其合理地分配使用，不仅是增加当前收入，而且也是增加未来收入的关键。但很遗憾的是，问卷没有涉及这一部分内容。当前，随着外出打工的农民越来越多，农民自身的打工经历告诉自己：有知识有技能非常重要。因此，农民越来越重视孩子的教育问题。不少农民甚至放弃打工，回到老家专门作陪读。这种时间分配方式的改变，必然会对成人的物质资本生产性产权以及未成年人的人力资本产权发生直接和长远影响。但是，对这一类问题的关注，仅仅通过一次问卷调查是难以全面掌握的，还需要动态的跟踪关注。因此，从微观视角考察贫困人口的分配性产权贫困问题，不仅需要对其内涵的科学把握，还需要选择正确的研究方法和路径，具有相当的挑战性。

第四节　分配性产权贫困的多层次特征

一　宏观层次的分配性产权贫困：公共资源分配中的产权贫困

根据公共资源配置中的分配性产权贫困特征，不难发现，从宏观层面看，贫困人口在公共资源配置中的分配性产权贫困可能主要表现为：

第一，由于可分配公共资源基数小，因此可以分配的公共资源数量小。从产权分析的视角看，这是一种公共资源产权的初始贫困。

第二，给定分配范围，给定公共资源数量，如果贫困地区或者贫困人口获得公共资源与其人口不协调，或者增长率更低，这是贫困地区或者贫困人口在公共资源分配和使用中弱势地位的表现和结果，是典型的分配性产权贫困。

第三，贫困地区公共收支的匹配性差，表现在公共收入差距明显，但是在公共支出刚性的约束下，贫困地区和贫困人口缺乏公共资源配置规则的话语权，不仅容易加大贫困地区财政负担，而且容易出现"低收入、高保障"的畸形社会形态，导致工作负激励，出现"养懒人"的现象。因此，贫困地区公共收支匹配性差的深层次原因不仅仅是收入与支出不协调，还是贫困地区缺乏公共资源配置规则的制定权，从而不得不以贫困地区的财政收入，提供按照发达地区标准制定的公共服务。

第四，贫困地区公共支出增长结构的不合理，有可能会加剧已经存在的物质资本生产性产权贫困和人力资本产权的初始性贫困。这表明，一方面贫困地区进行公共资源配置的约束太强——来自上级财政的资金，规定适用于打酱油的，就不能用于买醋——这实际上也是缺乏公共资源配置权利的表现；另一方面，在没有制度硬性约束的情况下，由于配置者个人偏好和能力的约束，将公共资源投向不利于减缓贫困人口产权贫困的领域。

二　中观层次的分配性产权贫困：资源开发中的产权贫困

根据资源开发中分配性产权贫困的特征，中观层次的分配性产权贫困主要表现为：

第一，在产权转换中，由于缺乏谈判能力，导致产权补偿价值基本对等的原则没有得到遵循。因而实际上是非等价地进行了产权转让，导致产权价值的净损失。由于在这类产权转换中，不是基于自愿、等价的市场交换，而更多的是政府出面进行行政干预，具有重新界定产权的性质，因此，该类产权贫困不能纳入交换性产权贫困范畴，而是典型的分配性产权贫困。

第二，资源开发中，农民失去土地，同时却很难得到与土地等价的产权补偿，因此必然因为资源开发中的分配性产权贫困引致物质资本生产性产权贫困。同时，更糟糕的是，贫困地区的资源开发大多是粗放式开发，以牺牲环境为代价。这意味着一方面随着资源开发的进展，当地资源离枯竭状态越来越近；另一方面，由于没有对"三废"进行回收循环处理，当地环境随着资源的耗竭日趋恶化。资源开发完了，企业可以关门离开，但是农民却难以离开，因此，物质资本生产性产权贫困日趋严重。很显然，这种物质资本生产性产权贫困是由贫困地区和人口在资源开发中的分配性产权贫困决定并加剧的。

第三，失地农民在新增产权分配中缺位。虽然是以产权补偿为前提，但是，是选择前期的产权补偿，还是选择参与后期的新增产权分配，并不是作为利益相关者的失地农民说了算。贫困人口在新增产权分配中的缺位，是产生失地农民可持续生计问题的产权原因。

三　微观层次的分配性产权贫困：家庭资源的分配能力

与宏观、中观层面的分配性产权贫困不同，微观层面的分配性产权贫困，主要考察贫困家庭的分配能力。因此，这必然与家庭资源的分配者的个人素质有关。而为了提高贫困家庭的分配能力，国外学者研究表明：在面向贫困人口展开的人力资本投资项目中，对贫困家庭母亲的投资效果最好。这一研究结论受到世界各国的重视。美国于1968年起在家政活动中开展了长达了30多年的"扩大食品和营养教育项目"，使90%以上的家庭改善了食品结构和营养状况，英国、荷兰等发达国家都依托教会实施系统而规范的家政推广工作。当前虽然贵州的扶贫开发重点放在区域开发，专项扶贫难以兼顾这些很难立竿见影的减贫领域，但是，从战略层面考虑，应该率先倡导行业扶贫、社会扶贫从事该领域的扶贫工作，大力开展面向贫困家庭成年女性的社会公德教育、社区服务、环境保护、食品营养、卫生保健培训等培训，引导农户消费与投资，优化农村社区和家庭资源配置，促进农村家庭稳定和社会文明进步。

四　不同层次分配性产权贫困的影响分析

总结前述分析，不同层次的分配性产权贫困影响不同，如表5－13所示，宏观层次的分配性产权贫困，综合来看，最有可能导致与人力资本相关的生产性产权贫困；固化贫困与人力资本投资不足的恶性循环；以及因为交通设施不足导致的交换性产权贫困。从中观的分配性产权贫困来看，如果不加以改变和干预，必然会拉大当地的贫富差距，使贫困恶化，甚至有可能产生新的贫困。微观层面的分配性产权贫困，则容易导致减贫干预失败，屡扶屡贫，不扶更贫，甚至形成贫困人口对扶贫干预的依赖。因此，对分配性产权贫困的关注，不仅要区分其层次性，而且需要针对每一个层级的分配性产权贫困进行正确的减贫干预。

表5－13　　　　　　　　　不同层次分配性产权贫困的影响

层次	所在领域	贫困与反贫困影响
宏观	公共资源分配	与人力资本相关的生产性产权贫困和恶性循环；交换性产权贫困
中观	资源开发利用	拉大差距，加剧贫困；产生新的贫困
微观	家庭资源配置	减贫干预失效，脱贫困难返贫易；依赖性

资料来源：作者。

第五节　交换性产权贫困：以贵州贫困地区为例

一　交换性产权贫困的双层视角：宏观与微观

虽然表述有差异，但是对于贫困地区的交换性产权贫困，早有研究关注。相关研究多用于与市场交易条件以及交易活动相关的指标进行衡量，比如铁路里程、公路通达率、农户与中心市场的距离、赶集的频次等。很显然，以往的研究是一个综合性视角，没有区分宏观与微观层次的交换性产权贫困。

根据指标数值的获得方式以及研究对象的不同，可以将综合视角的交换性产权贫困区分为两个层次：宏观与微观。

从指标的选取来看，指向区域层面的指标，显然是更宏观的视角，主要包括铁路里程和公路通达率等指标。当然，所谓的宏观层次是相对于微观而言。这里的微观主要指以贫困家庭为研究对象，关注交换性产权贫困这一论题。很显然，农户与中心市场的距离、赶集的频次等，都是基于贫困家庭采集的差异性数据。因此，相对微观视角仅仅聚焦于贫困家庭，宏观层面的交换性产权贫困，根据采集区域的大小，又可以区分为至少5个层次：县域、地级市域、省域、区域和全国层面的交换性产权贫困。而之所以将这些差距较大的视域统一划归为"宏观层次"，不仅是相对于微观的贫困家庭层面而言，同时也是基于数据获得方式的不同。总体而言，宏观层面的交换性产权贫困衡量指标都可以从统计年鉴上直接获得，而微观层面的交换性产权贫困衡量指标则需要进行入户调研获得。

对于宏观层面的交换性产权贫困，本书采用铁路里程和一个新的指标"农产品亩均商品率"进行衡量。之所以没有采用"公路通达率"这一重要指标，主要是因为考察样本贵州到2012年底已经实现公路"村村通"工程，因此，以县为统计单位的公路里程指标没有必要再加以考虑。而本书课题组之所以采用了"农产品亩均商品率"这一新指标，主要是考虑到大多数贫困地区的产业结构主要以农业为主，尤其是贫困人口的生计主要依赖农业，主要粮食作物的商品化率对于增加贫困人口的收入至关重要，因此本书课题组研发出这一新的指标，用以衡量交换性产权贫困。根据本书课题组的定义，"农产品亩均商品率"的计算公式是：农产品亩均商品率＝（农产品亩产量－亩均农产品消费量）/农产品亩产量×100%，其中，亩均农产品消费量＝消费总量/耕地面积。

微观层面的交换性产权贫困，本书课题组以威宁、雷山、务川和盘县为调查样本，以问卷调查和访谈方式获取相关数据。根据本书课题组对交换性产权贫困的定义，在借鉴已有研究的基础上，调查问卷内容主要涉及四个问题：（1）您赶集（场）有多远？（2）您赶集（场）需要多长时间？（3）家里有修房等大事时，是否会与其他农户换工？（4）农忙时，是否会与其他农户换工等。

二　宏观层次的交换性产权贫困：以贵州民族贫困地区为例

首先，从铁路里程来看，分布极不均匀，总体密度低于全省平均水平。由于铁路里程增加难度大，所以采用2010年的静态指标交易衡量。如表5-14所示，截至2010年，在贵州民族地区中，尚有务川、道真等7个县没有铁路过境，占民族县级行政单元的15.2%。全省铁路里程2002公里，民族地区总计969.163公里，占全省铁路里程的48.4%。从铁路密度（即单位国土面积铁路里程＝铁路里程/所在行政区国土面积）来看，只要铁路过境的民族州、县，铁路密度均等于或高于全省平均密度。但是从总体水平来看，贵州民族地区国土面积为全省的55.5%，民族地区铁路平均密度略低于全省平均水平，为0.01公里/平方公里。在各民族州、县中，玉屏县的铁路密度最高，达到0.069公里/平方公里，玉屏县是民族自治县，同时也是贵州省的经济强县，区域发展能力明显高于其他民族州、县。另一个铁路密度高的威宁县，2001年才通车的内昆线自东南向西北斜穿而过，而且位置居中，铁路两侧的国土面积大致相等。内昆线虽然仅运营十多年，但是对威宁发展的影响非常明显，最主要的表现为威宁在"人口控制、生态建设、开发扶贫"三大主题的试验区建设中，与毕节市的其他县相比，进展更为明显。因此，不管是作为经济强县的玉屏，还是作为国家扶贫开发重点县的威宁，铁路密度都与当地的发展能力息息相关。

表5-14　　　　　　2010年贵州民族贫困地区铁路里程比较

地区	域内铁路里程（公里）	域内铁路密度（公里/平方公里）
务川	0	0
道真	0	0

续表

地区	域内铁路里程（公里）	域内铁路密度（公里/平方公里）
镇宁	0	0
关岭	0	0
紫云	0	0
威宁	187	0.03
玉屏	35.67	0.069
印江	0	0
沿河	0	0
松桃	39.893	0.014
黔东南	161.8	0.005
黔南	357.8	0.014
黔西南	187	0.011
贵州	2002	0.011

资料来源：根据《贵州统计年鉴》计算。

不过，虽然铁路里程对减轻贫困地区的交换性产权贫困至关重要，但是，很显然，评价一个地区物流量大小，最重要的指标是货物吞吐量。而本书之所以没有采用这一重要指标，主要是苦于各类统计年鉴尚缺乏各市（州）、县（市、区）的相关数据，因此只能用铁路里程做一个简单的比较。不过，长期来看，无论是从县域经济发展的需要来看，还是从精准扶贫的需要来看，这些重要指标必须统计到县级，这样才有利于摸清基本情况，从而有针对性地描绘发展蓝图和确定发展路径。这也正是党中央国务院提出精准扶贫的初衷：精准扶贫就是要"解决扶贫开发工作中底数不清、目标不准、效果不佳等问题"。

其次，从农产品亩均商品率来看，计算口径为：农产品产量包括国有经济经营的、集体统一经营的和农民家庭经营的粮食产量、工矿企业办的农场和其他生产单位的产量；粮食除稻谷、小麦、玉米、高粱、谷子及其他杂粮外，还包括薯类和豆类。根据各年统计年鉴数据，计算结果见表5－15。2006—2010年，威宁总体最低，松桃总体最高；同时除威宁外，各民族地区的农产品商品率普遍高于贵州省平均水平。分年度来看，2006年，威宁、沿河低于全省平均水平；2007年，仅有威宁大幅低于全省平均水平，这主要是由于与其他年份相比，该年威宁农产品总产量很低；2008 年，务川、威宁低于全省平均水平；2009 年，仍然是务川、威宁低于全省平均水平；2010 年，威宁、黔西南低于全省平均水平，这与2010 年黔西南大旱导致农产品减产有直接关系。因此，分区域分年度来看，威宁、务川的农产品商品率较低，而黔西南的波动较大。从总体趋势来看，2006—2010 年，全省与民族地区的农产品亩均商品率都呈上升态势。从增幅来看，最高值年份与最低值年份差值最大的是沿河，增加了27.8 个百分点；其次是威宁，达到 24.3 个百分点；增加值最小的是关岭，仅为 7.8 个百分点。威宁成为增加值最大的县份，一方面与铁路过境有关；另一方面，也与这些年贵州对威宁进行大规模的产业化扶贫有关，尤其是以马铃薯为主的产业化扶贫，起到重要作用。而关岭的增加值之所以最小，主要是因为基数较高，加之关岭的生产条件与威宁不同，难以进行大规模成片的产业化扶贫，因此，短期内不太可能出现大幅度增长。

表 5－15　　　　2006—2010 年贵州民族地区农产品亩均商品率　　　单位：%

地区	2006 年	2007 年	2008 年	2009 年	2010 年	极值之差
务川	38.2	39.9	40.1	46.3	50.0	11.8
道真	40.3	42.2	44.2	48.4	48.5	8.2
镇宁	50.5	52.7	53.9	58.1	59.7	9.2
关岭	47.9	49.8	50.4	55.1	55.7	7.8
紫云	45.8	48.0	47.7	52.6	55.0	9.2
威宁	12.7	14.3	23.9	32.6	37.0	24.3
玉屏	38.8	42.0	53.70	55.6	55.0	16.2
印江	40.6	42.3	54.3	55.7	60.1	19.5
沿河	31.8	34.5	51.0	54.6	59.6	27.8
松桃	48.7	51.6	61.5	64.7	68.1	19.4
黔东南	49.6	52.1	52.8	58.0	60.6	11
黔南	50.1	52.5	53.9	59.5	62.9	12.8
黔西南	40.0	43.9	44.8	49.9	47.9	9.9
贵州	37.8	39.4	42.1	47.6	48.5	10.7

资料来源：根据历年《贵州统计年鉴》计算。

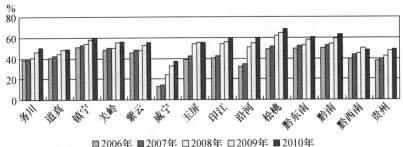

图 5 - 2　2006—2010 年贵州民族贫困地区农产品亩均商品率

　　由于一些指标不能获得县级数据，本书课题组主要用铁路里程和农产品亩均商品率衡量民族地区的交换性产权贫困。客观地讲，对贵州民族贫困地区交换性产权贫困的衡量，由于指标少，基础数据支撑弱，处于非常不充分的状况。要更充分而全面地衡量交换性产权贫困，需要一些重要指标的基础数据，比如铁路运输货物吞吐量、水运货物吞吐量、进出口额等。但是以上两个指标对民族地区交换性产权贫困的衡量表明：民族贫困地区总体交换条件差，而且极不均衡。因此，改善民族贫困地区的交换性产权贫困，首先要改善促进市场交易的硬件设施，正所谓"要想富，先修路"。

　　三　微观层次的交换性产权贫困：以贵州 4 个重点县为例①

　　在商品社会中，交换性产权是决定收入高低的关键因素。前面对宏观层次交换性产权贫困的分析已经表明：便捷、便宜的交通是实现顺利交换的充分条件。这一点对于微观层次的交换性产权贫困依然适用。这也是扶贫开发中非常重视"公路通达率"这一指标的根本原因。但是，目前对该指标的测算，主要是考察行政村的通达率，而不包括自然村。虽然在城市化进程中，随着大量农民进城务工，农村出现了空心化现象。但是，从贫困人口的分布来看，大多数人恰恰是居住在离行政村较远的偏僻村落，交通极为不便。这就使得行政村的公路通达率这一指标对于偏远的贫困自

　　① 本小节主要来自本书课题组主要成员之一、贵州大学 2010 级农业经济管理专业硕士研究生孙红的硕士毕业论文《县域能力贫困比较研究——基于贵州四县的数据》相关部分。该论文选题来自作者主持的教育部课题；论文数据主要来自入户调研。该论文从调研设计到调研实施，所有经费均来自本课题经费，是作者主持的教育部课题研究内容之一，经论文作者同意，节选部分内容收入本书。

然村没有太大意义。另外，即使公路通到行政村，但是这并不必然表示机动车也可以开到行政村，即所谓的"通路不通车"现象的存在，大大降低了乡村公路对贫困人口的减贫效应。之所以如此，主要是因为通村公路大多是沙石路面，硬化不够，因此成为典型的"晴天路"，老百姓将之形象地描述为"晴天一身灰，雨天一身泥"。为了解决贫困乡村"通路不通车"这一问题，贵州在"十二五"期间启动了通村公路的硬化工程，旨在提高通达率的同时，也能提高通车率。除了方便以外，能够便宜地使用交通设施对于贫困人口也至关重要。这典型地表现为贫困人口对高速公路的低使用率，尤其是高速公路的匝道口设计，对于沿线的贫困村落具有重大影响。

为了观察贫困人口的交换性产权贫困，本书课题组对贵州4个重点县将近400户贫困家庭进行了入户问卷调查和访谈，分析结果见表5-16。首先从赶集需要走的路程来看，威宁、雷山和盘县三县农户赶集所需时间为两小时以上的农户比都占到40%以上，仅务川这一比例为10.4%；威宁农户去赶集所花费时间在半小时以内的农户比不到20%，其余三县均在40%左右，其中务川这一比例最高，有46.9%的农户赶集所需时间在半小时左右。其次就赶集频率来看，选择经常赶集的人数比，务川只有2.1%，远低于盘县的19.4%和雷山的21.7%。最后从换工等情况来看，四县均有70%左右的农户选择修房等换工，其中威宁换工比例最高，为79.1%；农忙时无论是别人请家里人帮忙还是家里请别人帮忙的比例，威宁也都高于其余三县，雷山县最低。

表5-16　　　　　　　贵州4个重点县交换性产权贫困分析　　　　　　　单位:%

	威宁	务川	雷山	盘县
赶集所需要的时间				
半小时左右	19.6	46.9	42.9	36.7
1小时左右	32.6	11.5	7.1	12.7
1—2小时	2.2	31.3	3.6	8.9
2小时以上	45.7	10.4	46.4	41.8
赶集的频率				
很少	19.5	16.7	27.5	40.3
偶尔	79.3	81.3	50.7	40.3
经常	1.1	2.1	21.7	19.4

续表

	威宁	务川	雷山	盘县
修房等换工人数比	79.1	71.6	76.5	69.7
农忙请别人帮忙	76.4	68.4	57.1	68.1
农忙别人请自己及家人帮忙	82.8	72.5	57.3	85.3

注：表中所有数据均指选择该选项的人数占总人数的比重，即人数比。

资料来源：课题组调研数据。

四　不同层次交换性产权贫困的影响分析

作为一种继发性产权贫困，交换性产权贫困不仅有宏观与微观层次之分，而且其产生与影响也有所差异。表 5 - 17 总结了这些差异。

一般而言，宏观层次的交换性产权贫困针对贫困地区而言，根据考察区域的范围，贫困地区可以是一个国家、包含相邻若干国家和地区的一个区域、一个省级行政区、地级市、县域或者乡镇，在数据可得的情况下，甚至是一个行政村或者自然村。就贫困地区的交换性产权贫困而言，产生原因主要有三个：一是由于缺乏可交换的产品所导致的交换性产权贫困，这可能是由于生产性、分配性产权贫困导致，就农村贫困地区而言，除了资源富集地区，主要是由于生产性产权贫困导致产出极少，从而引致交换性产权贫困；二是交通不便导致的农产品卖难，使产品难以转换为货币收入，农民手里多余的产品也就不能转换为交换手段，用以购买其他需要的产品，因此，这本质上是一种交换性产权的实现障碍；三是相关交易设施和平台的匮乏，比如交易市场的设施建设。在当前，尤其是网络交易平台的建设和导入，对于贫困地区解决交换性产权贫困具有重要意义。从2013 年以来，各大网络运营商开始在各省（市、区）贫困山区探索"乡村电子商务"模式，其中尤以"淘宝村"发展最快①。根据阿里研究院发布的《中国淘宝村研究报告（2014）》显示，截至 2014 年 12 月，全国已

---

① 根据阿里研究院对淘宝村的定义，淘宝村的认证标准为：大量网商聚集在某个村落，以淘宝为主要交易平台，以淘宝电商生态系统为依托，形成规模和协同效应的网络商业群聚现象。淘宝村的认定标准包括：一是交易场所，经营场所在农村地区，以行政村为单元；二是交易规模，电子商务年交易额达到 1000 万元以上；三是网商规模，本村活跃网店数量达到 100 家以上，或活跃网店数量达到当地家庭户数的 10% 以上（浙江在线嘉兴频道，http://jx.zjol.com.cn/system/2015/02/03/020495759.shtml，2015 - 02 - 03）。

发现各种类型的淘宝村 211 个，分布在浙江、福建、广东、河北等 10 个省、市，其中，浙江以 62 个位居全国第一。贵州的国家级扶贫开发重点县——印江也与淘宝合作，开了中国第一家县级特色馆。不过，虽然网络交易平台解决了以前信息不畅的问题，但就物流问题而言，增加贫困地区的交换性产权，便利的交通仍然是必不可少的交易条件。

表 5 – 17　　　　　　　　不同层次交换性产权贫困的影响

层次	关注领域	产生原因	影响
宏观	贫困地区	可交换产品匮乏； 交通不便； 交易设施和平台的匮乏	绝对贫困； 商品经济不发达状况下的封闭稳定循环
微观	贫困家庭	可交换产品、劳动力匮乏； 交易条件和设施的可得性； 运用交易设施和平台的个人人力资本差异	绝对贫困； 交换性产权的实现困难； 交换能力不足； 交换意识与文化的缺乏

资料来源：作者。

微观层次的交换性产权贫困主要是针对贫困家庭而言。从贫困家庭的交换性产权不足产生的原因来看，所有适用于贫困地区的原因，同样适用于贫困家庭。不过，对于单个的贫困家庭而言，贫困地区的交易条件和设施的整体改善，未必会均匀地惠及每一个家庭。因此，对于贫困家庭而言，有了交易条件和设施，还需要关注这些设施对于每一个家庭的可得性差异。在贫困山区，这种差异可能往往因为一条河流的存在，从而导致同一条公路对于河流两岸的人家，存在完全不一样的可得性——尤其是在雨季。在这种情况下，解决河流两岸人家对同一条公路的可得性问题，最直接的解决办法就是修建一座桥[①]。而且，如果详细评估的话，这座桥的标准会直接决定贫困家庭交换性产权的大小——如果只能达到人畜通行的最基本标准，则改善较小；如果达到一般机动车能通行的标准，则改善较明显；如果达到载重车也能通过的标准，则河流两岸人家因交通条件改善，

————————

① 当然，这种改善路径是基于政府提供公共产品的视角提出。事实上，在现实生活中，我们会观察到贫困家庭作为微观市场主体，针对交易条件和设施的公共性改善，而做出的边际调整。最典型的就是将家搬到新的公路旁边，以增加自己对新建交易设施的可得性。

获得了同等程度的交换性产权改善。

此外，对于贫困家庭的交换性产权贫困而言，家庭主要成员的人力资本至关重要。比如，在当今信息时代，受过更高教育的农民，会自发运用微信平台销售自家生产的农产品；而对于人力资本存量低的农民，则即使进行专门的培训，也未必能够学会使用网络平台进行交易。因此，从这样一个意义上来讲，对于贫困家庭的交换性产权贫困，如果是由于生产性产权贫困引致，则不仅有可能是因为自然生产条件导致的产出低所致；还有可能是因为贫困人口的人力资本较低，不会运用相关的交易设施所致。

综上所述，增加贫困人口的交换性产权，一是要消除生产性产权贫困，解决有东西可以交换的问题；二是要加强普惠性的交换公共设施和平台建设，改善交易条件和环境，同时保障同一片区贫困家庭对这些设施的基本均等的可得性，解决农产品卖难的问题；三是要增强贫困人口的交换能力和交换意识，着力于对贫困人口的人力资本进行投资。

第六章　减贫资源配置与扶贫模式的产权分析[①]

第一节　扶贫开发中减贫资源产权的重新界定[②]

直观地看，扶贫开发是政府或者减贫机构与组织，将不属于贫困人口的发展资料和物资，发放给贫困人口，以期帮助贫困人口渡过当前的难关，或者旨在帮助贫困人口形成持续的发展能力。在扶贫开发过程中，这种资源的转移，从产权分析的视角来看，实际上是对减贫物资产权的重新界定；而从减贫物资最终的产权属性来看，分别指向减缓和消除物质资本生产性产权贫困、消费性产权贫困、交换性产权贫困、分配性产权贫困和人力资本产权贫困。

一　指向物质资本生产性产权贫困的减贫资源产权界定

根据前面对贫困人口物质资本生产性产权贫困的分析，要解决农村贫困人口的生存与发展问题，首先要改善其生产条件，实现贫困人口的自力更生。这也正是大多数减贫干预的出发点和落脚点。

这种减贫干预的思路，在面向农村贫困人口进行减贫资源的配置时，典型地表现为直接将农用生产物资发放给减贫对象，包括种子、化肥、种羊、种牛、种猪、种兔以及农用生产工具等。很明显，这种典型的外生性

---

①　在课题申报论证设计时，本章标题名为"评价反贫困效率：扶贫模式的产权分析——以贵州省为典型案例"，在课题研究和写作过程中，根据贫困与反贫困的产权分析框架及研究内容整体安排，修改为现在的篇章标题。

②　作为本课题的前期研究成果之一，同时也是本课题申报设计论证的产出之一，本节内容是贵州教育厅基地项目"喀斯特民族地区农村贫困问题研究"（08JD006）的阶段性成果，以"贫困与反贫困的产权分析"为题，发表于《马克思主义研究》2009 年第 8 期，是本书作者与课题组成员的合著论文。

产权界定，是因为观察到农村贫困人口贫困的原因，在于物质资本生产性产权贫困的存在。通过将生产性物资直接发放给贫困人口，瞄准的目标是缓解其生产性产品贫困程度，希望贫困人口能够通过这些生产性物资的使用，在生产过程中实现其增值，然后满足直接消费或者通过市场交换来满足自己的各种消费，直至实现扩大再生产，最终达到脱离贫困的目的。

很显然，从理论层面看，对减贫物资进行物质资本生产性产权的重新界定，能否发挥作用，至少取决于两点：第一，农村贫困人口能否有效地实施新获得的物质资本生产性产权。对产权实施的保障，主要取决于贫困人口自身的人力资本产权性质。如果贫困人口的人力资本存量较高，不存在人力资本的生产性产权贫困问题，那么，极有可能"一扶就起"；反之，则往往是"屡扶不起"。第二，物质资本生产性产权得到实施以后，能不能实现产出的市场价值，依赖于贫困人口的交换性产权实施能力的大小。

从实践经验看，农村贫困人口不能够顺利实施新获得的物质资本生产性产权，完成生产性扶贫物资的增值，影响因素很多。除了不可抗力的自然因素，比如干旱、流行性的病虫害等因素外，贫困人口的生产观念也是非常重要的影响因素，尤其是在早期。比如贫困人口在领到了种子以后，不是带回家播种，而是在集市上换酒喝，因此，每到发放种子的时候，集市上东倒西歪的醉汉就成为最为醒目的一景。而将发放下来的种牛、种羊直接宰了大快朵颐的事情，也常有发生。因此，在扶贫开发中，当扶贫干部提到这种现象时，往往是摇头苦笑不已，认为这不过是老生常谈而已，毫无新意。但是，从减贫工作的具体落实以及贫困人口的人力资本特性来看，这虽然是老生常谈，但是却绝不是敷衍塞责的老生常谈，而是因为我们一直没有解决这个问题。从贫困人口的人力资本特性来看，所获得的知识主要来自于家庭和社区自我习得，具有封闭性和稳定性，很难收到外部信息和现代知识的冲击，短期内更难以改变。因此，改善贫困人口的人力资本产权贫困，不仅需要增加贫困人口的知识和技能，而且需要帮助其更新一些根深蒂固的传统观念。

从交换性产权对新增物质资本生产性产权的实施来看，在实践层面主要表现为农产品能否顺利出售的问题。随着扶贫工作的进展，技术性、科学性得到了越来越多的强调。不少贫困地区不惜花重金请相关专家论证当地适合种、养的农、畜产品，然后在规划的基础上实施规模化种养。这种强调技术性、科学性的扶贫方式，试图将贫困地区的禀赋状况与市场需求有效地对接起来，实现贫困地区的脱贫致富。由于这种模式强调专家论证的可靠性，如果专家的论证本身存在问题，那么就会导致项目的失败；而且，从信息不对称、不确定性以及风险的角度来看，即使专家是可靠的，也有可能出现项目失败的情形。所以，失败的案例也不少。由于是规模化的生产，所以这种失败所导致的后果也更为严重。规模化的产品往往是单一的，因此，生产者直接消费大量单一的农产品也是不现实的，比如西红柿虽然可以直接食用，但是不可能一直食用。更为困难的是，有些产品是难以直接消费的，比如烤烟、蚕丝、辣椒、花椒等。因此，对于已经完成生产过程、顺利实施了新增物质资本生产性产权的贫困农户而言，如何在市场上顺利地实现产品交换，就成为能否脱贫致富的关键。

二　减贫资源界定中的分配性产权贫困问题

正如本书在"贫困与反贫困分析方法的创新与不足"中所指出的那样，当在产权分析范式探讨分配性产权贫困问题时，必然涉及一个分析单元视角转换的问题。对其他所有属性的产权贫困分析，都是以贫困人口为分析单元，即以贫困人口作为所有分析的出发点和落脚点。但是，当我们探讨分配性产权贫困问题时，分析单元不仅包括贫困人口，还包括宏观层面和中观层面分配性产权所涉及的产权主体，即政府和企业，甚至其他社会组织和机构等。因此，本节探讨指向分配性产权贫困的减贫物资产权界定时，主要包含减贫活动中最重要的两大产权主体：贫困人口和政府。

首先，从贫困人口的分配性产权来看，最终落脚到贫困家庭对减贫物资的分配能力上。当我们说将扶贫物资直接界定为贫困人口的分配性产权时，可能多少有点令人感到困惑，但是，严格讲，这样的说法其实没有任何问题。事实上，国外对贫困家庭中产权分配的研究，本身就表明了以家庭为单位的贫困人口，在获得了扶贫物资以后，怎样对扶贫物资的产权进行分配，也就是资源的配置对于脱贫的重要性。目前我国对贫困问题的研究，还没有具体到家庭这样一个微观领域。本课题尝试对这一领域进行探索性研究，相关研究成果也反映在本书第五章第三节"家庭资源配置中的分配性产权贫困"。虽然研究所得不尽如人意，但是，这也算是本课题组一个创新性的贡献，以初步甚至粗浅的研究成果，抛砖引玉，期待有更多的同行能够关心这一问题，互相促进，得到深入、系统有启发性的研究成果，为我国微观层面的分配性产权贫困问题提供破题思路和对策。根据十八届三中全会出台的《决定》，我国深化改革的核心是经济体制改革，而经济体制改革的关键是要让市场在资源配置中发挥决定作用。在市场经济中，家庭是重要的市场主体。扶贫开发虽然具有明显的政府主导特征，但是，从贫困人口最终能够形成自我发展能力来看，贫困家庭自身作为最小的生产单位，作为可以自主决策的市场主体，其自主性和积极性的发挥无可替代。因此，从这样一个意义和我国改革发展的趋势来看，以及结合国外减贫的成功经验和借鉴来说，未来我国扶贫开发工作的开展，不仅应该而且非常有必要将这一领域纳入减贫战略。

其次，从政府在减贫物资界定中涉及的分配性产权贫困来看，主要涉及减贫资源配置中存在的多重委托—代理问题，可能导致贫困人口的分配性产权租值耗散甚至失败。我国的扶贫开发具有典型的政府主导特征，逐年增加的减贫资源通过各级政府层层进行分配。因此，扶贫开发尤其是政府主导的扶贫活动，其源头就始自分配环节。不管是财政扶贫资金的确定，还是以工代赈项目的确定，抑或是贴息贷款额度的确定等，无不与"分配"二字有关。在此前提下，扶贫物资在最终落实到贫困人口手里之前，还需要经过好几个环节：省级机构、地（州、市）级机构、县、乡（镇）等，而且每一个环节都上演主题为"分配"的争夺蛋糕的剧情。

从我国政府大力实施扶贫开发以来，虽然减贫瞄准视角几经变化和调整，但是无论是整村推进，还是以集中连片特殊困难地区作为扶贫开发主战场，对扶贫资源分配起到最关键作用的仍然是县级行政机构。原因在于，其一，就省级行政区划而言，集中连片特殊困难地区覆盖的县域数量的多寡，直接关系到该省从国家获得的扶贫资源的多少；其二，对贫困人口而言，要获得扶贫资源，最重要的渠道是县级机构。所以，一方面，县级机构关系到该地区在上一个层次分配中的份额；另一方面，县级机构又直接决定了将获得的扶贫资源分配给谁（哪些乡、镇）。

县级机构这种特殊的身份有可能使扶贫活动背离其初衷。扶贫开发的出发点和最终目标都是为了使贫困人口摆脱贫困，因此，原则上是将扶贫物资优先给最贫困的人。但是，由于县级机构一方面充当了发布贫困信息的代理人，向上一级组织发布贫困人口的信息；另一方面又充当了发放扶贫物资的代理人，向下一级组织或者贫困人口发放扶贫物资。因此，不管是对上，还是对下，县级机构与其委托人之间都有可能产生委托—代理问题。县级机构的这种双重代理身份，就极可能使得委托—代理问题更加严重。对此，处于更低层级的委托人——乡、镇机构以及贫困人口是难以控制和干预的。相对而言，县级机构的上级政府机构，对此问题更具控制力。一般情况下，为了解决委托—代理问题，上级机构往往根据前一期扶贫的效果来确定下一期扶贫物资投放的额度。这一激励产生了两个相反的结果：一方面，在某种程度上，这确实有利于解决县级及其以上机构之间的委托—代理问题；但是，另一方面，这又往往以加重县级机构与下一层级各委托人之间的委托—代理问题为代价。具体的表现就是：扶贫资源往往被大量投向最容易出成绩、最容易被上级看到的地方。这实际上是贫困人口分配性产权的租值耗散。因为如果减贫物资被界定为需要的贫困人口，比界定为不需要的非贫困人口效用更大。所以，"面子工程"式的扶贫开发不是雪中送炭，而是锦上添花、肥上加膘。这种扶贫开发是以贫困人口本应得到的产权损失为代价，实施必要性不大甚至完全没有必要的减贫项目。贫困人口减贫物资分配性产权的租值耗散，从现象上来看，主要表现为拉大贫困地区内部的差距，使得一部分地区、一部分人口如同患上顽疾一样，在相当长的时间内难以摆脱贫困。而这显然既非我国扶贫开发的初衷，也非我们想要的减贫结果。

政府行政机构对减贫物资的绝对分配权利，不仅导致了贫困人口分配性产权的租值耗散，而且往往导致其权利失败。比如发生在西南地区 L 县柳树乡平寨村（化名）一个典型案例很好地诠释了这一点。柳树乡平寨村（化名）是我国西南地区 L 县的一个小村庄，有 740 余名村民。该村的贫困人口是扶贫的重点对象。年过 40 仍为单身的杨生就是平寨村的一个贫困人口。但是，令人不解的是，他不仅没有得到扶贫之手的援助，反而于 2004 年 6 月陷入了一场"奇怪"的扶贫债务纠纷。

事情由柳树乡信用社上杨生家催贷而起，该工作人员称，1998 年 9 月 30 日，杨生向农发行借贷了"扶贫款"（无息贷款）2000 元，理应在 2003 年 9 月 30 日前偿还本金，但杨生一直未还，故信用社受农发行委托上门催贷。而杨生则表示自己从未在农发行贷过款，包括所谓的"扶贫款"。之后，信用社工作人员出示了杨生的贷款凭据，凭据上有杨生的私印。杨生则表示凭据上的私印为假印，并拿出自己的印章让信用社工作人员核对。事实证明，凭据上的印章与杨生的印章确实不一致。那么，是谁假冒杨生并假刻其私印在农发行"骗"贷了这 2000 元"扶贫款"？令人惊讶的是平寨村还有 8 户人家未贷款而被催贷，另有十几户人家贷了

1000 元"扶贫款"而被催 2000 元。他们都是村中的困难户，大都没有文化。稍有文化的杨生找到农发行贷款的经办人，再找到了村干部和冒名顶替者——本村的吴荣等人（他们的家庭并不算贫困）。

最后，杨生要求吴荣写了一张"责任状"，并由村干部作证明。"责任状"原文为："杨生 1998 年 9 月 30 日在平寨村一组向农发行贷款两千（2000）元整，实际是吴荣经手，杨生根本没有得到现金两千（2000）元。无论发生任何变化，我吴荣负有一切经济连带责任。"其他各被催贷的农户也做了相应的书面或口头"责任状"，明确还贷责任。[①]

这个案例表明，各级政府行政部门尤其是县级行政部门在减贫资源的分配环节，如果不能解决好多重委托—代理问题，不仅容易导致贫困人口减贫资源分配性产权的租值耗散，甚至导致其权利失败。

因此，减贫资源产权界定中的分配性产权问题，不仅涉及贫困人口的减贫资源分配能力，而且与政府行政机构在减贫资源界定中，多重的委托—代理问题引致的贫困人口减贫资源分配性产权租值耗散和失败有关。

三　指向交换性产权贫困的减贫资源产权界定

在规模化产业扶贫取得成效之前，我国扶贫开发工作少有将减贫资源产权指向消除贫困人口的交换性产权贫困。随着我国扶贫开发以及涉农部门对农业产业化发展支持的力度越来越大，以及发达地区规模农业经营带来的显著经济效益，贫困地区整合减贫和涉农资金，加大了农业产业化发展的扶持和支持力度。这种产业化扶贫思路的落实，最近几年逐渐显示成效。大量的精品水果、干果、蔬菜、特色农产品被生产出来。大量农产品的问世，凸显了农产品销售的问题；解决了农产品"卖出去"的问题之后，如何将农产品卖个好价钱又成为政府减贫部门和农民共同关心的问题。因此，最近几年来，减贫资源开始指向解决贫困人口的交换性产权贫困问题。

结合反贫困与反贫困的实际来看，贫困人口的交换性产权贫困，可以表现为初始性贫困和交易性贫困。初始性贫困与物质资本生产性产权贫困以及人力资本产权贫困有关，即由于产出有限，能够用于交换的物品稀少；或者由于人力资本存量低，难以在劳动力市场上将自己的劳动交换出

---

① 参见谭同学、刘勤《"跑扶贫"过程中的官僚逻辑与私人网络》，《三农中国》2006 年第九辑，第 132—139 页。

去。交易性贫困与进行交易的条件有关，即手里有余粮，外面有市场，但是却缺乏将"余粮"与"市场"连接起来的"桥梁"。因此，对交换性产权贫困的探讨，重点关注后者，因为前者主要属于物质资本生产性产权贫困的范畴。

为了建立和畅通连接"余粮"与"市场"的"桥梁"，最近几年，我国各级地方政府扶贫和涉农部门开始关注农产品市场化领域的扶持。主要依托各类农民专业合作社或者企业，通过支持交易场所建设、交易条件改善、农产品安全生产、品质认证、标准制定、品牌打造、流通环节等建设，不仅要解决农产品"卖难"的问题，而且要解决农产品"卖得好"的问题。

在《新纲要》中，对于这一领域的减贫干预，被划分为行业扶贫的范畴，而不是专项扶贫范畴。虽然不管是专项扶贫还是行业扶贫，都强调通过产业的发展实现贫困人口增收，但是，表述却有明显差异。在专项扶贫部分，《新纲要》对产业扶贫的表述是："充分发挥贫困地区生态环境和自然资源优势，推广先进实用技术，培植壮大特色支柱产业，大力推进旅游扶贫。促进产业结构调整，通过扶贫龙头企业、农民专业合作社和互助资金组织，带动和帮助贫困农户发展生产。引导和支持企业到贫困地区投资兴业，带动贫困农户增收"，并没有强调市场建设；而在行业扶贫部分，对"发展特色产业"的表述是："加强农、林、牧、渔产业指导，发展各类专业合作组织，完善农村社会化服务体系。围绕主导产品、名牌产品、优势产品，大力扶持建设各类批发市场和边贸市场。按照全国主体功能区规划，合理开发当地资源，积极发展新兴产业，承接产业转移，调整产业结构，增强贫困地区发展内生动力"，强调了品牌和市场建设。可见，从国家层面的减贫思路来看，认为市场化建设主要应该由行业扶贫来抓，而不是专项扶贫的工作领域。

可能正是因为财政专项扶贫没有强调交换领域的减贫干预，使得当前政府减贫部门对减贫资源界定到交换环节的尝试，存在一些偏差和失误。当然，这是难免的。我国的改革就是"摸着石头过河"，就是"且行且总结"，然后再推广。当然，之所以出现这些偏差和失误，除了经验不足以外，另一个重要的原因是理论认识和学习不够。比如对于农产品市场化的扶持，如果是政府财政出资，就一定不能忘记政府在扶贫中的角色——是帮助市场主体走向市场，而不是代替市场主体走向市场。现在，有一些地方就出现了这种代替市场主体走向市场的做法。或者政府将资金投向实力已经不俗的企业，希望通过企业的发展来带动农民脱贫。从逻辑上来讲，这种做法好像没有问题：企业卖的农产品多了，卖得好了，生产农产品的农民难道不会受益吗？其实这种逻辑一点也不新鲜，不过就是发展经济学中强调通过经济增长的"涓流效应"实现脱贫的逻辑应用。各国的发展和减贫表明，这个逻辑没有问题，但是在提倡精准扶贫的今天，这个逻辑过于宽泛，缺乏针对性，或者说瞄错了目标。

而且，更重要的是，随着信息技术的迅速发展和广泛应用，商业业态正在发生深刻变化。这种技术和业态变化趋势在很大程度上改变了贫困地区和人口传统的交换性产权贫困状态。在传统的商业业态中许多约束，在当前已经不再成为约束条件，比如信息的发布与获取，现在，无论多么偏远的山村，只要能够上网，就可以第一时间了解你想要的信息。也正是通过对网络信息技术的应用，不少农家店、农产品交易信息平台搭建起来，为农产品市场化发挥了意想不到的作用。当然，这并不意味着以前的约束现在都不存在了；相反，有一些约束仍然是"紧箍咒"，比如由于交通不变带来的高物流成本，依然严重制约着贫困地区的商品交易。因此，当前政府减贫机构将减贫资源界定到市场化领域，既不能因循守旧，也不能盲目乐观，而是要从实际出发，顺势而为，高起点、高标准地搭建平台，服务农产品市场化建设，为缓解和消除贫困人口的交换性产权贫困切切实实地发挥作用。

四 指向消费性产权贫困的减贫资源产权界定

早期的输血式扶贫大都具有直接发放消费性物资的特点，现在强调造血式的开发扶贫，因此这种情形逐渐减少。目前，直接将扶贫资源界定为消费性产权，主要有两种情形：一是对缺乏劳动能力的贫困人口，直接发放消费性扶贫物资；二是遇到重大灾情，直接向受灾人群发放救济性物资。从发放的物资来看，主要包括两大类：一是直接向贫困人口发放生活物资，比如粮食、食用油、衣被等，贫困人口可以直接消费；二是向贫困人口发放一定数量的货币，贫困人口用货币在市场上购买生活必需品。后者虽然必须经过流通环节才能实现消费，但是对于缺乏劳动能力的贫困者而言，在市场上只能购买与所支出货币等值的生活用品，一般不会选择购买生产资料，因此，对于他们而言，可以认为即便领取的是可以购买任何商品的货币，但是货币的交换媒介职能仍然是相对单一的——主要换取消费品。与此同时，由于我国的贫困人口基数大，国家财力相对薄弱，因此向贫困人口直接发放的消费品或者直接支付的货币，都仅仅保持在维持基本生存的标准，贫困人口不可能因为获得扶贫资助就脱离贫困。但是，对于缺乏劳动能力的贫困人口而言，采用直接将扶贫物资界定到消费环节的扶贫方式，是唯一可行的选择，因此，这部分人生活的改善，只能期待发放扶贫物资的标准随着经济增长水涨船高。不过这也仅仅是生活的改善而已，从相对贫困的角度来看，不管扶贫标准怎样水涨船高，没有劳动能力的人总是会处于贫困之中。因此，要解决这部分人口的贫困问题，事后的救助机制只能起缓解的作用，而难以起到彻底消除的作用。要最大限度地消除这种因为缺乏劳动能力而导致的贫困，只能对贫困人口的人力资本投资进行干预。这样一来，问题显然进入人力资本产权范畴，因此，这里暂且存而不论，后文将专门探讨。

　　这里尤其需要关注的是，在上述的特殊情形——向缺乏劳动能力的贫困人口直接发放供消费的扶贫物资——之外，如果向具有劳动能力的贫困人口直接发放消费性扶贫物资或货币，会导致怎样的情形呢？

　　对此，可以分两种情况来探讨。一方面，如果多次直接将扶贫物资发放到消费环节，容易导致贫困人口形成总是能够免费获取消费物资的稳定预期，这种预期必然导致工作的负激励。因此，持续地向贫困人口发放消费性物资，会出现"出钱养懒汉"的现象，这对于形成贫困人口的自生发展能力，实现脱贫致富十分不利。另一方面，如果这种直接指向消费领域的扶贫资助是一次性的，除了对于因为突发事件致贫的短期贫困者有帮助以外，对于长期处于贫困的人口来讲，也不能起到实质性的帮助作用。因此，总体来看，直接将扶贫物资的产权界定到消费环节的扶贫方式，只适用于缺乏劳动能力的贫困人口以及偶然致贫的短期贫困者，对于长期处于贫困状态的人口而言，采用这样的扶贫方式，要么会导致工作负激励的问题①，要么不能有任何实质性的帮助。事实上，我国早期的"救济式扶

---

　　① 我们在西南地区一个省的贫困县调研时，当地的基层干部反映，在给收入较低的农民发放了低保以后，他们就放弃了农业生产。当被问及为什么放弃农业生产时，农民的回答是："如果种地了，不是就不能领工资了吗？"因为在他们看来，低保＝工资。而由于当地生产条件较为艰苦，虽然种地能够获得的收入远远高于低保，但是由于劳作辛苦，而且干旱、冰雹等自然灾害发生频率较高，也存在辛辛苦苦操劳一季却颗粒无收的风险。因此，在有低保的情况下，当地一部分贫困人口有地不种，也不外出打工，整日玩牌闲聊，过着紧紧巴巴，但是很清闲的日子。而且，有时候如果因为某种原因导致低保延发放，领低保的贫困人口会马上找负责人询问甚至质问。在他们看来，这是他们应该得到的东西，而完全忘了其实领低保的人中，有不少完全是可以依靠自己的双手解决生计和发展问题的。很显然，这种旨在起到兜底保障作用的减贫初衷，并没有完全实现。

贫"就是比较典型的将扶贫物资直接界定到消费环节的反贫困方式。从20世纪50年代初期到1983年以前，政府将保证全体人民的基本生活、使绝大多数人免于饥馑作为主要的政府目标。为了控制极端贫困，主要采取救济式扶贫，即国家每年向贫困地区调拨粮食、衣物等救济物品及财政补贴，通过"输血"维持贫困地区人民最基本的生活水准。这种扶贫方式较为成功地使农村大多数人在总的生产力水平很低的条件下，获得了最基本的生活保障。但也导致了一系列问题：资金使用效率不高，过度浪费；降低了工作激励，助长了贫困地区和贫困人口的依赖行为等。

因此，将减贫物资直接界定为消费性产权的做法，仅限于面向丧失劳动力的贫困人口，以及受灾人群的临时解困。

五　指向人力资本产权贫困的减贫资源产权界定

对于物质资本生产性产权贫困而言，不仅包括土地、资本等生产要素的匮乏，而且也包括劳动力要素的状况。如果考虑到贫困人口就是因为没有钱才被贴上"贫困"的标签，土地又不能移动的话，贫困人口的人力资本状况对其家庭的重要性可以说怎么强调都不为过。而且，换一个角度看，即使有钱有土地，如果没有劳动力要素发挥作用，物质性的生产要素也不可能自行提供产出。事实上，当今世界上仍然存活的"百年老店"，不是因为他们的资金实力更雄厚，而是因为这些企业更重视选拔人才、使用人才和培养人才。因此，给定其他生产要素的状况，对于产出影响最大的是劳动力要素的人力资本。

正是因为人力资本的绝对重要性，减贫干预中各国政府都不同程度地强调对贫困人口的人力资本进行投资。在《新纲要》中，专门就人力资本投资的两大重要内容——教育和医疗卫生提出了明确的减贫目标，公共文化也提出了明确的减贫目标。并在专项扶贫中以"就业促进"为题，提出了具体的减贫干预内容"完善雨露计划。以促进扶贫对象稳定就业为核心，对农村贫困家庭未继续升学的应届初、高中毕业生参加劳动预备制培训，给予一定的生活费补贴；对农村贫困家庭新成长劳动力接受中等职业教育给予生活费、交通费等特殊补贴。对农村贫困劳动力开展实用技术培训。加大对农村贫困残疾人就业的扶持力度"；在行业扶贫部分，则以"发展教育文化事业"和"改善公共卫生和人口服务管理"为题，分别阐释了具体内容。[①]

　　不管是专项扶贫、行业扶贫还是社会扶贫，对贫困人口人力资本领域的减贫干预形式主要包括：把扶贫资源投向学校及学校设施、卫生室及设施、技术培训、扫盲、资助儿童入学等，这些都是为了提高贫困成年人口或者贫困地区青少年的人力资本素质。这种为了劳动力的延续而进行的人力资本投资被马克思称为人的生产。因此，对于投向这些领域的扶贫资源，我们可以将之看作产权被界定到生产环节的资源。接下来的问题，就与前面对生产环节的分析一致：在人力资本投资的过程中，人力资本是否能够得到提高存在不确定性；在人力资本已经提高的前提下，这些人力资本是否能够很好地"交换"出去——与其他生产要素结合，形成真正的生产力，又是另一个存在不确定性的环节。因此，正如产品的提供要考虑市场需求一样，对贫困人口的人力资本投资也要考虑劳动力市场的需求，否则，同样也会存在人力资本的使用权不能顺利交易出去的问题，难以实现扶贫开发的既定目标。

　　因此，可以认为，指向贫困人口人力资本产权贫困的减贫资源，主要指向改善贫困人口人力资本产权的初始性贫困，即增加贫困人口的人力资本存量，从而一方面增加其与其他生产要素相结合的机会；另一方面，一旦与其他生产要素结合以后，提升其生产力。由此看来，贫困人口的人力资本产权贫困虽然可以区分为初始性贫困、交换性贫困以及分配性贫困，但是，其核心仍然是初始性贫困。初始性贫困与人力资本存量有关，交换

---

　　① 《新纲要》的第二十三、二十四条内容分别对应文中内容，即"（二十三）发展教育文化事业。推进边远贫困地区适当集中办学，加快寄宿制学校建设，加大对边远贫困地区学前教育的扶持力度，逐步提高农村义务教育家庭经济困难寄宿生生活补助标准。免除中等职业教育学校家庭经济困难学生和涉农专业学生学费，继续落实国家助学金政策。在民族地区全面推广国家通用语言文字。推动农村中小学生营养改善工作。关心特殊教育，加大对各级各类残疾学生扶助力度。继续实施东部地区对口支援中西部地区高等学校计划和招生协作计划。贫困地区劳动力进城务工，输出地和输入地要积极开展就业培训。继续推进广播电视村村通、农村电影放映、文化信息资源共享和农家书屋等重大文化惠民工程建设。加强基层文化队伍建设"；"（二十四）改善公共卫生和人口服务管理。提高新型农村合作医疗和医疗救助保障水平。进一步健全贫困地区基层医疗卫生服务体系，改善医疗与康复服务设施条件。加强妇幼保健机构能力建设。加大重大疾病和地方病防控力度。继续实施万名医师支援农村卫生工程，组织城市医务人员在农村开展诊疗服务、临床教学、技术培训等多种形式的帮扶活动，提高县医院和乡镇卫生院的技术水平和服务能力。加强贫困地区人口和计划生育工作，进一步完善农村计划生育家庭奖励扶助制度、'少生快富'工程和计划生育家庭特别扶助制度，加大对计划生育扶贫对象的扶持力度，加强流动人口计划生育服务管理"。

性贫困更多地可能会与制度约束等交易条件和环境有关。但是，正如马克思所说，在一切因素中，人的因素是活跃的，是最有创造性的。只要突破了人力资本初始性贫困的约束，人力资本的产权主体就有动力、有能力想方设法突破约束其生产力的制度规定，推动制度改进和改革。我国改革开放的历程也强有力地表明了这一点。

除此之外，贫困人口人力资本投资当中的一个特殊课题是：出生缺陷的预防性干预。尤其是对于农村贫困人口而言，残疾人的贫困发生率为100%，前面的分析也表明，对于这类缺乏劳动能力的贫困人口，扶贫资助只能够直接投向其消费环节，而且必须是持续的。因此，要减少这类因为缺乏劳动能力而导致的贫困，只能够通过出生缺陷的预防性干预。国家计生委科技司在1999年颁发了《国家计生委科技司关于实施出生缺陷干预工程方案的通知》，启动了我国的出生缺陷干预工程。从分管的渠道来看，该工作看起来不属于扶贫开发的内容，但是，从提高扶贫开发的效率来看，这却是需要引起高度重视并协同各部门共同解决的重要问题。

六　指向公共领域的减贫资源产权界定

本书第五章在探讨分配性产权贫困时，以"宏观层次的分配性产权贫困：公共资源分配中的产权贫困"为题，讨论了公共资源配置中，贫困人口的分配性产权贫困问题。这里，又以"指向公共领域的减贫资源产权界定"为题，这两者之间的区别到底是什么呢？

两者的区别非常明显，因为探讨的是不同的资源类别。第五章讨论的是公共资源的分配问题，而这里关注的是减贫资源的产权界定问题，而且是区别于指向物质资本生产性产权贫困、交换性产权贫困等产权界定，是将扶贫物资界定到公共领域。换言之，之前探讨的所有产权属性，其主体都是具体的某一个贫困家庭或者贫困人口，属于私有产权的范畴；而这里所探讨的产权，不专属于某一个贫困家庭或者某个贫困人口，而是公有产权的范畴，具有不排他的特点。

在减贫资源的投放中，主要表现为将之投向具有正外部性的公共产权领域。根据《2002—2005贵州省农村贫困监测报告》（贵州省统计局，2006），这部分投资占扶贫资金的比重很大，贵州省的扶贫资金投向农村水、电、路、灾害防治、生态环境治理等方面的资金占总扶贫资金的40%以上。按照本书对产权属性的区分，界定到公共领域的减贫资源，应该是指向哪一种产权贫困呢？事实上，由于公共产权领域的资源具有非排他性，因此不能够排除没有付费的使用，同样，也就不可能通过收费对其用途实施排他性约束。比如说，不可能规定新修好的公路只能用作生产用途或者用于商品流通，而不能用于孩子们上下学，从这样一个意义上来说，投向贫困地区的公共产品领域的扶贫资源，是被直接界定为没有排他性、具有正外部性的公共产权。

由于具有正外部性，因此，如果由市场来提供的话，这类产品会严重不足；如果由当地政府或者社区来提供，对于贫困地区而言，又没有相应的财力物力。因此，扶贫资源投向这些领域，减轻了贫困地区公共品的短缺程度，由于使用不付费，也大大降低了贫困地区与外部市场对接的交易费用。投向贫困地区公共品领域的扶贫资源收效如此显著，以至于形成了"要想富，先修路"的说法。所以，对于被界定为公共产权的扶贫资源，并不排他性地属于哪一个环节，而是非排他性地减轻了所有环节的交易费用。

从减贫实践来看，这种将减贫资源直接界定为贫困地区公共产权的外生性方式，虽然放松了贫困地区公共资源总量小的硬约束，大大缓解贫困地区当地政府提供公共和基础设施的压力，但是，由于这种改变是外界赋予的，而非贫困地区的内生增长导致，因此，在运营中往往存在比较明显的管护费用和制度不到位的问题。因此，当你到贫困地区的乡村，发现一个修得很漂亮的洗手间，看到要么铁将军把门，要么卫生状况实在不敢恭维时，一定不要感到吃惊。道路、水利设施等都不同程度地存在这一问题。因此，将减贫资源界定到公共领域，一定要通盘考虑后续的管护费用和制度建设问题。从最终实现自我发展的减贫目标来看，后续的管护费用和制度建设主体应该是贫困地区自身，而非外部减贫机构。

第二节　典型扶贫模式的产权分析

我国的扶贫开发工作由国务院扶贫开发领导小组统领，领导小组是国务院的议事协调机构，成立于1986年5月16日，当时称国务院贫困地区经济开发领导小组，1993年12月28日改用现名。领导小组下设国务院扶贫办，具体领导扶贫开发工作。各省、地级市（州）、县（市、区）比照设立扶贫开发领导小组和扶贫办，乡级政府设扶贫专干编制。在健全的组织机构和强有力的领导下，从 1986 年起，我国启动全国性的有计划、有目的的扶贫开发工作。经过将近 30 年的扶贫开发实践，摸索总结形成了几种行之有效的扶贫模式，在《新纲要》中的专项扶贫部分，也专门分别将之作为新时期扶贫开发的重点内容。

一 我国扶贫开发的典型模式

根据《新纲要》和我国扶贫开发的实践经验，我国扶贫开发的典型模式可以归纳为以下五种。

(一) 易地扶贫搬迁

新一轮扶贫开发确定的扶贫攻坚主战场——集中连片特殊困难地区，有不少自然村环境恶劣，自然灾害频发，地方病严重，不适宜居住。对这些地区的贫困农户，《新纲要》明确提出要"坚持自愿原则，对生存条件恶劣地区扶贫对象实行易地扶贫搬迁。引导其他移民搬迁项目优先在符合条件的贫困地区实施，加强与易地扶贫搬迁项目的衔接，共同促进改善贫困群众的生产生活环境。充分考虑资源条件，因地制宜，有序搬迁，改善生存与发展条件，着力培育和发展后续产业。有条件的地方引导向中小城镇、工业园区移民，创造就业机会，提高就业能力。加强统筹协调，切实解决搬迁群众在生产生活等方面的困难和问题，确保搬得出、稳得住、能发展、可致富。"

根据国家发展改革委员会 2012 年 7 月 25 日印发的《易地扶贫搬迁"十二五"规划》（发改地区〔2012〕2221 号），"十一五"期间，国家累计安排易地扶贫搬迁中央预算内投资 76 亿元，连同地方投资总投资 106 亿元，搬迁 162.7 万人；"十二五"期间，力争对 240 万生存条件恶劣地区的农村贫困人口实施易地扶贫搬迁，年均 48 万人。

贵州省作为全国首批易地扶贫搬迁的试点省，把移民搬迁作为扶贫开发的一项重要内容，因地制宜组织实施了大规模的异地扶贫开发工作。据统计，到 2006 年，全省易地扶贫搬迁总投资为 150147.5 万元，其中，国家专项资金 88848.8 万元，省财政配套 4342.9 万元，地县配套（群众自筹）56982.8 万元。全省通过移民搬迁使 20 多万贫困户，特别是极贫困户走上了脱贫致富的道路，促进农村劳动力的转移就业，也极大地促进了生态建设和保护，推动全省各地小城镇建设。

在《新纲要》中，将易地扶贫搬迁放在专项扶贫的第一位，足见国家层面对该扶贫开发模式的高度重视。从实施来看，还需要迈过三道坎：

成本高、补助低、顾虑多。2013 年 7 月，半月谈记者徐旭忠等的报道详细地分析三道坎对易地扶贫搬迁的影响。

案例 1　易地扶贫搬迁的三道坎①

毛坝村是重庆酉阳土家族苗族自治县一个典型的高寒山村，属国家扶贫重点村，全村有 824 户 2760 人。为了让村民尽快脱贫，酉阳县从 2007 年开始对部分贫困家庭实施易地扶贫搬迁，目前实施搬迁的有 280 多户 900 余人。

毛坝村党支部书记姚昭军说，扶贫搬迁对于解决山区贫困来说是个好事，但对搬迁农户来说，代价很高，大多农户是拼了"老本"才搬出来的。

按照规划，搬迁安置房面积 240 平方米左右，当时建房造价10 万—15 万元。现在的建房成本更高，至少 20 万元。而农户实际得到的现金补助每户平均不到 2 万元。许多农户为了搬迁，不得不向亲戚朋友借款或到银行贷款。"目前搬出的农户，条件算是好的。当时没搬的农户，往往都是特困户，照现在的建房成本，是很难搬出来的。"姚昭军说。

按照国家相关政策，对于贫困山区，生存条件恶劣，贫困程度深的农户，可以实施易地扶贫搬迁。易地扶贫安置涉及多个部门的多种扶贫资金，主要包括易地扶贫安置专项资金、以工代赈资金、退耕还林还草补助资金等。在当前建材和劳动力成本普遍上涨的情况，各项资金的补助标准偏低。

从各地的实施情况看，国家补助的易地扶贫资金，仅能基本满足公共设施建设和最必需的基础设施建设投入；建房补助资金杯水车薪，即便加上地方配套，绝大部分搬迁农户只能靠借款和贷款完成搬迁。比如，贵州省松桃苗族自治县大兴镇安置点，总投资 2923 万元，其中农户就要自筹 2000 万元，200 户移民每户要支付 10 万元左右。

记者了解到，武陵山区贫困群众对易地扶贫搬迁存在矛盾心态：一方面渴望改善生产生活条件，或为下一代创造好的生活环境，支持搬迁；另一面高昂的搬迁成本导致一些农户"望而却步"，"想搬、怕搬、搬不下来"。

---

① 参见徐旭忠、周芙蓉、丁文杰、黎昌政《易地扶贫搬迁要迈过多少道坎?》，半月谈网，2013 年 7 月 5 日。

重庆、湖北等地相关部门反映，土地问题也是制约易地扶贫搬迁的一大难题。扶贫搬迁安置地大多属于高寒山区或深山河谷地区，可供安置的用地资源少，土地调整难度大。安置地原住农民大多不愿转让土地，客观上增加了异地安置土地的调整难度。在国家从严控制建设用地的宏观背景下，近些年很多地方停止了农村宅基地审批，一些地方通过充分挖掘土地调整潜力解决搬迁群众安置用地问题，但远远不能满足需求。

（二）整村推进

整村推进启动于 2002 年。当时农村贫困具有"大分散、小集中"的特点，对此，《中国农村扶贫开发纲要（2001—2010 年)》提出扶贫工作要重心下沉、进村入户的要求。为贯彻执行《纲要》精神，国务院扶贫开发领导小组提出将整村推进作为 2001 年到 2010 年扶贫开发的重点工作。2002 年，全国有扶贫开发工作任务的省（区、市）共确定了 15 万个贫困村实施整村推进，占当时全国行政村总数的近 1/4，覆盖了 80% 左右的扶贫对象。

根据《扶贫开发整村推进"十二五"规划》，"十二五"期间，整村推进实施范围在中西部地区，重点是《新纲要》明确的集中连片特殊困难地区的贫困村（指行政村），同时兼顾连片特困地区之外的部分贫困村，包括中西部 21 个省（区、市）的 30000 个贫困村和西藏自治区的200 个贫困乡镇（辖 1642 个村居委会）。整村推进的主要建设内容包括特色优势产业培育、基础设施建设、生态建设和环境保护、公共服务和社会事业建设。

从实施的情况来看，《扶贫开发整村推进"十二五"规划》的统计表明，截至 2010 年年底，全国共有 12.6 万个贫困村实施了整村推进，占贫困村总数的 84%，共投入中央和地方财政扶贫资金 789 亿元，村均投入财政扶贫资金约 63 万元。据统计，在同一县域内，实施整村推进的贫困村农民人均纯收入比没有实施的增幅高出 20% 以上。整村推进使贫困村在基础设施、产业发展、社会事业、村容村貌等方面实现了突破，不仅改善了贫困村的生产生活条件，增加了扶贫对象的收入，提高了贫困群众的自我发展能力，同时打造了扶贫开发进村入户的平台，成为构建大扶贫格局的重要载体。

在一些整村推进比较成功的地方，开始实施整乡（镇）推进。比如贵州威宁自治县迤那镇的整镇推进，就探索出了自己的特色和路子。

案例2　威宁迤那整镇推进见成效[①]

迤那镇位于乌蒙山区腹地的威宁自治县西北部，是滇黔桂集中连片特困地区的重点区域。2010年，全镇总人口3.9万人，少数民族人口占30.40%；有贫困人口6029人；全镇人均生产总值仅为全省平均水平的27.97%。由于迤那地处边远，发展条件差，贫困人口多，贫困程度深，脱贫致富的难度很大，被称为一块扶贫攻坚的"硬骨头"。2011年1月，时任贵州省委书记的栗战书到威宁自治县迤那镇调研，并将之作为"四帮四促"的联系点。一年来，迤那镇围绕"强基础、扶产业、提素质、保民生、创机制、探路子"的扶贫攻坚基本思路，走出了一条整镇推进、跨越发展的成功路子，为集中连片特困地区加快扶贫开发步伐提供了有益的启示。

1. 主要做法和经验

（1）集团帮扶，形成聚合攻坚之势。一年来先后有120多个单位、2600多名干部到迤那结对帮扶，威宁自治县按5个单位帮扶一个村的方法、组织70个县直部门集团帮扶迤那，形成了纵向贯通、横向协调、合力支持、加快推进的工作格局和集团帮扶、聚力攻坚的强大优势，促进了人才、资金、项目和公共服务等资源向迤那涌流。全年各级各部门帮扶项目232个，其中，完成建设项目128个，在建项目60个，完成项目投资3.2亿元，统筹推进了迤那基础设施、特色产业、社会事业、生态环境等建设快速发展。

（2）整体推进，实现资源效用最大化。一是把项目扶贫和产业化扶贫、重点开发与区域连片开发有机结合起来，构建"合作组织+基地+农户"、产加销一体的发展模式，整合农业、扶贫、烟草等部门帮扶的资金7000多万元，实施以"七个两万"（即两万亩玉米高产工程、两万亩优质烤烟基地、两万亩优质马铃薯种薯扩繁基地、两万亩经果林种植、两万亩以蔬菜中药材为主的特色产业种植、两万头生猪出栏、两万头牛羊存栏等）为重点的产业扶贫项目36个，推动烤烟、马铃薯、经果林、生态

---

① 参见王礼全、梁贵钢《集团帮扶，整镇推进，跨越发展——威宁自治县迤那镇扶贫攻坚的探索与实践》，金黔在线——《贵州日报》，http：//www.gog.com.cn，2012年4月23日。

畜牧业等产业实现规模化经营、区域化发展。全镇建立具有一定规模的优质烤烟基地1.2万亩，具有区域化特征的优质马铃薯基地2万亩，新发展核桃、苹果、蔬菜等基地7000亩、中药材基地3000亩，形成了一批产业规模聚集点、一批产业带，加快了特色优势产业的发展。二是把经济建设与社会发展有机结合起来，统筹推进基础建设项目、产业发展项目、社会发展项目、民生保障项目建设，切实加快教育、卫生、文化事业发展。积极实施全民素质提升工程，新建村小学3所和迤那第二中学，新建校安工程17个，规模5万多平方米。以改善医疗卫生设施、提高医疗服务质量为着力点，提高医疗保障能力，重建村卫生室3个，实现村村有卫生室，并开展医疗服务。大力发展农村文化，新建文化服务中心300平方米、农家书屋10个和一批文化广场；新建清真寺4个；修建了合心村水塘生态文化公园。三是把人口控制与生态建设有机结合起来，统筹推进人与自然和谐发展。新建村计生室14个，配备完善了计生设备；全镇符合政策生育率上升17.62个百分点，多孩率下降12.79个百分点。实施封山育林1万亩、荒山造林和还牧种草5300亩、水保小流域综合治理5000亩，全镇森林覆盖率从2010年的26.4%上升到31%。

（3）深度攻坚，跳出扶贫抓扶贫。迤那自然环境恶劣，基础条件薄弱，全镇37%的群众饮水困难，23%的耕地石漠化，群众贫困程度深。如采取单一的扶贫方式，群众稳定脱贫的难度较大。为此，镇党委、政府和省党建扶贫工作队跳出扶贫抓扶贫，实施"三个结合"，提高了扶贫的作用力：一是把扶贫与帮富结合起来，通过抓农村种养能人致富带领扶贫对象脱贫。重点帮助20户种养带头人梳理发展思路、落实发展项目；帮助省委书记栗战书访问过的9户农户改善生产生活条件，发展经济增加收入；帮助征程养殖、利民中药材等专业合作社发展壮大；发展成长了陈杰、孙忠琴等48名致富能手。栗战书居住过的马先家，在各方的帮助下，发展养猪20头、林下鸡2000只、建农家店一个，建蔬菜大棚7个，发展食用菌4.6万袋，成为一年脱贫致富的典型。二是把扶贫开发与新农村建设结合起来，通过新农村建设改善农民生产生活条件，增强发展能力，扩大扶贫效果。省党建扶贫工作队整合项目资金240多万元，对大山村胜利组村庄进行重点整治，修建通组公路4.5公里，整治土地200多亩；帮助10户贫困农民新建了住房，并配套修建了小水窖、沼气池、猪牛圈等，将胜利组这个海拔最高、最贫困的山村小寨打造成了迤那新农村的一个典范。三是把扶贫开发与集镇建设结合起来，以集镇改造和新区建设为着力点，引导农民到集镇就业创业，拓宽脱贫致富路子。全镇发展个体工商户265户，新办旅社餐馆32个，新增运输车辆829辆，转移劳动力4330人，非农产业增加农民人均纯收入530元。

（4）创新机制，激发减贫脱贫活力。以增强脱贫致富"原动力"、提高扶贫开发效益为着力点，建立新机制，创造新模式。一是建立干部挂牌帮扶新机制。采取分类施法、"帮保"两条腿走路，将全镇2092户6029名贫困对象分为具备劳动能力的1188户4266人和丧失劳动能力的904户1763人两类，分别进行帮扶。把丧失劳动能力的贫困人口作为低保救助和社会帮扶，做到"按标施保、应保尽保"。对有劳动能力的贫困对象，组织167名干部实行"1对1"挂牌帮扶，做到"一户扶贫对象有一名干部帮扶、有一项帮扶措施"，推进党建扶贫"四到村四进户"（即规划、项目、资金、管理到村，扶持、培训、干部、效益进户）。2011年全镇帮扶干部共走访扶贫对象2092户，制定帮扶措施近万条，提高了帮扶效果。二是建立科技、金融配套服务新机制。围绕产业扶贫推广实用技术，组织近百名专家、技术人员到迤那帮助工作，指导建设玉米、马铃薯高产创建基地3.5万亩、蔬菜基地2100亩，促进了粮食增产、农业增效。全镇粮食产量在大旱之年不降反增41.8%。围绕项目建设发放信贷，省农村信用合作联社把迤那作为信用改革创新试点，率先在迤那实施了"诚信农民"建设工程，发放信用卡5968张，扩大了贷款规模，全年支持产业发展、新农村建设的资金达5000万元。三是建立扶贫产业开发和人才保障配套机制，威宁自治县选派18名大学生志愿者、17名技术人才驻村帮助工作，为迤那加速发展提供了人才和智力支持。四是建立领导责任、沟通协调、督促检查机制。县委、县政府成立迤那项目申报、实施工作领导小组，加强对产业开发和项目建设工作的协调领导；省、县党建扶贫工作队与迤那镇党委、政府建立会议联系、信息交流、沟通协商制度，每月召开一次联系会，每月进行一次督促检查，形成了强大的执行力和落实力。

（5）强基固本，增强自我发展能力。一是加强基础设施建设。水是制约迤那发展的最大障碍，年降雨量比全省平均数少40%左右，全镇有1.4万多人饮水困难；路是影响迤那发展的重要瓶颈，全镇14个村有9个村公路晴通雨阻。治穷先治水，致富先修路。迤那利用集团帮扶的优势，积极争取资金项目，改善基础设施条件。投资2亿多元，建设水利工程项目 12 个，新建了一批"三小"工程；投资 1750 多万元，对 14 个村农网进行了集中改造；投资 8000 多万元，对涉及迤那 134.5 公里的通乡、通村油路进行全面建设和改造，有效改善了发展条件。二是着力改善群众生活条件，着力实施"三大"民心工程，即实施农村危房改造整镇推进，改造农村危房 2133 户，改造率达 100%，全面解决了困难群众住有所居问题；实施农村生态家园建设，对 5500 多户农民土坯房、农家小院按照黔西北民居风格进行了集中维修改造；实施一事一议惠民工程，新建农村串户道路 54 公里，农民的生活条件发生了明显变化。三是着力提升党员干部和农民的素质。新建了迤那农民转移就业职业技能培训基地 2 个，举办蔬菜种植、养殖、果树栽培等培训班 10 多期，先后对 5600 名农民进行了技能培训和劳动力转移培训；组织 28 名村支书、村主任到江苏华西村进行培训；组织 36 名村干部和致富带头人分别到陕西杨凌、四川成都考察学习，增见识长才干，提高了发展的能力。

(6) 建立发展型党组织，为打好扶贫攻坚战提供坚强保证。坚持围绕扶贫抓党建，抓好党建促扶贫，促进扶贫开发与党建工作良性互动，推动党的组织优势向扶贫开发优势和后发赶超优势转化。一是围绕扶贫开发推进发展型组织建设。积极探索优化农村基层党组织设置的方式，按照扶贫开发需要选干部、配班子，强化基层组织为民服务、带民致富的作用。组建 3 个党的片区工作委员会和 1 个社区党支部，形成了"镇党委 + 片区党工委 + 村（社区）党支部"的领导模式；选拔 47 名年富力强的人才充实到村级领导班子，村支两委负责人平均年龄 35 岁左右，学历在高中以上；选派 8 名技术人员到村任第一书记或村委会主任助理；新建村党员活动室 13 个、3000 多平方米。夯实了发展型党组织的工作基础，提升了村"两委"班子抓扶贫、促发展的能力。二是围绕扶贫开发培育发展型党员。以"党员创业带富工程"为抓手，着力把党员培育成致富能手、把种养能手发展成党员。建设"党员创业带富工程"基地 8 个，形成"党组织 + 合作社 + 基地 + 农户"的产业发展模式，有 73 名党员参与工程建设，带领 1285 名农民致富；新发展党员 31 名，培养入党积极分子 96 名，把马先、陈杰、孙忠琴等一批种养大户发展成为中共党员。三是围绕扶贫开发建立发挥党组织和党员作用的新机制。建立村干部首位激励和末位淘汰机制，奖励党工委和村干部的资金达 5.7 万元；建立"双考双评双挂钩"绩效考核机制，村干部月基本报酬达 1000 元以上，高于全省平均水平，激发了干部群众脱贫致富的信心和干劲，形成了想发展、会发展、能发展、快发展的强大动力。

2. 经济社会跨越发展的主要成效

（1）经济实现快速发展。2011年迤那镇主要经济指标增幅达40%以上。实现生产总值23933.4万元，比2010年增长90.62%；人均生产总值6039元，增长64.6%；全社会固定资产投资37290万元，增长345.26%；财税总收入1192.92万元，增长47.22%；金融机构贷款余额4950万元，增长46.85%；粮食总产量21550吨，增长41.8%。在毕节市2011年乡镇经济发展增比进位综合测评中，迤那镇综合成绩跃升威宁自治县第1名、毕节市第11名。

（2）乡村面貌发生巨大变化。水、电、路等基础设施建设实现跨越发展，基本达到"三个全覆盖"，即实现农村电网升级改造全覆盖，农村安全饮水工程全覆盖，所有的村全部通油路。富有民族特色和现代风格的集镇风貌显现，总投资1700万元的集镇风貌改造项目全面完成，占地500亩的新集镇建设全面启动；集镇农贸市场和污水处理工程全面竣工，新建了集镇灯光球场、春晖文化广场、科技文化中心、青少年活动中心等项目。以"四在农家"为载体的新农村建设取得新成绩，对95个村民组300多个较为集中的村庄进行环境整治，修建了一批垃圾处理设施；新建了"芙蓉王新村"、"南网新村"等一批农民新居，乡村面貌焕然一新。

（3）农业产业化建设取得突破性进展。建设了一批生产基地，形成了烤烟、马铃薯、经果林三大产业带，培养成长了154户种养大户；新建特种禽养殖基地1个、能繁母猪集中饲养场5个；发展农业专业生产合作组织22个；烤烟、马铃薯、中药材、经果林、生态畜牧业等产业发展优势凸显；全省烤烟生产、玉米增产、马铃薯增收三个现场会在迤那召开。

（4）社会事业加快发展。教育、文化、卫生等基础建设全面加强，服务能力明显提高。全镇所有的中小学校都进行了维修改造，初中入学率达97%，小学入学率达98.6%。实现了村村有卫生室、计生室、党员活动室、农家书屋、文化广场。省人民医院在迤那镇医院开通了全省第一个乡镇"远程会诊"系统，使迤那群众在当地就能享受三甲医院的医疗服务；省广电网络公司在迤那实施了全省乡镇第一个电视、广播、电影、电话"四位一体"建设工程，开通数字网络电视540户。

（5）群众生活显著提高。2011年，全镇农民人均纯收入达5229.8

元，比 2010 年增长 70.74%，比全省平均水平高 1084.4 元；有劳动能力的 4266 名贫困人口，按原脱贫标准全部"脱贫摘帽"。医疗、保险、低保救助全面推进，新型农村合作医疗参加人员 31312 人，常住人口参合率达 100%；新型农村养老保险参保农户 13466 人，常住人口参保率达 82%；对年人均纯收入 1196 元以下的农民建立了低保台账，共发放低保金、五保和孤儿供养金 428.5 万元，实现了低保全覆盖；对 22 位五保老人集中到敬老院供养。

（6）农民思想观念和干群关系深刻变化。通过实施集团帮扶、整镇推进，深入开展"四帮四促"、"创先争优"等活动，加强干部群众的教育培训，使干部意识由"要我干事"向"我要干事"转变，农户观念从"要我脱贫"向"我要脱贫"转变，干部群众思想从"等、靠、要"向"急、争、抢"转变，全镇上下脱贫致富的信心倍增，发展的积极性、主动性极大提高。广大干部心系群众，真心实意为农民办好事、办实事，得到了群众的拥护；广大群众在发展中增加收入、得到实惠，感受到了党和政府的关怀，党群干群关系更加密切、党的基层组织更加坚实、基层政权更加巩固。

（三）以工代赈

自从 1933 年美国采用以工代赈代替单纯赈济作为反贫困的新方式以后，以工代赈受到各国政府反贫困实践的青睐，逐渐被广泛采用。根据 2005 年 12 月国家发展和改革委员会发布的《国家以工代赈管理办法》规定，"以工代赈，是指政府投资建设基础设施工程，受赈济者参加工程建设获得劳务报酬，以此取代直接救济的一种扶持政策。现阶段，以工代赈是一项农村扶贫政策。国家安排以工代赈投入建设农村小型基础设施工程，贫困农民参加以工代赈工程建设，获得劳务报酬，直接增加收入。""以工代赈投入用于国家确定的扶持地区，并向贫困人口多、脱贫难度大、基础设施薄弱的革命老区、少数民族地区、边疆地区和特困地区倾斜。其他有关地区的以工代赈投入，按照国家有关要求安排。""以工代赈投入重点建设与贫困地区经济发展和农民脱贫致富相关的农村小型基础设施工程。建设内容是县乡村公路、农田水利、人畜饮水、基本农田、草场建设、小流域治理，以及根据国家要求安排的其他工程。"上述表述可以看到，与其他减贫模式相比，以工代赈是最规范、制度建设最完善的扶贫模式。

新中国成立以来，以工代赈模式在我国的经济建设中发挥了重要作用。但是，目前，以工代赈项目的实施存在一些客观困难。一是资金的挪用问题。虽然以工代赈资金的使用范围非常明确，审计也非常严格，但是，一些财政极其困难、连干部工资都发不出来的贫困县，以工代赈资金往往被政府用于发放工资或挪作他用，影响了以工代赈项目的实施和完成。二是由于农村青壮劳动力几乎都外出打工，农村只剩下留守老人和留守儿童，没有可用的劳动力实施以工代赈项目。再加之以工代赈的主要建设内容规定非常明确，主要是基础设施类的项目，而当前投向农村基础设施的资金渠道比较多，这也更加凸显了第二个困难。

（四）产业扶贫

我国自正式全面启动扶贫开发工作以来，就十分重视通过产业的发展实现当地农民增收。不过，"产业扶贫"的表述是在《新纲要》中首次提出的。在《国家八七扶贫攻坚计划（1994—2000年）》中，将产业扶贫作为扶贫开发的主要形式，提出要"依托资源优势，按照市场需求，开发有竞争力的名特稀优产品。实行统一规划，组织千家万户连片发展，专业化生产，逐步形成一定规模的商品生产基地或区域性的支柱产业"；要"坚持兴办贸工农一体化、产加销一条龙的扶贫经济实体，承包开发项目，外联市场、内联农户，为农民提供产前、产中、产后的系列化服务，带动群众脱贫致富"。在2001—2010年的《纲要》中，则把"发展种养业"和"推进农业产业化经营"作为扶贫开发首要的内容和途径。强调"因地制宜发展种养业，是贫困地区增加收入、脱贫致富最有效、最可靠的途径。要集中力量帮助贫困群众发展有特色、有市场的种养业项目……帮助贫困户发展种养业，一定要按照市场需求，选准产品和项目，搞好信息、技术、销售服务，确保增产增收"。"对具有资源优势和市场需求的农产品生产，要按照产业化发展方向，连片规划建设，形成有特色的区域性主导产业。积极发展'公司加农户'和订单农业。引导和鼓励具有市场开拓能力的大中型农产品加工企业，到贫困地区建立原料生产基地，为贫困农户提供产前、产中、产后系列化服务，形成贸工农一体化、产供销一条龙的产业化经营。加强贫困地区农产品批发市场建设，进一步搞活流通，逐步形成规模化、专业化的生产格局。"直到《新纲要》才明确使用"产业扶贫"的表述，与之前的文件相比，《新纲要》明确提出要"大力推进旅游扶贫"。

以贵州来看,"十二五"期间,提出围绕建设"全国南方重要核桃基地、全国草地生态畜牧业重要省份、全国地道中药材主产省、全国最大马铃薯产地、全国南方油茶主产地、全国绿茶主产省、全国蔬菜主产区"等目标,以"东油西薯、南药北茶、中部蔬菜、面上干果牛羊"的产业化扶贫布局为基础,大力发展核桃、草地畜牧业、蔬菜、马铃薯、茶叶、油茶、中药材等主导产业;在乡村旅游扶贫产业领域,要大力发展红色旅游、民族风情旅游和生态休闲旅游,加快形成多元化乡村旅游扶贫产业体系,到 2015 年,形成 10 个具有较大影响力的乡村旅游扶贫示范区、20 个地级乡村旅游扶贫示范区、100 个各具特色的县级乡村旅游扶贫示范点和各具特色的乡村旅游扶贫品牌,实现农民人均纯收入的 20%、农村就业人员的 20% 和全省旅游总收入的 20% 来自乡村旅游的发展目标。

产业发展需要时间,产业化发展更需要时间,各地的发展经验和教训都充分验证了这一点——产业化扶贫绝不能追求短期内出效益。

案例 3 小小核桃树,穷县致富路——赫章县核桃产业化发展之路[①]

核桃产业正在赫章县演绎出一段令人振奋的致富传奇,如今,规模达到 60 余万亩,挂果 15 万亩左右,产值达到数亿元,成为贵州省核桃产业大县。按照赫章县决策层的思路,"十二五"期间,完成核桃种植 120 万亩,将赫章打造成为名副其实的"核桃产业扶贫示范县",让 70 万赫章人享受核桃带来的实惠。

财神镇是赫章县核桃种植示范基地。2008 年,赫章县决策层经过仔细分析后,得出结论:核桃不仅能治理生态,还能带动老百姓增收。于是把核桃作为该县助民增收的一大产业进行打造,从此拉开了全面种植核桃的序幕。

财神村首批种下了 500 亩核桃,之后,老百姓自发种植,规模迅速扩大,达到数万亩,并带动了整个赫章县 120 万亩核桃种植。如今,在赫章县,核桃种植遍布每个乡镇,达到 60 万亩,挂果核桃 15 万亩,核桃坚果年产量突破 7500 吨,产值达 3 亿元。仅核桃产业一项,农民人均增收

---

① 参见胡丽华、杨小友、文叶《小小核桃树,穷县致富路——赫章县核桃产业化扶贫解读》,贵州扶贫开发新闻网,2012 年 9 月 29 日。

300 元以上，核桃产业让广大农民尝到了甜头，"为子女修一间房子，不如栽一棵树子"的种核桃树观念深入民心。

在现有核桃基地的基础上，依托已成功的"统筹规划、产业扶贫、户为单位、整县推进"的核桃产业模式，赫章将倾力打造"千年夜郎栈道，百里核桃长廊"，沿夜郎栈道规划核桃生产基地 20 万亩，计划投资 5000 万元，建设核桃基地精品示范带。目前，已投入资金 1977 万元，建设示范基地 14.38 万亩，已挂果和初挂果 5.52 万亩。为实现 2015 年核桃种植面积达到 120 万亩目标任务发挥了典型示范和辐射带动作用。

为了解决资金问题，赫章县按照"渠道不乱、用途不变、统筹安排、集中使用、各记其功"的原则，将财政扶贫资金、土地开发、农业产业化、水土保持、生态环境建设、退耕还林、整村推进、石漠化治理等涉农资金进行整合，真正建立"财政拿一点，银行贷一点，农户入一点，企业投一点"的多元投入机制。2009 年以来，全县整合各类项目资金 2 亿元（其中，财政扶贫资金 3000 万元、三江源资金 5598 万元、巩固退耕还林成果项目资金 1848 万元、森林植被恢复资金 574 万元、农业综合开发资金 96 万元、企业投资 1000 万元、农民投工投劳折资 8000 余万元、其他资金 34 万元）。

规模化种植核桃，粮林争地的矛盾逐渐凸显。为统筹解决这个问题，赫章县探索了"林草结合"、"林药结合"、"林豆结合"、"林芋结合"、"林肥结合"、"林菜结合"等种植模式，将核桃与半夏、何首乌、辣椒、马铃薯等短期可见效益的矮秆作物进行套种，并在全县普遍推广，促进了产业之间"长短结合，以短养长"，达到"三赢"的效果。一是促进农民增收致富。全县核桃年收入万元以上的种植户 1000 户，收入 5000 元的种植户近万户，每年为全县人均创收 500 元以上；预计到 2015 年，全县核桃总产值将突破 16 亿元；120 万亩核桃基地建成并进入盛果期后，全县核桃坚果产量预计达到 90000 吨，仅核桃坚果产值就可达 27 亿元，全县人均收入将增加 3500 元左右。二是促进生态环境改善。将百万亩核桃基地建设作为防止水土流失、遏制石漠化加剧、加快结构调整、保持生态平衡的重要手段，引导农民在沟边路旁，田边地角大力种植核桃，加速扩大覆盖面，有效促进生态环境改善；预计到 2015 年，百万亩核桃基地建成并进入盛果期后，全县森林覆盖率将提高 20% 以上，为长江、珠江上游打造良好的生态屏障。三是促进农民转变观念。通过发展核桃产业，使农民的科技意识、生态意识及商品意识得到有效提高，促进 15 万名农村剩余劳动力实现就业。

经过十多年的发展与积累，赫章县核桃产业品牌逐渐凸显，蜚声海内外。延伸产业链，进行精深加工，提高核桃产业附加值，是赫章核桃发展的整体方略。早在 2001 年，赫章县就引进了赫之林核桃乳厂，年产 1000 吨左右，随着赫章核桃产业规模迅速扩大，以前的产能已经满足不了核桃发展的需求，目前总投资 1 亿元年产一万吨核桃乳加工厂一期工程正在紧张建设中。赫之林生产的核桃乳，广受群众的喜爱，先后被评为"第二届贵州名特优农产品展销会名品牌农产品"和"毕节市优质农产品"，取得了进出口权，2008 年获得了国家质检总局"QS"认证。

目前，赫章县已组建核桃协会及合作社 50 余家，吸纳和引进了贵州冉洁农业科技开发有限公司、毕节东森园艺责任公司等优势企业进驻赫章发展核桃苗圃基地，发展核桃乳、财神核桃糖、利民核桃糖的深加工企业 3 家，从事生产、包装等小企业 100 余家。

如今的赫章核桃是贵州农特产品中一张独具魅力的特色名片，赫章凭着规模优势、环境优势以及产品优质成为贵州核桃生产第一大县。

(五) 就业促进

贫困地区的人地矛盾，其实质是物质资本生产性产权贫困，"越穷越生，越生越穷"的人口与贫困的恶性循环，又加剧了这种矛盾和物质资本生产性产权贫困。大量的农村剩余劳动力就是人地矛盾的直接结果——所谓剩余，是劳动力相对于土地的剩余。根据边际产出递减规律，减少与农地这种生产要素相结合的劳动力要素，不仅不会减少农业产出，反而有利于增加农业产出。因此，我国的扶贫开发工作非常重视农村剩余劳动力的转移。

从扶贫开发的纲领性文件来看，在《国家八七扶贫攻坚计划 (1994—2000 年)》中，提出要"有计划有组织地发展劳务输出，积极引导贫困地区劳动力合理、有序地转移"。在 2001—2010 年《纲要》中，对促进劳动力转移的内容阐述更为详细，包括加强贫困地区劳动力的职业技能培训；要求发达地区和大中城市积极吸纳贫困地区劳动力就业；鼓励贫困地区和发达地区结成劳务输出对子；输入地和输出地政府共同保障农民工合法权益等。在《新纲要》中，则以"就业促进"为题，指出要

"完善雨露计划。以促进扶贫对象稳定就业为核心，对农村贫困家庭未继续升学的应届初、高中毕业生参加劳动预备制培训，给予一定的生活费补贴；对农村贫困家庭新成长劳动力接受中等职业教育给予生活费、交通费等特殊补贴。对农村贫困劳动力开展实用技术培训。加大对农村贫困残疾人就业的扶持力度。"可以看到，对农村剩余劳动力的转移、培训和就业指导，从《八七扶贫攻坚计划》到《新纲要》，内容从方向性到具体化，越来越丰富，可操作性越来越强，体系也越来越完善。

从具体工作的推进来看，早在20世纪80年代，我国就开始着力贫困地区的就业促进工作。1988年7月15日，劳动部、国务院贫困地区经济开发领导小组联合下发了《关于加强贫困地区劳动力资源开发工作的通知》（劳力字〔1988〕2号），开启我国多部门联合推动贫困地区劳动力就业工作的进程。进入21世纪以后，我国出台了一系列具体的工作指导意见。2005年9月2日，国务院扶贫办与劳动和社会保障部办公厅联合下发《关于加快推进贫困地区劳动力培训促进就业工作的通知》（国开办发〔2005〕68号）。2007年3月22日，国务院扶贫办印发了《关于在贫困地区实施"雨露计划"的意见》和《贫困青壮年劳动力转移培训工作实施指导意见》的通知（国开办发〔2007〕15号）。2010年1月21日，国务院办公厅印发了《关于进一步做好农民工培训工作的指导意见》（国办发〔2010〕11号）。在国民教育体系内，面向贫困生的资助政策和措施也不断丰富，比如2007年，国务院出台《关于建立健全普通本科高校高等职业学校和中等职业学校家庭经济困难学生资助政策体系的意见》（国发〔2007〕13号）；2009年12月，财政部等四部委出台《关于中等职业学校农村家庭经济困难学生和涉农专业学生免学费工作的意见》，从2009年秋季学期起，对公办中等职业学校全日制的在校生中农村家庭经济困难学生和涉农专业学生逐步免除学费。这些措施使贫困家庭的学子受益良多，收效显著。

但是，在各种指向贫困地区劳动力培训和就业促进的项目实施过程中，也出现一些问题和面临一些新的挑战。包括培训经费的使用问题、培训内容的针对性和适用性问题，甚至因为农民外出打工没有培训对象的问题，等等，这都是我们继续有效推进这项工作需要面对和解决的新情况、新问题。

二 典型扶贫模式的产权界定含义

我国农村扶贫开发之所以能够取得举世瞩目的成效，不仅因为我国各级政府高度重视，投入了大量人力、物力和财力，长期坚持强力推进扶贫开发工作；更重要的是，我国在减贫开发实践中总结形成的典型扶贫模式，是针对性地瞄准了农村贫困人口的产权贫困。

如表6-1所示，从我国现有的典型扶贫模式瞄准的产权贫困属性来看，易地扶贫搬迁主要是瞄准物质资本生产性产权贫困，希望将贫困人口迁出生产条件十分恶劣的地区，改变其物质资本生产性产权贫困特性，从而摆脱贫困。但是，从实施来看，这种扶贫模式如果失败的话，最可能的原因就是缺乏替代的物质资本生产性产权，或者提供的物质资本生产性产权不足。整村推进因为涉及生产发展的方方面面，一般都是实施组合拳式的扶贫开发措施，因此，瞄准的产权贫困包括所有属性的产权贫困。也正因为瞄准得太多，因此很有可能因为针对性不强，而导致减贫失败；还有一种可能性就是随着外出打工的农民增加，村庄空心化，导致整村推进投入的新增产权空置，形成产权沉淀。以工代赈瞄准的是生产性贫困和交换性贫困。实施过程中，导致失败的可能原因包括缺乏维护和运营费用引起的公共产权失败；以及人口流出导致新增公共性产权沉淀，没有发挥预期作用。产业扶贫首先致力于增加产出，解决温饱，因此瞄准的是物质资本生产性产权贫困和消费性产权贫困；随着产出的大量增加，农户自己消费显然已经绰绰有余，需要将多余的产品卖出去，这种需求推动着产业扶贫越来越强调瞄准交换性产权贫困。导致产业扶贫失败的可能原因包括生产失败或者交换失败。就业促进瞄准的是贫困人口的生产性产权贫困和交换性产权贫困，前者旨在增加贫困家庭子女的受教育程度；后者主要通过增加农民工的技能，提高其他劳动力市场的就业竞争力。导致就业促进失败的可能原因包括没有瞄准需要的人群，或者提供的培训内容不对路。

表6-1　　　　　　　　　典型扶贫模式瞄准的产权贫困属性

扶贫模式	瞄准的产权贫困	低效或失败的可能原因
易地扶贫搬迁	物质资本生产性产权贫困	缺乏替代的物质资本生产性产权
整村推进	物质资本生产性产权贫困； 交换性产权贫困； 分配性产权贫困； 消费性产权贫困	瞄准领域太多，针对性不强； 人口流出导致新增产权沉淀

扶贫模式	瞄准的产权贫困	低效或失败的可能原因
以工代赈	物质资本生产性产权贫困； 交换性产权贫困	公共产权失败； 人口流出导致新增产权沉淀
产业扶贫	物质资本生产性产权贫困； 消费性产权贫困； 交换性产权贫困	生产或者交换失败
就业促进	人力资本产权初始性贫困； 人力资本产权交换性贫困	瞄准对象失误； 培训内容不当

资料来源：作者。

第三节　产权分析视阈中的扶贫效率

从贫困与反贫困的产权分析视角来看，扶贫开发的效率取决于三个问题：一是扶贫资源是否被正确界定给了需要的贫困地区和贫困人口；二是如果扶贫资源界定给贫困人口，是具有排他性的私人产权，那么，是否存在私人产权失败？三是如果扶贫资源界定给贫困地区所有人口，是具有非排他性的公共产权，那么，是否存在私人产权失败？

一　减贫资源界定环节问题影响扶贫效率

从表6－1对我国典型扶贫模式瞄准的产权贫困属性来看，很显然，从方向和思路来看，我国在扶贫开发过程中，对减贫资源的界定总体上具有针对性和瞄准度，可以说大方向非常正确，这也是我国扶贫开发能够取得重大进展的根本保障和原因。但是，在总体方向正确的情况下，就实施层面而言，我国减贫效率仍然存在许多不尽如人意的效率损失。从减贫资源产权界定这一环节来看，导致效率损失的问题主要包括两大类：瞄准漏出与瞄准偏离。

首先来看瞄准漏出。根据第三章图3－4"贫困与反贫困的产权分析框架图"，对贫困与反贫困的产权分析表明：贫困人口的产权贫困包括物质资本生产性产权贫困、分配性产权贫困、交换性产权贫困、消费性产权贫困和人力资本产权贫困五种形态，对比表6－1的内容，不难发现，典型的扶贫模式主要指向物质资本生产性产权贫困、交换性产权贫困、消费性产权贫困和人力资本产权贫困四种产权形态，而相对忽略了对分配性产权贫困的瞄准。虽然在整村推进模式中，可能会不同程度地瞄准分配型产权贫困，但是，与当前强调的精准扶贫瞄准相比，这种瞄准显然是一种"粗放式"的泛泛瞄准，确切地说，是一种"附带性"瞄准——因为项目瞄准其他产权贫困，顺带也瞄准了分配性产权贫困。根据第五章，减贫干预的分配性产权贫困包括三个层次，如果说对贫困地区进行扶贫开发，本身就是一种资源的再分配，从而可以界定为分配性产权贫困的话；那么，中观（加剧贫困和新生贫困）和微观层面的分配性产权贫困则瞄准不够。中观层面的分配性产权贫困对于资源富集的贫困地区具有重要意义，如果对该问题不加以足够重视，极有可能导致这些地区的贫困加剧或者产生新的贫困。微观层面的分配性产权贫困，在很大程度上也可以通过瞄准贫困人口的人力资本产权贫困加以解决。但是，人力资本投资的内容相当丰富，当前我国扶贫开发中人力资本投资主要瞄准的是人力资本产权初始性贫困与交换性贫困，尚未关注到分配性贫困。但是，从国际减贫经验来看，非常重视对家庭资源包括时间资源的配置能力培训，希望提高贫困家庭在既定资源约束下，实现一家人的效用最大化和收益最大化。此外，我国扶贫开发实践对交换性产权贫困的瞄准还不够，虽然现在开始有所重视，但是，无论实施瞄准的政府扶贫官员，还是接受瞄准的贫困人口，在这个领域受到的知识约束还比较明显。因此，从这个意义上来看，扶贫开发中最大的一个漏出有可能是：扶贫工作人员的分配性产权贫困。解决这一问题，需要继续完善已经建立起来的扶贫工作人员培训和再教育体系。

其次来看瞄准偏离。按道理说，在大方向已经确定的情况下，实施过程中应该不太可能出现瞄准偏离。但是我们一再强调的"坚持政策实施不走样"，实际上表明了现实确实存在"政策走样"的问题。对应到减贫资源的界定上，就是虽然根据扶贫政策，应该不存在瞄准偏离，但是执行中确实会出现瞄准偏离。这种瞄准偏离又主要包括两种情形。

其一，知识和技术约束导致的瞄准偏离。由于对于工作要求和内容了解不够，或者因为技术原因导致不可能了解，形成扶贫工作中的知识和技术硬约束，从而导致瞄准偏离。就知识约束而言，不同层级的扶贫工作人员又有所不同。一般而言，对于基础的扶贫工作人员而言，知识约束主要表现为理论知识不够，吃不透政策，因此导致执行中出现偏离；对于越高层级的扶贫工作干部，知识约束主要表现为信息约束，即对基层贫困与反贫困信息不了解导致的瞄准偏离。不过，很显然，两种情形相比，前一种更典型。因为正如前文所言，我国扶贫开发中减贫资源界定的大方向瞄准性相当高，这意味着我国扶贫开发的经验事实实际上已经表明后一种情形很少出现。

其二，委托—代理问题引起的瞄准偏离。在扶贫资源没有被分配给减贫对象时，对扶贫资源进行分配的扶贫工作人员具有明显的优势地位。这就极有可能产生各种委托—代理问题。根据减贫实践中出现的各种效率损失现象，主要的委托—代理问题包括：为了政绩，将扶贫资源投向公路沿线的"面子工程"，在扶贫资源分配中往往是锦上添花，而不是雪中送炭；因为私人关系，将扶贫资源分配给自己的亲朋好友，变相获利；巧妙设租，故意增加扶贫资源分配的难度或者不透明度，看下级干部的"懂事"程度分配资源；最为恶劣的是直接截留扶贫物资，或者将扶贫资源挪作他用。

二　新增私人产权失败影响扶贫效率

从扶贫资源的分配来看，被重新界定为各种属性的产权，根据产权实施的排他性，可以将之区分为私人产权与公共产权。因此，对于已经被明确界定的减贫资源，产权的有效实施就成为影响扶贫效率的关键环节。

从贫困人口新增的私人产权来看，影响其有效实施的因素很多。包括贫困人口自身的人力资本产权约束、不可抗力因素、市场风险、政策风险等。从扶贫开发的实践来看，私人产权失败典型地表现为：替代性资源约束导致的生计不可持续，比如易地扶贫搬迁中的可持续生计问题，这是该扶贫模式最大的桎梏；不适当的扶贫资源，比如提供不适合当地种养的农畜产品品种，导致疫病防控成本居高不下；交换性权利失败导致贫困户血本无归，在我国大规模实施产业扶贫的过程中，多地都出现过各种农产品的"卖难"问题，一度农民"增产不增收"问题十分突出；由于贫困人口的高度脆弱性，在受到疾病、小孩上学、婚丧嫁娶、宏观经济波动等冲击时，返贫现象突出。总之，私人产权失败情形是千差万别的，也是不可能完全杜绝的，但是，有针对性地控制和减少贫困人口新增产权失败，提升其产权维护和增值能力不仅可能做到，而且必须做到。

三　新增公共产权失败影响扶贫效率

对于被界定到公共领域的减贫资源，由于产权并不排他性地属于私人，因此，导致其产权失败的情形主要包括三种情形。

一是由于缺乏维护和运营费用导致公共产权不能正常运转，或者在使用周期结束之后，不可持续。在扶贫开发和新农村建设中，投向农村的公共文化、卫生等设施，就存在不能正常运转的问题；而一些水利、交通等基础设施，由于只用不管，更没有经费进行修补，所以一旦过了一定年限，就破损不堪，不可持续。

二是公共产权被排他性地使用，变成少数人使用的共享产权，甚至成为私人产权。比如农村的文化室或者其他设施，管护人可能简单地用一把锁就排除了其他人的产权权益，使得公共设施成为事实上的私人产权，或者仅在少数几个人中进行分享。

三是由于农村人口外流，新增公共设施因无人使用而空置，导致新增公共产权失败。2012年5月9日，中国知名作家冯骥才在"中国北方村落文化遗产保护工作论坛"时指出：据国家统计数据显示，2000年时中国有360万个自然村，到2010年，自然村减少到270万个，十年里有90万个村子消失，一天之内就有将近300个自然村落消失。在一些边远的自然村，"一人村"、"老人村"等现象日渐突出。从我国扶贫开发资源的投向来看，首先是投向离城镇较近的村寨。但是，即使是这些交通便捷、城镇周边的村落，也会出现村子建得漂漂亮亮，但是无人居住的情形。笔者的老家就是如此。笔者的故乡在黔北一个贫困县的小村，离镇政府2千米左右的路程，近年来，村子里的各项基础设施得到完善，但是，笔者春节回老屋时，发现村子里即使过年也是比较冷清，村里80%以上的人家为了孩子上学方便，都到镇上建房或者买房，虽然村里的房子很好，但是无人居住。也正因如此，村里人对于落地到村里的各种扶贫或者支农项目并不热心。这种现象让行政村和乡镇相关工作人员头痛不已。

第七章 减贫进程中的社会资本作用 及贫困人口能力评价[①]

第一节 减贫中的社会资本作用：多元 范式与多层视角的形成与发展[②]

一 减贫中对社会资本作用的关注

自 20 世纪 80 年代以来，社会资本一词开始频繁出现在国际性的学术文献中，尤其是在科尔曼（1988）用功能主义的方法对社会资本展开研究以及普特南（1993）将社会资本与意大利南部地区的民主及经济发展联系起来以后，社会资本这一分析工具在社会学、经济学、管理学、政治学、经济社会学等各个领域引起了广泛关注。由于社会资本与信任、信息对称、公众参与、合约实施等紧密联系在一起，因此，在经济学视阈里，社会资本与经济增长、社会资本与信用秩序、社会资本与区域经济发展等论题成为研究的热点。而将社会资本与更为微观的贫困与反贫困问题联系起来，与世界银行的发展实践及实践总结有关。第二次世界大战以后，世界银行在帮助发展中国家的过程中，屡次发现"移植"项目、制度很难收到预期效果，因此，一直致力于在发展项目实践中寻找新的理论指导和

[①] 在课题申报论证设计时，本章标题名为"反贫困进程中贫困人口能力形成的评价：以贵州省务川县为例"，在课题研究和写作过程中，由于调研中发现县域数据在统计年鉴等官方数据中指标很少以及第一手数据支撑力不够等原因，根据贫困与反贫困的产权分析框架及研究内容整体安排，修改为现在的篇章标题。

[②] 作为本课题的阶段性成果之一，本节内容以"社会资本对反贫困的影响研究——多元范式的形成与发展"为题，发表于《教学与研究》2012 年第 1 期，发表时内容有精简。

实践路径。社会资本这一理论工具的出现，给世界银行的发展项目实践带来了新的灵感。世界银行以社会资本作为理论依据，在非洲、拉美和亚洲部分国家和地区实施了一系列发展项目，并以发展项目的实际成效有力地证明了社会资本确实是发展中"缺失的链条"，认为只要将这一链条接续上，发展中国家（地区）的发展可能会取得事半功倍的效果。自此以后，社会资本在反贫困中的作用，受到了越来越多的关注，甚至在我国以政府为主的反贫困实践中，也有一些学者开始关注这一问题。

社会资本与贫困及反贫困的关系如此紧密，以至于被认为形成了一种新的反贫困范式——减贫的社会资本范式。[①] Robison 等（2002）认为，社会资本范式包括社会资本、网络、社会—情感商品、附加价值、制度和权利。社会资本是一个人或一个群体对其他人（群体）的同情，可以被网络成员分享。相对于其他的贫困研究范式[②]，这样的提法不能说不正确。

但是，如果将视线聚焦到社会资本与贫困研究这一领域，"社会资本范式"的提法显然过于笼统。这是因为，社会资本的基础理论研究呈现出流派众多的特点，而对社会资本在反贫困中的作用研究，总是基于其中一种或综合几种社会资本的基础理论展开研究，自然也就呈现出多元的研究范式和多层次的研究视角。

总的来看，不管是反贫困的"社会资本范式"，还是多元范式，都表明社会资本在反贫困中的重要作用，以及学术界对该问题的高度关注。

二 反贫困进程中的社会资本：多元的研究范式

社会资本与反贫困研究的多元范式由社会资本基础理论的流派众多这一特点所决定。就社会资本的经济学研究而言，在 Staveren（2003）看来，就存在三种不同的方法：一是将社会资本看作效用函数的一种偏好；二是将社会资本看作与其他资本相比的又一种资本形式；三是将社会资本看作一种机制，主要表明了因信息不完全和风险导致的市场失灵这一现

---

① 2001 年 9 月在智利召开的题为"拉美和加勒比海地区的社会资本与减贫：走向新的范式"充分表明了这一点。

② 沈小波等认为，贫困的研究范式可以分为四种：收入贫困范式、能力贫困范式、脆弱性范式以及社会排斥范式。

象。与社会资本并不统一的定义①以及上述经济学对社会资本的多种研究方法相对应，对社会资本在反贫困中的作用研究，也形成了多元的研究范式。本书将这些研究范式区分为资本范式、制度范式和关系范式。当然，这是一种并不精确但是能够较好地将众多研究区分开来的划分，事实上，从后文可以发现，这三类研究范式并不是截然分开的，而是存在不少相互交错的内容。不过，更为重要的是：各个范式强调的重点确实不同——这也成为划分的重要依据。

（一）社会资本在反贫困中的作用研究：资本范式

资本范式有其显著的经验基础，主要表现为在反贫困实践中，以下经验事实总是被观察到：人们可以通过动用自己的关系网络获得资源和动用资源；而其理论基础则是对关系型社会资本的定义。② 因此，基于关系网络可以动员资源的经验事实和关系型社会资本的理论基础，社会资本对反贫困影响的资本研究范式的主要思想可以表述为：关系型社会资本通过发挥资源性的作用③，为帮助穷人脱离贫困提供了渠道。采用这一研究范式的国外研究主要关注了两个方面的内容：用社会资本解释贫困；研究社会

---

① 社会资本的定义很多，Gatzweiler（2005）从学科领域对其进行划分，认为有以下四种不同的定义：人类学：人类有交往的本能；社会学：强调社会规范是行为动机的源泉，强调信任、规范、互惠和公民参与的网络；经济学：聚焦于人们在个人效用能最大化时，决定与他人交往的投资策略；政治学：强调制度、政治和社会规范、信任和网络对人们行为的塑造。此外，还有根据层次划分的社会资本概念：普特南提出了水平层次的社会资本概念；而科尔曼则将之扩展到垂直层次；诺斯（制度、制度变迁和经济绩效）则提出了意义最为宽泛的社会资本概念，因为在诺斯的框架中，连正式制度也被包括进去。

② 关系型社会资本强调社会资本的关系维度，即关系网络，包括正式和非正式关系网络。对社会资本类型的区分，主要包括认知型社会资本、结构型社会资本以及关系型社会资本等不同的分类。认知型社会资本指共享的规范、价值观、信任、态度和信仰；结构型社会资本指通过规则、程序和先例建立起社会网络和确定社会角色，促进分享信息、采取集体行动和制定政策制度（Krishna，Uphoff，2002）；但笔者认为，用关系型社会资本表示社会资本的类型，表达更为准确。因为"不管是正式网络中的结构性关系，还是非正式网络中的非结构性关系，都是关系网络。结构是对关系网络的描述，是一个更为正式的概念。但是，我们在分析社会资本的时候，多是从个人角度切入，某个人处于一个结构中，不等于他就能动用该结构所蕴含的资源，他能动用的，仅仅是以他为节点的关系网络所承载的资源，所以，用关系型社会资本来表述基于关系维度获得的社会资本，是更为准确的表述方式"（李晓红，2008）。

③ 关于社会资本的作用，正如其定义一样，有不同的"版本"。总体来看，社会学研究强调其"社会性作用"，而经济学则在强调其"资本性"作用的同时，强调由于社会资本存在外部性因而会出现供给不足的问题。而从制度经济学的视角来看，社会资本无疑存在两个作用：资源性作用和制度性作用。可以认为，社会资本的资源性作用对应着社会资本反贫困研究中的资本范式，而社会资本的制度性作用无疑对应着下文即将探讨的"制度范式"。

资本在反贫困中的作用。

用社会资本解释贫困主要包括两个逻辑：第一个逻辑认为，由于社会资本的分布不均衡，与强势群体（比如富人群体）相比，穷人的社会资本严重不足，甚至出现赤字，因此，社会关系的差异强化了强势群体的有利地位，从而使穷人的境况恶化。第二个逻辑认为，贫困人口内部关系网络的性质可以解释贫困程度的差异，因为这些关系在社会分层过程中充当了资源的角色。Quillian 等（2006）在上述两个逻辑下，运用就业网络、邻近社区集体行动效率、各种族移民之间的社会资本以及校友关系等社会资本形式，试图解释贫困的种族差异。他们的研究表明：邻近社区的集体行动效率、各种族移民之间的社会资本以及校友关系，对于解释种族贫困差异是重要的。而就业网络则是一个较弱的证据，其原因可能是因为就业网络与其他寻找工作的方法难以严格区分开来。

除了用社会资本解释贫困差异以外，更多的研究关注社会资本的资源性作用对反贫困效率的影响。这方面的研究很多，难以一一列举。一般而言，大多数研究都强调社会资本在反贫困中无可替代的重要作用，这也正是为什么世界银行的发展报告中会认为社会资本是发展中"缺失的链条"的原因之所在。Flores 等（2003）的研究也强调了社会资本对反贫困的重要性。根据研究目的，他们将社会资本定义为从社会关系网络中获得利益的能力，并用该定义分析了墨西哥和中美洲地区乡村组织在获取资源方面的差异。结论是：在被分析的贫困群体中，社会资本是项目成功的关键资源。但是，要使社会资本在反贫困中发挥重要作用，需要一些前提条件，比如要保持社会的凝聚力、解决新问题的能力以及良好的经济和政治气候等。与之类似，Anthony 等（2002）对安第斯地区的农村贫困人口联盟中的诱发性社会资本进行了翔实的案例研究。他们认为，安第斯的贫困人口组织包含了结构型社会资本（关系型社会资本）的一种重要形式，构成了贫困人口谋生的潜在重要资产，在降低贫困水平的战略中扮演了重要角色。但是，与此同时，必须注意到，这些组织在规模、所担当的角色、效力、包容性程度和排他性程度上差异较大，这意味着贫困人口组织中的社会资本存在着不同的维度。因此，社会资本在反贫困中的作用也就存在着差异，同样需要注意的是，这意味着借助外部力量帮助贫困人口建立社会资本需要采取不同的干涉方式。

简言之，从研究社会资本对反贫困影响的资本范式来看，社会资本不仅可以解释贫困，而且对于反贫困效果具有重要影响。

（二）社会资本在反贫困中的作用研究：制度范式

制度范式的经验基础在于在反贫困实践中，以下的经验事实不断被观察到：拥有共同价值观、社会规范、行为规则的社会成员之间，合同履约高，"搭便车"的行为更少，相互之间更容易合作，达成交易和履行交易的成本更低。其理论基础则表现为对认知型社会资本的区分和定义。因此，该范式的主要思想可以表述为：认知型社会资本通过发挥制度性的作用，为穷人社区的集体行动、合作提供便利，增加了信任程度，从而提高了反贫困行动的效率。

这一范式被广泛用于研究社区集体行动对地区发展的影响。在将其运用于研究社会资本对反贫困的影响时，往往表现为对社会资本与正式制度的作用进行比较研究。这其中，具有代表性的是 Narayan（1999）的研究。Narayan 运用制度分析方法，对比分析了社会资本与正式制度在信息、信任、风险管理、信贷、公共服务、照看孩子和社会化、冲突管理和解决、安全等方面的作用机制。同时指出，政府治理作为正式制度规范，与社会资本的规范作用在一个社会中，并非是截然分开的，而是一个相互交织的过程，因此有必要探讨其不同组合的产出。Narayan 用纵轴表示正式制度效率，横轴表示交错网络及公民参与度——如果交错网络水平高（跨越型社会资本多），则公民参与度高，相反则低。政府治理与公民参与度的组合形成了互补或者替代的关系。当政府治理水平高，公民参与度也高时，两者是互补的，这时经济社会运行良好；当政府治理水平高，而公民参与度低时，会产生社会排斥，此时的社会处于隐含着冲突的状态；而如果两者都低时，则会导致社会冲突；如果政府治理水平低，而公民参与度高，此时社会网络形成了对正式制度的替代，人们勉强通过自己的关系网络应对不确定性。Narayan 的象限分析得出了含义宽泛的研究结论：当政府管理恶化，或者政府效力弱化时，非正式组织（社会资本）将会替代政府发挥作用。在充满暴力、犯罪和战争的社会里，人们通过孤立的社会组织挣扎着活命，或者以之应对经济停滞状态下的生计问题。因此，正确的政策干预，必须清楚社会中正式制度和非正式制度的不同性质，并努力将两者的替代关系推向互补关系；必须认识到公民社会的核心地位及其贡献。相应地，从操作层面来看，可能最有成效的政策干预至少包括两点：一是对穷人组织能力的投资至关重要，包括在微观层面直接支持穷人和在宏观层面通过法律法规的改变支持与反贫困相关的活动。二是通过7个方面的机制建设，即信息机制、非排他性的参与机制、冲突管理机制、教育和价值观形成机制、经济结构调整、管制与分权机制、需求导向的服务供给机制，可能会直接培育出相互交错的社会关系网络，而这是形成互补性的非正式制度与正式制度关系的重要基础。

与资本范式相比，制度方式更强调社会资本的制度性作用，往往将社会资本看作一种非正式制度，强调其在区域性的社会性互动、交易性互动中不可替代的行为规范功能。正是基于这一点，本书将社会资本在反贫困中的作用研究，区分为资本范式和制度范式。但是，这并不意味着两者是相互独立的。相反，由于行为规范、价值观等认知型社会资本是嵌入到关系网络中、以关系网络为载体的，因此，资本范式与制度范式是相互交错、紧密相关的。这意味着在运用资本范式分析社会资本在反贫困中的资源性作用时，难以完全撇开制度范式，反之亦然。比如对当前普遍运用的参与式扶贫模式的社会资本解读，既需要运用资本范式，分析这类项目的实施对象是以一定的关系网络人群为项目对象；也需要运用制度范式，指出这类反贫困项目之所以能够成功实施，是因为在相对稳定的关系网络中，存在网络成员一致接受和遵守的行为规范。换言之，认知型社会资本发挥了项目实施的制度保障作用（虽然不是正式制度，但是起到了制度性作用），这类作用通常被解读为合作、信任、信息成本的节约等。①

正是因为在社会资本与贫困研究中，两种范式难以独立使用，因此，大量衡量社会资本在经济发展、反贫困中作用的定量研究，都综合（或者同时）运用上述两种范式。表现为用描述正式或非正式组织的指标体系衡量关系型社会资本的资源性作用；而采用信任、信任度或可信度以及接受或者属于某些价值观、习俗等来衡量认知型社会资本的制度性作用。资本范式与制度范式在研究社会资本与贫困问题时的交互使用表明，对这两个范式的区分更多的是强调研究范式本身的区别，而非强调每一个范式

---

① 信息成本是一个简略的说法，其含义是指穷人获得有效、有用信息的成本。穷人的社会资本对于降低穷人获得有用信息的成本发挥着重要影响。其典型表现是：一些有益于摆脱贫困的信息，如果由穷人网络之外的人员传递，极有可能遭到穷人毫无理由的拒绝，但是，同样的信息，如果由穷人眼中的"内部人"传达，尤其是当这个人被网络成员视为"权威"时，则往往被穷人不假思索地接受。此外，网络成员还拥有通过近距离的观察、模仿、更有效率的沟通等方式获得信息的成本优势。

都能够独立而完整地解读社会资本与贫困研究这一论题。

（三）社会资本在反贫困中的作用研究：关系范式

虽然社会资本的资源性作用和制度性作用难以严格区分，相应地，资本范式与制度范式难以相对独立地运用，但是，由于认知型社会资本以关系型社会资本为载体，前者难以观察和度量，后者容易感知和测度，因此，越来越多的文献集中关注了关系型社会资本在反贫困中的作用。随着这类研究的推进，结合社会资本理论研究中对关系性质的区分，逐渐形成了社会资本与贫困研究的关系范式。

该范式的经验基础源于以下的经验事实被观察到：对于贫困人口而言，异质性的关系型社会资本（比如一个已经脱离贫困、往来不多的远房亲戚）往往比同质性的关系型社会资本（比如一个和贫困人口处境相同、往来密切的近亲）带来更大的帮助。对应社会资本的术语，前者往往指跨越型社会资本（Bridge Social Capital）；后者则指紧密型社会资本（Bonding Social Capital）。[①] 而根据关系紧密程度将关系型社会资本区分为跨越型社会资本与紧密型社会资本，正是关系范式得以形成的理论基础。该范式的主要思想为：根据关系性质，穷人的关系网络可以被区分为紧密型社会资本和跨越型社会资本。前者指穷人内部的关系网络；后者指穷人与其他网络取得联系的网络通道。这两类社会资本对反贫困项目的影响是不同的。一般而言，紧密型社会资本是一种"维持"型社会资本，它可以帮助穷人渡过难关；而跨越型社会资本则是一种"发展"型社会资本，它通过给穷人带来异质性资源，提供了穷人摆脱贫困并形成自生发展能力的更大可能性。因此，相应的政策含义即是：要提高反贫困的效率，需要增加穷人的跨越型社会资本而不是紧密型社会资本。

在该范式下展开的相关研究，其结论和政策建议相对一致。不过，具体的分析路径却存在比较明显的差异。经济学的分析路径强调不同关系性质的社会资本所承载的资源数量和质量；社会学的分析路径则倾向于强调不同关系性质的社会资本在社会排斥和穷人社会能力方面的影响。

比如 Prakash（2006）的研究主要关注了社会资本的资源性作用。在研究美国原住民社区的贫困问题时，他指出对于农村贫困人口而言，紧密

---

① 对于异质性关系型社会资本和同质性关系型社会资本，不同的研究有不同的表述。比如，与 Bridge Social Capital 和 Bonding Social Capital 的说法不同，一些研究将其区分为 Weak Ties 和 Strong Ties，即弱关系与强关系的区分。

型社会资本带来了足够多的关系型资产，成为贫困人口应对风险的资本、使管理当地资源的集体行动成为可能，甚至对于当地企业和代际就业都提供了某些方面的益处。但是，也许正因为仅仅拥有自己所属社区的紧密型社会资本，缺乏与邻近社区桥梁型的关系，以至于大多数贫困社区既没有发展所需的物质资源，也没有所需的社会资本产生，当地市场和个人成长缓慢，反贫困进程停滞不前。因此，需要设计出功能良好的政治制度，以便对穷人赋权成为可能，允许穷人超越那些在很大程度上导致其贫困的社会力量和制度。

而 Warren 等（1998）则从社会学的视角，关注了社会资本的社会性作用（社会排斥、社会能力）。他们注意到贫困人口内部也许拥有很高的紧密型社会资本，这对于群体成员而言无疑是好事，但是，必须注意到，这同时也意味着对其他群体的排斥。换言之，越紧密的群体内社会资本，意味着对群体外成员的排斥力就越强。因此，穷人内部较高的紧密型社会资本必然导致较低的跨越型社会资本。

在众多运用关系范式展开的研究中，Woolcock 和 Narayan（2000）的研究可以说是最具代表性的成果。他们的研究以社区作为关系网络的范围，比较详细地论证了紧密型社会资本与跨越型社会资本综合作用的产出，如表 7 - 1 所示。他们认为，对于穷人而言，如果两种类型的社会资本都低，就会居无定所；如果紧密型社会资本高而跨越型社会资本低，则贫困人口聚居在一起互相帮助着艰难度日，这与我国当前大多数农村贫困的现实比较吻合；相反，如果紧密型社会资本低而跨越型社会资本高，则贫困人口会依赖跨越型社会资本向发达地区流动；如果两者都高，则贫困人口不仅可以成功地获得外部的反贫困资源资助，而且能够成功地运作反贫困项目，有望摆脱贫困。

表 7 - 1　　　　　　　　　　　社区社会资本的维度

社区外网络	社区内网络（紧密型）	
（跨越型）	低	高
低	被驱逐、流浪	贫困的村民
高	近期内农村向城市移民	成功的小额信贷项目成员

资料来源：Woolcock 和 Narayan，2000。

在此基础上，Woolcock 和 Narayan（2000）进一步指出：随着社区成员的福利随时间的变化，与特定的紧密型社会资本和跨越型社会资本的组合相关的最优成本和利益也在变化。比如，出身贫困的企业家，最开始是依靠他们最亲密的邻居、朋友（他们的紧密型社会资本）获得信贷、担保和支持，当他们的企业扩张以后，就要求进入更为广泛的产品和要素市场。[①]

这种思想可以用图 7 - 1 清晰地表达。如图 7 - 1 所示，随着穷人关系网络的变化，他们的福利也在变化。一个给定网络中的社会资本可以用于融资，或被更有效率地运用，而这正是以小组为基础的信贷项目得以成功的关键，比如众所周知的孟加拉国的格拉姆银行（Grameen Bank）。没有物质积累的贫困农村妇女，以小组成员身份获得贷款，用于开始或者扩展她们的小本经营，从而提高她们的家庭福利（A）。但是对任何一个给定的群体，其经济回报总是会达到一个极限（B），尤其是当他们依赖的主要是紧密型社会资本时。如果这个群体继续扩张，比如增加村庄里的后来者，这个群体的资源就会不堪重负，从而减少长期成员的福利（C）。类似的，信贷小组的长期成员会发现，对其同伴的义务和承诺成了进一步发展的障碍，尤其是对那些有野心的人来说。在这样的情况下，很多穷人部分地脱离了与群体的直接联系（D），而寻找更具多样性（异质性）的网络，获取更为丰富的跨越型社会资本，和更有希望的经济机会（E）。从农村向城市流动的移民是这种倾向最生动的例子，波茨所说的亚洲移民革命也属于这种情形。

因此，关系范式下社会资本与反贫困研究所得到的政策含义面临的最明显的挑战就是：在怎样的条件下，穷人社区的紧密型社会资本能够带来多方面的积极影响，并保持不变（而且，如果必要的话，消除负面影响）；同时帮助穷人进入正式组织和获得更多的跨越型社会资本。这一过程充满着多重的两难选择，尤其是对外部的 NGOs、外界的服务、发展机构而言，因为他们可能有必要改变作为那些长期存在的文化传统或强势既得利益集团产品的社会体系。

---

① 这种个人在不同发展阶段对不同类型社会资本的需求，被格兰诺维特上升到经济发展机制的高度。他认为经济的发展正是通过这样的机制实现的：既允许个人在发动阶段利用紧密的社区成员身份的便利；也使他们能够获得超越自身社区的技术和资源，从而逐步步入经济主流。

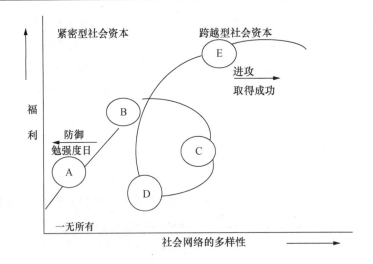

图 7 - 1   社会资本与贫困的变化

资料来源：Woolcock 和 Narayan，2000。

三　减贫进程中的社会资本作用：多层次的研究视角

由于对社会资本的定义存在宏观、中观和微观层次的差异，相应地，对社会资本在反贫困中的作用研究也形成了多层次的视角。

（一）减贫进程中的社会资本作用：宏观研究视角

从宏观视角切入的研究，主要通过关注社会资本对经济增长的影响，从而评估其在反贫困中的作用。一般而言，这类研究大致可以区分为两类：社会资本影响经济增长的机制研究；社会资本影响经济增长的定量研究。在研究社会资本的影响机制时，主要探讨政府（正式制度）① 与社会资本的交互作用机制。

比如 Knack（1999）认为，社会资本在产权和契约权力方面的作用与正式制度相似：通过减少不确定性和交易成本，提高交易的效率，鼓励专业化，增加在人力资本、物质资本和观念创新的投资。因此，社会资本和正式制度对反贫困和经济增长的作用机制，实际上就是提供了人们追求财富最大化的激励机制。在一些国家，激励机制刺激人们去创造新的财富；

---

① 在对社会资本的广义定义中，包含了正式制度，即将社会资本区分为政府社会资本和民间社会资本。但是不管使用政府社会资本还是正式制度，都是指政府的正式规制，区别于社会资本的非正式规制。

而在另一些国家，激励机制则表现为将财富从一些人的手里转移过来。而社会资本的重要性在于：决定了生产财富（制造）与分配财富（掠夺或拿走）之间的权衡。如果一个国家缺乏有效解决"囚徒困境"和委托—代理问题的社会机制（社会资本）和法律机制（正式制度），那么，这个国家通过掠夺获得的收益就会增加，而通过生产获得的收益就会下降。

与之类似，Gomulia（2007）在研究社会资本、贫困与经济增长的关系时，认为社会资本之所以重要，是因为社会层面的社会资本对于政府如何运行，以及在经济中形成哪种类型的私人部门至关重要。在他看来，政府对经济发展的干预取决于外部社会联系与内部凝聚力的脆弱平衡。理想的、高技巧的、受尊敬的政府，会用其与企业领导之间紧密的工作关系，加强私人和公共组织的市场绩效。政府效率、政府可靠性以及公平地实施规则的能力对经济增长的影响，是通过帮助或者妨碍国内企业和市场的发展，以及鼓励还是排斥国外投资的方式实现的。

基于社会资本对经济增长的作用机制，大多数对社会资本在经济增长方面的计量研究都存在一个共同的假设前提，即促进一国内整体的合作水平可以提高国家的福利。而且大多数研究证据支持这一假设：以国家层次测量的社会资本与社会经济福利的提高相关联，而社会经济福利用增长、投资和贫困指标来测量。这类研究大多采用世界价值观调查的数据。但是，Knack（2002）在对社会资本和经济绩效的跨国研究中，选取了若干衡量政府社会资本和民间社会资本的变量：用公民自由和政治自由、政治暴力的发生频率、政治风险的主观评级、对企业家进行调查、契约关联货币（Contract - Intensive Money）① 等指标衡量政府社会资本；用市民团体和政府绩效、普遍信任、集团成员、社会分化和文化解释衡量民间社会资本。虽然这种对宏观层次的社会资本进行测量的任何方法都有一定的缺陷，但是，研究结论表明社会资本对经济增长具有显著的正面影响；而且其作用是渐进性的：较高水平的社会资本往往带来收入分配上的相应提高。

---

① 契约关联货币相当于 M2，不包括银行外的现金。使用契约关联货币的逻辑是：当第三方不能可信地履行契约时，个人愿意将其金融资产转换为现金持有。因此，在那些政府能够更好地履行契约和尊重私人产权的国家，契约关联货币率将会提高。如果一个国家没有更清晰地界定产权和契约缔结权，借贷者会发现提供担保会变得更困难，金融制度和完善的金融工具的发展会受到抑制，将限制货币的可获得性而不限制现金的可获得性（Knack，2002）。

比较而言，从宏观层面关注社会资本在反贫困中的作用，更多地关注了经济增长，而缺乏对贫困的直接针对性。尤其是考虑到经济增长并不能自动消除贫困这一客观事实时，这一缺陷就显得尤为突出。

（二）减贫进程中的社会资本作用：中观研究视角

从中观视角来看，主要关注社会资本在地区层面的反贫困战略中所发挥的作用。这类研究多以问卷调查的数据资料为基础，综合运用案例分析、统计分析以及计量分析等方法，得出研究结论。大多数研究结论支持关于社区发展与社会资本关系的以下观察：第一，社会资本是一种地方现象，社区之间存在差异，即使这些社区拥有类似的种族和经济结构，其社会资本也可能存在差异。第二，假定社会资本具有地方性，那么，对于实施致力于消除贫困的发展项目而言，了解各地社会资本的水平和类型就是重要的。

比如 Pickering 等（2006）在研究美国原住民社区（Native American Reservation Communities）的贫困问题时，设计了 11 个关系变量、12 个认知变量描述社会资本，通过问卷调查得到美国西北地区 12 个原住民（印第安人）社区社会资本的资料，并对印第安人族群之间、印第安人之间、白人居民之间以及印第安人社区与所有社区总体的社会资本水平进行了比较分析。比较结果表明，白人尤其是高收入白人，拥有更多的与正式制度和企业相联系的社会资本；而印第安人则更多地与以社会关系为基础的非正式组织相联系。因此，要减轻印第安人居住地的贫困状况，不能仅仅依靠正式组织和制度运转的项目，因为正式组织和制度的网络正是当前被高收入白人所控制的网络。而应该同时在各社区以不同的方式展开工作，通过不同的社会组织、让不同类型的组织发挥作用，以产生新的协同体，打破旧的藩篱；同时，形成个人减贫和社区整体减贫的混合路径也同样重要——如果一个社区内部不融洽，那么通过个人途径解决贫困，看起来比要求有社区归属感和责任感会更奏效。

Miguel（2003）的研究从另一方向验证了社区社会资本的差异与经济发展的关系。通过在印度尼西亚进行全国范围内的家庭、企业和村庄调查，生成了 1985—1997 年印度尼西亚 274 个地区的面板数据，以研究工业化对社会资本的冲击。研究产生了 3 个新的结果：第一，邻近地区的工业化减少了社会资本：大量农村青壮劳动力外出打工，损害了农村地区的社会资本。尤其是家庭调查表明，邻近地区的工业化是与更少的信贷合作和相互合作的下降相伴的。第二，快速工业化地区在被衡量社会资本时，显示出相关数据的大幅增长，包括更多的非政府性信贷合作以及社区重建组织，而且在当地节日和纪念仪式上会支出更多。第三，高初始社会资本水平不一定预示着接下来的区域工业化发展；相反，社会资本对收入增长的积极作用应该让位于工业发展对社会资本的冲击。换句话说，虽然社会资本对于刺激经济增长至关重要，但是增长会破坏社会资本。

（三）反贫困进程中的社会资本作用：微观研究视角

从微观视角来看，主要强调个人、家庭、企业等微观主体的社会资本对反贫困的作用。这类研究大致可以区分为三类：

其一是对关系型社会资本的资源性作用的强调，认为社会关系和关系网络是微观主体可以用于实现自己的行动目标的资源（Lincoln Quillian，Rozlyn Redd，2006）。但是，由于社会是分层的，穷人不一定能够进入到非穷人的网络中，因此，政府可以将一些减贫政策留给公民社会，将穷人吸收到社区组织、网络、联合会等组织中，用穷人提供的服务替代公共产品和调整性的政策，尤其是将穷人妇女吸收到社区劳动中（Staveren，2003）。

其二是对社会资本作用机制的研究。这类研究需要首先区分社会资本的性质，然后根据社会资本的性质探讨其作用机制。比如 Collier（2002）将社会资本分为高层次的科层组织和俱乐部、低层次的观察和网络四类。在这些不同类型的社会资本中，微观主体通过模仿和共享机制增进对世界的了解；通过信任和声誉机制了解其他行为人的可靠性；通过规范、优先权或者法规、决策机制提高集体行动的能力。因此，对于穷人而言，如果社会分割的障碍不是很大，模仿将产生积极的作用，而共享、重复交易和声誉将可能产生消极的作用。如果来自较高收入集团的领袖人物没有忽视穷人的利益和参与，那么，规范和规则的作用应该是积极的。这意味着"支持穷人"的公共政策需要增加模仿；增加政府社会资本降低机会主义行为，减少对重复交易和声誉的需要①；建立信息市场使外部性内部化，

---

①　不过有意思的是，Gomulia（2007）在探讨社会资本对家庭、社区以及企业在反贫困的作用时，却认为重复交易和企业声誉为企业和其他的交易者进行互惠交易提供了必要的激励。企业的密集度和相互重叠的社会关系网络提高了当地经济发展的可能性，并提高了建立在信任和共同形成的价值观念基础之上的合作。企业内部和企业之间的社会资本，对于在当地范围内降低风险和不确定性具有尤其重要的意义。之所以不同的研究会得出这样完全相反的结论，主要是因为对社会资本的作用范围界定不同。认为重复交易和声誉机制对穷人不利，是针对不同的关系网络而言；而认为有利，则是就关系网络内部而言。

减少共享的消极作用。

其三是对社会资本在反贫困中所发挥作用的量化研究。这类研究往往采用以下三种类型的变量衡量社会资本：信任或信任度（可信度）、正式或非正式组织中的成员身份、接受或者属于某些价值观和习俗。比如 Narayan 和 Pritchett（1999）的研究试图解释成员身份与家庭收入之间的统计关系。他们的研究表明更高的成员比率隐含着更多享受公共服务、使用更先进的农业技术、参加公共活动以及参与信贷项目等。Morris（1998）则认为宏观层面的研究由于受到数据约束，所以难以得到有创见的结果；而针对某一个特定地区展开社会资本与贫困的计量研究，将会得到更多的洞见。他运用计量模型对印度的社会资本与反贫困的研究结果，验证了普特南的论断：那些一开始就拥有更多社会资本的地区，在反贫困方面的成效也更为显著。

四　不同的声音：社会资本无益于反贫困

虽然社会资本在反贫困中的作用受到了越来越多的关注，但是，也有不少研究对此持怀疑甚至否定态度，这些不同的观点主要是基于社会资本的关系性质提出。

在这些不同的声音中，最具代表性的观点是：社会资本的排他性可能会削弱其在反贫困的作用。分析围绕两个问题展开：第一，贫困人口是否拥有和非贫困人口同样的网络？第二，贫困人口被允许进入非贫困人口的网络吗？显然，第一个问题的答案是否定的。社会资本被定义为满足成员需求的正式和非正式网络结构，一些网络是垂直的、开放的；而另一些网络则是同质的，只接受同一类型的人。对于穷人而言，其网络主要与生存策略相关，贫困人口不能参与和非贫困人口一样的组织，这已经被一系列的研究所证实（宽泛地说，可以认为社会资本的差异性、异质性是一个有力的论据）。这样一来，第二个问题就至关重要——如果穷人被排斥在非穷人的网络之外，那么，穷人试图通过社会资本摆脱贫困的努力势必大打折扣。事实上，Fournier（2003）的研究表明：一些社会关系、集体行动以及地方性制度可能会加剧最贫困人口被排斥的状态。在制度形成的过程中，并不必然导致包括各种社会形式，尤其是最贫困的人口，他们被严格地限制在一定范围和区域之内，因此，应该谨慎地宣称形成减缓贫困和社会排斥的正确政策是有可能的。

正是因为社会资本的关系性质和作用机制特征，因此，一方面，贫困人口可能会因为能力不足①（包括社会资本不足），使得强调贫困人口参与的反贫困策略不可行。对此，Harriss（2001）甚至毫不客气地宣称将减贫政策这一负担压在穷人身上，无异于是期望"最弱势的群体能够揪着他们的鞋带将自己拔出泥潭，这对于那些希望大幅度削减公共支出的人来说实在是再方便不过的"。另一方面，由于社会资本的排他性，可能会使得反贫困资源并没有投向最需要、最有效率的贫困群体。比如，假设一个村庄的社会资本提高了公共项目的回报率，从而改善了所有居民的福利。如果同样类型的社会关系对村庄成功地获得外部资金对项目的支持起作用，另一个村庄这类社会关系比较弱，就会因为在对外部资金的竞争方面处于劣势而使情形变得更糟糕。如果资金在第二个村庄更具生产力（假设这个村庄更穷），第一个村庄的高社会资本实际上从总体上减少了社会福利。

因此，在反对者看来，通过社会资本的形成过程实现减贫的美好图片，在现实中是令人失望和不现实的。如果大多数穷人既不能大规模地提升他们的社会资本以形成有用的网络，也不能获得进入拥有众多社会资本的关系网络的通道，那么，社会资本怎么可能成为一个有效率的减贫工具呢？结论必然是社会资本形成并不是一个有用的反贫困工具。

第二节　政府主导的反贫困进程中社会资本作用的供求分析框架②

1601 年英国《济贫法》的颁布和 1933 年美国以工代赈反贫困方式的出现，表明在西方市场经济国家中，政府承担了反贫困的主要责任。由于

---

① 穷人主要依靠三个相互联系的因素：身体能力；调动社会关系的能力；低成本地在聚会上清晰地表达自己利益诉求的能力。不幸的是，对于穷人而言，这三个方面往往都是相当欠缺的。比如他们的社会关系往往局限于一小部分同样贫困的伙伴而且充满着不愉快的不确定性（不能支付娶媳妇的费用，要汇款，支付家庭成员的医疗费用，甚至隆重地埋葬亲人等）。这些脆弱的联系以及穷人不能以一种恰当的文明方式维系这些关系，意味着在长期压力下这些关系是不可靠的社会资源。缺乏知识、自信以及正式制度无意的冲击常常限制了这些关系的维系。而非穷人则可以通过双倍保险的策略确保一生无虞，包括通过进入一系列组织机构，以及能够无意识地推进或者有意识地重构规范和行为规则。而穷人则被局限在狭小的制度联系中，从而加剧了他们的边缘化状况（Frances Cleaver，2003）。

② 作为本课题的阶段性成果之一，本节内容的精简版以"社会资本的当下功用与政府反贫困前瞻问题"为题发表于《改革》2012 年第 2 期。

早期各国主要强调通过尽可能完善的社会保障体系缓解贫困问题，因此导致了越来越大的财政压力，同时出现了明显的贫困人口工作负激励现象。为减轻各级政府的财政压力，并尽量避免出现"养穷人"的现象，从 20 世纪 60 年代以来，美国政府开始强调反贫困工作中社会组织的参与、贫困人口能力形成、权利保障等。到 20 世纪 90 年代，这种反贫困战略思想在世界银行的发展项目中得到了广泛的实践和运用，其中最具代表性的就是参与式扶贫的兴起，以及对反贫困进程中社会资本作用的强调。尤其是在世界银行宣称社会资本是发展中"缺失的链条"之后，社会资本在反贫困中的特殊作用引起了国际发展机构、社会团体、学术界以及政策制定者的广泛重视。但是，对社会资本减贫作用的不同研究充分表明：在关注该问题时，尤其要重视不同国家和地区减贫背景的差异。在我国扶贫开发的大背景下来探讨该问题时，比如将之放在政府主导的反贫困进程中加以考虑，已有的研究表明：如果偏离或者跳出这一背景，极有可能呈现单纯的"拿来主义"特征，而不是立足于我国减贫实际的合理取舍。

一 世界性命题的差异性背景：我国减贫进程中社会资本作用的特殊问题

（一）同一命题的研究背景差异

首先，研究缘起差异。从对社会资本在反贫困中作用研究的缘起来看，国外研究具有明显的经验总结特征。也就是说，对社会资本在反贫困中作用的关注，起源于对反贫困实践经验的总结，然后将这种经验总结与社会学中的术语——社会资本联系起来，尤其是世界银行对社会资本在发展中的作用研究，极大地推动了社会资本反贫困作用的研究。而从国内的研究来看，更多地源自国外文献的启发，而非受到反贫困经验现实的启发。这一缘起使得国内研究一是具有比较明显的模仿痕迹，二是存在脱离中国的反贫困现实为研究而研究的极大可能性。但是，研究本身不是目的，尤其是在反贫困领域，更多的研究是为了更好地服务于反贫困需要。因此，推进社会资本在反贫困领域的作用研究，必须注意到这一领域研究的缘起的国内外差异，这对于我们发现中国反贫困实践中真正的问题至关重要。

其次，研究命题的语境差异。国外对社会资本在反贫困中的作用，主要是在 NGOs 以及社会反贫困的语境下进行探讨，因此，相关研究天然地将社会资本的反贫困作用与 NGOs 组织联系起来，而自动地忽略了政府主导的反贫困进程中社会资本的作用。与之相比，国内对该论题的关注，则语境不够清晰，既没有将该问题界定为政府主导的反贫困背景，也没有将之界定为非政府主导的 NGOs 以及社会反贫困的语境，而是倾向于直接应用社会资本这一分析工具，探讨贫困人口和贫困地区的社会资本对脱贫致富的机制和作用。这种语境差异，不仅大大降低了国内研究的学术创新可能，而且不利于研究成果服务于我国的反贫困实践。

最后，研究命题的现实背景差异。之所以存在国内外研究的语境差异，根源就在于国内外反贫困的现实差异。虽然从经验观察来看，世界各国政府都是反贫困的主力军，但是，各国反贫困的多元主体格局也存在明显的差异。由于各种原因，与世界上其他贫困国家和地区相比，在中国的反贫困进程中，政府主导的特征更为明显，反贫困主体的多元化特征可谓端倪初现，但形成多元格局尚需时日。相反，拉美、非洲甚至南亚的贫困国家和地区却是众多国际援助和发展机构反贫困的"前沿阵地"，在一些政府力量薄弱的国家和地区，国际援助和发展组织甚至成为最重要的反贫困力量。而国外研究大多针对在这些地区的发展项目展开理论和经验研究，因此，国外研究大多植根于与国内迥异的反贫困现实背景。但遗憾的是，国内研究在引用国外研究的时候，往往"自觉"地忽略了这一至关重要的现实差异。

（二）必须注意的问题

国内外研究的背景差异，要求在研究我国反贫困进程社会资本的作用时，要特别注意以下问题：

第一，在问题识别层面，必须在政府主导的反贫困进程这一语境下探讨社会资本的作用。换言之，对社会资本在我国反贫困中的作用研究，不能脱离我国反贫困的客观现实——政府主导这一重要特征。如果"自动"忽略这一现实特征，不加甄别地引进国外研究结论，就必然导致问题识别的偏差，从而导致研究成果的低有效性。

第二，在方法论层面，必须考虑到研究假设前提的变化。如果将社会资本在反贫困中的作用以模型描述，那么，国外已有的研究表明，这一模型发挥作用的环境是非政府主导的反贫困进程，而不是政府主导的反贫困进程。然而，在研究我国反贫困实践中社会资本的作用时，则必须将这一模型放在"政府主导"的反贫困进程中加以考察，这必然产生一个问题：当模型运转的现实环境发生了变化时，模型会怎么运转呢？从方法论的角度来看，要回答这一问题，要求我们在研究政府主导的反贫困进程中社会资本的作用时，必须通过研究假设的改变，修正或调整理论模型，才能获得可靠的结论。

第三，在理论研究层面，必须耦合社会资本理论与政府主导的反贫困作用机制，形成逻辑自洽的理论分析框架。关于社会资本的性质和作用机制，存在不同的阐释。[①] 本书作者认为，综合社会资本的定义、性质和作用机制，社会资本在反贫困中的作用机制更接近一种"自发秩序"，而政府主导的反贫困实践，其作用机制是典型的"人为秩序"。因此，探讨在政府主导的反贫困进程中社会资本的作用，意味着从理论层面必须处理好"人为秩序"与"自发秩序"二者的关系，尤其是必须从理论层面解释清楚二者相互依存、相互作用、共同演进的关系。

第四，从经验层面看，则必须从社会资本的定义出发，观察、描述和解释在我国政府主导的反贫困中，社会资本发挥作用的形式、机制和效果。事实上，相对而言，这一点是国内研究的最大优势，也是最容易做出有特色、有影响的研究成果的领域。但是令人遗憾的是，由于国内研究基本上直接引用国外的研究框架展开研究，因此，已有研究都是在非政府主导的反贫困语境下研究社会资本的作用，主要探讨贫困人口的社会关系网络对贫困人口脆弱性的影响。但是，如果从社会资本的定义出发，并将社会资本的作用放在政府主导的反贫困机制下进行研究，就会发现：在我国的反贫困进程中，社会资本发挥作用的表现形式、作用机制以及结果等都有着完全不同的形态。比如，就社会资本的表现形式而言，目前关注的焦点依然是国外关注的领域：贫困人口的社会资本、贫困社区的社会资本。但是，如果从社会资本基于关系网络定义这一核心概念出发，就会发现我国扶贫资金的分配、对口帮扶、"结对子"等都具有明显的社会资本痕迹，但是又都是在政府主导下完成的。从这一视角切入的经验研究如果大量展开，必将为提高我国反贫效率、改进反贫困路径和措施提供帮助。

二 政府反贫困进程中社会资本作用的供求分析框架

根据前面的分析，本书从我国政府主导的反贫困现实出发，借鉴国外已有研究成果，尝试构建政府反贫困进程中社会资本作用的供求分析框

---

① 本书作者关于社会资本性质的观点，参见拙文"社会资本的经济学界定、构成与属性"，发表于《当代财经》2007 年第 3 期；本书作者关于社会资本与正式制度作用机制的观点，参见拙作《中国转型期社会信用环境研究》第三、四章内容，经济科学出版社 2008 年版。

架。由于本书尚属于初步的探讨，不完善甚至不正确之处在所难免。在此，作者一方面希望广大同行能够不吝赐教；另一方面也希望能够起到抛砖引玉的作用，激发更多同行展开更为深入的研究。

（一）国外已有的理论分析框架

国外研究对社会资本减贫作用的多元范式与多层视角研究，可以提炼为如图7-2所示的理论分析框架。在图7-2中，该框架由基于社会资本定义的基本理论分析框架和基于关系型社会资本关系性质的拓展分析框架构成。不管是基本分析框架还是拓展分析框架，都可以从宏观、中观或者微观的视角切入，分析社会资本在反贫困中的作用机制和效果；同样，运用这些理论框架，反对者则可以关注社会资本在反贫困活动中的低效率甚至无效率问题。

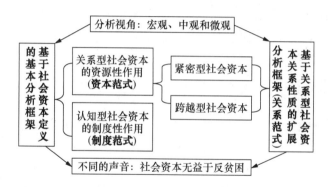

图7-2　社会资本在反贫困中的作用：国外理论分析框架的总结性描述

资料来源：李晓红，2012。

（二）政府反贫困进程中社会资本作用的供求分析框架

1. 反贫困工作中政府的需求与社会资本的供给

在政府主导的反贫困进程中，社会资本之所以会发挥重要的作用，主要是因为社会资本恰好能够满足反贫困工作的一些需求。

首先，社会资本可以低成本地满足政府的信息需求。政府要有效率地推进反贫困进程，最突出的一个问题就是如何瞄准贫困人口。从我国的反贫困实践来看，从1986年以来[①]，反贫困的瞄准对象经历了"县—乡

———————

① 1986年以前的反贫困工作直接瞄准穷人，即将救济物资或资金直接发放到穷人的手中。但是，由于这种"救济式扶贫"几乎不能帮助贫困人口形成发展能力，所以被"开发式扶贫"所取代。

镇—村庄"的演变，后又由于在整体性开发扶贫项目中贫困人口的参与度不够，因此提出反贫困的瞄准对象应该进一步具体到贫困人口。对于政府而言，不管瞄准对象是谁，最重要的是尽可能瞄准，而尽可能瞄准的前提是信息对称。换言之，一旦确定瞄准对象的"级别"以后，政府就需要相关的信息，以确定在同一"级别"的各个主体中，谁才应该是反贫困对象。不难发现，瞄准对象范围越小越具体化，政府对相关信息的需求就越难从官方的统计数据和信息渠道得到满足。比如，当瞄准对象为"县"的时候，政府可以直接从统计年鉴上获得相关信息；但是，当瞄准对象为村庄甚至贫困人口时，要从统计资料上直接获得相关信息无疑十分困难。即便我们现在每年都发布"贫困监测报告"，但是也只是一种总体性的描述，这种描述有利于确定整体政策走向，但是不太可能提供具体到操作层面所需要的信息。因此，随着瞄准对象的细化，政府反贫困中的信息需求越来越具体。满足这些具体的信息需求，可以有两种方式：一是动用政府渠道搜集筛选相关信息；二是在现有官方信息的基础上，结合私人关系网络提供的信息，确定瞄准对象。事实上，由于前者所费不菲，后者被普遍采用。

其次，社会资本在相当程度上满足了政府对贫困人口的合作需求。在政府主导的反贫困进程中，虽然政府的出发点很明确，那就是帮助穷人摆脱贫困，但是，在反贫困实践中，政府推进的反贫困工作得不到来自贫困人口的理解和合作，甚至受到排斥和抵制的情形却时有出现。之所以会出现这种不合作的情形，主要是认知差异所致——这也是被反复强调的"观念落后"问题。改变贫困人口"落后"观念的过程，实际上是反贫困工作人员与贫困人口的认知逐渐趋近的过程。而认知型社会资本的作用会大大缩短这一进程①；同时，社会资本中基于私人关系的信任，可能会出现即便认知不统一也合作的情形——正所谓"理解坚决执行，不理解也坚决执行"，这等于省略了统一认知这一环节，直接进入到合作环节。因此，可以看到，在政府主导的反贫困工作中，如果合理发挥社会资本的作

---

① 邢祖礼等（2005）在分析四川省内江地区的稻谷收割制度从互助制到承包制的演化过程时，指出社区内个体认知的变化导致当地农民实现了从劳动伦理观向市场伦理观的转化，最终实现了承包制度的货币化。而这种认识改变主要是由当地农民家庭中外出打工的成员灌输的——即由内部人灌输的，而不是外部人灌输的，这使得当地人更容易接受，大大缩短了认知改变的时间。

用，可以在相当程度上满足政府对反贫困对象的合作需求。①

最后，社会资本可以满足政府反贫困工作人员的一些个人需求，比如成就感、幸福感以及职位晋升等。在中国现行的行政体制中，虽然从省级到县级都设立了专门的扶贫机构，但是并没有专职的反贫困工作人员，具有比较典型的"一套班子，几块牌子"的特征。这就使得反贫困工作人员的工作激励不足，尤其是工资收入等物质激励。但即便如此，反贫困工作也必须推进；同时，加上前文提到的贫困人口的合作问题，就使得政府反贫困工作人员在实际工作中寻求另一种效用最大化——通过帮助自己的亲人、族人、乡邻脱贫而获得非物质效用，比如成就感和幸福感的增加。同时由于与这些成员具有共同的认知型社会资本，合作成本低，反贫困效率更高，反贫困效果自然就更好。而一旦反贫困成效获得社会认可，工作人员还有可能获得职位晋升。因此，正是由于社会资本可以满足政府反贫困工作人员的上述个人需求，使得社会资本在政府主导的反贫困进程中发挥了重要作用。

总之，从需求方面来看，政府为了高效率地推进反贫困进程，形成了对有效信息以及贫困人口合作的需求；而且反贫困工作人员作为代理人，在推进反贫困工作时，也有自己的个人需求。从供给方面看，社会资本在信息提供、加强合作以及满足反贫困工作人员个人需求等方面，都具有独特的优势。因此，在政府主导的反贫困进程中，社会资本发挥着重要作用。

2. 政府反贫困进程中社会资本作用的供求分析框架

根据前面的供给和需求分析，从社会资本的定义和构成出发②，我们认为，政府反贫困进程中社会资本作用的分析框架，可以用一个一般性的供求分析框架加以解释。如图7-3所示，在政府主导的反贫困进程中，社会资本在资源获得与配置、信息传输方面的供给，恰好满足了政府在反贫困工作中的相关需求；政府反贫困进程中社会资本作用的产出及信号显示，反过来又刺激了政府在反贫困实践中对社会资本的需求；进一步地，这种需求引导了社会资本的供给。因此，在供需双方的共同作用下，我国

---

① 事实上，在我国的减贫实践中，政府反贫困确实非常重视发挥当地人的作用，包括通过培养土专家、农村能人、种养大户等，并通过这些人的发展，带动村子里其他农户共同发展的典型"帮扶"模式的广泛应用。

② 社会资本的定义很多，但基于关系网络定义是其核心；其构成也有不同区分，但最主要的区分是包括关系型社会资本（结构型社会资本）和认知型社会资本。

政府主导的反贫困进程中，社会资本发挥作用的表现形式和作用机制必然
具有特殊性。

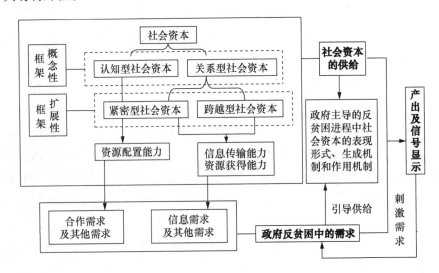

图 7 - 3　社会资本在政府反贫困中的作用：供求分析框架

资料来源：李晓红，2012。

（三）供求分析框架的三个层次

从图 7 - 3 来看，供求分析框架包含的研究内容非常丰富，不过，该
框架仍然可以简洁地区分为三个层次：第一个层次为供求分析框架；第二
层次为社会资本的供给与政府的需求；第三个层次为社会资本作用机制的
分解。

首先，就第一层次也就是总体的供求分析框架而言，实际上是尝试将
两种不同的实施机制放在一个框架中来探讨。换言之，就是要寻找两种不
同的实施机制的结合点。在制度分析中，政府机构与社会资本分别代表了
两种不同的实施机制——政府机构代表由国家法律、法规、政策等规范的
强制实施机制；而社会资本则代表由人际关系、社会规范、习俗、习惯等
约束的自我实施机制。很显然，不管是在反贫困工作中，还是在其他经济
社会领域中，这两者必然是相互交织、共同发挥作用的。这一点在中国政
府主导的反贫困现实中也得到了经验验证。但是，怎样将这两种不同的实
施机制放在一个框架中来探讨，却是一个难题——尤其是当现有的文献都
高度一致地去关注 NGOs 反贫困中的社会资本作用时，这一难度就更大。
本书构建的供求分析框架较好地解决了这一难题：对于政府机构而言，要

有效率地组织反贫困，必然会形成一些工作需求。根据政府推进反贫困工作的特点，对信息、贫困人口的合作以及政府工作人员的其他需求（在某种程度上弥补了激励不足的问题）方面尤其明显；而根据社会资本的作用机制，提供信息、使合作变得更容易，恰恰是其最主要的功能。可见，一方面，具有强制实施特征的政府反贫困进程形成了上述需求；另一方面，具有自我实施特征的社会资本天然地形成了相应的供给。因此，用一个经济学中最普遍的供求分析框架，恰好能够解释社会资本在政府主导的反贫困进程中的作用。这一分析框架具有的概括性和包容性，不仅使得将政府主导与社会资本放在同一个分析框架中探讨成为可能，而且也包含了进一步拓展、深化研究其组成部分的各种可能性。比如，在政府反贫困进程中的需求方面，可以进一步探讨委托—代理链条与信息需求的关系；还可以结合政府反贫困工作人员的工作激励，探讨反贫困进程中的合作需求以及工作人员的其他需求问题，这些研究对于反贫困的政策调整和制定，无疑具有重要的现实意义。至于社会资本的供给方面，可以展开研究的问题就更多，在此不再赘述。

其次，在分析框架的第二层次，需要分别阐释清楚政府的需求和社会资本的供给。对于政府的需求问题，信息和合作需求已经探讨得比较充分，需要进一步强调的是政府反贫困工作人员的其他需求。总结调研访谈资料，政府反贫困工作人员的其他需求，主要与两类需求有关：一是晋升需求；二是情感需求。前者主要与关系型社会资本的作用有关；后者则主要与认知型社会资本有关。

目前对反贫困工作的评价侧重于考核从上级部门争取到的扶贫资源的多寡，以及对这些资源分配情况的考核，比如新挖了多少口小水窖、新投入了多少道路建设资金、新增加了多少培训资金等，至于这些小水窖、道路和培训资金对贫困人口消除贫困的影响，则难以确切评估。① 正是这种

---

① 事实上，虽然直观地看，大力投入贫困地区的生产和生活基础设施，看起来似乎大大增加了贫困地区的人均产出，但是如果我们将农民（包括贫困农民）严格定义为从事农业生产的人的话，那么，这些基础设施对他们收入增加的贡献可能就更需要审慎地评估。即使是对农民工和贫困人口的培训投入也是如此，目前的培训主要是针对打工培训，对农村适用技术的培训缺口很大。当然，不可否认，通过技能培训将贫困人口转移出去本身就是减少贫困人口的重要途径。但是由于我们反贫困的瞄准对象首先是地区，然后才是家庭，所以反贫困物资即使准确地瞄准了贫困地区，也有可能没有准确地瞄准贫困家庭。而导致这一现象的根本原因，恰恰是因为对反贫困资源的运行效果难以恰当地评估，以至于反贫困一直具有更强的福利性质，而不是生产性质。

评估的困难性，直接导致了我国的反贫困工作一直具有更强的福利性质，而生产性质严重不足。在这种情形下，对反贫困工作人员的工作评价主要来自两个方面：一是扶贫物资投入地区的信息反馈；二是上级下拨扶贫物资的多寡。这样一来，在基本情况差不多的前提下，反贫困工作人员自然倾向于把反贫困资源投入到自己熟悉的贫困地区，以及上级领导关心的地区（比如领导的家乡，曾经任职、挂职的地区等）。换言之，就是与自己或领导存在社会关系的地区。由于社会资本的信息供给和增强合作的作用，投入到这些地区的资源一方面有可能更为准确地投入到最需要的地方，另一方面由于贫困人口的合作，资源配置效率可能更高，因此反贫困效果有可能更为显著。此外，由于基于关系型社会资本的声誉机制的作用，上述反贫困效果更有可能被外界更加清晰地了解和传播，而这无疑为反贫困工作人员的晋升增加了重要的砝码。

从情感需求来看，主要是基于认同感、共同的价值观而产生的对非经济性效用的追求。这种情感需求是绝大多数援助的主要动机，比如社会各界对地震灾区人民的捐赠行为、返城知青对生活过的小村庄的资助等。既然情感需求是人类的共同需求，政府反贫困工作人员自然也不例外，在政府主导的反贫困进程中，也存在因情感需求而对某一地区投入扶贫物资的情形。但是，这种情感需求不同于前面提到的对灾区人民捐助，而与后一种情形——知青对生活过的乡村捐款——类似：是因为认同与自己存在某种关系的人群而产生的情感需求。这反映在反贫困工作实践中，同样往往表现为对家乡、任职或挂职过的地区投入反贫困资源。

当然，不管是主要通过关系型社会资本发挥作用的晋升需求，还是与认知型社会资本相关的其他需求，实际上都离不开社会资本最基本的作用：信息供给和增强合作的功能。这就将问题转向了分析框架第二层次的供给方面。如图 7 - 3 所示，两种类型的社会资本在满足政府反贫困中的各种需求时，可以大致区分为：认知型社会资本与紧密的关系型社会资本通过提高资源配置能力，满足了反贫困工作的合作需求和其他需求；关系型社会资本（包括紧密的和跨越的关系型社会资本）则以关系网络为载体，将与贫困状况和反贫困效果相关的信息低成本高效率地传输出去，从而在相当程度上满足了反贫困中的信息需求。当然，这种区分并不是严格的，因为事实上两者的作用是相互交织、很难准确区分的——而这主要源于关系型社会资本本身即是认知型社会资本的载体。

最后，在第三个层次，对社会资本作用机制的分解，这是构建总体分析框架的"微观"基础，是整个框架的核心部分。只有弄清楚社会资本的作用机制，才能了解社会资本如何在政府主导的反贫困进程中发挥作用。与政府主导的实施机制不同，社会资本的作用具有比较典型的自我实施特征。对此，作者曾从交易的视角作过探讨，如图 7-4 所示，社会资本的自我实施机制由其网络特征和认知特征共同决定——分别对应图7-2中的关系型社会资本与认知型社会资本；由于网络成员之间的社会性互动，因此网络内具有信息对称的特征，这使声誉机制能够发挥作用，从而约束网络成员自觉选择合作①；而网络内交易重复的特征也使得交易双方互相惩罚的可能性很大，因此更倾向于选择合作而不是对抗或欺骗；而在同一认知模式下形成的共同预期，降低了合作成本，提高了合作效率。当双方发现合作的产出远远高出不合作时，合作结果对合作预期起到了正反馈作用，从而社会资本得以自我实施。

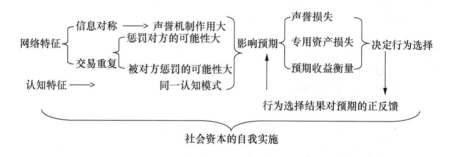

图 7-4 社会资本的自我实施机制图

资料来源：李晓红，2008。

显然，图 7-4 所描述的社会资本自我实施机制比图 7-3 更为抽象，是更具有一般性的社会资本实施机制描述；图 7-3 则是对社会资本实施机制在反贫困领域的具体诠释。根据图 7-3，这种作用机制可以概括为：一方面，关系型社会资本以相互连接的社会关系网络为载体，以网络成员

---

① 图 7-4 中的"行为选择"指的是在社会资本的约束下，网络成员会选择"诚实守信"而不是"背信毁约"，这里根据论题将之改为"合作"，不存在任何问题。因为合作本来就是诚实守信的结果，而不是背信毁约的结果。而且，如果将反贫困工作看作一系列合约的实施的话，贫困人口的合作无疑是这些"合约"能够顺利实施的重要前提。

的社会性（包括交易性）互动①为形式，不仅有效地传递了有关贫困状况的信息，而且还可以起到动员资源的作用，更为有效地为贫困地区争取反贫困资源；另一方面，认知型社会资本通过共同拥有的价值观、习俗、惯例、行为准则等的作用，使得网络内部的合作成本更低，合作效率更高，在反贫困实践中，则主要表现为对政府反贫困政策的更快接受和适应，以及对获得反贫困资源更好地分配使用的能力——即图7-3中所说的资源配置能力。在图7-3中，之所以将紧密型社会资本与认知型社会资本连在一起，共同决定资源配置能力，主要是基于已有经验研究的结果。现有研究表明，越是关系紧密的贫困社区，社区内部的集体行动效率越高，成员之间相互合作的程度越高。虽然这些经验研究主要是基于其他国家和地区的案例，但是我们在调研过程中，同样也发现了类似的例子，有些甚至十分典型，比如贵州关岭、冷洞乡的脱贫经历。这表明在我国政府主导的反贫困进程中，贫困地区社会资本紧密程度的差异，对于贫困人口的合作程度、资源配置能力有重要影响。② 综合两方面的作用，在政府主导的反贫困进程中，社会资本的信息传输能力、资源获得能力以及资源配置能力最终将通过产出表现出来；而反贫困效率的提高，不管对于贫困人口本身，还是对于反贫困工作人员以及政府部门，都是好事，这就使得社会资本在反贫困中的作用得到了正强化。对社会资本作用的正强化，使政府在反贫困进程中有可能更加依赖社会资本。因此，社会资本在反贫困进程的作用机制，同样具有比较明显的自我实施特征。

三　供求分析框架对相关领域研究的启发

探讨政府主导的反贫困进程中社会资本的作用，由于鲜有研究涉及，因此，本书既是尝试性的，又是开创性的。我们认为，本书提出的供求分析框架较好地阐释了政府与社会资本这两种不同实施机制在反贫困进程中交互的作用机制，对于研究我国政府主导的反贫困进程中社会资本的作用具有较强的适用性，对相关领域的研究也具有重要启发。其启发性由分析框架的优点所决定。

---

① 互动是社会学术语，这里的社会性互动是指不以明确的经济收益获得为前提的互动，在关系紧密的网络成员之间，多表现为日常交往；经济性互动则指以获得明确的经济收益为前提的互动，主要表现为网络内部的各种交易，或者说合作——比如生产性互动。

② 这主要是因为社会资本的自我实施以相对封闭的关系网络为前提——对非网络成员、疏离网络的成员缺乏约束力。这也是为什么流动人口在异乡的犯罪率远远高于在本乡本土的重要原因。

（一）供求分析框架的优点

针对中国的反贫困实践，与国外已有的分析框架相比，供求分析框架具有以下优点。

第一，厘清了政府主导的反贫困进程中政府与社会资本的关系。如果社会资本是基于关系网络定义的，那么，不加甄别地探讨我国反贫困进程中社会资本的作用，不仅是不严谨的，而且有可能是危险的。因为我国的反贫困进程主要是政府推进的，这与国外反贫困进程中第三方力量日渐增强的情形大相径庭，因此，如果不假思索地将国外的研究框架照搬过来，不仅会让人产生政府与第三方力量是否没有区别的疑问，而且研究的针对性也会大大降低，甚至会误导我们形成错误的判断。

第二，创造性地继承了已有的研究成果。创造性主要表现为用供求分析框架将反贫困进程中的政府和社会资本这两个完全不同的组织机制有机地联系起来；继承性则表现为在讨论社会资本的供给时，其作用机制的内容主要由已有研究形成的概念性框架和拓展型框架构成。如果放弃供求分析框架，则必然导致前文指出的忽略研究主体差异性和研究的针对性问题；而如果放弃已有的社会资本分析框架，则本书就缺少了思考的参照系，不仅可能导致研究缺乏可比性和普遍性意义，而且或许意味着根本不需要冠之以"社会资本"之名，而最为重要的还是会使研究偏离现实——当我们关注政府主导的反贫困进程中的社会资本作用时，论题的确定是问题导向的——在我国由政府主导的反贫困进程中，在一般性定义上的社会资本作用确实被观察到了。[①] 因此，当分析政府反贫困进程中的社会资本作用时，至少应该包括两层含义：其一，政府主导的反贫困进程中社会资本发挥作用的现实背景与第三方反贫困不一样，不能直接套用同样的分析框架；其二，不管是政府主导的反贫困，还是第三方反贫困，社会资本都是同样的定义，因此，社会资本的核心分析框架应该具有一致性。图7-3所表示的分析框架无疑涵盖了上述两层含义。

第三，该分析框架兼顾了微观与宏观相结合的视角，这一视角不仅有利于强调社会资本的非正式组织特性及作用机制，也充分考虑了政府作为正式组织的特性和需求。当分析社会资本的供给，也就是其作用机制时，

---

① 所谓一般性定义的社会资本，主要是针对社会资本定义争议较多、存在不同定义而言。但是不管是哪一种定义，基于关系网络定义是其核心，本书的社会资本概念即指普遍意义上基于关系网络定义的社会资本。

基于微观视角。换言之，主要从贫困人口的视角分析其社会资本的构成及可能发挥的作用。当然，这种微观视角还可以转换为政府反贫困工作人员的视角——也就是说，通过研究政府反贫困工作人员的社会资本构成和作用机制，探讨政府反贫困中社会资本的作用。但是，由于反贫困工作主要是针对贫困人口展开，尤其是贫困人口对反贫困资源的应用能力是提高反贫困效率的关键。因此，即便是在政府主导的反贫困进程中，社会资本的微观主体首先应该选择贫困人口，而不是政府反贫困工作人员。同时，正是因为这种微观视角从贫困人口的社会资本视角切入，主要关注了社会资本作为一种非正式组织的特性和作用机制，而不能包括政府作为正式组织在反贫困工作的特性和需求，因此，在总体上从宏观的视角切入，关注了政府这一正式组织在反贫困中的特性和需求——这一点虽然在图 7 - 3 中没有表示出来，但是前文的分析已经表明了这一点。很显然，这种微观与宏观相结合的视角，既保证了该类研究与其他研究的可比性和参照性，也保证了研究的针对性和适用性。

当然，需要指出的是，供求分析框架的上述优点，并不意味着在进行这些研究时不存在任何问题。相反，对紧密型社会资本与跨越型社会资本的区分和衡量、对认知型社会资本作用的衡量、对政府作用与社会资本作用的区分，都存在相当的困难和挑战性，要解决这些困难，既需要大胆的尝试和创新，也需要审慎的思考和推敲。

（二）供求分析框架对相关领域的研究启发

供求分析框架的上述优点，使其具有广阔的应用前景。具体来看，该分析框架对相关领域的启发性集中表现在两个方面。

首先，蕴含着推进产出分析框架的可能性。从图 7 - 3 来看，在供需作用下，均衡结果为"产出及信号显示"。换言之，政府主导的反贫困进程中，社会资本发挥作用的产出表现为什么呢？怎样衡量这些产出呢？对此，国外已有相当丰富的研究成果，限于篇幅和主题，此处不能详述。但是，仍然需要强调的是，在衡量我国反贫困进程中社会资本发挥作用的产出时，也不能简单地借用国外已有的分析框架，而是必须植根于我国的反贫困现实，提出具有针对性、有益于得到富有启发性结论的分析框架。

其次，蕴含了推进经验研究的若干可能性。社会资本作为理论分析工具，综观整个社科领域，恐怕很难找到第二个如此充满争议的理论工具。但是尽管如此，社会资本研究仍然毫无式微之征，而具滥觞之势。而社会资本这个如此充满争议的分析工具，之所以会受到社科界的如此"追捧"，主要是因为其对经济社会现实的强大解释力。[1] 从社会资本理论的产生来看，首先是由于某些经验事实被反复地观察到，然后社会学者将这些经验事实统一到社会资本这一概念下。在反贫困领域也是如此，首先是对若干反贫困经验事实的描述性研究，然后一比照，发现这些经验事实可以被统一到社会资本框架下加以研究，因此，社会资本在反贫困研究中的运用开始受到了越来越多的关注。而我国则不同，如前文指出，我们是首先知道了社会资本这一理论工具，然后用这个工具去"框"我国的反贫困现实。这种研究思路，不仅大大降低了推进经验研究的若干可能性，而且也大大降低了相关研究成果对推进我国反贫困进程的重要性。而本书提出的供求分析框架，则极具启发性，蕴含了推进经验研究的若干可能性。比如，在我国政府主导、而非 NGOs 主导的反贫困进程中，社会资本有何特殊的表现形式？我国推行的东西帮扶、组织帮扶、对口帮扶、结对子等反贫困模式，其社会资本的生成机制有何特点？作用机制有何特点？这些特点对于提高反贫困效率有何意义？挂职锻炼等组织形式对贫困人口社会资本的生成有何影响？其作用机制是什么？从经验研究的视角来看，真正地从我国的反贫困现实出发，对上述问题展开具有洞察力的研究，无疑既有益于我国的反贫困实践，又有益于国内学术界在社会资本研究领域做出独特贡献。

第三节　政府主导的反贫困进程中社会资本作用的产出分析[2]

一　反贫困政府主导特征的理论分析含义

之所以要强调我国反贫困进程的政府主导特征，是因为从制度经济学的视阈看，社会资本与政府主导分属不同的范畴。按照诺斯对非正式制度和正式制度的区分标准——实施机制是强制性实施还是自我实施——来进

---

① 因此，我们可以发现，除了充满争议以外，同样的一个事实是：在社科领域，也很难找到第二个分析工具，一经产生以后，便迅速地"侵入"到经济学、管理学、政治学等各个领域。夸张一点说，如果检索一下文献，你大概会感叹社会资本这一工具在社科领域真可谓"无孔不入"。

② 作为本课题的阶段性成果之一，本节内容以"政府主导的反贫困进程中社会资本作用的产出分析"为题，发表于《贵州大学学报》（社会科学版）2012 年第 1 期。

行划分的话，社会资本与政府主导的实施机制明显不同。社会资本具有自我实施特征，属于非正式制度范畴；而政府主导是强制性实施，则是典型的正式制度范畴。因此，用社会资本理论工具来分析我国政府主导的反贫困进程，从本质上来看，是在探讨非正式制度与正式制度的协同抑或替代问题。而正式制度与非正式制度在实施过程中到底是协同作用还是替代作用，取决于非正式制度以及正式制度的特征。因此，在探讨我国反贫困进程中社会资本的作用时，尤其是在分析其作用效果（产出）时，必须从我国的客观现实出发。而从国际上看，催生反贫困领域"社会资本热"的土壤并非"政府主导"，而是"非政府主导"，这与我国反贫困进程中的政府主导特征大相径庭。这种差异要求我们在运用社会理论研究中国的反贫困问题时，必须强调反贫困进程的政府主导特征。

既然社会资本属于非正式制度范畴，而政府主导属于正式制度范畴，为什么还要研究我国反贫困进程中的社会资本作用？回答这个问题非常容易：其一，从经验事实来看，在我国各级政府工作人员开展反贫困工作时，社会资本确实在发挥作用，或者说社会资本的作用确实被观察到，而且也出现了不少问题，因此，客观现实要求我们必须研究这一问题。其二，从理论研究的层面来看，非正式制度与正式制度的区分是相对的，而且正式制度往往通过非正式制度发挥作用，同时可以引导非正式制度；而如果从制度演进的视角来看，非正式制度与正式制度有可能互相转化，共同演化，在极端的情况下，非正式制度的稳定性还有可能导致正式制度失效，甚至发生突变。因此，研究社会资本在反贫困进程中的作用，分析其产出的性质，是调整和优化反贫困政策安排的需要。

二　社会资本反贫困作用的产出分析框架

从社会资本在反贫困领域的研究缘起来看，主要源于世界银行的发展项目。虽然这与我国政府主导的反贫困进程有着明显的差异，但是，在提出针对我国反贫困现实的产出框架之前，仍然非常有必要了解已有的分析框架。

（一）不同的社会资本反贫困产出分析框架

对于反贫困进程中社会资本作用的产出分析，根据对社会资本定义和划分的不同，不同的研究沿用了不同的分析框架。总体来看，这些研究可大致分为两类。

一类是根据对社会资本的基本区分，即将社会资本区分为关系型社会资本和认知型社会资本，分别选取指标衡量社会资本在反贫困中的产出。一般而言，这些研究在衡量关系型社会资本的产出时，强调其资源性作用，比如在缺钱时是否向亲朋好友借钱等；而在衡量认知型社会资本的产出时，更强调其制度性作用，比如对行为规划、价值观的衡量等。另一类研究则在此基础上，将关系型社会资本区分为紧密型社会资本（Bonding Social Capital）和跨越型社会资本（Bridge Social Capital），集中探讨了关系型社会资本在反贫困中的产出。这类研究分别针对紧密型社会资本和跨越型社会资本的特点，从其正面效应和负面效应两个角度探讨社会资本的产出。

在众多的研究中，纳拉扬（Narayan，1999）的研究尤其具有启发意义，他将政府治理与社会资本的作用看作一个相互交织的过程，探讨了强政府治理、强社会资本作用、弱政府治理、弱社会资本作用的四种组合产出结果。毫无疑问，这些研究对我们分析政府反贫困进程中社会资本作用的产出极具参考价值，但是，同时，也必须明确地认识到：这些研究主要是分析 NGOs 反贫困中社会资本的产出，纳拉扬的研究虽然关注了正式制度的作用，但是，却是对不同国家的政府治理水平的比较，而不是对同一国家内部的研究，更不是针对政府反贫困进程中社会资本的产出展开分析。这似乎意味着在政府反贫困进程中社会资本的产出都是积极的，但是我们知道，这显然不符合真实情形。因此，对于政府反贫困进程中社会资本的产出，需要专门探讨。

（二）政府主导的反贫困进程中社会资本的产出分析框架

根据社会资本的定义以及实施机制特征，结合我国反贫困进程中的政府主导特征，同时参考已有研究成果，笔者提出了如图 7 - 5 所示的分析框架。

该分析框架从微观视角切入，将贫困人口的关系型社会资本区分为紧密型社会资本与跨越型社会资本，并根据其作用强弱程度将两者的组合区分为四个象限，然后分析这四种组合的产出。

这一框架是对社会资本在反贫困中产出分析框架的推进。与已有研究相比，本框架有三点重要的推进：

第一，与大多数分别衡量紧密型社会资本和跨越型社会资本的正、负产出相比，本框架将两者的作用结合起来考虑，这更符合现实情况。

第二，与纳拉扬的研究不同，当我们关注中国的反贫困进程中社会资本的作用时，是以基本相同的政府治理水平为前提——虽然各地方政府的管理水平确实存在差异，但是这种地区之间的差异显然与国家之间的差异不可同日而语。尤其是考虑到我国贫困人口分布的区域性特征，以及我国反贫困进程中政府推进的模式时，这一差异就更不显著。因此，关注我国政府反贫困进程中社会资本作用的产出，以基本相同的政府治理水平为前提是合理的。

第三，本分析框架从社会资本理论和代理理论的视角，一方面将政府反贫困工作人员看作贫困人口的跨越型社会资本，另一方面将反贫困工作人员看作政府的代理人，考虑了我国反贫困进程中政府与社会资本的交互作用。当我们说以基本相同的政府治理水平为前提时，并不意味着在我国政府主导的反贫困进程中，社会资本是独立发挥作用的。相反，一定与政府密切相关。那么，当我们放弃了纳拉扬的分析框架之后，政府与社会资本的交互作用应该怎样考虑呢？在本书的分析框架中，用跨越型社会资本表示。这是因为，在我国政府主导的反贫困进程中，争取尽可能多的反贫困资源是第一位的。根据社会资本理论，贫困人口的亲属、亲戚、朋友、同乡、熟人等都是其关系型社会资本。如果这些人恰好是政府反贫困工作人员，根据社会资本的自我实施机制特征，会使信息更对称、合作更容易，因而上述贫困人口得到反贫困资源的可能性就比其他贫困群体要大得多，得到的反贫困资源数量也可能要大得多。因此，可以说对于贫困人口而言，最具影响力的跨越型社会资本就是政府的反贫困工作人员——虽然其他政府工作人员、在外事业有成的其他人比如商人、专业人士等，都构成了贫困人口的跨越型社会资本——但是，正所谓"县官不如现管"，在我国政府推进的反贫困进程中，对贫困人口能够直接产生影响的就是政府反贫困工作人员。换言之，在我们提出的分析框架中，并非不包含政府部门的作用，而是将政府的作用具体化为贫困人口的跨越型社会资本纳入分析。这一考虑也符合代理理论的思想。我国的反贫困进程虽然是政府主导的，但是反贫困工作人员充当了代理人的角色，而且是一种双重代理角色，关于这一点，前文已经分析过。正是因为反贫困工作人员的代理人角色，使得其更有可能作为贫困人口的跨越型社会资本存在，增加了贫困人口通过跨越型社会资本获得资源的能力。

三　政府反贫困进程中社会资本作用的产出

下面我们根据产出分析框架，具体分析一下政府主导的反贫困进程中社会资本的产出。

如图 7 - 5 所示，横轴表示贫困人口的紧密型社会资本，从左到右对应着从低到高；纵轴表示贫困人口的跨越型社会资本，在我国政府主导的反贫困进程中，尤其是政府反贫困工作人员，从下到上表示从低到高。根据社会资本理论，紧密型社会资本水平越高，意味着认知型社会资本的同质性越高，成员之间的合作程度越高。因此，紧密型社会资本对应的产出主要是网络内部的资源配置效率。紧密型社会资本水平高，则网络成员之间的社会性互动、经济性互动频繁，嵌入到关系网络中的认知型社会资本同质性高，约束力强，网络成员之间更易合作，资源配置效率高，反之则低。跨越型社会资本的产出则包括资源获得能力和信息传输能力，当然，这里不能排除认知型社会资本的作用。当跨越型社会资本水平高时，直观地说，就是贫困人口群体有更多的亲属、亲戚、朋友、熟人、同乡、同学等是政府反贫困工作人员，贫困人口群体获得反贫困资源的能力就越强；反之则越弱。同时，由于在政府主导的反贫困进程中，让上级部门了解自己的贫困状况是获得反贫困资源的重要前提，因此，跨越型社会资本对于将贫困人口的状况如实上报具有决定性的作用。① 当然，从调研情况来看，贫困人口的跨越型社会资本对其资源配置能力也有明显的影响。这主要表现为对适用技术的采用程度。在调研中我们发现，如果某项适用技术是由贫困人口的"跨越型社会资本"——比如，政府反贫困工作人员以及其他在外工作的有见识的"内部人"——所推荐的话，那么，贫困人口倾向于很快接受②；而且，这些在外工作的"内部人"往往通过给贫困人口群体内部的领袖人物提供正确、持续的指导，保证项目的成功率。然

---

① 根据前文社会资本自我实施机制的分析，当提到信息对称或者信息传输能力时，主要是针对紧密型社会资本而言，而非跨越型社会资本。这里之所以将信息传输能力主要看作跨越型社会资本的产出，而非紧密型社会资本的产出，主要是因为反贫困资源的获得与贫困信息有关，而这种相关并不是与真实的贫困状况有关，而是与分配反贫困资源的政府部门了解到的贫困信息有关。因此，拥有跨越型社会资本的贫困人口群体，自然更容易让政府部门了解其贫困状况，从而获得更多的资源。

② 事实上，不仅仅是适用技术，包括新品种、新工艺等一切"新"的东西，如果是由与推广地没有任何关系的政府工作人员推广实施，不管工作人员怎样拍着胸脯打包票，村民总是会半信半疑，能够下决心真正实践的村民很少，推广难度很大；但是如果是由当地出去的或者与当地有某种关系（当然不能是相互否定的关系）的政府工作人员推广，则情形大为改观——基于之前的信任，当地村民会很快采用。这也是为什么县、乡政府在以"包村"形式分配任务时，往往将政府工作人员的出生地确定为其责任村的根本原因。

后才是贫困人口群体内部通过模仿实现适用技术的扩散，从整体上提高资源配置能力。从我们的调研经历来看，这种方式往往比直接面对所有贫困人口的效果更好。不仅节省了推广成本，而且有利于提升民众对政府的信任度。因此，当我们说跨越型社会资本的主要产出是资源获得能力时，并不是绝对的，它对资源配置效率也有积极的影响。最后，信号显示实际上是产出被识别的程度，如果产出很容易被识别，则信号显示强，反之则弱。因此，信号显示实际上是紧密型社会资本与跨越型社会资本共同作用的结果，但是紧密型社会资本的作用可能更大——一是因为紧密型社会资本决定了群体内部的合作水平，而这对产出有着最为直接的影响；二是即使有了不错的产出，如果群体内部发生"内讧"，则这些产出可能也难以被识别。

在大致区分了紧密型社会资本与跨越型社会资本的产出以后，根据其组合，可以区分为如图7-5所示的四个象限。

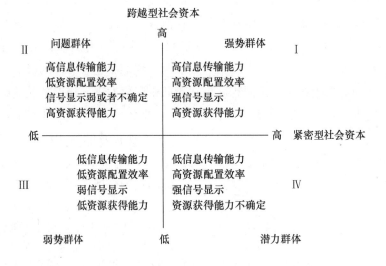

图7-5 政府反贫困进程中社会资本作用的产出分析框架

资料来源：李晓红，2012。

在第 I 象限，跨越型社会资本与紧密型社会资本的水平都高，因此，信息传输能力、资源配置能力、信号显示以及资源获得能力都高，这对应着社会结构中的强势群体——由于拥有高水平、高质量的跨越型社会资本，他们传输信息、获得资源的能力比其他群体强；同时，因为群体内部高水平、高质量的紧密型社会资本的存在，使得群体具有很强的凝聚力和向心力，群体内合作程度高，产出明显。高产出又通过社会资本形成强信号显示，使得该群体被突出地识别出来。而反过来又有利于进一步获得外部资源、强化内部合作、提高资源配置效率，形成对该群体而言的良性循环。① 具体到政府主导的反贫困进程中，强势群体的存在必然导致贫困人口内部的分化，而表现形式则为反贫困资源的分配结果是"锦上添花"而非"雪中送炭"。

在第Ⅱ象限，社会资本组合为高跨越型社会资本与低紧密型社会资本，对应的产出为高信息传输能力、低资源配置效率和高资源获得能力。由于低紧密型社会资本导致的低资源配置效率，可能会导致低产出，因此，这一组合的信号显示弱或者不确定。这种群体是社会中的问题群体，主要表现为擅长通过跨越型社会资本争取各种反贫困资源，但是由于这些资源在贫困人口群体内部配置效率低下，以至于效果不明显甚至没有效果，造成资源浪费。在我国的反贫困实践中，这种情形并不少见，这也是为什么不少地区不管投入多少反贫困资源，始终没有取得实质性进展的主要原因。

第Ⅲ象限是双低组合，低跨越型社会资本与低紧密型社会资本对应着低信息传输能力、低资源配置效率和低资源获得能力，在这种情况下，其信号显示自然很弱。这典型地表现为社会中的弱势群体。对于这类贫困群体而言，既无跨越型社会资本充当他们获取资源的代言人，又没有紧密型社会资本可以相互依赖，是典型的弱势群体。正是因为这类贫困人口的存在，使得在我国的反贫困进程中，"瞄准机制"的问题被频频提及和探讨。换言之，由于他们既不能将自己处于贫困状况的信息有效地向分配反贫困资源的政府部分传送，也难以依靠自己的力量将自己拔出贫困的深渊，因此，他们是贫困人口这一弱势群体中的弱势群体，不仅是极端贫困者，而且还是反贫困资源难以眷顾的贫困人口。

第Ⅳ象限的组合为高紧密型社会资本与低跨越型社会资本的组合，对应着低信息传输能力、高资源配置效率；由于资源配置效率高因此信号显

---

① 之所以说这对于该群体而言是一种良性循环，是因为强势群体由于其获得资源和配置资源的能力明显优于其他群体，所以具有很强的竞争力，这种竞争力有可能将其他群体边缘化。事实上，这与市场竞争中的"马太效应"具有一样的性质——如果在一个社会结构中，强势群体过于突出，则社会分化必然加剧。

示强。因此，尽管这类群体的跨越型社会资本低，信息传输能力不强，但是由于其信号显示强，所以获得资源的能力是不确定的——也许在刚开始，主要是依赖群体内部的资源发展，但是由于资源配置效率高，产出高，信号显示强，因此，有可能在获得初步成效之后得到大量的外部资源支持。① 这类群体是潜力群体，有可能上升为强势群体。

可以认为，这四个象限几乎概括了政府反贫困进程中社会资本作用的可能产出。但是，需要注意的是，对这些产出还存在不同的解读。比如，第Ⅰ象限和第Ⅳ象限都可能会存在比较明显的社会排斥问题，这对于强势群体并不难理解，对于潜力群体似乎有些难以理解。事实上，虽然同为"社会排斥"，但是其内容和形式都有很大的区别。强势群体所导致的社会排斥最极端的形式就是剥夺他人发展的机会，也就是将其他群体排斥在社会资源分配范围之外，这是从外部资源的分配来看；从内部来看，强势群体会排斥外部人的介入。而潜力群体所形成的社会排斥则主要是针对后者而言——可能会因为紧密型社会资本水平很高，而排斥非群体成员的进入，从而使得其他社会成员不能分享其知识和产出。② 第Ⅱ象限的问题群体则不仅会产生社会排斥，而且是滋生腐败、剥夺、资源浪费等问题的"温床"。第Ⅲ象限则存在被长期边缘化的可能。对社会资本产出的不同解读，不仅有利于我们更为全面地理解政府主导的反贫困进程中社会资本的作用，而且蕴含了丰富的反贫困政策含义。对于后一点，下一部分将专门探讨。

四 产出分析框架的应用前景

产出分析框架的上述优点决定了其在以下几个方面的应用前景：

首先，在理论研究方面，可以探讨在政府主导的反贫困进程中，政府机构与社会资本相互作用的合作机制问题。这不仅对于提高政府反贫困的效率具有明显的重要性，而且对于调整反贫困策略、组织方式以及具体模式都有相当的指导意义。可以在该框架下探讨政府反贫困工作人员的激励问题。对贫困人口而言，可以在此框架下探讨其自生发展能力问题。此外，结合委托—代理理论，探讨政府主导的反贫困进程中的信

---

① 事实上，我们树立的成功典型不少都是属于这种类型。比如贵州省的冷洞村，村民在村支书的带领下发展起来以后，已经成为贵州省石漠化治理脱离贫困的典型，可以预见该村以后将持续获得相关资源投入。

② 在这方面，犹太人似乎是一个非常合适的例子——虽然并不是在反贫困领域的案例。

息传递机制以及社会资本在其中发挥的作用，并关注其对反贫困效率的影响，从而得出对政府反贫困组织结构设置的政策建议，以尽可能提高信息的对称程度，最终达到提高反贫困效率的目的。进一步地，可以用以研究反贫困进程中的正式制度调整与贫困人口认知型社会资本的演进。

其次，在经验研究方面，产出框架包含了更为广阔的应用前景。比如，可以在该框架下对反贫困效率做比较研究，通过确定相关指标体系，分别衡量反贫困效果具有明显差异的贫困地区，在其反贫困过程中政府部门和社会资本各自所发挥的作用，从而提出改进政府推进与社会资本融合的反贫困模式和组织方式的政策建议。也可以专门针对我国政府主导的反贫困进程中，对贫困人口的紧密型社会资本与跨越型社会资本的作用展开案例研究和比较研究。通过对不同案例的比较以及紧密型社会资本和跨越型社会资本的比较研究，可以更为清晰地了解贫困人口自身对于政府推进的反贫困战略的认知、行为选择、心理预期以及需求。尤其是当我们强调反贫困应该形成贫困人口的自生发展能力时，上述各个方面就更为重要。同时，不管是成功的还是失败的案例，都可以从不同方面告诉我们应该怎样调整反贫困战略和具体组织模式。

最后，可以运用产出分析框架，根据贫困人口的社会资本特征判断其属于哪一个群体，从而制定相应的反贫困政策。相应地，产出分析框架特别适合用于探讨贫困人口内部的分化问题。事实上，由于我国反贫困的任务一直比较艰巨，因此我们更多地关注了怎样帮助现有的贫困人口脱离贫困，而在很大程度上忽略了贫困人口内部的分化问题。但是根据我们的调查，这种现象近年来呈现不断加重的趋势，尤其对于产出分析框架中界定的弱势群体和问题群体而言。因此，综合运用产出分析框架和供求分析框架，可以较为深入地探讨贫困人口内部的分化问题。

当然，产出分析框架具有上述应用前景，并不意味着在进行这些研究时就不存在任何问题。相反，对紧密型社会资本与跨越型社会资本的区分和衡量、对认知型社会资本作用的衡量、对政府作用与社会资本作用的区分，都存在相当的困难和挑战性，要解决这些困难，既需要大胆的尝试和创新，也需要审慎的思考和推敲。

第四节　贫困人口发展能力评价：
以西部地区为例①

一　产权分析视阈中的贫困人口发展能力

根据贫困与反贫困的产权分析，贫困人口的产权贫困属性可以区分为物质资本生产性产权贫困、分配性产权贫困、交换性产权贫困和消费性产权贫困，相应地，贫困人口自我发展能力可以分解为生产能力、分配能力、交换能力和消费能力。

生产能力指劳动力使用和配置生产要素提供产品和服务的能力，劳动人口占有生产要素的数量和质量决定着生产能力的大小。分配能力指个人对可支配财富和收入分配使用的能力，主要考察家庭将可支配财富与收入投向生产发展领域还是纯粹消耗性的领域。交换能力是指劳动力将产品和服务转化为市场价值的能力，市场交易的软硬件条件决定交换能力的大小。消费能力指消费者在单位时间内所消费的生活资料价值，消费数量和结构反映消费能力的大小。

以上四个环节的能力构成人口自我发展能力的主要内容，也成为我们构建人口自我发展能力评价指标体系的理论依据。

二　衡量人口自我发展能力的指标体系构建

（一）衡量人口自我发展能力的国内外研究

国外相关研究对人口自我发展能力的衡量，大多在 UNDP 的发展能力框架下，分别对四大核心内容从冲击、结果和产出三个层次对其进行衡量，尝试从多视角、多维度、系统地衡量发展能力。因此，并没有单独建立对人口自我发展能力的衡量体系。但是，这并不等同于国外研究不重视该问题，事实上，在 UNDP 定义的发展能力四大核心领域中，知识进展与人口发展能力联系非常紧密，对此，UNDP 主要关注教育改革、继续学习和知识管理等领域，并分别用投入指标和产出指标加以衡量。

---

① 在课题设计论证时，拟以贵州省国家级扶贫开发重点县务川仡佬族苗族自治县为样本，进行贫困人口能力形成的评价研究，随着研究的进展，发现两个指标数值不可得：一是县域指标数值几乎不可能获得；二是贫困人口的指标数值不能完全获得；因此，经过课题组讨论，最终采用西部农村人口的数据，尝试对人口发展能力进行评价。

　　从国内来看，与国外研究类似，少有学者专门就人口自我能力进行衡量，但是，在衡量区域自我发展能力时，均有相关指标指向衡量人口自我发展能力。比如成学真等（2010）在构建区域发展自生能力评价指标体系时，选用的农村人均财产性收入、农村人均工资性收入等指标均与人口自我发展能力高度相关。郑长德（2011）在评价中国民族地区自我发展能力时，尝试用人口平均受教育年限、平均预期寿命等指标衡量家庭自我发展能力，虽然表述不同，其实质仍是指向人口自我发展能力。冷志明（2013）在构建集中连片特困地区的自我发展能力指标体系时，选取的人均储蓄额、恩格尔系数、人均社会零售商品消费额等指标也与人口自我发展能力高度相关。王科（2008）、王斌（2011）在构建区域自我发展能力衡量指标体系时，也设计了与人口自我发展能力相对应的衡量指标。

　　总之，对人口自我发展能力的衡量，都是作为区域自我发展能力的一个组成部分来衡量，而没有单独地进行比较全面而系统的衡量；而且已有的衡量研究，由于缺乏对贫困人口自我发展能力概念的清晰界定，在指标体系的构建上自然也就存在不少问题。

　　根据本书对人口自我发展能力的界定，这里采用层次分析法（AHP），构建"指数—评价领域—具体指标"三级指标体系，并遵循综合性、目的性、可比性、可操作性以及实用性等原则，合成人口自我发展能力的总指数。

　　（二）三级指标体系的构成

　　三级指标体系包括三个层次：指数层、评价领域和具体指标。

　　如表7-2所示，第一层为指数层，这是衡量自我发展能力的一级指标，分别用生产能力指数（PPCI）、分配能力指数（PACI）、交换能力指数（PECI）和消费能力指数（PCCI）衡量生产能力、分配能力、交换能力以及消费能力，四个指数之和为自我发展能力总指数（PCDI），衡量总体的自我发展能力。第二层为评价领域，根据各指数内部的逻辑关系，综合考虑各方面因素，为四大指数分别设计相应的评价领域，力求能全面、客观地反映四大指数的现实状况。第三层为具体指标，筛选出能反映评价领域核心内容的若干具体指标。本书参照现有国内外相关指标体系，并结合西部农村人口的实际情况，兼顾数据的可得性，选择24个核心指标组成指标集。

表 7 - 2 　　　　　　　　　　农村人口自我发展能力衡量指标体系表

指数	一级指标	二级指标	三级指标	性质	权重
人口自我发展能力总指数（PCDI）	人口生产能力指数（PPCI）（0.39）	物质要素拥有能力	人均经营耕地面积与全国人均量的比	正向	0.1
			人均农作物播种面积与全国人均量的比	正向	0.15
			人均旱涝保收面积与全国人均量的比	正向	0.15
			人均农用机械动力与全国人均量的比	正向	0.1
			人均粮食占有量与全国人均量的比	正向	0.1
			家庭拥有农业生产性固定资产原值与全国平均水平的比	正向	0.1
		劳动要素拥有能力	每百个劳动力中不识字或识字很少人数与全国平均水平的比	逆向	0.1
			每百个劳动力中大专及大专以上人数与全国平均水平的比	正向	0.1
			每千农业人口村卫生室人员数与全国平均水平的比	正向	0.1
		总　　计			1
	人口分配能力指数（PACI）（0.15）	可持续分配指标	文教娱乐支出指数与全国平均水平的比	正向	0.4
			购买生产性固定资产支出占全国平均水平的比重	正向	0.3
			农户人均固定资产投资额与全国平均水平的比	正向	0.2
			新型农村社会养老保险参保率与全国平均水平的比	正向	0.1
		总　　计			1
	人口交换能力指数（PECI）（0.26）	经营能力水平	家庭经营纯收入与全国平均水平的比	正向	0.3
			家庭经营费用支出占经营收入比例与全国平均水平的比	逆向	0.2
			工资性收入与全国平均水平的比	正向	0.2
		销售能力水平	农村居民人均出售粮食量与全国平均水平的比	正向	0.2
			农村居民人均出售猪肉量与全国平均水平的比	正向	0.1
		总　　计			1
	人口消费能力指数（PCCI）（0.20）	消费性支出结构状况	居民消费水平与全国平均水平的比	正向	0.3
			食品支出占消费支出比例与全国平均水平的比	逆向	0.2
			生活消费支出占总支出的比重与全国平均水平的比	逆向	0.2
			每百户家庭年末主要耐用品拥有量（摩托车）与全国平均量的比	正向	0.1
			每百户家庭年末主要耐用品拥有量（移动电话）与全国平均量的比	正向	0.1
			家庭设备及用品支出占消费支出比例与全国平均水平的比	正向	0.1
		总　　计			1

资料来源：作者。

（三）指标赋权及合成

（1）指标权重设定。根据指数含义，设定 PPCI、PACI、PECI 和 PC-CI 四大指数权重之和为 1；并设定四大指数对应的三级指标权重之和分别为 1，比如人口生产能力指数包括衡量物质要素拥有能力的 6 个三级指标和衡量劳动要素拥有能力的 3 个三级指标，则 9 个三级指标的权重之和为 1；同时，根据指标含义明确三级指标的正、逆向属性。

（2）指标赋权与标准化处理。本书采用专家赋权法对各级指标赋权，分别收集该领域 5 位专家对四个一级指标、24 个三级指标的赋权值。四个一级指标的权重通过计算专家赋权值的算术平均数确定，如表 7 - 2 所示，分别为 0.39、0.15、0.26、0.20。24 个三级指标的权重由五位专家根据指标的重要程度讨论后赋予，具体权重值如表 7 - 2 所示。

指标的标准化处理是以全国人口平均水平为基数，即设定全国人口平均发展能力指数值为 1。因此，如果一个地区人口的 PCDI 大于或者等于 1，那么该地人口具有自我发展能力；相反，若 PCDI 小于 1，则表明该地人口缺乏自我发展能力，且 PCDI 越接近于 0，自我发展能力越弱。

（3）指标合成。在设定权重和指标标准化处理的基础上，对贫困人口自我发展能力指标体系进行逐级加权合成，即线性加权合成法来合成总指数，公式如下：

$$WJ = \sum a_i \cdot WI$$

其中：WJ 为第 J 个指标加权合成值（第 J 个指标是第 i 个指标的上一级指标）。同时，继续作为这一指标的原值，参与上一级指标的加权合成值，依次进行直至最后，从而得出人口自我发展能力的总指数。另外，在计算的过程中还要注意逆向指标的正向化。

三　贫困人口自我发展能力的评价：以西部农村人口为例

（一）评价对象的选择

本书对贫困人口自我发展能力的评价，是以西部 12 个省（市、区）的农村人口数据为依据。之所以选择西部农村人口作为评价对象，主要是兼顾人口群体的代表性和数据的可得性。

从人口群体的代表性来看，我国农村人口收入普遍偏低。而西部农村人口，不仅从绝对收入来看是收入最低的群体；而且从相对收入来看，也承受了最大的城乡收入差距，甚至西部农村人口内部的分化也在不断加剧。当前，正值深入推进西部大开发和新一轮扶贫开发的重要时期，如果在强调区域发展的同时，忽略了被"漏出"的低收入群体，不仅不利于缩小区域差距，更不利于缩小城乡差距。李克强总理上任之初，即坦言当前我国必须直面区域和城乡两个差距，尤其是涉及 8 亿农民的城乡差距。因此，从某种意义上说，只要解决了我国农村人口尤其是西部农村人口的自我发展能力问题，也就在很大程度上解决了我国区域发展失衡的问题。

从数据的可得性来看，将西部地区的农村人口作为评价对象，能够非常方便地从各大统计年鉴获取相关原始数据。根据本课题的课题设计，我们首先关注的是贫困人口自我发展能力的评价，因为与农村人口相比，贫困人口是更为脆弱的群体，更具有代表性。但是，从数据的可得性来看，如果仅仅针对西部地区的贫困人口作为评价对象，数据采集十分困难。因此，选择西部地区农村人口作为评价对象更具有可操作性。

（二）数据来源说明

选取数据的时间统一为 2011 年。数据主要来源于《中国统计年鉴2012》、《中国住户调查年鉴2012》、《中国农村统计年鉴2012》等统计资料。其中，人均经营耕地面积、家庭拥有农业生产性固定资产原值、经营纯收入、经营费用支出占经营收入比例、工资性收入、文教娱乐支出指数、购买生产性固定资产支出、食品支出占消费支出比例、生活消费支出占总支出的比重、家庭设备及用品支出占消费支出比重、每百户家庭年末主要耐用品（摩托车、移动电话）拥有量，这 12 个指标为《中国住户调查年鉴2012》直接获取或原数据通过简单计算得来。另外，每百个劳动力中不识字或识字很少人数、每百个劳动力中大专及大专以上人数、每千农业人口村卫生室人员数、居民消费水平4 个指标直接来源于《中国农村统计年鉴2012》，人均粮食占有量、农村居民人均出售粮食量、猪肉量、新型农村社会养老保险参保率4 个指标直接来源于《中国统计年鉴2012》。而人均农作物播种面积、人均旱涝保收面积、人均农用机械动力、农户人均固定资产投资额4 个指标为总量数据经过计算得来，为统一计算口径，分母全部采用"乡村人口"数据。

（三）计算结果及分析

将相关数据带入，计算得到如表7-3所示的结果，详细数据及计算结果见附表一。根据表7-3，可以得到以下结论：

表 7 - 3 西部 12 省（市、区）农村人口自我发展能力指数（2011 年）

省（市、区）	PCDI（100%）	PPCI（39%）	PACI（15%）	PECI（26%）	PCCI（20%）
内蒙古	1. 6204	2. 1659	1. 7243	1. 1430	1. 0993
新疆	1. 3723	1. 8285	1. 4791	0. 8725	1. 0522
陕西	1. 1593	0. 8246	3. 0125	0. 6911	1. 0307
宁夏	1. 1128	1. 2904	1. 2959	0. 7894	1. 0497
西藏	0. 8977	0. 8633	0. 7102	1. 1453	0. 7834
重庆	0. 8516	0. 7734	0. 9434	0. 8833	0. 8939
青海	0. 8396	0. 8370	1. 0911	0. 5625	1. 0160
广西	0. 8385	0. 8431	0. 7438	0. 7738	0. 9844
甘肃	0. 8258	0. 9579	0. 7851	0. 5946	0. 8992
四川	0. 7879	0. 6875	0. 6974	0. 8589	0. 9593
云南	0. 7839	0. 6963	0. 9314	0. 7152	0. 9335
贵州	0. 6736	0. 5935	0. 7277	0. 6482	0. 8222

（1）西部地区农村人口自我发展能力总体水平较低。根据表 7 - 3，如果计算西部 12 个省（市、区）的 PCDI 算术平均数，结果为 0.98，与全国平均水平十分接近；如果根据 12 个省（市、区）的农村人口占西部地区农村人口的比重，对西部 12 个省（市、区）的 PCDI 赋权，并计算其加权平均数，结果为 0.90，与全国平均水平差距拉大，表明西部地区农村人口自我发展能力总体水平低。

（2）西部地区 PCDI 差距大，区域内部均衡性差。均衡性差首先表现在总体层面。2011 年，PCDI 最高的内蒙古是最低省份贵州的 2.4 倍，位居第二的新疆也是贵州的 2 倍多。同为西部地区，农村人口的自我发展能力差距如此悬殊，表明西部地区内部的均衡性较低。其次表现在同一个省（市、区）内部四种能力的非均衡。比如 PCDI 最高的内蒙古，最高的 PP-CI 是其最低的 PCCI 的 1.97 倍；陕西则悬殊更大，其最高的 PACI 值是最低的 PECI 值的 4.36 倍。最后表现为省与省之间各项能力的非均衡性。比如 PPCI 值最高的内蒙古是最低的贵州的 3.6 倍，而 PACI 值最高的陕西是最低的四川的 4.32 倍。

（3）人均耕地、农业生产性固定资产和受教育程度是导致 PPCI 差距的重要因素。分配、交换、消费都以生产为基础和前提，因此，专家们对

PPCI 的赋值最大，为 39%。计算结果表明，PCDI 较高的内蒙古、新疆和宁夏三个自治区 PPCI 均高于全国平均水平，其中内蒙古是全国平均水平的 2.17 倍。主要原因在于这三个自治区农民人均拥有生产要素数量高，具体表现为人均耕地面积多，农作物播种面积大。比如内蒙古人均耕地面积为 10.72 亩，是我国平均水平的 4.66 倍，新疆、宁夏人均耕地面积分别是全国平均水平的 2.49 倍和 1.51 倍；就农业生产性固定资产来看，三个自治区均高于全国平均水平，其中内蒙古高出 111%，新疆高出 124%，宁夏高出 45%。与此同时，农村人口的受教育程度成为影响 PPCI 的逆向重要指标，比如西藏、贵州、四川以及云南等地区文盲率高，人力资本相对不足，相关指标均低于全国平均水平，因此 PPCI 值低于全国平均水平。

（4）家庭经营收入和经营费用是影响 PECI 大小的重要因素。人口的交换能力被专家认为是仅次于生产能力的重要能力，PECI 的权重达到 26%。计算结果表明，2011 年，内蒙古、西藏两个自治区的 PECI 略高于全国平均水平。主要原因在于：内蒙古农村人口家庭经营收入高于全国平均水平 31%，家庭平均每人出售粮食量是全国平均水平的 2.4 倍；而西藏则主要是由于在经营收入与全国平均水平接近的情况下，经营费用支出却大大低于其他省份，仅是全国人均经营费用支出的 25%，具有一定的营销能力。甘肃和青海农村人口交换能力最弱，不足全国平均水平的 60%，当地农村人口换工获取的工资性收入低，家庭经营收入不及全国平均水平的 65%；而经营费用支出较高，分别占经营收入的 87% 和 71%，因此经营所得利润小，交换能力弱。

（5）教育与生产性投入是影响分配能力的决定因素。从分配能力来看，PCDI 第三的陕西省，PACI 最高，是全国平均水平的 3 倍，这也是为什么陕西在 PPCI、PECI 低于平均水平的情况下，PCDI 仍然高于全国平均水平的原因，即主要归功于其较强的分配能力。陕西农村人口的高分配能力与其教育投入高度相关。2011 年，陕西农村人口中，平均每百个劳动力中大专及大专以上人数 3.4 人，高出全国平均水平的 26%。另外，陕西农村农户人均固定资产投资额高达 1633 元，是全国平均水平的 1.2 倍，且社会养老保险参保率高，进一步保障了生活质量，因此分配能力显著高于其他省份。PCDI 偏低的四川、西藏地区农村人口，各有各的弱项。统计资料显示，西藏农村农户人均固定资产投资额为 0，资金可持续发展能力差；文教娱乐支出占消费支出的比重仅有 1.5%，人均教育投资支出低。而四川农户人均购买生产性固定支出金额仅为全国平均水平的 49%，无法保障农业扩大再生产的要求。

（6）消费能力差异较小。从 PCCI 来看，西部 12 省（市、区）农村人口相差不大，消费能力最强的内蒙古农村人口比最差的西藏农村人口也只高 32 个百分点。西藏农村人口人均消费水平仅 2775 元，为全国平均水平的 49.3%；且食品支出占消费支出比例高达 50.5%，消费以满足基本需求为主，因此消费能力最差。同样的情况也表现在贵州、四川、云南的农户身上。

四 贫困人口自我发展能力衡量的初步结论与研究展望

（一）初步结论

根据对贫困人口自我发展能力的评价，提出以下初步的政策建议：

（1）实施差异化的西部农村人口自我发展能力提升策略。虽然从总体来看，西部农村人口的自我发展能力低于全国平均水平，但是，西部地区 PCDI 的差距大，区域内部均衡性差这一特征，要求在瞄准提高西部农村人口自我发展能力这一总体目标下，实施差异化的提升策略，即可以将西部 12 个省（市、区）划分为三个梯队：优先提升梯队、重点提升梯队和均衡提升梯队。比如，根据 2011 年的 PCDI 值，贵州、云南、四川可以列入优先提升梯队，国家的西部发展政策应该优先考虑这几个省份；西藏、重庆、青海、广西、甘肃则可列入重点提升梯队，鼓励当地用足用活国家西部开发政策；内蒙古、新疆、宁夏和陕西为均衡提升梯队，主要鼓励当地利用国家和省级政策，提升短板，提高人口自我发展能力的均衡性。

（2）以发展现代农业和培育新型农民为重点，提升西部农村人口生产和交换能力。研究结论表明，人均耕地、农业生产性固定资产、受教育程度是影响 PPCI 的重要因素，家庭经营收入和经营费用是影响交换能力的主要因素，因此，要提升这两项能力，需要改善和提升以上各方面的指标。结合当前我国正处于城镇化进程的现实背景，要增加人均耕地面积和农业生产性固定资产，只有通过现代农业减少农村就业人口，增加现代生产要素的投入；而要发展现代农业，必须依托高素质的新型农民，这就要求提升农村人口的文化素质以及经营能力。因此，要提升西部农村人口的生产和交换能力，应该以发展现代农业和培育新型农民为重点。

（3）建立西部地区自我发展能力的动态评价体系。由于东西部、西部地区内部发展的非均衡性，为了提高相关政策的瞄准性和有效性，需要建立动态的评价体系，定期发布评估报告，供有关部门决策参考。

（二）研究展望

随着我国贫困人口相关数据采集的完整性和系统性，考虑到贫困人口的高脆弱性，今后的研究有望专门针对贫困人口自我发展能力进行衡量，为真正实现包容性增长提供有针对性的减贫建议。同时，随着对人口自我发展能力衡量指标体系的不断完善，针对其他不同群体的人口发展能力衡量指标体系也有可能被不断研究和开发出来，用以对不同群体的人口自我发展能力进行科学衡量，从而为包括国家、地区和家庭等不同层面的人力资本投资战略和策略提供决策支持。

第八章 从增加生产性产权到
提高交换性产权：
结论与政策建议[①]

第一节 研究结论

一 转型增长中的能力贫困始于产权贫困

与其他发展中国家增长的贫困不同，我国现阶段的贫困不仅是增长中的贫困，更是转型中的贫困。因此，贫困产生的原因，除了具有和其他发展中国家的共性以外，还具有若干特殊性。从贫困与反贫困的产权分析视角来看，这些特殊性集中表现为我国贫困人口的能力贫困始于产权贫困。具体来看，表现为：

第一，由于物质资本生产性产权贫困，贫困人口的生产能力低下，表现为产出难以解决温饱所需。

第二，由于人力资本产权贫困，贫困人口对已有产权的实现能力低，导致生产能力、分配能力、交换能力和消费能力弱，表现为难以合理高效地配置使用现有资源；产品在市场上的竞争力弱；劳动力在劳动力市场上竞争力弱等；脆弱性大，容易受到外部冲击影响。

第三，由于分配性产权贫困，贫困人口的生产性产权贫困（包括物质资本生产性产权贫困和人力资本生产性产权贫困）加剧，表现为贫困的代际传递或者恶性循环。

第四，由于交换性产权贫困，贫困人口的物质资本生产性产权和人力

---

① 在课题申报论证设计时，本章标题名为"从增加初始权利到提高交换权利：结论与政策建议"，在课题研究和写作过程中，根据贫困与反贫困的产权分析框架及研究内容整体安排，修改为现在的篇章标题。

资本产权难以实现，表现为生产出来的产品卖不出去，或者难以在非农部门就业。

第五，由于消费性产权贫困，贫困人口的消费能力弱，表现为对消费物资的不合理使用，从而导致物质资本生产性产权贫困和人力资本产权贫困的加剧。

尤其是在上述各种类型的产权贫困中，有不少是由于制度因素导致的，按照邓小平的话说，是没有"解放生产力"所导致的产权贫困，因此，具有转型背景的特殊性。同时，即使是由于先天禀赋导致的产权贫困，也应该通过相应的制度安排去控制和消除，而不是通过制度安排去放大和加剧其贫困程度。正是从这样一个意义上看，我国转型增长中贫困人口的能力贫困始于产权贫困。

二 生产性产权与交换性产权是减贫与能力形成的关键

虽然贫困人口的能力形成始于产权贫困，但是，无论对于消除绝对贫困的短期目标而言，还是对于形成贫困人口自我发展能力的终极减贫目标而言，不同类型产权贫困的重要性存在明显差异。这种差异由不同类型的产权贫困在消除绝对贫困与能力形成方面发挥的作用决定。

根据《新纲要》确定的扶贫开发总目标，对于消除贫困而言，首要目标永远是消除绝对贫困，然后才是相对贫困。前者重点解决贫困人口最基本的生存需要，后者瞄准贫困人口的发展能力——只有当贫困人口具备了参与发展、分享增长成果的能力之后，增长进程中的收入差距才有可能缩小。

不同类型产权贫困对消除绝对贫困和能力形成的影响，根据前面的研究结论，可以作如表8-1所示的大致区分，这些区分概括了本书的主要研究结论。

表8-1　　　　　　产权贫困、减贫与能力形成的关系

产权贫困类型	指向的减贫目标	与其他类型产权贫困的关系
物质资本生产性产权贫困	绝对贫困；能力形成的必要条件	实现程度受人力资本产权影响
人力资本产权贫困	绝对贫困；能力形成的必要条件；能力形成	初始性人力资本产权受物质资本生产性产权、分配性产权的影响；人力资本交换性产权的实现程度取决于初始性人力资本产权和交换性产权

产权贫困类型	指向的减贫目标	与其他类型产权贫困的关系
交换性产权贫困	能力形成	基于物质资本生产性产权获得交换性产权； 实现程度受人力资本产权影响
分配性产权贫困	绝对贫困； 能力形成	初始性分配产权受物质资本生产性产权影响； 实现程度受人力资本产权影响
消费性产权贫困	绝对贫困； 与能力形成弱相关	基于其他各种产权获得消费性产权； 实现程度受人力资本产权影响

资料来源：作者。

第一，抑制和消除物质资本生产性产权贫困，指向的减贫目标主要是绝对贫困；同时，这也是形成贫困人口自我发展能力的必要条件。在其他条件相同的情况下，物质资本生产性产权的实现程度，主要受人力资本产权的影响。

第二，抑制和消除人力资本产权贫困，不仅指向消除绝对贫困的减贫目标，而且也是贫困人口能力形成的必要条件，并且是贫困人口能力形成的关键。因此，可以说，贫困人口的人口资本产权对减贫目标的影响从始至终、贯穿首尾。人力资本生产性产权从家庭层面来看，受物质资本生产性产权的影响；从社会层面来讲，受公共资源配置中的分配性产权影响；在人力资本产权既定的情况下，人力资本产权的实现程度取决于交换性产权。人力资本交换性产权实现包括两层含义：一是直接提供劳务的交换性实现；二是提供产品的交换性实现。前者与贫困人口在劳动力市场上的竞争力有关；后者与贫困人口提供的产品在产品市场的竞争力有关。很显然，前者在很大程度上由贫困人口的人力资本生产性产权决定；后者则不仅受贫困人口的人力资本生产性产权影响，而且受到贫困人口的交换性产权影响。

第三，抑制和消除交换性产权贫困，主要指向形成贫困人口的自我发展能力。贫困人口的交换性产权包括人力资本的交换性产权和其他交换性产权。前者已经在人力资本产权部分讨论过。人力资本交换性产权以外的其他交换性产权，基于物质资本生产性产权获得；在其他条件相同的情况下，贫困人口交换性产权的实现程度，受贫困人口的人力资本产权影响。

第四，抑制和消除分配性绝对贫困，可以直接指向绝对贫困，也可以指向形成贫困人口的自我发展能力。初始性分配产权的大小，受制于物质资本生产性产权的大小。在其他条件相同的情况下，分配性产权的实现程度主要受到人力资本产权的影响。

第五，抑制和消除消费性绝对贫困，主要指向绝对贫困；与能力形成的减贫目标弱相关。因为，从逻辑关系上来看，消费性产权贫困是其他产权贫困的"后向"产权贫困，只要解决了"前向的"产权贫困，消费性产权贫困自然也就不复存在。换句话说，在很大程度上，消费性产权贫困是贫困的结果，而不是原因。因此，消费性产权的获得，基于其他产权的实现程度，如果实现程度高，消费性产权就高，反之则低；在其他条件相同的情况下，消费性产权的实现程度取决于贫困人口的人力资本产权。

综上，对于消除绝对贫困和形成贫困人口的自我发展能力而言，最关键的制约因素是生产性产权贫困和交换性产权贫困。其中生产性产权贫困包括物质资本生产性产权的初始贫困、人力资本产权的初始贫困以及分配性产权的初始性贫困。而交换性产权主要是商品和劳务在产品与劳动力市场上的竞争力，前者与相关的交易条件有关，而后者与人力资本生产性产权有关，同时也与相关的制度安排有关。

第二节 政策建议

一 抑制和消除生产性产权贫困

生产性产权贫困主要包括物质资本生产性产权贫困和人力资本产权贫困。前面的分析已经充分表明：对于消除绝对贫困和形成贫困人口的自我发展能力而言，最重要的基础环节就是抑制和消除生产性产权贫困。

（一）针对物质资本生产性产权贫困的减贫对策

对于物质资本生产性产权贫困，目前我们采取的大多数减贫干预都是针对这一环节，也卓有成效。根据主体功能区规划，对于不同功能区的贫困人口我国也采取了针对性的减贫措施。但是，由于现有农地产权制度的约束，一些减贫措施实施难度很大，比如易地搬迁扶贫。因此，抑制和消除物质资本生产性产权贫困的减贫措施，需要区分物质资本生产性产权贫困的不同性质；充分考虑贫困人口人力资本产权的投资可能以及可迁移性；释放改革红利，让贫困人口分享改革红利，盘活或者增加物质资本生产性产权。具体来看，面向抑制和消除物质资本生产性产权贫困的减贫对策包括：

（1）探索"增量扶贫"路径，以人力资本产权替代物质资本生产性产权。这尤其适用于生态环境极为恶劣的贫困山区。当前之所以采用易地移民搬迁模式，就是因为"一方水土养活不了一方人"，当地人口的物质资本生产性产权贫困问题突出。但是，搬迁居民的长远生计问题，是到目前为止也没有能够很好解决的关键问题。对此，可以在原有模式的基础上，考虑采用"增量扶贫"方法，消除新增人口的物质资本生产性产权贫困。所谓"增量扶贫"，即对搬出地的贫困人口，根据年龄分段，重点对具有劳动能力的青壮年和未成年人进行减贫干预。对于青壮年，提供非农就业培训；或者创业特别支持，即在享受普惠的创业支持基础之上，再制定专项的易地搬迁创业支持；或者结合各地农村改革试点，探索政府赎买迁出地农地产权的方式，赋予贫困人口以资金形式持有的物质资本生产性产权。但是，无论是以哪一种形式替代贫困人口的土地产权，都需要以搬迁人口的人力资本产权为保障，否则，就极易产生新的贫困。对于未成年人口，根据其偏好和自主选择，提供至大学本科毕业的免费国民教育支持。

（2）探索"市场扶贫"路径，盘活贫困人口沉淀的物质资本生产性产权。我国的扶贫开发具有典型的政府主导特征，党和政府视消除贫困为己任，将"三农"工作作为全党工作的"重中之重"、扶贫开发作为"三农"工作的"重中之重"之说。这种政府主导的特征，有利有弊。好处是扶贫开发的不菲成绩，弊端是贫困人口对该项工作的低参与度。因此，要抓住贫困人口的自我发展意愿，政府引导，依托市场实施扶贫开发。从物质资本生产性产权贫困来看，主要是可以依托市场盘活贫困人口沉淀的物质资本生产性产权。即对于贫困山区的生产性资源，无论是土地、森林、水源还是其他旅游资源，无论是保护还是开发，都可以探索以市场化的路径加以实施，而不是以行政干预的手段。要做到这一点，需要地方政府官员具备一定的人力资本素质，能够帮助当地贫困人口识别和抓住市场机会。因为各地的情况千差万别，不可能按照统一的模式推进。

（3）坚持"改革扶贫"思路，增加贫困人口的物质资本生产性产权。为了促进实体经济发展，李克强总理说"法无禁止即可进入"。对于贫困人口的自我发展，尤其对于缺乏物质资本生产性产权的贫困人口而言，这一点也十分重要。"穷则思变，变则通"，依赖政府扶持，走"等、靠、要"生存路线的贫困人口确实存在，但是这绝非主流，大多数贫困人口仍然希望通过自己的努力过上富足日子。因此，在我国全面深化改革的大背景下，对农村贫困人口的改革诉求，应该而且必须高度重视，不管这种诉求是在农村领域还是在城市领域。

（二）针对人力资本产权贫困的减贫对策

与物质资本生产性产权贫困一样，我国的扶贫开发指向贫困人口人力资本产权的措施也很多，《新纲要》更是加大了该领域的减贫干预力度。不过，根据本书的研究结论，人力资本产权贫困是关系到其他产权实现程度的产权类型，因此怎么强调都不过分。从这个意义上来讲，对人力资本产权贫困的减贫对策应该包括：

（1）均衡城乡教育资源，遏制贫困地区师资流失态势。全面推进贫困地区中小学校舍标准化建设，要制定时间表。中央财政专项支持贫困地区中小学教师"收入倍增计划"，在现有工资收入的基础上，由中央财政出资，将中小学教师的工资翻一番，并建立工资增长与服务年限的挂钩机制；制定城市优秀教育人才到贫困地区从事教育事业的特殊支持政策。

（2）改革农民工培训体系和内容，切实增强培训效果。根据农民工常年在外打工的特点，将流出地培训改为流入地培训；规范第三方农民工培训，探索依托职业技术学校开展农民工培训的新机制；探索依托就业企业开展农民工培训的新机制；建立职业技术学校讲师与技术工人的双向交流机制。

（3）实施义务教育家庭支持计划，杜绝留守儿童现象。留守儿童是我国发展中的特殊现象，相关理论和经验事实都告诉我们：如果在儿童的成长过程中父母亲缺位，对于儿童人格的塑造、能力的培养都是巨大的缺憾。许多年轻的农村父母正是因为自己切身感受到了这一点，因此，现在有的选择带着孩子外出打工；或者一人在外打工，一人在家专职陪读；不过大多数人仍然是将孩子交给老人，留在家乡。带着孩子外出打工又分几种情况：有的能够坚持到孩子中学毕业；有的则在幼儿时期带着，一旦孩子上学就送回老家。而对于全职带着孩子读书的农村家庭，则是将一家生计的全部压力集中在一个人（通常是父亲）的身上。在义务教育阶段，虽然教育是免费的，无论打工还是陪读生活费用也是必需的，但是，农村陪读父母的机会成本却是因为陪读才产生的。因此，为了弥补农村家庭因为关心孩子教育而放弃收入，也为了消除"留守儿童"这一不利于我国长期经济增长的人口现象，我国应该制订目标为消除"留守儿童"现象的农村义务教育家庭支持计划。

二　增加贫困人口的交换性产权

交换性产权是物质资本生产性产权、人力资本产权和分配性产权的后续产权，因此，在很大程度上决定了这些产权的实现程度。当前我国扶贫开发指向交换性产权的减贫干预较少，作为其他产权的"后向"产权，交换性产权主要影响贫困人口的能力形成，因此，相关的减贫对策包括：

（1）实施贫困地区高速公路免费通行或者定向补贴政策，降低物流成本。对于贫困山区的扶贫开发，一直都有"要想富，先修路"的说法，确实如此。但是，随着高速公路在山里延伸，贫困山区不仅没能依托路网大力发展"通道经济"，反而形成典型的"过境经济"模式，当地居民被隔离在高速公路之外，以致有了"高速公路通到哪里，贫困延伸到哪里"的新说法。因此，一方面，要在"村村通"工程基础上，提升公路等次，确保畅通；另一方面，可以考虑在贫困地区实施高速公路免费通行或者定向补贴政策，降低贫困山区物流成本，促进商品流通。

（2）做好市场监管，鼓励和支持制定农特产品质量控制和认定规则，支持品牌建设和管理，减少对各类合作组织的行政干预。贫困山区一旦交通条件改善，一些特色农产品便可以走出山里。但是，在这个过程中，也出现一些急功近利的短视行为。为了实现贫困山区的可持续发展，各级政府要做好市场监管工作，培育贫困地区市场主体的市场意识；鼓励和支持当地特色优势企业制定质量控制流程和规则；依托政府网络平台打造地方特色品牌，加强整体策划和宣传，并加强品牌建设管理；重视发展各类合作组织和专业协会，并减少对这些第三方组织的行政干预。

（3）利用网络信息技术，培训新型农民，建设交易平台。网络信息技术正在引导全球销售模式的一场新变革，贫困地区应该抓住这个机会，发挥后发优势，实现交换性产权长期贫困的逆转。对此，各级政府应该加强对贫困山区农民进行网络信息技术的培训，包括依托手机终端发布产品供求信息、利用公共交易平台等技能；同时要整合当地网络平台资源，建立一个开放、统一、强大的网络营销平台，而不是当前的条块分割，各自为政。

（4）人力资本交换性产权的实现，除了增加贫困人口的初始性人力资本产权以外，需要消除一些制度性的就业障碍。比如，目前实施的贫困生定向招生计划，看起来是合理的制度设计。但是，这却极有可能导致贫困人口人力资本的错配，不仅是宏观层面的"人才红利"损失，从微观层面来讲，由于当前实施的贫困生定向招生都有专业限制，都是一些冷门专业，预期收入较低。这对于举全家之力培养一个大学生的贫困家庭而言，绝非利好消息。因此，贫困生特别招生计划完全可以不限专业、不限毕业去向，因为这项计划的目的是解决贫困家庭培养大学生的高成本问题，而不是为了解决贫困地区人才不足的问题。关于贫困地区的人才不足和人才外流，则在很大程度上可以通过前文所说的"收入倍增"计划加以解决。

三 控制和消除分配性和消费性产权贫困

对分配性产权贫困的干预，包括三个层面：

（1）宏观层面，在公共资源的配置当中，要重点增加对贫困地区人力资本产权、物质资本生产性产权的分配份额，控制贫困地区分配性资源不足的初始性贫困。

（2）中观层面，要确保贫困人口因为资源开发而被占用的物质资本生产性产权的等价替换；探索贫困人口分享资源开发收益的参与机制；探索央企投资贫困地区资源开发的税收改革路径。

（3）微观层面，实施贫困家庭的社区支持计划，提升贫困人口合理分配家庭资源（包括时间分配）的能力。

此外，对消费性产权贫困的干预，也主要依托贫困家庭社区支持计划，通过对贫困人口人力资本进行投资，提高其合理使用消费物资的能力。

附 表

2011年西部12省、市、区农村人口
旬式发展能力指数相关数据

	国家	贵州	内蒙古	广西	重庆	四川	云南	西藏	陕西	甘肃	青海	宁夏	新疆
						生产能力							
人均经营耕地面积（亩）	2.30	1.10	10.72	1.30	1.27	1.15	1.56	1.79	1.52	2.73	2.40	3.47	5.73
人均农作物播种面积（亩）	3.71	3.34	9.90	3.33	3.90	3.06	3.42	1.55	3.18	3.81	2.68	5.89	5.99
人均旱涝保收面积（亩）	0.99	0.44	2.15	0.65	0.40	0.57	0.48	0.06	0.62	0.93	0.74	1.86	3.30
人均农用机械动力（万千瓦）	1.49	0.82	2.95	1.12	0.87	0.73	0.90	1.83	1.11	1.33	1.41	2.39	1.44
人均粮食占有量（公斤/人）	425.2	252.6	964.2	309.3	388.3	409.1	362.7	310.6	319.6	396.2	182.8	565.5	557.9
家庭拥有农业生产性固定资产原值（元/户）	7140.30	3901.60	15099.70	6187.50	4492.00	5422.90	7668.40	18591.00	4073.40	10269.10	8076.40	10333.80	15991.20

续表

	国家	贵州	内蒙古	广西	重庆	四川	云南	西藏	陕西	甘肃	青海	宁夏	新疆
平均每百个劳动力中不识字或识字很少人数（个）	5.50	10.20	5.10	3.00	4.30	8.30	9.50	36.20	6.20	11.60	15.20	15.30	2.40
平均每百个劳动力中大专及大专以上人数（个）	2.70	1.40	3.30	1.90	1.80	1.20	1.10	0.00	3.40	2.50	2.10	2.00	2.30
每千农业人口村卫生室人员（人）	1.53	1.06	1.65	1.00	1.42	1.46	1.01	3.71	1.76	1.19	2.25	1.08	1.09
交换能力													
工资性收入（元）	2963.40	1713.50	1310.90	1820.40	2894.50	2652.50	1138.60	1008.00	2395.50	1562.00	1775.40	2164.20	804.70
家庭经营纯收入（元）	3222.00	1980.20	4217.50	3007.90	2748.30	2761.70	2966.20	3142.60	2017.20	1866.80	2088.80	2730.40	3887.20
家庭经营费用支出（元）	2431.10	1218.90	4677.50	2000.10	1571.90	2109.60	2308.00	616.80	1725.30	1625.90	1490.00	2584.50	5621.00
家庭经营费用支出占经营收入比例	0.75	0.62	1.11	0.66	0.57	0.76	0.78	0.20	0.86	0.87	0.71	0.95	1.45
农村居民家庭平均每人出售主要农产品（粮食）（公斤）	481.45	81.75	1144.56	150.07	102.09	100.00	112.58	41.02	257.20	252.24	71.74	438.49	806.43
农村居民家庭平均每人出售主要农产品（猪肉）（公斤）	29.76	21.00	15.20	24.70	37.90	55.00	36.50	1.00	17.68	11.40	2.40	14.43	5.20

续表

	国家	贵州	内蒙古	广西	重庆	四川	云南	西藏	陕西	甘肃	青海	宁夏	新疆
分配能力													
购买生产性固定资产支出（元）	261.8	210.0	700.7	215.5	74.8	128.9	272.2	443.7	215.5	215.4	306.6	409.1	769.8
文教娱乐支出（元）	396.4	304.5	728.9	384.8	401.7	431.1	393.0	348.9	406.7	366.6	450.9	483.4	530.6
文教娱乐支出占消费支出	7.60	5.30	9.50	5.20	7.40	5.90	6.00	1.50	9.00	8.00	5.90	6.90	5.20
农村农户人均固定资产投资额（元）	1384.35	928.63	1041.78	1516.09	810.36	1141.36	882.13	0.00	1633.37	593.67	2277.78	1732.09	1501.20
新型农村社会养老保险参保率（万人）	32644	834.5	290.0	796.1	1125	1541	1248	119.1	1278	781.6	177.0	175.1	490.6
消费能力													
居民消费水平（元）	5633	3986	5945	4671	4615	5882	4825	2775	4697	3977	4905	4709	4495
生活消费支出占总支出比重	0.60	0.60	0.47	0.62	0.64	0.61	0.57	0.72	0.63	0.62	0.66	0.55	0.39
农村居民恩格尔系数	40.40	47.60	37.50	43.80	46.80	46.20	47.10	50.50	29.90	42.20	37.80	37.30	36.10
家庭设备及用品支出占消费支出	5.90	5.60	4.40	5.70	7.70	6.40	5.20	6.80	6.20	5.40	6.00	5.60	4.50
平均每百户家庭年末摩托车拥有量（辆）	60.90	36.00	75.20	87.70	36.30	44.20	60.20	76.10	54.80	67.90	81.80	86.50	77.20
平均每百户家庭年末移动电话拥有量（部）	179.7	157.0	200.2	210.3	175.8	168.8	194.0	121.4	221.5	177.4	223.3	225.0	141.9

参考文献

[1] 阿瑟·刘易斯：《二元经济论》，北京经济学院出版社 1898 年版。

[2] 萨比娜·阿尔基尔：《贫困的缺失维度》，刘民权、韩华为译，科学出版社 2010 年版。

[3] B. A. 克鲁捷茨基：《心理学》，赵璧如译，人民教育出版社 1984 年版。

[4] C. 格鲁特尔特、T. 范·贝斯特纳尔：《社会资本在发展中的作用》，黄载曦、杜卓君等译，西南财经大学出版社 2004 年版。

[5] 埃里克·弗鲁博顿：《新制度经济学——一个交易费用分析范式》（中译本），上海三联书店 2006 年版。

[6] 安塞尔·M. 夏普等：《社会问题经济学》（中译本），中国人民大学出版社 2003 年版。

[7] 彼特·H. 沙里温：《亚洲开发银行与中国扶贫——在"21 世纪初中国扶贫战略国际研讨会"上的致辞》，载《开发与致富——21 世纪初中国扶贫战略国际研讨会资料专辑》2000 年第 5 期。

[8] 蔡昉、万广华：《中国转轨时期的收入差距与贫困》，社会科学文献出版社 2006 年版。

[9] 陈琦：《连片特困地区农村贫困的多维测量及政策意涵——以武陵山片区为例》，《四川师范大学学报》（社会科学版）2012 年第 5 期。

[10] 陈劭锋、文英：《中国西部地区可持续能力透视》，《中国人口·资源与环境》2000 年第 3 期。

[11] 陈劭锋、杨多贵等：《西部地区科技能力建设的政策取向》，《中国软科学》2001 年第 12 期。

[12] 陈健生：《生态脆弱地区农村慢性贫困研究——基于 600 个国家扶贫重点县的监测证据》，博士学位论文，西南财经政法大学，2008 年。

[13] 陈永忠等:《西部地区提高自主创新能力和发展优势产业研究》人民出版社 2009 年版。

[14] 成学真、陈小林:《区域发展自生能力界定与评价指标体系构建》,《内蒙古社会科学》(汉文版) 2010 年第 1 期。

[15] 道格拉斯·诺思:《制度研究的三种方法》,载 [美] 大卫·柯兰德编《新古典政治经济学——寻租和 DUP 行动分析》,马春文、宋春艳译,长春出版社 2005 年版。

[16] 范秀荣:《西部农村劳动力转移能力分析与对策》,《西北农林科技大学学报》(自然科学版) 2006 年第 4 期。

[17] 范小建:《完善国家扶贫战略和政策体系研究》,中国财政经济出版社 2011 年版。

[18] 范子英、孟令杰:《对阿玛蒂亚·森的饥荒理论的理解及验证:来自中国的数据》,《经济研究》2006 年第 8 期。

[19] 方劲:《可行能力视野下的新阶段农村贫困及其政策调整》,《经济体制改革》2011 年第 1 期。

[20] 方黎明、张秀兰:《中国农村扶贫的政策效应分析——基于能力贫困理论的考察》,《财经研究》2007 年第 12 期。

[21] 冈纳·缪尔达尔:《世界贫困的挑战——世界反贫困大纲》,北京经济学院出版社 1991 年版。

[22] 贵州省统计局,国家统计局贵州调查总队、贵州省扶贫开发办公室:《2000—2005 年贵州农村贫困监测报告》,贵州人民出版社 2006 年版。

[23] 郭劲光:《我国农村脆弱性贫困再解构及其治理》,《改革》2006 年第 11 期。

[24] 郭勇、李学术:《破解新形势下的农村反贫困难题》,《中国国情国力》2013 年第 11 期。

[25] 《国新办第二次全国石漠化监测结果新闻发布会实录》,中国网,2012 年 6 月 14 日。

[26] 何代欣:《非农业化是工业反哺农村、农民的唯一产业路径吗?》,《财贸经济》2011 年第 4 期。

[27] 洪名勇:《开发扶贫瞄准机制的调整与完善》,《农业经济问题》2009 年第 5 期。

［28］胡丽华、杨小友等：《小小核桃树，穷县致富路——赫章县核桃产业化扶贫解读》，贵州扶贫开发新闻网，2012 年 9 月 29 日。

［29］黄剑雄：《财税政策与城市反贫困研究》，博士学位论文，厦门大学，2003 年。

［30］杰拉尔德·迈耶、约瑟夫·斯蒂格利茨：《发展经济学前沿——未来展望》（中译本），中国财政经济出版社 2003 年版。

［31］江世银、陈剑：《增强西部地区发展能力的长效机制和政策》，中国社会科学出版社 2009 年版。

［32］康晓玲、师耀武：《发展战略、自生能力与西部城市新贫困》，《西北大学学报》（哲学社会科学版）2004 年第 6 期。

［33］柯健、倪勤：《社会资本视角下的城市反贫困路径探讨》，《重庆社会科学》2007 年第 6 期。

［34］《拉美社会凝聚：理念与实践及其对中国的启示——刘纪新研究员访谈》，《国外理论动态》2009 年第 12 期。

［35］李慧、鲁茂：《西部地区发展能力不强的多因素分析》，《科学与管理》2008 年第 5 期。

［36］李纪建：《西部大开发的战略选择：创新能力和市场化程度》，《财经科学》2001 年第 1 期。

［37］李林：《论信息服务与增强西部地区自我发展能力》，《经济体制改革》2008 年第 2 期。

［38］李庆春：《基于区域自生能力的中部崛起战略》，《特区经济》2007 年第 2 期。

［39］李盛刚、畅向丽：《西部民族地区农村自我发展问题研究》，《甘肃社会科学》2006 年第 6 期。

［40］李实、John Knight：《中国城市中的三种贫困类型》，《经济研究》2002 年第 10 期。

［41］李万明、刘林等：《西北地区扶贫开发研究报告》，载姚慧琴、任宗哲《中国西部发展报告（2012）》，2012 年。

［42］李晓红：《社会资本的当下功用与政府反贫困前瞻问题》，《改革》2012 年第 2 期。

［43］李晓红：《政府主导的反贫困进程中社会资本作用的产出分析》，《贵州大学学报》（社会科学版）2012 年第 1 期。

［44］李晓红：《中国转型期社会信用环境研究》，经济科学出版社 2008 年版。

［45］李晓红、周文：《贫困与反贫困的产权分析》，《马克思主义研究》 2009 年第 8 期。

［46］李晓红、周文：《社会资本与消除农村贫困：一个关系—认知分析框架》，《经济学动态》2008 年第 6 期。

［47］李晓红、周文：《转型中社会资本对人力资本投资的影响研究》，《经济学动态》2007 年第 2 期。

［48］廖桂蓉、李继红：《社会资本视角下四川藏区贫困问题研究》，《四川民族大学学报》（人文社会科学版）2009 年第 9 期。

［49］廖国民、王永钦：《论比较优势与自生能力的关系》，《经济研究》 2003 年第 9 期。

［50］梁数广、黄继忠：《基于贫困含义及测定的演进视角看我国的贫困》，《云南财经大学学报》2011 年第 1 期。

［51］林毅夫：《新结构经济学——反思经济发展与政策的理论框架》，苏剑译，北京大学出版社 2012 年版。

［52］林毅夫：《自生能力、经济转型与新古典经济学的反思》，《经济研究》2002 年第 12 期。

［53］刘慧：《西部应增强自我发展能力》，《中国经济时报》2009 年 10 月 28 日第 6 版。

［54］刘慧玲：《西部大中型企业自主创新能力评价及提升研究》，《工业技术经济》2007 年第 8 期。

［55］刘爽：《消除能力贫困推动妇女参与发展》，《西北人口》2001 年第 2 期。

［56］刘小刚：《论贫困的根源——评阿马蒂亚·森的权利观》，《经济与社会发展》2005 年第 4 期。

［57］刘玉芬、张目：《西部地区高技术产业自主创新能力模糊综合评价》，《特区经济》2010 年第 8 期。

［58］刘泽琴：《贫困的多维测度研究述评》，《统计与决策》2012 年第 10 期。

［59］刘振杰：《资产社会政策视域下的农村贫困治理》，《学术界》2012 年第 9 期。

［60］卢现祥等：《有利于穷人的制度经济学》，社会科学文献出版社 2010 年版。

［61］卢映西：《从稀缺性假设到双约束假设——由贫困问题引入的新视角》，《经济纵横》2013 年第 6 期。

［62］路小昆：《资源剥夺与能力贫困——失地农民市民化障碍分析》，《理论与改革》2007 年第 7 期。

［63］马新文：《阿玛蒂亚·森的权利贫困理论与方法述评》，《国外社会科学》2008 年第 2 期。

［64］马贤惠、江雪：《贵州省扶贫开发主要模式及其评价》，《贵阳学院学报》2008 年第 2 期。

［65］［南］米洛斯·尼科利奇：《处在 21 世纪前夜的社会主义》，重庆出版社 1989 年版。

［66］穆建军、何伦志：《中国西部国际直接投资吸收能力实证研究》，《求索》2007 年第 7 期。

［67］［匈］乔治·卢卡奇：《历史与阶级意识》，重庆出版社 1989 年版。

［68］沈小波、林擎国：《贫困范式的演变及其理论和政策意义》，《经济学家》2005 年第 6 期。

［69］《世界贫困人口 "版图"：中国占比 30 年下降 30%》http：//news.xinhuanet.com/fortune/2013 – 05/21/c_ 124740255. htm，2013 年 5 月 21 日。

［70］谭兴中：《论提高西部地方政府公共服务能力》，《西南民族大学学报》（人文社会科学版）2004 年第 11 期。

［71］万劲波、叶文虎：《地方政府推进区域可持续发展能力建设的思考》，《中国软科学》2005 年第 3 期。

［72］王朝明、郭红娟：《社会资本视阈下城市贫困家庭的社会支持网络分析——来自四川省城市社区的经验证据》，《天府新论》2010 年第 1 期。

［73］王朝明、孙蓉等：《社会资本与城市贫困问题研究》，西南财经大学出版社 2009 年版。

［74］王建太：《积极培育西部地区发展能力》，《求是》2003 年第 6 期。

［75］王科：《中国贫困地区自我发展能力研究》，博士学位论文，兰州大学，2008 年。

［76］ 王礼全、梁贵钢：《集团帮扶，整镇推进，跨越发展——威宁自治县迤那镇扶贫攻坚的探索与实践》，金黔在线——《贵州日报》，http：//www.gog.com.cn，2012 年 4 月 23 日。

［77］ 王美艳：《转轨时期的城市贫困——人力资本和就业状况对贫困的影响》，载蔡昉、万广华编《中国转轨时期的收入差距与贫困》，社会科学文献出版社 2006 年版。

［78］ 王晓娟：《政府管理竞争力对提升西部地区自我发展能力的思考》，《兵团党委党校学报》2010 年第 3 期。

［79］ 韦革：《贫困理论和政府扶贫实践的社会资本逻辑》，《中国行政管理》2009 年第 9 期。

［80］ 魏后凯：《中国区域经济发展的水资源保障能力研究》，《中州学刊》2005 年第 2 期。

［81］ 吴海东：《论西部大开发中区域开发能力的强化》，《理论与改革》2000 年第 6 期。

［82］ 吴金明、张磐等：《产业链、产业配套半径与企业自生能力》，《中国工业经济》2005 年第 2 期。

［83］ 吴群刚、冯其器：《从比较优势到竞争优势：建构西部地区可持续的产业发展能力》，《管理世界》2001 年第 4 期。

［84］ 向焕琦：《基于经济权利禀赋视角的西部地区自我发展能力提升研究》，硕士学位论文，重庆大学，2011 年。

［85］ 肖巍：《反贫困的能力供给——纪念〈发展权利宣言〉20 周年》，《教学与研究》2006 年第 9 期。

［86］ 肖智、吕世畅：《基于微粒群算法的西部地区自主创新能力综合评价研究》，《科技管理研究》2007 年第 8 期。

［87］ 邢祖礼、杜金沛：《农村稻谷收割制度的演化——以四川省内江地区为例》，《中国农村经济》2005 年第 8 期。

［88］ 徐君：《四川民族地区自我发展能力建设问题》，《西南民族大学学报》（人文社会科学版）2003 年第 6 期。

［89］ 徐旭忠、周芙蓉等：《易地扶贫搬迁要迈过多少道坎》，半月谈网，2013 年 7 月 5 日。

［90］ 闫坤、于树一：《中国模式反贫困的理论框架与核心要素》，《华中师范大学学报》（人文社会科学版）2013 年第 11 期。

[91] 闫磊、姜安印:《区域自我发展能力的内涵和实现基础》,《甘肃社会科学》2011 年第 2 期。

[92] 闫业超、孙希华等:《水资源对区域社会经济发展的支撑能力研究》,《中国人口资源与环境》2005 年第 1 期。

[93] 杨科:《论农村贫困人口的自我发展能力》,《湖北社会科学》2009 年第 4 期。

[94] 杨翼:《地球的癌症"石漠化九点成因,四点系人为因素》,人民网,2012 年 6 月 14 日。

[95] 姚毅、王朝明:《中国城市贫困发生机制的解读——基于经济增长、人力资本和社会资本的视角》,《财贸经济》2010 年第 10 期。

[96] 姚治君、刘宝勤等:《基于区域发展目标下的水资源承载能力研究》,《水科学进展》2005 年第 1 期。

[97] 叶奕乾、祝蓓里:《心理学》(第二版),华东师范大学出版社 2006 年版。

[98] 岳宏志、李婷:《我国西部地区区域创新能力实证研究》,《科技管理研究》2009 年第 1 期。

[99] 张华胜、陈良猷:《基于西部企业核心能力的西部开发战略》,《中国软科学》2001 年第 5 期。

[100] 张立冬:《中国农村贫困代际传递实证研究》,《中国人口资源环境》2013 年第 6 期。

[101] 张培刚:《发展经济学教程》,经济科学出版社 2001 年版。

[102] 张之沧:《新时期的剥削与阶级概念——分析学派马克思主义观点简介》,《长春市委党校学报》2003 年第 3 期。

[103] 张问敏、李实:《中国城镇贫困问题的经验研究》,《经济研究》1992 第 10 期。

[104] 张五常:《佃农理论——应用于亚洲的农业和台湾的土地改革》,易宪容译,商务印书馆 2001 年版。

[105] 章元、许庆等:《一个农业人口大国的工业化之路:中国降低农村贫困的经验》,《经济研究》2012 年第 11 期。

[106] 郑长德:《中国民族地区自我发展能力构建研究》,《民族研究》2011 年第 6 期。

[107] 郑志龙:《社会资本与政府反贫困治理策略》,《中国人民大学学

报》2007 年第 6 期。

[108] 中华人民共和国国务院新闻办公室：《中国农村扶贫开发的新进展》白皮书，2011 年 11 月。

[109] 周锐：《习近平敲定未来 7 年改革路线，调整国企不合理收入》，中国新闻网，2014 年 8 月 19 日。

[110] 朱承亮、岳宏志等：《我国西部地区区域创新能力实证研究》，《科技管理研究》2009 年第 10 期。

[111] 朱顺泉：《我国西部地区各省市区科技创新能力评价与比较研究》，《科技管理研究》2006 年第 6 期。

[112] 周彬彬：《向贫困挑战——国外缓解贫困的理论与实践》，人民出版社 1991 年版。

[113] 邹波、刘学敏等：《"三江并流"及相邻地区绿色贫困问题研究》，《生态经济》2013 年第 5 期。

[114] 邹薇：《传统农业经济转型的路径选择：对中国农村的能力贫困和转型路径多样性的研究》，《世界经济》2005 年第 2 期。

[115] 邹薇、方迎风：《怎样测度贫困：从单维到多维》，《国外社会科学》2012 年第 2 期。

[116] Alcock, *Understanding Poverty*, London: The Macmillan Press, LTD, 1993.

[117] Alley, K., Negretto, G., *Literature Review: Definitions of Capacity Building and Implications for Monitoring and Evaluation*, New York: UNICEF, Division of Evaluation, Policy and Planning, 1999.

[118] Anthony J. Bebbington, Thomas F. Carroll, *Induced Social Capital and Federations of the Rural Poor in the Andes*. In Christiaan Grootaert and Thierry van Bastelaer eds., The Role of Social Capital in Development: An Empirical Assessment. Cambridge University Press, 2002, pp. 234 –278.

[119] Barzel, Yoram, *Economic Analysis of Property Rights*, Cambridge: University of Cambridge, 1997.

[120] Becker, Gary, *Accounting for Tastes*, Cambridge: Harvard University Press, 1996.

[121] Brinkerhoff, Derick W., *The Evolution of Current Perspectives on Institutional Development: An Organizational Focus*. In Derick W. Brinkerhoff and Jean – Claude Garcia – Zamor (eds.). Politics, Projects and

People: Institutional Development in Haiti. New York: Praeger Publishers, 1986.

[122] Brown – Graha, A. R. *The missing link: Using Social Capital to Alleviate Poverty.* Popular Government, Sping/Summer, 2003, pp. 32 – 41.

[123] Carolin Gomulia. *Social Capital, Poverty and Economic Growth.* Western Cape Social Capital Network, http: //www. capegateway. gov. za/eng/ pubs/public_ info/S/158251, 2007.

[124] Christian Arndt, Jurgen Volkert, *Poverty and Wealth Reporting of the German Government: Approach. Lessons and Critique.* IAW Discussion Papers. No. 51 July 2009.

[125] CIDA, P. B. *Capacity Development: The Concept and Its Implementation in the CIDA Context*, 1996.

[126] Coase – R. The Problem of Social Cost, *Law Economics.* Oct. 1969, p. 2.

[127] Cohen, J. M. *Building Sustainable Public Sector Managerial, Professional and Technical Capacity: A Framework for Analysis and Intervention*, Cambridge, Mass: Harvard Institute for International Development.

[128] Coleman, James, Social capital in the creation of human capital. *American Journal of Sociology*, 1988, pp. 93, 95 – 120.

[129] Collier, Paul, *Social Capital and Poverty.* Unpublished manuscript, 1998.

[130] Commission on Growth and Development. *The Growth Report: Strategies for Sustained Growth & Inclusive Development.* 2008. The International Bank for Reconstruction and Development/ The World Bank. Dasgupta, Partha. Economic Progress and the Idea of Social Capital. In Partha Dasgupta and Ismail Serageldin eds. Social Capital: A Multifaceted Perspective, Washington, D. C. : World Bank, 2000, pp. 325 – 424.

[131] Deepa Naprayan, *Bonds and Bridges: Social Capital and Poverty.* Policy Research Working Paper 2167. World Bank, Poverty Reduction and Economic Management Network, Washington, D. C. : 1999.

[132] Deininger, Klaus. *Land Policies for Growth and Poverty Reduction* NW, Washington, DC. The International Bank for Reconstruction and Develo

pment/ The World Bank, 2003.

[133] Diesen, Van, A., *The Assessment of Capacity Building*. Windhoek, Namibia: Unicef Namibia, 1996.

[134] E. Miguel, Comment on Social Capital and Growth. *Journal of Monetary Economics*, 50, 2003, pp. 195 – 198.

[135] Eele, G., *Capacity Building Within the GRZ/UNICEF Program*. Zambia: UNICEF Lusaka, 1994.

[136] Fowler, A., *Striking a Balance: A Guide to Enhancing the Effectiveness of Non – Governmental Organizations in International Development*. London: Earthscan Publications, 1997.

[137] Frances Cleaver., *The Inequality of Social Capital: Agency, Association and the Reproduction of Chronic Poverty*. the conference "Staying Poor: Chronic Poverty and Development Policy", University of Manchester, 7 – 9, April, 2003.

[138] Francine Fournier., *Social Capital Aan Poverty Reduction——Which role for the civil society organizations and the state?* Produced by the Social and Human Sciences Sector of UNESCO, Published by the United Nations Educational, Scientific and Cultural Organization, 2003.

[139] Fukuda – Parr, Sakiko, Lopes, Carlos Malik, Khalid, *Institutional Innovations for Capacity Development*. In Fukuda – Parr, S. C.; Lopes; K. Malik (eds.) Capacity for Development: New Solutions to Old Problems. Earthscan/UNDP, 2002, pp. 1 – 23.

[140] Fukuyama, Francis, Social Capital and the Global Economy. *Foreign Affairs*, 74, No. 5, 1995, pp. 89 – 103.

[141] Fukuyama, Francis, *Trust: The Social Virtues and the Creation of Prosperity*, London: Penguin Books, 1995.

[142] Gatzweiler, Franz, *Patterns of Social Capital in Transition Countries*. Working Paper of Humboldt University of Berlin, Department of Agricultural Economics and Social Sciences, 2005.

[143] Glaeser, Edward, David Laibson and Bruce Sacerdote, *The Economic Approach to Social, Capital*, Cambridge, Mass: National Bureau of Economic Research (NBER), 2000.

[144] Grabowski, Richard, *Development, Markets, and Trust*. Journal of International Development 10, No. 3, 1998, pp. 357 – 371.

[145] Granovetter, Mark, The Strength of Weak Ties, *American Journal of Sociology*, Vol. 78, 1973, pp. 1360 – 80.

[146] Granovetter, Mark, *The Economic Sociology of Firms and Entrepreneurs*. In Alejandro Portes, eds. , The Economic Sociology of Immigration: Essays on Networks, Ethnicity, and Entrepreneurship. New York: Russell Sage Foundation, 1995, pp. 128 – 165.

[147] Grootaert, Christiaan, *Social Capital: the Missing Link?* The World Bank Social Development Department, Social Capital. Working Paper Series. No. 3: 1 – 24.

[148] Johannes F. Linn, *Urban Poverty in Developing Countries: A Scoping Study for Future Research*, Wolfenohn Center for Development Working Paper 21, 2010.

[149] Kathleen Pickering, David Mushinski, John C. Allen, *The Role of Social Capital in Poverty Alleviation in Native American Reservation Communities*. RPRC Working Paper, No. 06 – 07, February, 2006.

[150] Khan, Aziz, Keith Griffin and Carl Riskin, *"Income Distribution in Urban China during the Period of Economic Reform and Globalization"*, in Riskin, Zhao and Li, eds. , China's Retreatfrom Equality: Income Distribution & Economic Transition, New York: M. E. Sharpe, 2001.

[151] Knack, Stephen, *Social Capital, Growth, and Poverty: A Survey of Cross – Country Evidence*. In Christiaan Grootaert and Thierry van Bastelaer eds. , The Role of Social Capital in Development: An Empirical Assessment. Cambridge University Press, 2002, pp. 42 – 84.

[152] Krishna, Anirudh. Uphoff, Norman. *Mapping and measuring social capital through assessment of collective action to conserve and develop watersheds in Rajasthan, India*. In the Andes. In Christiaan Grootaert and Thierry van Bastelaer eds. The Role of Social Capital in Development: An Empirical Assessmen. Cambridge University Press, 2002, pp. 85 – 124.

[153] Levy, B. *Governance and Economic Development in Africa: Meeting the*

Challenge of Capacity Building, in Levy, Brian; Kpundeh, Sahr Etd. Building State Capacity in Africa: New Approaches, Emerging Lessons. WBI Development Studies, World Bank Institute, Washington DC, USA. Vol. 27, 2004, pp. 1 –42.

[154] Lin, Justin Yifu and Yang, Dennis Tao, "Food Availability, Entitlements and Chinese Famine of 1959 – 1961", *Economic Journal*, Vol. 110, January, 2000, pp. 136 –158.

[155] Lincoln Quillian, Rozlyn Redd, *Can Social Capital Explain Persistent Racial Poverty Gaps?* The National Poverty Center Working Paper Series 06 – 12, 2006.

[156] Lusthaus, Charles, Adrien, Marie – Hélène, Perstinger, Mark, *Capacity Development: Definitions, Issues and Implications for Planning, Monitoring and Evaluation*, Universalia Occasional Paper No. 35, September, 1999.

[157] Lusthaus, et al., *Capacity Development: Definitions, Issues and Implications for Planning. Monitoring and Evaluation*, Universalia Occasional Paper No. 35, September, 1999.

[158] Lusthaus, Charles, Murphy, Elaine, Anderson, Gary, *Institutional Assessment: A Framework for Strengthening Organizational Capacity for IDRC's Research Partners*, Ottawa: IDRC, 1995.

[159] Margarita Flores, Fernando Rello, *Social Capital and Poverty Lessons from Case Studies in Mexico and Central America*, ESA Working Paper No. 03 – 12, 2003.

[160] Mark R. Warren, J. Phillip Thompson and Susan Saegert, *The Role of Social Capital in Combating Poverty*, in Susan Saegert, J. Phillip Thompson and Mark R. Warren eds, Social Capital and Poor Communities, New York: Russell Sage Foundation Press, 2001, pp. 1 –30.

[161] Matthew Morris, *Social Capital and Poverty in India*, IDS (Institute of Development Studies) Working Paper 61, 1998.

[162] Michael Woolcock, Deepa Narayan, Social Capital: Implications for Development Theory Research, and Policy. *The World Bank Observer*, Vol. 15, No. 2, August, 2000, pp. 225 –249.

[163] Michael Woolcock, *Social Capital in Theory and Practice*: *Reducing Poverty by Building Partnerships between States*, *Markets and Civil Society*, UNESCO working papers series, 2002.

[164] Moore, Mick, Truth, Trust, and Market Transactions: What Do We Know? *Journal of Development Studies*, Vol. 36, No. 1, 1999, pp. 74 – 88.

[165] Morgan, G., *Creative Organization Theory*, Newbury Park, CA.: SAGE Publications, 1989.

[166] Morgan, P., *Capacity and Capacity Development – Some Strategies*, Hull: Policy Branch, CIDA, 1998.

[167] Morgan, P., Qualman, A., *Applying Results – Based Management to Capacity Development*, Hull: Policy Branch, CIDA, 1996.

[168] Myrdal, Gunnar, *Asian Drama – An Inquiry into the Poverty of Nations*, Periodicals Service Co., 1968.

[169] Narayan, Deepa, Lant Pritchett, Cents and Sociability: Household Income and Social Capital in Rural Tanzania, *Economic Development and Cultural Change*, 47, No. 4, 1999, pp. 871 – 897.

[170] OECD, *Shaping the 21st Century*: *The Context of Development Co – operation*, Paris: OECD, 1996.

[171] Oppenheim, C., *Povery*: *the Facts*. London: Child Poverty Action Group, 1993.

[172] Oxford Policy Management, *Developing Capacity? An Evaluation of DFID – funded Technical Co – operation For Economic Management in Sub – Saharan Africa*, DFID Synthesis Report EV667, 2006.

[173] Paul Collier, *Social Capital and Poverty*: *A Microeconomic Perspective*. In Christiaan Grootaert and Thierry van Bastelaer eds., The Role of Social Capital in Development: An Empirical Assessmen. Cambridge University Press, 2002, pp. 19 – 41.

[174] Portes, Alejandro, and Julia Sensenbrenner, Embeddedness and Immigration: Notes on the Social Determinants of Economic Action, *American Journal of Sociology*, Vol. 98, No. 6, 1993, pp. 1320 – 1350.

[175] Putnam, Robert D., Robert Leonardi & Raff aella Y. Nanetti, *Making*

Democracy Work. Civic Traditions in Modern Italy, Priceton University Press, 1993.

[176] Riskin, Carl and Li Shi, "Chinese Rural Poverty Inside and Outside the Poor Regions", in Riskin, Zhao and Li, eds. , China's Re – treat from Equality: Income Distribution and Economic Transition, New-York: M. E. Sharpe, 2001.

[177] Robison, Lindon J. Marcelo E. Siles, A. Allan Schmid. Social Capital and Poverty Reduction: Toward a Mature Paradigm. Prepared for the International Invitational Conference, in Santiago de Chile, July 2002.

[178] Ryan, R. W. Local institutional development: An analytical Sourcebook with Cases. Norman Uphoff for the Rural Development Committee, Cornell University Kumarian Press W. Hartford, Connecticut, 1986.

[179] Sakiko Fukuda – Parr, Carlos Lopes, Khalid Malik, Etd. Capacity for Development: New Solutions to Old Problems. London: Earthscan Publications Ltd, 2002.

[180] Sanjeev Prakash, Social Capital and the Rural Poor: What Can Civil Actors and Policies Do? RPRC Working Paper No. 06 – 07, 2006.

[181] Scott, W. R, Institutions and Organizations, Thousand Oaks, Calif. : Sage, 1995.

[182] Sen, Amartya, Poverty and Famines – An Essay on Entitlement and Deprivation, Intenational Labor Organization, 1997.

[183] Sen, Amartya, Social Exclusion: Concept, Application, and Scrutiny. Asian Development Bank, 2000.

[184] Staveren, Irene van, Beyond Social Capital in Poverty Research. Journal of Economics Issues, Vol. XXXVII, No. 2, June 2003, pp. 415 –424.

[185] Szreter, Simon, Social Capital, the Economy, and Education in Historical Perspective. In Stephen Baron, John Field, and Tom Schuller eds. Social Capital, Critical Perspectives, Oxford: Oxford University Press, 2000, pp. 56 –77.

[186] The International Bank of Reconstruction and Development/ The World Bank, The Growth Report: Strategies for Sustained Growth and Inclusive Development, 2008.

[187] Thodore – W. Schults, *Investing in People: The Economics of Population Quality*, The University of California Press, 1981.

[188] UNDP. *Report on Measuring Capacity*, http: //www. undp. org/capacity/ Jun 2010.

[189] UNDP, *Capacity Assessment and Development*, New York: UNDP, 1998.

[190] UNDP, *Defining and Measuring Capacity Development Results*, http: //www. undp. org/capacity/July, 2010.

[191] UNDP, *Frequently Asked Questions: The UNDP Approach to Supporting Capacity Development*, June 2009, p. 3.

[192] UNDP, *Practice Note: Capacity Development*, http: //www. undp. org/capacity/ , October 2008.

[193] UNDP, *Results – Oriented Monitoring and Evaluation.* New York: UNDP, OESP, 1997.

[194] UNICEF, *Draft Framework to Understand Entry Points for Capacity Building*, New York: UNICEF, 1999.

[195] UNICEF, *Sustainability of Achievements: Lessons Learned from Universal Child Immunization*, New York: UNICEF, 1996.

[196] Wallerstein, Immanuel, *Creating and Transforming Households: the Constraints of the World Economy.* Cambridge: Cambridge University Press. 1992: 198.

[197] Woolcock, Learning from Failures in Microfinance: What Unsuccessful Cases Tell Us about How Group – Based Programs Work, *American Journal of Economics and Sociology*, Vol. 58, No. 1, 1999, pp. 17 –42.

[198] World Bank, *Assessing Aid: What Works, What Doesn't, and Why.* Oxford: Oxford University Press, 1998.

[199] World Bank. *Building Effective States, Forging Engaged Societies, Report of the World Bank Task Force on Capacity Development in Africa*, The World Bank, September, 2005, pp. 38 –40.

[200] World Bank. *The Initiative on Defining, Monitoring, and Measuring Social Capital: Overview and Program Description.* Washington, D. C. : World Bank (Social Development Family), 1998.

后 记

本书作为 2009 年教育部社科项目（09YJA790054）、贵州省优秀科技教育人才省长专项资金项目（2010126）和 2010 年贵州大学文科重点学科及特色学科重大科研项目"贵州集中连片贫困地区的反贫困对策研究——基于产权贫困的视角"（GDZT2010003）的最终研究成果，研究最早发端于贵州省教育厅人文社科重点基地项目"喀斯特民族地区贫困问题研究"（08JD006）。从关注贫困问题到最终成书，历时七年。

2007 年博士毕业以后，我便从信用研究转向贵州最突出的贫困问题研究。七年多来，主持了从国家到学校等不同层级资助的贫困课题，包括关注"发展能力与要素贫困"的国家社科基金、作为国家发改委重大委托项目"贵州发展战略研究"子课题的"贵州扶贫开战略研究"、贵州省优秀科技教育人才省长专项资金项目"能力贫困与贵州民族地区反贫困对策研究"、贵州大学文科重点学科及特色学科重大科研项目、贵州大学人文社科重大招标项目等，同时作者长期参与贵州省扶贫办、发改委等部门各类课题和项目。在研究这些项目的过程中，不同视角和侧重点相互交织、相互启迪，不断提升作者对贫困与反贫困问题的认知，并最终成文为本书。因此，本书与其说是前述课题的最终成果，毋宁说是作者到目前为止对贫困与反贫困问题的研究思考，是阶段性的成果结晶。正是从这样一个意义上，作者主持的所有贫困项目对本书都有着重要贡献。

作为历时七年、对多项贫困课题研究的一个阶段性总结，本书得以面世，要感谢我的博士导师西南财经大学程民选教授、硕士导师贵州大学洪名勇教授、博士同学云南师范大学周文教授作为"重量级"课题组成员，给予的大量支持；感谢谭金贤、陈佳源、殷丹、陈巧利等同学的初期贡献，他们在贵州省教育厅基地项目"喀斯特民族地区贫困问题研究"（08JD006）中的研究贡献点燃了作者申请后续课题的思维火花，孕育了"产权贫困"这一基本概念；感谢夏莹、陈智同学，他们对能力贫困和返贫研究的贡献，对于完善本书有着重要贡献；感谢课题组成员、现在华南农业大学攻读博士学位的孙红，她在跟随我攻读硕士学位期间，承担了调研和数据处理的绝大部分工作，与贵州大学王平、杜强、夏莹、常毅、张莉萍、曾凡兵、陶泓、李超、张金艳、杨富婷、卢贤芬、陈畅书、申艾鑫、李斌鑫以及中南财经政法大学熊彬琰等同学一起，在雷山、威宁、务川和盘县各完成100户农户入户调查；感谢贵州大学2010级农业经济管理专业本科班参加调研的李艳、唐幸子、袁莉、冯露、龙辉、陈涛、王明静、易和林、赵庆宁、石云霞、龙甜甜、罗安刚、黄贤益、田长军、王如兴、段兴燕等同学；感谢在我的各项贫困课题中圆满完成研究任务的郭蓉、辛佳、龙成丹、伍龙真、张涵等同学，他们对课题组跟进贫困研究前沿、突出应用研究有着重要贡献；感谢硕士研究生黄娜、崔亚坤、谢东升在本书校稿阶段的全力支持；特别感谢评审专家组组长——著名贫困问题研究专家 龚晓宽 研究员，专家组成员徐静研究员、王秀峰教授、王永平教授、黄勇研究员的宝贵意见；感谢贵州省社科院刘庆和研究员的帮助和支持；感谢贵州省发改委西开处郭树高先生、迟晓蕾女士，地区处陈勇、李德燊先生为调研提供的帮助；感谢省扶贫办顾唯学先生、潘珊女士、张仁红女士在研究过程提供的各种帮助；感谢雷山发改局黄长伟先生、盘县发改局谢芳芳女士以及盘县农业局同志在调研中的大力支持；感谢我的学生马坤云在威宁调研中提供的帮助；感谢务川大坪镇镇政府在调研中的帮助；感谢花溪扶贫办韦锐女士帮助联系在高坡的预调研。

特别要感谢我的父亲、母亲和婆婆为我的小家所做的一切奉献和支持；感谢我的两位姐姐李跃霞和李润霞，她们一直以来给予我如父母一般的爱和支持，是我前进的最大动力；尤其从2013年3月母亲卧床以后，两位姐姐毫无怨言地承担了全部的护理工作，这常让我在心存感激之余又深感无比愧疚，唯有以更努力的工作和更健康的身心回报她们的一力担当；感谢我的二姐夫熊福祥先生，在母亲生病以后，对老人不时发作的坏脾气的耐心与宽容；感谢支持我自由飞翔，亦提供疲累后"满血复活"精神和物质补给的丈夫谢超律师，让我能够在浮躁的时代里保持初心，潜心治学；感谢儿子谢雨辰在成长中总是乐于提高自理能力，让我得以从诸多琐务中解脱出来。

最后，不得不说，尽管耗时如此之长，但是书稿仍然难免存在缺憾之处。但是，正是因为有缺憾，才有了继续钻研的不竭动力。正所谓"最满意的作品永远是下一部",我想,本书作为作者对贫困与反贫困问题的一个阶段性认识,无疑为作者做出下一个"最满意"的作品奠定了坚实的基础,这让作者在本书即将付梓之际,有理由期待更好的未来。

李晓红

2014 年 12 月 26 日于花溪麒园